中国特殊食品
产业发展蓝皮书

**The Blue Book of China's Special Food
Industry Development**

中国营养保健食品协会　编

中国健康传媒集团
中国医药科技出版社

图书在版编目（CIP）数据

中国特殊食品产业发展蓝皮书 / 中国营养保健食品协会编 . — 北京：中国医药科技出版社，2021.10

ISBN 978-7-5214-2707-3

Ⅰ. ①中… Ⅱ. ①中… Ⅲ. ①疗效食品—食品工业—工业发展—研究报告—中国 Ⅳ. ① F426.82

中国版本图书馆 CIP 数据核字（2021）第 193012 号

美术编辑　陈君杞
版式设计　也　在

出版	**中国健康传媒集团** ｜ 中国医药科技出版社
地址	北京市海淀区文慧园北路甲 22 号
邮编	100082
电话	发行：010-62227427　邮购：010-62236938
网址	www.cmstp.com
规格	710×1000mm $^1/_{16}$
印张	27 $^1/_2$
字数	395 千字
版次	2021 年 10 月第 1 版
印次	2021 年 10 月第 1 次印刷
印刷	三河市万龙印装有限公司
经销	全国各地新华书店
书号	ISBN 978-7-5214-2707-3
定价	**118.00 元**

获取新书信息、投稿、为图书纠错，请扫码联系我们。

编 委 会

主　编　边振甲

主　审　陈　卫

副主编 （以姓氏笔画为序）

付　萍　孙贵范　严卫星　张永建　张守文

荫士安　姜毓君　郭建军　郭海峰　凌文华

执行副主编 （以姓氏笔画为序）

厉梁秋　吕燕妮　陈福泉

编　委 （以姓氏笔画为序）

王　岗　王　杰　王洪丽　王静波　方如雪

邓少伟　邓立娜　石　丹　石羽洁　叶文慧

卢友锋　边立峰　刘　彪　刘沛然　刘洪宇

闫文杰　苏　龙　杜丽蓉　杨　丹　杨　盛

杨振宇　李文军　李媛媛　李翠霞　张　微

张小微　张旭光　张晨曦　陈静茹　罗　健

周丽娟　赵抒娜　赵显峰　郝　斌　俞海琦

贾鹏举　郭　洋　黄　兴　黄　倩　萨　翼

崔力航　梁　冉　彭先武　韩军花　董　坤

董国用　景智波　樊　芸

秘书组 （以姓氏笔画为序）

万嘉茜　王梦婷　任　蓓　赵　洁　倪姝琪

黄　妍

前　言

　　食品是人类赖以生存的基础，更是人们实现对美好生活追求的一种重要载体和手段。食品不仅可以饱腹，担负着供给人类正常生命活动所需的营养物质和能量，保障身体各项功能正常运行的重要使命，同时也可满足人们对色香味的感官追求，是维持生命、生长发育和健康的重要物质基础。

　　特殊食品是为婴幼儿、老年人、亚健康、特殊医学状况人群，需进行营养支持或调节机体功能的人群而研发生产的，且经国家有关部门批准或备案方可上市的一类食品。2015年新修订了《中华人民共和国食品安全法》，随着该法的颁布和实施，明确了特殊食品的法律地位、范围及管理制度，开启了特殊食品发展的新时代。此后，在各项政策的有力保障下，特殊食品产业走上了规范化发展之路。

　　随着我国社会经济的高速发展，人们的生活水平有了很大的改善。与此同时，由工业化、城镇化带来的人口老龄化、疾病谱变化、生态环境及生活方式的变化，给维护和促进全民健康带来一系列全新的挑战。为了提高健康水平，越来越多的消费者转向寻求特殊食品，消费需求与日俱增，特殊食品产业呈现出快速发展的态势。

　　特殊食品产业的管理和发展涉及法规标准、研发生产、经营贸易、临床应用等各方面的政策性和经济性问题。面对新局面，如何综合考量各种因素，推动产业协调有序发展，满足人民群众对特殊食品易获得、质量好和有益健康的要求，这是一项系统工程。中国营养保健食品协会自2015年成立以来，一直致力于引领和促进特殊食品产业规范有序发展，做了大量卓有成效的工作，旨在成为"法规参与者、监管建言者、自律实践者和科学传播者"，在稳定产业经济秩序、保障特殊食品安全方面发挥了重要作用。协会组织行业管理人员、权威专家、产业精英等，在国内首次编撰发布《中国特殊食品产业发展蓝皮书》，对全面反映行业现状、总结产业成果、剖析产业发展趋势及未来展望具有重要意义，填补了我国特殊食品领域的空白，是一项开创性工作。

本书立足于中国特殊食品产业发展的现状，回顾了特殊食品发展的历史沿革，并将其与国际相关产业的情况做出对比分析，提出了未来发展的趋势和展望。全书由总论、保健食品篇、婴幼儿配方食品篇、特殊医学用途配方食品篇、其他营养健康食品篇组成，内容包含了三类主要的特殊食品和国务院办公厅发布的《国民营养计划（2017—2030年）》鼓励发展的婴幼儿辅助食品与营养强化辅食、运动营养食品、孕产妇营养食品、适合老年人群营养健康需求的其他营养健康食品产业等。希望可以为关注特殊人群营养食品产业的从业人员提供更丰富、更全面的产业信息参考。

本书的出版，首先要感谢各位参编的专家，自2020年12月24日启动编撰筹备工作以来，多方收集资料，多次开会研讨，夜以继日、废寝忘食地投入编写，用不到一年的时间，按时完成了书稿的编撰工作，为本书的顺利出版付出了辛勤的汗水和艰苦的努力，非常不易。还要感谢一直以来关心、支持特殊食品产业发展的领导、学者、企业家，为本书的编撰提供了大量的一手数据、珍贵资料和高水平的建议，为推动行业健康发展作出了贡献。

由于时间仓促，资料、数据收集还不够全面，加之首次组织编撰，本书难免有不足之处。我们将收集意见、建议，用以指导下一次蓝皮书的编撰工作。我们相信，有广大读者和行业人士提出的宝贵意见，特别是编委会全体同志的共同努力，这项工作一定会越做越好！

希望通过本书，能让特殊食品产业从业人员有更广泛、更深入的思考，让更多的消费者了解、认识特殊食品，从而为提高中国特殊食品的质量安全，推动特殊食品产业进一步蓬勃发展作出积极的贡献！

中国营养保健食品协会会长

边振甲

2021 年 7 月 15 日

目 录

总 论

保健食品篇

婴幼儿配方食品篇

特殊医学用途配方食品篇

总　论

◎ 特定人群营养保健需求

◎ 居民健康理念

◎ 特殊食品产业健康发展

健康是促进人全面发展的必然要求，是经济社会发展的基础条件，也是国家富强、民族振兴的重要标志。中华人民共和国成立后，特别是改革开放以来，我国农业和食品工业得到了长足发展，营养食品供给能力显著增强，我国人民从吃不饱到摄入食物的数量、种类丰繁多样，人民健康水平和身体素质明显改善。但同时，随着我国工业化、城镇化、人口老龄化，以及疾病谱、生态环境及生活方式的不断变化，我国仍然面临多重疾病威胁并存、多种健康影响因素交织的复杂局面。居民营养不足与过剩并存、营养相关疾病多发、营养健康生活方式尚未普及等问题，给维护和促进国民健康带来一系列新的挑战。

当前，我国已经进入全面建成小康社会的新时期。自党的十八届五中全会提出将"健康中国"提升到国家战略以来，基于"以人民为中心"的发展思想，党和国家出台了各项加强健康中国战略建设的政策。在2016年召开的全国卫生健康大会上，习近平总书记强调，没有全民健康就没有全面小康，要把人民健康放在优先发展的战略地位，努力全方位、全周期保障人民健康。讲话中还强调要重视少年儿童健康和重点人群健康，保障妇幼健康，为老年人提供连续的健康管理服务；要坚定不移贯彻预防为主的方针，坚持防治结合、联防联控、群防群控，努力为人民群众提供全生命周期的卫生与健康服务。

据第七次全国人口普查结果显示，2020年我国总人口达14.11亿，0～14岁人口为2.53亿，占17.95%；60岁及以上人口为2.64亿，占18.7%。据2018年4月发布的《健康管理蓝皮书：中国健康管理与健康产业发展报告（2018）》显示，我国慢性病发病人数约3亿人，约占总人口的20%以上。这类人群对特殊食品的需求潜力巨大。

一、我国特定人群的营养保健需求持续旺盛

（一）特殊食品涵盖的范围

《中华人民共和国食品安全法》（以下简称《食品安全法》）第

七十四条明确规定了我国特殊食品涵盖的范围，即保健食品、特殊医学用途配方食品和婴幼儿配方食品等，国家对特殊食品实行严格监督管理。这三类特殊食品或产品配方需要经过国家有关食品安全监督管理部门注册批准或备案后方可生产上市，注册时应当提交产品配方、生产工艺、标签、说明书等各种材料以说明产品的营养性和安全性。婴幼儿配方食品还实施从原料进厂到成品出厂的全过程质量控制，对出厂的产品实施逐批检验，保证食品安全。在整个食品管理体系中，特殊食品的管理是最为严格的，全面贯彻了"最严谨的标准、最严格的监管、最严厉的处罚、最严肃的问责"的要求，确保特殊人群食用安全的食品。

1. 保健食品

《食品安全法》规定：保健食品声称保健功能，应当具有科学依据，不得对人体产生急性、亚急性或者慢性危害。根据《食品安全国家标准 保健食品》（GB 16740—2014）的定义，保健食品是：声称并具有特定保健功能或者以补充维生素、矿物质为目的的食品。即适用于特定人群食用，具有调节机体功能，不以治疗疾病为目的，并且对人体不产生任何急性、亚急性或慢性危害的食品。

保健食品原料目录和允许保健食品声称的保健功能目录，由国务院食品安全监督管理部门会同国务院卫生行政部门、国家中医药管理部门制定、调整并公布。保健食品原料目录应当包括原料名称、用量及其对应的功效。列入保健食品原料目录的原料只能用于保健食品生产，不得用于其他食品生产。

由定义可见，保健食品包括两种，一是以补充维生素、矿物质为目的的营养素补充剂，其成分必须使用保健食品原料目录中的物质；二是具有特定保健功能的食品，声称的保健功能必须在国务院有关部门出台的保健功能目录中。保健食品适用的人群包括对身体健康关注度高的人群、亚健康人群和老年人群，对功能成分含量的要求区别于普通食品，且有另外特殊的安全性要求。

3

2. 婴幼儿配方食品

母乳是婴幼儿最理想的食物，但当少数乳母因患有疾病、乳汁分泌不足或无乳汁分泌等原因不能进行母乳喂养时，需要通过配方食品提供婴幼儿生长发育所需营养物质。婴幼儿配方食品是无法实现母乳喂养婴幼儿的重要的，甚至是唯一的营养物质来源。目前，我国婴幼儿配方食品分为婴儿配方食品、较大婴儿配方食品和幼儿配方食品。

根据食品安全国家标准（GB 10765—2021、GB 10766—2021、GB 10767—2021）中的定义，婴幼儿配方食品以乳类及乳蛋白制品或大豆及大豆蛋白制品为主要蛋白来源，加入适量的维生素、矿物质和或其他原料，仅用物理方法生产加工制成的产品，分别适用于 0～6 月龄婴儿、6～12 月龄较大婴儿和 12～36 月龄幼儿食用。

我国婴幼儿配方食品标准中列出的种类主要包括乳基婴幼儿配方食品和豆基婴幼儿配方食品，但自 21 世纪以来，我国市场主流产品是粉状乳基婴幼儿配方食品，即婴幼儿配方乳粉。根据《食品安全法》，婴幼儿配方乳粉的产品配方应当经国务院食品安全监督管理部门注册。

3. 特殊医学用途配方食品

特殊医学用途配方食品根据年龄段划分，可分为适用于 0～1 岁的特殊医学用途婴儿配方食品和适用于 1 岁以上的特殊医学用途配方食品。

《食品安全国家标准　特殊医学用途婴儿配方食品通则》（GB 25596—2010）对特殊医学用途婴儿配方食品的定义是：针对患有特殊紊乱、疾病或医疗状况等特殊医学状况婴儿的营养需求而设计制成的粉状或液态配方食品。在医生或临床营养师的指导下，单独食用或与其他食物配合食用时，其能量和营养成分能够满足 0～6 月龄特殊医学状况婴儿的生长发育需求。

《食品安全国家标准　特殊医学用途配方食品通则》（GB 29922—2013）对特殊医学用途配方食品的定义是：为了满足进食受限、消化吸收障碍、代谢紊乱或特定疾病状态人群对营养素或膳食的特殊需要，专门加工配制而成的配方食品。该类产品必须在医生或临床营养师指导下，单独食用或与其他食品配合食用。

　　普通食品、保健食品、特殊医学用途配方食品之间的比较见总论表 1。

总论表 1　普通食品、保健食品、特殊医学用途配方食品之间的比较

产品类型	普通食品	保健食品	特殊医学用途配方食品
概念	指各种供人食用或者饮用的成品和原料以及按照传统既是食品又是中药材的物品，但是不包括以治疗为目的的物品	指声称具有特定保健功能的食品，但不以治疗疾病为目的，并且对人体不产生任何急性、亚急性或者慢性危害	指为了满足进食受限、消化吸收障碍、代谢紊乱或特定疾病状态人群对营养素或膳食的特殊需要，专门加工配制而成的配方食品。这类产品必须在医生或临床营养师指导下食用
标签标示	营养成分含量	可以宣称特定保健功能，不能声称对疾病的预防和治疗	根据不同临床需求和适用人群分类，不得声称对疾病的预防和治疗
用途	人体从食品中摄取各类营养素，并满足色、香、味、形等感官需求	主要用于特定人群调节机体功能，补充维生素、矿物质等营养物质	针对目标人群提供特殊营养支持
适宜人群	所有人群	因保健食品的不同品类而区分不同的适用人群，需要在标签和说明书中说明	适用于 0 ～ 12 月龄的婴儿及 1 岁以上处于特殊医学状况，对营养有特别需求的人群
成分 / 原料	富含普通营养成分，无急性、亚急性或者慢性危害	富含活性成分，在规定的用量下无急性、亚急性或者慢性危害	富含特殊需求的营养成分
形态	无特定形态。各种普通食品应有的形态：如糖果、巧克力、饮料等	部分普通食品的形态，部分片剂、胶囊等特定形态	粉状、液体
用法用量	无规定用量	食用有规定剂量	应在医生或临床营养师指导下食用
管理方式	无需注册或备案；需要生产许可	注册 / 备案；需要生产许可	注册；需要生产许可

5

综上，特殊食品多为婴幼儿、老年人、亚健康、特殊医学状况人群，需进行营养支持或调节机体功能而研发生产，且经国家有关部门批准或备案方可上市的一类食品。

4. 其他营养健康食品

除上述三种特殊食品之外，婴幼儿辅助食品、运动营养食品、孕产妇营养食品、适合老年人群营养健康需求的食品、营养强化食品等，同样也是为了改善相关人群营养健康水平而研发生产的，近年来也引起了社会的高度关注。国务院办公厅发布的《国民营养计划（2017—2030年）》提出，要持续提升婴幼儿配方食品和辅助食品质量，建立满足不同老年人群需求的营养改善措施，开发适合老年人群营养健康需求的食品产品，提升运动营养食品技术研发能力，推动产业发展。得益于国家政策的引导，以及相关人群的特殊营养需要，这类营养健康食品也逐渐发展形成了一定产业规模。

（二）特定人群对营养保健的需求日趋增强

1. 针对婴幼儿的营养需求研究更加深入

我国每年有 1000 万以上新生儿出生，当因种种原因不能食用母乳时，就需要食用婴幼儿配方食品来提供婴幼儿的营养需求。另外，由于各种疾病或特殊医学状况的影响，有的婴幼儿不能喂养母乳或普通婴儿配方食品，需要食用特殊医学用途婴儿配方食品，才能保持身体的正常生理代谢。这类根据婴幼儿营养需求特点而开发生产的配方食品，是这些婴儿生命早期或相当长时期内赖以生存的主要食物来源。

近年来，随着各国对母乳成分、婴幼儿营养素需要量以及婴幼儿配方食品研究的不断深入，各个国家均在修订、完善婴幼儿配方食品的营养需求标准。我国也于 2021 年 2 月 22 日发布了新修订的婴幼儿配方食品系列标准（GB 10765—2021、GB 10766—2021、GB 10767—2021），对产品中营养素含量的最小值和最大值进行修订或增加，将一些可选择成分调整为必需成分，以保证婴幼儿配方食品营养的有效性和充足性，并根据最新的科学证据结合我国婴幼儿的营养素需要量，增加了较大婴儿配方食品中乳清蛋白和乳糖的含量要求，进一步提高宏量营养素含量和质量要求，以更好地适应中国婴幼儿的营养健康需求。

因此，随着对婴幼儿营养需求研究的日益深入，使得适用于婴幼儿的特殊食品更加符合婴幼儿的营养需要，可更有力地保障婴幼儿的健康成长。

2. 人口老龄化带来营养保健需求显著增长

我国自 1999 年迈入老龄化国家之后，人口老龄化和老龄人口高龄化都呈现逐步加深态势。据第七次全国人口普查结果显示，2020 年 65 岁及以上老年人口已达 1.9 亿，占总人口的 13.5%，与 2010 年第六次全国人口普查相比上升 4.63 个百分点。我国之前由于经历了 20 世纪 60 年代初期和 80 年代后期两个生育高峰，从时间节点来看，2020—2030 年是 20 世纪 60 年代初期出生人口进入老龄化的主要阶段，这使得我国的老龄化率会在短时间内大幅提升。据中国发展基金会《中国发展报告 2020：中国人口老龄化的发展趋势和政策》预测，2050 年 65 岁以上老年人将占总人口的 27.9%，中国老龄化将达到峰值。

由于人在逐渐进入老年状态时，身体功能会出现不同程度的衰退，如咀嚼和消化能力下降、酶活性和激素水平异常、心脑功能衰退、视觉、嗅觉、味觉等感官反应迟钝、肌肉萎缩等。这些变化可明显影响老年人食物摄取、消化和吸收的能力，使老年人容易出现营养不良、贫血、骨质疏松、体重异常和肌肉衰减等问题，很容易出现矿物质和某些维生素的缺乏。特别是许多老年人患有慢性病，其中高血压、骨关节病、高脂血症以及糖尿病是最常见的疾病种类。在老年人群中，健康成了最受关注的核心问题。老年人口的消费支出也形成了巨大的健康产品消费市场，其中，特殊食品支出占据了较高比例。

据《中国老年人健康发展蓝皮书》测算，老年人消费水平高于人均消费水平。随着老年人消费观念的升级和消费水平的提高，越来越多的老年人重视利用营养补充的方式来改善身体营养状况，弥补膳食摄入的不足，并且在选购食品时更加关注食品安全、营养健康和购买的便捷性。据京东发布的《2019—2020年中国食品消费趋势及产品创新白皮书》显示，2019年老年人线上年均消费22600元，其中健康养生类消费2763元，已占到老年人日常消费的39%，未来面向老年人的营养健康食品市场将会稳定增长。

在我国已经进入老龄化社会的形势下，如何给老年人提供既营养又安全的健康食品，既是许多家庭面临的现实问题，也是党和政府面临的重大民生问题，老年食品也是特殊食品产业的重大发展机遇和巨大的潜在市场。特殊食品产业和企业、高校、科研机构应引起高度重视，政、产、学、研相结合，国家卫生健康部门应加强老年食品的基础标准研究，高校、科研机构应深入开展老年食品相关基础理论研究，特殊食品产业和企业应积极开展老年食品市场需求的调研，并与高校、科研机构积极开发既营养又安全的老年健康食品。

3. 居民疾病谱变化引发对特殊食品的高度关注

随着社会经济高速发展，人们生活水平有了很大的提升。但居民生活方式、生态环境、食品安全状况等对健康的影响逐步显现，我国的疾病谱已经从传统的以传染性疾病为主转变为以慢性病为主。

据国家卫生健康委员会（以下简称国家卫生健康委）2020年12月发布的《中国居民营养与慢性病状况报告（2020年）》显示，居民不健康生活方式普遍存在，膳食摄入的维生素A、钙等不足，饮食高油、高盐、高糖现象普遍存在，成年居民超重肥胖率超过50%。不健康的饮食习惯带来的健康问题日渐突出，恶性肿瘤、脑血管病、心脏病、呼吸系统疾病、糖尿病等慢性非传染性疾病患病、发病仍呈上升趋势，并已经成为我国居民死亡和患病的主要疾病种类，给整个社会带来了沉重的经济负担。从医疗费用来看，慢性病已经占据居民医疗费用的70%；从个人家庭的支出来看，慢性病占据了家庭支出的7.9%；在医保、政府投入等公共支出方面，慢性病占据了7.4%。慢性病的防治给整个家庭特别是低收入和贫困家庭带来了巨大的经济压力。更令人担忧的是，慢性病已呈现年轻化发展趋势，35～65岁人群成为慢性病的主要人群。

在慢性病高发的同时，传统的传染性疾病所带来的健康风险仍不容忽视。2020年1月，新型冠状病毒肺炎（以下简称新冠肺炎）疫情的爆发及其全球蔓延，揭示了突发重大公共卫生事件与新的烈性传染病亦是威胁健康必须充分考虑的现实挑战。近几十年来的科学研究也表明，机体的营养状况长期不充分、不均衡时，容易造成机体免疫力下降，在面临各种突发传染性疾病时，感染率和死亡率均较高。

近年来疾病谱的变化对居民的健康管理提出了新的挑战，即如何推动以治病为中心向以健康为中心转变，以构建有效的健康综合管理体系。以保健食品为代表的特殊食品，已经得到了科学界的共识，可作为补充膳食营养物质、维持改善机体健康状态或降低疾病发生风险因素的食品，发挥有效的预防或降低传染性疾病风险因素的作用，提高机体健康水平作用。随着健康问题的高发，我国居民健康意识也在逐步增强，定期测量体重、血压、血糖、血脂等健康指标的人群比例显著增加，对于特殊食品营养健康属性的认识程度有了明显提升，对特殊食品的关注和消费热情也越来越高涨。

4. 中等收入群体和年轻一代营养保健消费需求快速增长

2002年，党的十六大第一次提出"扩大中等收入者比重"。2016年10月21日国务院出台了《关于激发重点群体活力带动城乡居民增收的实施意见》提出要"实施七大群体激励计划，不断培育和扩大中等收入群体，带动城乡居民实现总体增收"。2017年中央经济工作会议做出一个令世界瞩目的判断——中国已形成了世界上人口最多的中等收入群体。据国家统计局测算，目前我国中等收入群体超过3亿人，大致占全球中等收入群体的30%以上。中等收入群体通常包括科技企业家、金融证券行业高级管理人员、外资企业在中国的管理人员、中介机构专业人才、各行各业的专家、国企高管和私企个体经营户等人群，一般受过良好教育，具备专业知识和较强的职业能力，同时具有相应的家庭消费能力，追求生活质量和幸福指数。

中等收入群体拥有较高的收入水平，是释放消费红利的主力军，往往愿意追求更加高端的消费品。在食品方面更愿意购买绿色、有机等营养健康食品，并且也更看重产品背后的品质和服务，如食品的可追溯性以及在生产和销售过程中环保和低碳理念的体现等，体现出中产阶级在意产品生产过程、品牌形象以及企业社会责任感的高端品质追求。

近些年，中等收入群体对于营养健康的需求增长迅猛，催生了大量中高端消费需求，推动了新的消费升级。越来越多中等收入人群的健康保健意识不断增强，愿意为"治未病"进行健康投资。同时，中青年健康消费需求日益旺盛，"保养"不再是老一辈的专属，90后的年轻人们开始更频繁地购入保健食品，时尚养生为年轻消费者创造了市场基础。据天猫国际、京东健康数据显示：保健食品消费者呈现年轻化趋势，39%的消费者年龄分布在25～40岁；消费者主要需求是功效和膳食补充，其中19～25岁的用户主要目标是美白排毒、增肌减脂，31～40岁的用户主要目标是抗衰冻龄、护肝养胃；近八成保健食品的消费者是中高收入人群，这类人群对保健养生的意识较强，且对保健食品的认可度较高。由此可见，中等收入群体、90后、00后日渐成为营养健康食品消费的主力军。我国目前已拥有世界最大的中等收入群体规模，且中等收入者比重仍在持续扩大，随之而来的特殊食品需求也将持续增长。

二、我国居民健康理念及消费能力不断提升

随着我国经济社会的发展，人民的支付能力不断提高，使消费水平提升得以具体实现，人民的物质生活和精神文化生活更加丰富，获得更高程度的健康保障。

1978年，我国城乡居民恩格尔系数分别高达57.5%和67.7%，2010年下降至35.7%和41.1%，2018年进一步下降至27.7%和30.1%。2020年全国居民恩格尔系数为30.2%，其中城镇为29.2%，农村为32.7%。恩格尔系数的大幅度下降意味着对其他消费品购买能力的增加，为其他

消费品市场的扩大奠定了基础。

（一）全国居民可支配收入和消费支出持续增长

国家统计局数据显示，全国居民人均可支配收入：2016年23821元；2017年25974元；2018年28228元；2019年30733元；2020年32189元，中位数27540元。对可支配收入的细分发现，城乡之间和不同收入层级还存在着非常显著的差距：从城乡差距看，2020年，城镇居民人均可支配收入43834元，中位数40378元；农村居民人均可支配收入17131元，中位数15204元，城乡居民人均可支配收入比值为2.56。从收入分层看，按全国居民五等份收入分组，2020年低收入组人均可支配收入7869元，中间偏下收入组人均可支配收入16443元，中间收入组人均可支配收入26249元，中间偏上收入组人均可支配收入41172元，高收入组人均可支配收入80294元。

特别需要指出的是：党的十八大以来，9899万农村贫困人口全部实现脱贫，贫困县全部摘帽，三大攻坚战取得决定性成就，绝对贫困历史性消除。据《2020年国民经济和社会发展统计公报》，按照每人每年生活水平2300元（2010年不变价）的现行农村贫困标准计算，2020年，551万农村贫困人口全部实现脱贫。全年贫困地区农村居民人均可支配收入达到12588元。

可支配收入反映的是能力，消费支出反映的不仅是消费意愿，更能反映出具体的消费情况。我国是高储蓄率的国家，因此考察消费支出对产业发展的判断更有意义。在"十三五"期间，我国居民在可支配收入持续增长的同时，消费支出也在增长：2016年，全国居民人均消费支出17111元，2017年为18322元，2018年为19853元，2019年突破2万元，达到21559元，2020年由于受到新型冠状病毒肺炎疫情的影响，相比2019年有所下降，但仍达到了21210元。其中，人均食品烟酒消费支出6397元，占人均消费支出的比重为30.2%；人均医疗保健消费支出1843元，占人均消费支出的比重为8.7%。在整个居民消费结构中，食品烟酒和医疗保健方面的消费支出共占 38.9%。随着居民消费结构升级的需求，这一比例将持续增长，进一步推动特殊食品产业的持续稳定发展。

可支配收入和消费支出的持续增长，为健康消费的扩大和升级奠定了更好的基础条件，同样也是特殊食品产业发展的客观基础。

（二）医疗保健支出持续增长

在消费支出的构成中，医疗保健支出是直接与健康关联的消费支出，是消费支出构成的重要部分。2016 年，全国居民人均医疗保健支出为 1307 元，占全国居民人均消费支出的 7.6%；2017 年，全国居民人均医疗保健支出为 1451 元，占全国居民人均消费支出的 7.9%；从 2018 年开始，医疗保健支出占人均消费支出的比重超过了 8%，2018 年，全国居民人均医疗保健支出为 1685 元，占全国居民人均消费支出的 8.5%；2019 年，全国居民人均医疗保健支出为 1902 元，占全国居民人均消费支出的 8.8%；2020 年，全国居民人均医疗保健支出为 1843 元，占全国居民人均消费支出的 8.7%。由此看出，"十三五"期间，全国居民人均医疗保健支出逐年增长，期末比期初增加了 536 元。

从对全国居民人均医疗保健支出的变动可以看出，对健康的需求不断得到具体实现。保健食品是健康市场的一部分，保健食品的消费与健康有着非常强的关联性，保健支出的增长不仅仅是保健意识的提高，也会导致保健市场规模的扩大，因此分析医疗保健支出的变动，可以从一个侧面反映或旁证保健食品消费的变动状况。

2021 年 5 月 31 日中共中央政治局召开会议，审议《关于优化生育政策促进人口长期均衡发展的决定》（以下简称《决定》），提出进一步优化生育政策，实施一对夫妻可以生育三个子女政策及配套支持措施。《决定》于 7 月 20 日正式发布，这项重大生育政策的调整将会带来人口结构的改变，而人口结构的改变又会触发行业的变革，促使婴幼儿配方食品、辅食、特殊医学用途婴儿配方食品等产业迎来更为繁荣的发展契机。

从 2020 年到 2035 年，我国将在全面建成小康社会的基础上，再奋斗 15 年，基本实现社会主义现代化，到时人民生活更为宽裕，中等收入群体比例明显提高，居民可支配收入将进一步增长，社会生活购买力将不断增强，可以预见，特殊食品等营养健康产品的消费水平将大幅度提高。

三、我国特殊食品产业的发展日益受到重视

当前，我国已经迈入中等偏上收入国家行列，食品消费需求已经由食"饱"到食"好"，到了现在食"养"阶段，人民群众普遍希望吃得营养、吃得健康、吃得科学。食品工业迫切需要以促进人民健康为导向，大力发展以营养健康为核心目标的特殊食品产业。《国家发展改革委 工业和信息化部关于促进食品工业健康发展的指导意见》提出：食品工业要改善供给结构，提高供给质量，开展食品健康功效评价，加快发展婴幼儿配方食品、老年食品和满足特定人群需求的功能性食品，支持发展养生保健食品，研究开发功能性蛋白、功能性膳食纤维、功能性糖原、功能性油脂、益生菌类、生物活性肽等保健和健康食品，并开展应用示范。特殊食品产业恰逢其时地成了食品工业由高速增长阶段向高质量发展阶段转型的重要产业，反映了人民群众对于更高质量的健康产品的需求。

（一）我国特殊食品产业规模不断壮大

特殊食品是食品工业的重要组成部分，近年来产业规模不断扩大，对国民经济的贡献不断攀升。据中国营养保健食品协会不完全统计，截至 2021 年 6 月底，我国境内共有特殊食品制造企业 1700 余家，其中保健食品企业 1600 余家，婴幼儿配方食品企业 117 家，特殊医学用途配方食品企业 24 家。特殊食品产业实现主营业务收入超 6000 亿元，在整

个食品工业中属于高附加值、高经济效益的子行业之一，成为保民生、保稳定、保供应、保就业的重要产业。

1978 年改革开放以来，中国食品工业一直呈现快速发展态势，让我国居民饮食无论从量还是质都实现了飞跃式的增长（总论表 2）。其中，2003—2012 年食品工业增速始终保持在 20% 以上，产业结构不断优化，产业布局趋于合理，食品深加工程度提高，加工技术以及设备性能持续提升，行业集中度逐步提高；2012—2019 年食品工业完成工业增加值占全国工业增加值的比重均在 10% 以上，对全国工业增长贡献率最大达到 12.6%，食品工业在国民经济中的重要地位不断巩固。据国家统计局数据显示，2020 年全国规模以上工业企业实现利润总额 64516.1 亿元，比上年增长 4.1%。其中食品工业规模以上企业实现利润总额 6206.6 亿元，同比增长 7.2%，高出全部工业 3.1 个百分点。

总论表 2　我国食品工业经济运行情况 [①]

发展阶段	食品工业主营业务		食品工业增加值占全国工业比重		
	收入（亿元）	增长率	比重	贡献率	拉动率（个百分点）
1980 年	568	—	—	—	—
1990 年	1360	—	—	—	—
2000 年	8345	—	—	—	—
2001 年	9000	—	—	—	—
2002 年	10759.30	17.1%	9.74	—	—
2003 年	12390.85	20%	—	—	—
2004 年	16079.14	25.65%	—	—	—
2005 年	20300.00	26.9%	8.2%	—	—
2006 年	24808.43	22.48%	7.86	—	—

---

① 数据参考自工业和信息化部《食品工业发展报告》、中国食品工业协会相关统计。

发展阶段	食品工业主营业务		食品工业增加值占全国工业比重		
	收入（亿元）	增长率	比重	贡献率	拉动率（个百分点）
2007 年	31912.20	30.07%	—	—	—
2012 年	88022.20	21.1%	11.2%	12.6%	1.3
2013 年	101139.99	13.87%	—	—	—
2014 年	108933.00	8.0%	11.84%	—	—
2015 年	113500.00	4.6%	12.2%	10.8%	0.66
2016 年	120000.00	5.4%	11.9%	6.6%	0.4
2017 年	105204.50	6.6%	11.2%	12.0%	0.8
2018 年	90194.30	5.3%	10.6%	10.7%	0.7
2019 年	92279.20	4.5%	10.5%	7.7%	0.4

　　作为食品工业的重要组成部分，特殊食品产业的强劲发展不仅是满足人民群众日益增长的健康需求、提高人民生活水平和经济发展质量的现实选择，也代表了食品工业发展的一个新方向，代表了绿色生产方式的主流，具有极其重要的时代意义。特殊食品产业的快速增长有力带动了农业、流通服务业及相关制造业发展，在保障供给、扩大内需、抑制通胀、促进经济平稳快速发展等方面发挥了积极作用。特殊食品产业的持续发展壮大有利于扩大内需，促进消费对经济的拉动，确保国民经济持续、健康、稳定地增长。

　　近年来，特殊食品企业深入推进规模化、集约化发展，大力推进企业兼并重组、淘汰落后产能，涌现出一批市场占有率高、带动能力强的骨干企业和集团，产业集中度进一步提高，产业布局趋向合理。婴幼儿配方乳粉行业企业兼并重组已经基本完成第二阶段的工作，特殊医学用途配方食品的市场份额主要集中在几个大型规模企业上，特殊食品产业逐渐形成规模化、品牌化发展趋势。澳优乳业、艾兰得、百合生物、贝因美、晨光生物、飞鹤集团、芙莱特、华大海洋、吉春制药、蒙牛集团、圣元集团、汤臣倍健、完达山、仙乐健康、伊利集团、养生堂、珍奥集团等已经成为国内特殊食品产业的本土知名品牌，是特殊食品领域的排头兵；安利、达能、菲仕兰、国际香精香料（杜邦）、健合集团、康宝莱、玛氏、美赞臣、如新、雀巢（惠氏）、完美、无限极、雅培等国际知名品牌在中国也拥有大量的消费人群和市场份额。

（二）我国特殊食品的管理体系逐渐完善

目前，我国食品安全的总体监管模式是，由国家市场监督管理总局（以下简称市场监管总局）负责食品生产、食品经营活动的监管，农业农村部负责初级农产品管理，国家卫生健康委同市场监管总局制订食品安全国家标准，海关总署负责进出口食品管理的监管。

市场监管总局负责食品安全监督管理，其内设机构中与食品安全监管领域相关的业务司局分别是食品安全协调司、食品生产安全监督管理司、食品经营安全监督管理司、特殊食品安全监督管理司和食品安全抽检监测司。

市场监管总局特殊食品安全监督管理司负责分析掌握保健食品、特殊医学用途配方食品和婴幼儿配方乳粉等特殊食品领域安全形势，拟定特殊食品的注册、备案和监督管理的制度措施并组织实施，组织查处相关重大违法行为。

市场监管总局直属单位食品审评中心与特殊食品有关的职责包括：特殊食品注册、备案的受理、技术审评以及进口保健食品备案等工作。组织开展保健食品原料目录保健功能目录研究和上市后技术评价、特殊食品境内外注册现场核查以及食品生产企业检查相关工作。承担特殊食品注册备案专业档案及品种档案的建立和管理工作。受总局委托，承担国家级食品检查队伍、注册现场核查队伍以及技术审评、食品许可等业务相关专家队伍的建设管理工作。组织开展业务相关的技术培训、咨询服务、国际交流合作等。

各省级市场监督管理部门负责分析掌握保健食品、特殊医学用途配方食品和婴幼儿乳粉等特殊食品领域食品安全形势，拟订特殊食品监督管理的制度措施并组织实施。承担特殊食品生产许可和备案工作。组织查处相关重大违法行为。

（三）我国特殊食品产业特色明显

近年来，特殊食品产业在逐渐夯实基础并形成一定规模的同时，还呈现出以下几个方面特点。

1. 产业结构升级加快，市场供应更加丰富

国民经济持续快速发展和城市化水平的提高，给特殊食品产业发展创造了很大的需求空间，也促进了食品消费需求结构升级变化。近年来，特殊食品产业适应新变化，积极响应国家供给侧改革要求，全力推进结构调整，借助新技术、新经济等现代生产方式和经营模式，创新使用一些新型营养原料配料以及高精尖技术和先进工艺，探索精准定制、数字化技术等提高产品的营养价值，不断丰富花色品种，产品结构向多元化、优质化、功能化方向发展，不断扩大有效和中高端营养健康品供给，满足了市场多层次消费需求，推动特殊食品产业高质量发展。

同时，特殊食品产业不断向上下游深化延伸至原料资源精深加工和综合利用，淘汰低水平、低质量产品，推进行业向健康需求转型，按照提高"品种、质量、品牌、服务"的目标，全力保障婴幼儿、疾病状态、亚健康等重点人群食品的供应。自2015年起，经过6年多的发展，我国特殊食品产量规模稳步增长，有力保障了各类特殊人群的食品供应，基本满足了国民对食品营养、健康、方便的需求。

2. 食品安全得到保障，质量水平不断提高

特殊食品实行了注册审批全球最严、产品出厂批批检验、生产经营需许可、事中事后强监管、监督抽检全覆盖、处罚问责最严厉的监管，产品质量安全水平稳步提升。《食品安全法》及其实施条例对食品生产经营企业推动行业诚信建设和建立食品安全追溯体系提出了明确要求。

国家有关部门出台了《食品工业企业诚信管理体系（CMS）建立及实施要求》和《食品工业企业诚信评价准则》两项行业标准，建立了食品安全追溯体系和综合信息平台。2011 年，工业和信息化部在部分地区开展了婴幼儿配方乳粉等行业诚信体系建设试点工作；2015 年，原国家食品药品监督管理总局制定了《婴幼儿配方乳粉生产企业食品安全追溯信息记录规范》，要求建立和完善婴幼儿配方乳粉生产企业食品安全追溯体系，保障婴幼儿配方乳粉质量安全。2018 年，工业和信息化部批准发布轻工行业标准《婴幼儿配方乳粉行业产品质量安全追溯体系规范》（QB/T 4971—2018）。截至 2021 年 6 月底，"婴幼儿配方乳粉追溯"小程序已接入 80 余家国内主要婴幼儿配方食品生产企业的相关数据，覆盖了国内婴幼儿配方乳粉年产量的 90% 左右，追溯数据量达到 14.2 亿条，全部实现"一罐一码"，标志着国产婴幼儿配方食品追溯体系基本建设完成。有关部门还开发了"婴配乳粉追溯"抖音小程序，为消费者提供了全新的、更加友好的追溯查询方式。2020 年特殊医学用途配方食品、婴幼儿配方食品、保健食品监督抽验合格率分别达到 99.91%、99.89%、99.46% 以上。

3. 技术装备水平较快提升，创新能力明显增强

为解决好关键技术与装备水平不高、自主创新能力弱等突出问题，我国特殊食品产业深入实施技术改造，大力支持关键技术研发与产业化，推进重点装备自主化，特殊食品产业技术装备水平都有不同程度的提升，科技支撑能力增强，对推进特殊食品产业快速发展起到了积极作用。加快新型非热加工、新型杀菌、高效膜分离、微胶囊制剂技术、超临界萃取技术、绿色制造、人工智能等技术升级，开展精深加工技术和信息化、智能化、工程化装备研发，提高关键装备国产化水平。未来我国特殊食品产业应采用世界尖端的生产设备，追求精益求精的生产工艺，制造更加优质的符合中国人营养特点的特殊食品。特殊食品产业在发展过程中，坚持创新成为发展的新动力，创新精神成为企业在激烈的国内外市场竞争中顺利突围的关键。近年来，特殊食品的龙头企业不断增加创新方面的投入，加大技术创新、产品创新、工艺创新、管理创新、渠道创新、营商模式创新，坚持创新激发了企业的活力和市场核心竞争力，促进了企业的快速持续健康发展。

4. 成为解决我国三农问题、落实乡村振兴战略的重要方向

特殊食品产业以农产品为原料，作为农业的延伸，实现转化增值，是相关产业链条最长、最复杂、最全面的行业之一。对于满足和扩大农产品市场需求，促进农业结构调整，推动农业产业化，提高农业的综合效益和市场竞争力，增加农民收入，尽快解决"三农"问题和乡村振兴具有重要的现实意义和深远的战略意义。2018年，农业部下发《关于大力实施乡村振兴战略加快推进农业转型升级的意见》，要求"实施农产品加工业提升行动"。2019年中共中央、国务院下发的《关于深化改革加强食品安全工作的意见》中指出，要推动食品产业高质量发展，推动食品产业转型升级，调整优化食品产业布局，引导食品企业延伸产业链条，建立优质原料生产基地及配套设施。

食品产业与农业紧密相关，食品产业在选址上往往接近原材料产地，例如乳品生产加工企业一般都选在奶牛场附近。因此，食品产业的发展带动了农业发展、农民收入和农村地区发展。发达国家农产品加工能力都在70%以上，加工食品占饮食的90%，食品工业与农业产值之比为（2～3）∶1，而我国仅为（0.3～0.4）∶1，我国农产品加工相关的产业发展潜力很大。特殊食品涉及的产业链条长，产业种类多，特殊食品产业的茁壮发展能带动相关产业链的兴盛，如包装材料、食品加工设备和设施、种植业、养殖业及畜牧业等。特殊食品涉及的农产品原料往往是某个地域的名优、地道农产品，将特殊食品与当地名优品牌培育结合，还可以推动地方经济及产业链的振兴发展，培育具有地方特色的食品产业发展，是振兴乡村经济、促进当地农民增收、推进农业产业化的重要方向。

四、健康中国战略与特殊食品产业发展机遇

国民营养健康事关国民素质提高和经济社会发展。党中央、国务院始终高度重视国民健康工作，并将实施"健康中国"上升到国家战略的高度进行部署，相继出台了一系列重要政策，推动特殊食品产业的发展。

（一）全民营养改善行动奠定了特殊食品产业长远发展的社会基础

营养问题一直是人民群众普遍关心的健康问题，做好营养提升工作是一项重大民生工程。2014年，针对我国食物生产还不能适应营养需求，居民营养不足与过剩并存，营养与健康知识缺乏的实际，国务院办公厅印发了《中国食物与营养发展纲要（2014—2020年）》，突出强调了营养发展的重点人群包括孕产妇与婴幼儿、儿童青少年和老年人。2016年，中共中央、国务院印发了《"健康中国2030"规划纲要》，提出对重点区域、重点人群实施营养干预，重点解决微量营养素缺乏等问题，逐步解决居民营养不足与过剩并存问题，实施临床营养干预。

然而，居民不合理的膳食习惯在短期内较难改变。因此，大力发展营养健康食品产业，针对重点人群分类实施不同营养干预型策略，开发针对不同人群类别的食品，进行分类营养干预，就成为当下社会较为便捷和快速改善营养状况的有效措施之一。为此，2017年，国务院办公厅印发了《国民营养计划（2017—2030年）》，特别提出要发展食物营养健康产业，加快食品加工营养化转型，针对不同人群的健康需求，着力发展保健食品、营养强化食品、双蛋白食物等新型营养健康食品。各项国家政策都对特殊食品在提高居民营养水平、保障健康方面的作用进行了有力支持，鼓励大力发展特殊食品产业，为特殊食品产业的蓬勃有序发展提供了良好的宏观政策环境，奠定了特殊食品产业长远发展的社会基础。

（二）中医药的振兴有力支持特殊食品产业发展

自古以来，我国中医药的保健养生作用深入民心，药膳、食疗等保健养生理念是传统中药保健食品的理论支撑，含有中药成分的保健食品也占到了现有已批准的保健食品的 60% 以上，是保健食品产业的重要组成部分。据天猫数据显示，2019 年我国消费者较推崇的养生保健方式主要是食补、膳食补充剂和运动健身等，其中 57.8% 的消费者养生保健的首选方式为食补，48.6% 的消费者首选方式为保健食品，以中医药理念开发的保健食品受到消费者的普遍欢迎。

2016 年，全国卫生与健康大会上习近平总书记指出，要坚持正确的卫生与健康工作方针，预防为主，中西医并重，将健康融入所有政策。国务院《关于实施健康中国行动的意见》指出，加快推动从以治病为中心转变为以人民健康为中心，动员全社会落实预防为主方针，实施健康中国行动，提高全民健康水平。《中华人民共和国中医药法》提出，国家发展中医养生保健服务，支持社会力量举办规范的中医养生保健机构，发展中医药预防、保健服务。《"健康中国 2030"规划纲要》也明确提出"发展中医养生保健治未病服务"。国务院办公厅印发的《中医药健康服务发展规划（2015—2020 年）》将"加强中医健身产品、中药、保健食品研发"作为重点任务之一。多项国家政策都将发展中医中药的预防保健作用，加强中医理论保健食品的开发作为重点发展方向，提倡继承和发扬传统中医理论，针对我国人群的健康状况和疾病谱，吸收和借鉴国外先进技术，以健康需求为主导来开展针对特定人群的食品研发，建立具有中国特色的特殊食品产业体系。

（三）特殊医学状况人群的营养需求日渐受到重视

随着时代的进步，医学、营养学科学的发展，越来越多的学者、消费者认识到对某些疾病或特殊健康状况人群需要提供特别的营养支持，许多发达国家已经积累了较长的实用历史，证实了特殊医学用途配方食品的合理应用在改善患者营养状况、促进疾病转归、缩短住院时间、节省医疗费用支出等方面都可发挥非常重要的作用。

我国人口众多，有特殊营养需求的人群十分庞大，特殊医学用途配方食品除了适用于正常生理状况下具有特殊营养需求的人群（如婴幼儿、孕产妇、老年人）、病理状况下具有特殊营养需求的人群（如糖尿病、肾病、肿瘤等各种疾病患者和手术后恢复等人群），还适用于特定疾病情况下的精准营养使用目的，特殊医学用途配方食品对特殊医学状况人群的营养改善作用日渐受到重视。

（四）后疫情时代催生特殊食品发展新活力

2020 年新冠肺炎疫情的发生，使得全民营养健康意识普遍得到提升，消费者对健康的追求极其迫切，健康意识不断增强，特殊食品成为消费者的消费焦点。与此同时，全民在应对疫情的过程中，已显著提高了认识科学、了解科学的意识，对产品的选择则更注重其科学化和技术含量。整个产业界也越来越认识到，只有坚持品质为重、质量为上，以品质为根，以品质立企，让老百姓真正吃到真营养、真健康的食品，才是企业和产品获得长久市场竞争力的王道。越来越多的企业认识到，要着力提升经营管理水平，加强产业链配套，加强个性化定制，从品类功能上满足消费者营养健康的个性化、差异化、品质化需求，才能不断满足人民日益增长的美好生活需要。

五、特殊食品产业持续健康发展面临的挑战

总体来看，在各项国家政策的指引和强劲消费需求的拉动下，特殊食品产业发展空间巨大。但在看到美好前景的同时，产业仍需正视存在的问题和不足。当前特殊食品产业新产品、新业态、新模式、新消费发展动力不强，企业管理思路、技术创新、产业升级等还不适应产业发展需求，特殊食品产业持续健康发展面临着艰巨的挑战。

（一）产业结构体系需进一步健全，产业规模有待扩大

特殊食品产业 2019 年产值约 6000 亿元，相较于食品工业最高峰 12 万亿元的体量来说，在食品工业中整体比例还较低，产业规模有待进一步扩大。特殊食品产业发展中一些长期存在的问题虽有缓解，但要根本解决还需要一个较长的阶段。从工业组织结构看，大中型企业偏少，规模化、集约化水平低，"小、散、低"的格局没有得到根本改变。从安全保障条件看，特殊食品加工企业原料保障、食品加工、产品营销的有效衔接不足；国产装备在卫生保障性、成套性、可靠性和安全性等方面仍有较大提升的空间，一些关键环节的生产装备、食品品质在线监测以及分析与检测仪器等还依赖进口；食品质量标准体系尚不完善，食品安全监管机制有待健全，检测、监测技术保障能力亟须加强。从企业素质提升看，一些企业食品安全责任落实不够，诚信道德文化建设滞后，少数生产者道德缺失，不讲诚信，以普通食品冒充特殊食品，成为特殊食品产业发展的害群之马。这些问题的存在制约着特殊食品产业的进一步发展，也成为今后工作要破解的重点。

（二）创新驱动能力尚需加强，产品质量升级仍有提升空间

随着我国经济持续增长，人民群众的健康需求不断提升，多层次、多样化健康服务需求持续增长。同时，社会更加注重健康公平，要求不断缩小区域、城乡、不同人群之间的健康差距。当前特殊食品产业面临的突出问题是发展不平衡、不充分，如保健食品产品同质化现象较为普遍，婴幼儿配方食品也有此现象。特殊医学用途配方食品因在我国发展较晚，基础相对薄弱，成为特殊食品产业难以满足消费需求的重要原因，同时也对监管工作提出了新的要求。未来要把推动技术创新、解决市场供需不平衡放在重要位置。

特殊食品产业的创新能力方面还存在不足，一些中小型企业自主研发能力不强，产品低水平重复等问题比较普遍，导致在国际竞争中处于

劣势。技术水平和规模化程度仍不高,技术创新不足,产业尚未进入创新驱动发展的良性轨道,特殊食品企业仍处于拓宽资源来源渠道和提高原料产量等简单的规模化扩张阶段,亟须调整产业发展战略,推进产业转型升级。应针对一般人群、特定人群和家庭的个性化营养需求,大力开发精准的、个性化的产品,积极推进公众营养健康的全面改善,以科技引领营养均衡靶向设计与健康干预定向调控,不断开发高水平的新产品,升级产品服务。

(三)企业数字化转型亟待推进,高质量发展需大力推动技术革新

推进特殊食品产业转型升级是实施"制造强国"战略的必然选择,是满足消费新需求的现实需要,是有效应对困难挑战的重要举措。特殊食品产业从生产到销售整个产业链的发展模式正在发生深刻变革。利用数字化可以再造企业的运营模式、组织模式、研发模式、生产模式和商业模式,为消费者提供高质量的特殊食品和更好的服务。随着新技术的发展,能源计量分析系统、ERP(企业资源计划管理系统)和仓库管理系统、SCADA(数据采集与监视控制系统)、MES(生产过程执行系统)、PLM(产品生命周期管理)、工业机器人、智能装备、人工智能应用、大数据分析与营销、智能供应链等成为产业的发展热点。以智能装备为基础,信息系统和大数据相结合,以人工智能为代表的数字化制造、智能制造已经成为未来发展的风向标。目前,特殊食品产业的数字化转型升级只有少数龙头企业刚刚起步,整个行业应着重加速数字化转型升级,不断增强营养健康食品精准制造技术水平与开发能力,满足广大消费者不断升级的"安全化、营养化、功能化、便捷化、个性化和精致化"的健康消费新需求。

目前,国内外正处于数字化时代,数字化转型将成为特殊食品产业"十四五"的"新引擎",成为未来新的重要增长点,成为行业发展的核心动力。每个企业都有海量的大数据,对海量大数据的解读运用才是关

键。并不是每个企业想不想数字化转型，而是转型起步越早，数字化带来的红利可能会越显著。特殊食品企业要加快建设数据中台与业务中台，从消费者端发轫，全面切入供应链、生产端，促进特殊食品产业的数字化革新。抓住两个关键应用环节，第一是追溯应用，实现全产业链或全过程可追溯；第二是智能应用，以智能算法为全产业链或全过程提供预测与建议，从自动化走向智慧化，成就"智能工厂"和"智慧供应链"。实施产业布局优化、技术研发攻关、工艺装备提升、市场品牌培育、新业态和新模式塑造。顺应消费升级新趋势，把握不同消费群体消费习惯，提高研发水平，加快产品更新换代，必须加快推动特殊食品产业从量的扩张向质的提升转变。

（四）产业链供应链仍有薄弱环节，自主可控能力有待提高

要大力推动特殊食品产业链、价值链、供应链同步提升，提高特殊食品产业的质量效益和整体竞争力。要强化创新引领，延伸产业链、提升价值链、打造供应链，加快推动特殊食品产业转型升级。

1. 产业链尚不完善，"产业集群度"比较低

产业链是从产业（或者行业）的角度，在产业或行业间形成的经济链条，对应着产业的上游和下游。产业链成熟与发达的重要标志之一是产业集群的出现，"产业集群度"是考量国民经济健康发展程度的重要指标。产业集群的出现能够推动经济发展、提升区位优势，增强创新能力、消除区域内不平衡。不同区域的所有集群构成的产业链竞争力最终演化成国家的产业竞争力。目前，我国特殊食品产业链尚不完善，部分主要原辅料、设备设施在国内没有形成完整的产业链，仍存在薄弱环节，"产业集群度"比较低，特别是缺乏能够进行全产业链生产经营的企业。保健食品产业集群主要在广东、浙江、江苏、山东等省份，婴幼儿配方乳粉产业集群比较鲜明的有黑龙江、陕西、内蒙古和河北四省，特殊医学用途配方食品产业还未形成鲜明的产业集群。

2. 关键原辅料供应链尚不完善，卡脖子问题普遍存在

目前，我国特殊食品企业的供应链尚不完善，卡脖子问题依然普遍存在，高质量的原材料供应对国际市场依赖程度高。婴幼儿配方乳粉、特殊医学用途配方食品行业供应链存在突出短板，国际供应链安全体系存在很大隐患，关键的原辅料在数量、质量、价格、成本等方面完全受制于国外供应商，属于典型的"卡脖子"原料。如乳清粉、乳清蛋白粉、乳糖、酪蛋白酸钠、乳铁蛋白等关键性乳蛋白质类原材料自给率很低，主要依赖进口。

（五）特殊食品社会认知度不高，科普宣传教育有待深入

目前，社会各界对特殊食品的了解和认识比较粗浅。很多人对保健食品的认识还停留在与疾病治疗相混淆的状态，对保健食品的科学功能不甚理解，极易被夸大宣传所误导。疾病状态或特殊代谢障碍人群对特殊医学用途配方食品的认识现状更是有限，甚至一些临床工作者和营养师，都对营养支持在辅助治疗、改善患者营养状况、促进患者康复、缩短患者住院时间、节省医疗费用等方面的作用了解甚少，与发达国家还存在较大差距。特殊食品产业在我国仍然属于发展初期，需要大力推广，坚持科学引导。

2020年初，健康中国行动推进委员会办公室发布的《推进实施健康中国行动2020年工作计划》提出将"健康知识普及行动"列为专项行动重点任务之一，因此，大力开展营养健康宣传教育和科普行动，将是"十四五"期间的重要任务。科普宣传教育，需要进一步厘清政府、企业、媒体、个人等在营养健康消费方面的责任和义务，凝聚政府、社会团体和产业界、消费者等各方力量，采取多种方式开展，以帮助消费者树立科学的营养观、健康观、消费观，不断提高居民健康素养，促进营养健康食品的科学、健康、理性消费。因此，大力开展特殊食品的科普宣传将是"十四五"期间推进特殊食品产业深入发展的首要任务。

总而言之，"十三五"以来，我国特殊食品产业的发展取得了长足

进步，特殊食品作为一种重要的健康产品，是百姓高品质生活的保障，更是大健康产业的重要组成部分，在为社会带来经济效益的同时，也为提高国民素质、推进健康中国建设作出了积极重要的贡献。随着小康社会全面建成，乡村振兴战略的实施，城镇化步伐的不断加快，居民可支配收入持续提高，消费者对特殊食品的营养与健康要求将向多元化、高端化、品牌化、差异化、个性化转变，特殊食品产业的发展将会更加蓬勃旺盛。

未来十年，是特殊食品发展的重要战略机遇期，机遇和挑战并存，机遇大于挑战。既应看到特殊食品产业目前转型升级期间的新挑战、新形势、新问题，更应看到这种转型升级带来的新机遇、新动力、新需求，遵循特殊食品产业本身固有的、本质的、必然的发展规律，同时又要不断创造条件，发挥特殊食品企业的主观能动性，不断推进特殊食品产业高质量发展。

要坚持风险预防机制，拓展发展新空间。要深入研究新冠肺炎疫情常态化对特殊食品产业的冲击，做好长期准备，建立应对机制，采取有效措施，化解特殊食品产业安全风险。保证产业链、供应链的安全。特殊食品产业要研究新变化、新模式、新业态，调整产品结构，增强产业韧性，拓展发展新空间。

要坚持双循环战略，融入发展新格局。牢牢把握扩大内需这个战略基点，打造优质原料基地，保障内需供应。集聚优势科技力量，突破卡脖子技术，推动产业链自主可控。加大科研投入，开发中高端产品，不断满足人民对美好生活的需求。全方位、多层次、多元化参与国际大循环。推动形成特殊食品产业大循环为主体、国内国际双循环相互促进的新发展格局。

要坚持科技创新，形成发展新动能。特殊食品产业要科学谋划，求真务实，做好行业"十四五"发展规划。要集中优势力量，加强关键共性技术协同攻关，力争在营养靶向设计技术、精准营养供给技术、智能健康管理技术等方面取得突破。以科技创新和技术进步，形成我国特殊食品产业发展的新动能。

要坚持数字化引领，形成发展新引擎。特殊食品产业要主动适应数字化浪潮，积极运用数字化工具，通过数字化引领行业不断创新。以消费者为中心，以全产业链为切入点，建立线上、线下"双中心"，实现信息化、数字化"双融合"，通过全产业赋能增效，努力为消费者提供更高品质的产品和服务。

要坚持品牌战略，形成发展新优势。紧跟消费趋势，提升供给能力，把老品牌优势和新市场需求结合起来，把提升品牌影响力和定制化生产结合起来，从品种功能上满足消费者个性化、差异化、精细化需求。鼓励高端制造，提升营养水平，提高科技含量，向消费者提供优质的特殊食品。鼓励发展自主品牌，形成特殊食品产业新发展优势。

可以预见，作为创新经济增长方式的代表，特殊食品产业持续秉承创新、协调、绿色、开放、共享的发展理念，以人民健康为导向，深化供给侧结构性改革，依靠科学技术的不断进步，势将成为我国食品工业中最有发展前景的朝阳产业。

（编写人员：张守文、吕燕妮、卢友锋）

保健食品篇

◎ 产业发展历程

◎ 管理制度

◎ 产业现状

◎ 产业发展趋势

保健食品是声称并具有特定保健功能或者以补充维生素、矿物质为目的的食品。即适用于特定人群食用，具有调节机体功能，不以治疗疾病为目的，并且对人体不产生任何急性、亚急性或慢性危害的食品。根据《食品安全国家标准 保健食品》（GB 16740—2014），我国保健食品分为营养素补充剂和功能性保健食品两大类。一是营养素补充剂，是指以补充维生素、矿物质为目的而不提供能量的产品，其作用是补充膳食供给的不足，预防营养缺乏和降低发生某些慢性退行性疾病的风险。二是功能性保健食品，是指具有某种或多种法定功能声称，如增强免疫力、辅助降血脂、抗氧化等。同时，从定位角度，保健食品属于食品，是食品中的一个种类，但不同的是保健食品具有调节机体功能的作用并仅适宜于特定人群，而且与药品有显著区别，不具有治疗疾病的目的。

相对于其他规模较大类别的食品行业而言，保健食品的产业规模和消费规模都无法与之相比，但随着保健食品对健康的积极作用正在得到更广泛的认知和共识，特别是新冠肺炎疫情以来，由于保健食品有助于提升相应人群的免疫力，从而在预防或降低传染性疾病风险方面也有一定的积极作用，因此，对保健食品的消费需求有所提升。可以预见，在"健康中国"建设中，保健食品产业具有更广阔的发展前景。

本篇通过对我国保健食品的发展历程、产业规模、产品功能和配方等方面的客观描述，展现了我国保健食品的产业现状和未来发展前景，同时对我国相关的产业政策、法规标准也做了较为详细的介绍。

第一章
保健食品产业的时代特征

　　需求是任何产业产生和发展的基础，更是市场形成和发展的基础。虽然我国保健食品产业的发展轨迹显现出较大的起伏，但随着我国经济社会的发展，人民群众对健康的需求不断增长，为保健食品产业的发展奠定了基础。

　　通过对大量的现象观察和案例数据的分析发现，近些年的健康需求以及健康产业发展的基础政策发生了一些新变化和新特点。一是健康需求正在跨越代际；二是老龄群体健康需求的质量刚性需求明显提升；三是大众对保健食品的认识正在趋于科学和理性；四是基础政策的支持力度加大。

一、健康需求呈现跨越代际的新特点

（一）疾病的代际跨越引发关注

　　长期以来，更多的认知是老年群体才会关注自身的健康，相对于老年群体，中青年群体对健康的关注明显不高。但是，由于非传染性疾病等的代际跨越，导致很多过去大多数在老年人群高发的非传染性疾病出现了低龄化、年轻化的现象，这种现象对年轻群体产生了不小的影响。我国的疾病谱已经从传统的以传染性疾病为主转变为以慢性病为主。更令人担忧的是，以高血压、糖尿病为代表的一些慢性病已呈现年轻化发展趋势，35～65 岁人群中患有慢性疾病的人数明显增加，严重影响居民的生活质量和身体健康。

科学研究已经证实，饮食及营养摄入量对慢性病的发生与控制有较大影响。党和政府对营养与健康非常重视，2014 年 10 月，原国家卫生和计划生育委员会印发了《中国居民慢性病与营养监测工作方案（试行）》，对中国成人慢性病与营养、中国食物成分等进行监测。2017 年 6 月，国务院办公厅印发《国民营养计划（2017—2030 年）》，2019 年，国务院印发《关于实施健康中国行动的意见》，在国家层面出台了《健康中国行动（2019—2030 年）》，明确提出，我国将针对心脑血管疾病、癌症、慢性呼吸系统疾病、糖尿病这四类重大慢性病开展防治行动。健康中国行动将监测、检测、早诊早治、规范化治疗等建议贯穿四类重大慢性病防治行动，在策略上从注重"治已病"向"治未病"转变，从个人、社会和政府方面提出具体的防治防控方案，我国对这四类重大慢性非传染性疾病正在进行"攻坚战"。由于非传染性疾病等的代际跨越，健康需求也同样正在跨越代际，形成绝大多数人的重要需求。

（二）中青年群体的健康意识显著提升

随着居民生活水平的稳步提高和市场供给端的长足进步，健康消费逐渐成为新的消费热点。但随着非传染性疾病等向中青年群体的蔓延，中青年群体的健康意识显著提升。中国社会科学院食品药品产业发展与监管中心在 2021 年 5 月对 18～40 岁人群的调查显示，75% 的被调查者认为"我明显比以前更加关注健康了"。在调查的 18～24 岁群体中，57% 的人对自身健康的满意度较高，但随着年龄的增长，健康满意度自我评估明显降低，在调查的 56～65 岁年龄段中，对自身健康的满意度仅有 35%。此外，对于"您认为养生是人生必修课吗，应该从什么时候开始养生呢？（单选）"的提问，66.99% 的受访者认为"是必修课，养生从娃娃抓起"；20.41% 的受访者认为"是必修课，养生从青少年时期开始"；6.06% 的受访者认为"是必修课，养生从中年开始就行"；0.54% 的受访者认为"是必修课，养生从年老时期开始"；5.7% 的受访者认为

"不是必修课，顺其自然就好"；0.3%的受访者认为"不是必修课，没必要养生"。2021年5月的另外一项调查，在所有受访者中明确表示不会买保健品的仅有5.6%，比2020年类似相关调查减少了31.5个百分点。在表示会购买的受访者中，27.1%的人会给自己买，21.7%的人会给父母或其他长辈买，45.6%的人既会给父母长辈买、也会给自己买。可以看出，对健康的关注不仅仅集中在老年群体，已不断向中青年群体扩展延伸。曾经有调查显示，近些年来，中青年群体的健康消费快速增长，大幅上升，与老年群体关注降低慢性疾病风险和延年益寿不同，中青年群体更关注自身的现实健康状态对工作和生活的现实影响以及未来预期的影响，相应的，健康需求正在明显跨越代际。

（三）中青年群体的健康消费意愿明显增长

健康需求正在跨越代际的特征之一，就是年轻群体对保健食品和相关产品消费的绝对增长和比重的增长。2020年，最后一批90后也已经30岁，意味着90后正在成为职场、社会的主力军。与此同时，他们也承担着更多更重要的责任。所以加班、熬夜、缺乏运动比较常见，随之而来的则是失眠、肥胖、脱发、"三高"等健康问题。据中国青年网报道，随着民众健康意识提升，减肥族、跑步族、养生族越来越多。如今还出现了一种新的现象，购买保健食品的主力军除了中老年人，90后正后来居上，占比已经超过25%。来自"2020中国生命小康指数"的调查同样显示，在保健食品购买者中，90后占比达25.01%，有21.9%的90后一直在食用保健食品；在关注保健食品的人群中，有近一半都是90后。

（四）中青年群体健康消费的市场正在扩大

市场也反映出健康需求正在跨越代际。根据第一财经商业数据中心报告显示，约40%为90后，而且90后人群占比持续增长，消费人群日趋年轻化。各类细分功能的保健食品更受到消费者的喜爱。从发展前景来看，细分人群、细分需求都成为保健食品发展的关键。保健食品市场呈现出用户年轻化、产品爆款化、渠道电商化的新特征。随着90后、95后人群开始注重养生，保健食品消费群体正逐步转向年轻消费者，作为养生类代表性产品的保健食品，越来越受到年轻消费者的青睐。

第一财经商业数据中心发布的一份2020年度中国年轻人线上消费方式的报告显示，90后正成为购买保健食品的新生力量，年轻消费群体购买的保健食品与老年消费群体有本质区别。通过调查发现，年轻消费者需要补充维生素C时，不是买一瓶药片，而是买橙子味的"多维软糖"，以吃软糖、果冻的形式，对自身进行必要的膳食补充。85后、90后、95后十分青睐"零食形态"的保健食品。软糖和果冻这类"零食形态"保健食品，成为近年来天猫平台上增长速度最快的保健食品形态。据天猫国际数据显示，以助眠保健食品为代表的进口保健食品消费连续两年保持高增长，其中软糖型、果冻型保健食品的销售额和销售件数年增幅分别达到377%和352%，成为进口消费趋势新品。

健康需求跨越代际，是保健食品市场消费者年轻消费群体增长的原因之一。由于信息获取渠道的便利化和新兴媒介的快速发展，一方面，相较于老一辈来说，年轻人接触到的信息更为广泛、知识面也更加丰富，所以他们自身对于保健食品的认知更加理性客观；另一方面，网购依然是年轻人比较擅长的消费方式，活跃在网络平台的也大多是年轻人。据某电商平台的数据显示，"618"活动期间，很多保健食品均呈现增长态势，其中蛋白粉同比增长751%、维生素类产品同比增长387%，在这些消费者中，95后、00后俨然成为消费主力，活跃用户同比增长126%。此外，保健食品行业越来越透明化并被年轻消费者逐渐接受，随之建立起相应的品牌和产品认知。

（五）新冠肺炎疫情进一步催生健康需求

2020年新冠肺炎疫情在全球快速蔓延，老年人由于免疫功能低下成为新型冠状病毒感染的高危人群，由此，人们意识到人体免疫力的重要性，许多老年人希望通过服用适合自身需求的保健食品及相关产品来提高免疫力。

需要保护和提升免疫力的不仅是老年人，年轻人在防控需求的同时，还由于疫情期间长期居家、长久居坐办公室、缺乏运动健身等可能导致免疫力下降等原因，对保健食品产生了更多的需求。除了通过日常健身运动，服用适合自身的保健食品是提高免疫力更方便直接的方法，并且逐渐成为人们日常健康管理的一部分。

特别需要指出的是，新冠肺炎疫情期间保健食品的销售显著增长。第一财经商业数据中心统计显示，2020 年 2 月天猫国际保健品类浏览量环比增长 40%。受新冠肺炎疫情影响，消费者对健康的关注度有所提升，对后续保健食品市场发展有一定积极影响。

二、老年人健康需求更加刚性化、精准化

（一）老年人健康需求更加刚性化

由于非传染性疾病在全球大幅度快速增长，不仅对人类健康和生命造成巨大损害，而且使各国财政不堪重负。2011 年 9 月 19 日，联合国大会通过了《关于预防和控制非传染性疾病高级别会议的政治宣言》，与会代表一致认为，非传染性疾病给公共卫生、经济发展乃至社会政治带来现实影响。《健康中国行动（2019—2030 年）》显示，心脑血管疾病是我国居民第一位死亡原因，全国现有高血压患者 2.7 亿，脑卒中患者 1300 万，冠心病患者 1100 万；我国每年新发癌症病例约 380 万，死亡约 229 万，发病率及死亡率呈逐年上升趋势；以哮喘、慢性阻塞性肺疾病等为代表的慢性呼吸系统疾病总患病人数近 1 亿；糖尿病患病超过 9700 万。目前我国心脑血管疾病、癌症、慢性呼吸系统疾病、糖尿病等慢性非传染性疾病导致的死亡人数占总死亡人数的 88%，导致的疾病负担占总疾病负担的 70% 以上。对此，曾有呼吁：再不宣战，非传染性疾病将夺去更多的健康和生命。2012 年 5 月 8 日，原卫生部等 15 部门

印发《中国慢性病防治工作规划（2012—2015 年）》，这不仅仅是响应联合国和世界卫生组织的呼吁，更是标志着我国公共卫生政策的重大转变。2019 年，《国务院关于实施健康中国行动的意见》印发，国家层面出台《健康中国行动（2019—2030 年）》，明确提出，我国将针对心脑血管疾病、癌症、慢性呼吸系统疾病、糖尿病这四类重大慢性病开展防治行动。

毋庸置疑的是，老年人群是非传染性疾病最大的人群，而我国又是世界上人口规模最大的国家。近年来，我国老龄化程度持续增加，2019 年，我国 60 岁以上老年人口 2.54 亿，占世界老年人口总数的 20%，老龄化水平达到 18.1%。第七次全国人口普查显示：2020 年，我国大陆地区 60 岁及以上人口为 2.64 亿人，占总人口的 18.70%，其中 65 岁及以上人口为 1.9 亿人，占 13.50%。与 2010 年第六次全国人口普查相比，60 岁及以上人口的比重上升 5.44 个百分点，65 岁及以上人口的比重上升 4.63 个百分点。预计到 2025 年，60 岁及以上人口将达到 3 亿，成为超老年型国家。

对于我国庞大的老龄人口群体而言，其健康状况不容乐观，是心脑血管疾病、癌症、慢性呼吸系统疾病、糖尿病这四类重大慢性病的高发人群。有统计显示：截至 2018 年年底，我国患有一种以上慢性病的老年人高达 75%，失能或部分失能老年人达到 4000 万。中国慢病和危险因素监测数据显示，60 岁以上的老年人群高血压患病率高达 58.3%，糖尿病的患病率达 19.4%。2014 年，慢性阻塞性肺疾病监测的数据显示，60 ～ 69 岁的老年人患病率达到 21.2%，70 岁以上达到 29.9%。2017 年发布的第四次口腔流行病学调查显示，我国 65 ～ 74 岁老年人群全口失牙率达到 4.5%。2018 年，我国首次完成了骨质疏松全国流行病学调查，结果显示 65 岁以上老年人群骨质疏松患病率高达 32%。据统计，65 岁以上老年人群死亡前三位的原因为心血管疾病、脑血管疾病和恶性肿瘤，三者合计占老年人群死亡的 70% 以上。研究表明，老年人口对医疗服务的需要量远高于其他人群，人口老龄化将不可避免地带来医疗费用的增长。尤其是在我国现行职工基本医保制度框架下，退休人员及其原单位不再缴纳医疗保险费，将出现缴费人群相对缩小、享受待遇人群持续扩大的"系统老龄化"趋势，给医保筹资和待遇支付带来巨大挑战。不断加速的老龄化不仅给医疗保险基金支出带来显著压力，也对深化医保筹资补偿机制改革提出了新的要求。为此，国家正陆续出台措施推进"健康老龄化"。2019 年国家卫生健康委等 8 部门联合印发《关于建立完善老年健康服务体系的指导意见》，规划了到 2022 年老年健康服务体系的建设目标。

（二）老年人健康需求更加精准化

现实中，老年群体健康需求的刚性明显高于其他年龄群体。老年群体健康的现实状况，使得老年人更加关注自身的健康状态和健康质量。根据日本高龄者临终医疗学会宫本二医师的调查，在欧美国家，有 20% 的老人在医院过世，基本没有长期卧床的老人，而亚洲却相反。仅 2016 年，我国失能和部分失能老人达到 4000 万，这些老人的生活质量和生存质量大多不高。近些年来，提高晚年的"生活质量""生存质量"正在成为新理念和新需求，老年人希望做到"青山不老，看尽五彩人间"而不仅仅是延长生命。这样的理念获得越来越多的共识，在这种共识下，老年群体在支付能力不断提升的背景下，健康需求的质量刚性明显提高，正在追求由"长寿老人"向"做健康长寿老人"的转变。

保健食品是提高老年健康质量的选择之一，从保健食品多年的销售看，老年群体始终是一个比较稳定而且具有一定规模的消费群体，研发好适合老年群体的产品，对保健食品企业的发展具有重要的意义。

三、公众对保健食品的认知趋于科学理性

无论理论还是实践都证明，市场可以通过消费者的购买行为和购买选择，向上游厂商传递相应的信号。一方面，厂商会根据这些信号开发

产品、组织生产和开展营销,以适应市场需求,甚至对厂商行为产生一定程度上的约束;另一方面,厂商也会对市场制造和传播信号。诱导消费行为和消费选择。在这个过程中,如果消费者对保健食品的认知越科学、越理性,不仅有利于自我保护,也有利于对厂商行为的约束。

相当一段时期,由于消费者对保健食品认知的科学理性程度不高,市场向厂商传递的信号中不确定性较多,这种状况使一些不良厂商故意甚至违法违规地制造一些夸大甚至虚假的信号传入市场,侵害消费者的合法权益。对于这种现象,主要需要通过政府的监管和有效治理予以惩罚和整治,同时,通过消费者自主消费和"用脚投票",使择优汰劣的市场机制更充分地发挥出来。正是基于这个原因,2019年5月,市场监管总局出台了《关于开展保健食品"五进"专项科普宣传活动的通知》,希望不断提升公众的科学和健康素养水平,培育科学理性的保健食品消费能力。

近些年来,我国居民健康素养总体水平继续稳步提升,2020年达到23.15%。通过提升公众的科学和健康素养水平,培育消费者的风险意识,引导消费者科学理性消费。经过多方面的共同努力,公众对保健食品的认知正在趋于科学和理性。2021年5月,有权威媒体针对保健食品进行了一项调查,并从对保健食品认知的角度向受访者提出了5个问题,对这些问题的回答,基本上反映了消费者对保健食品的认知。

问题1:您认为保健食品对您的健康起到帮助了吗(单选)?57.5%的受访者认为非常有帮助;27.01%的受访者认为有帮助;3.06%的受访者认为没有帮助;4.56%的受访者认为说不清。

问题2:您使用保健食品的目的是什么(多选)? 67.47%的受访者回答日常保健;51.08%的受访者回答膳食补充;75.69%的受访者回答改善身体功能;63.57%的受访者回答延缓衰老;82.47%的受访者回答提升免疫力;37.82%的受访者回答疾病辅助治疗;5.82%的受访者回答其他。

问题3:您对保健食品是否有顾虑,顾虑来自哪些方面(多选)?

64.71% 的受访者回答产品是否安全；58.4% 的受访者回答成分是否真实；58.64% 的受访者回答功效是否可见；50.36% 的受访者回答品牌是否可信；49.28% 的受访者回答渠道是否正规；49.4% 的受访者回答厂家是否规范；50.6% 的受访者回答价格是否合理；41.72% 的受访者回答售后是否靠谱；38.78% 的受访者回答产品、商家或经销商是否存在欺骗和诱导；25.27% 的受访者回答没有顾虑；1.92% 的受访者回答其他。

问题 4：您如何看待家人购买的保健食品（单选）？ 56.96% 的受访者回答非常认可；26.17% 的受访者回答比较认可；10.68% 的受访者回答一般、没感觉；6.18% 的受访者回答感觉没什么用。

问题 5：在您看来，保健食品行业需要改进的地方有哪些（多选）？61.8% 的受访者认为产品的安全性和功效性有待提升；35.65% 的受访者认为需要改进产品同质化现象；76.59% 的受访者认为保健食品科普和教育需要加强；45.38% 的受访者认为营销模式需要进一步规范；60.8% 的受访者认为产品宣传要更加真实可信；44.54% 的受访者认为定价应更加公开透明；2.88% 的受访者选择了其他。

通过近些年的一些调查对比可以看出，我国公众对保健食品的认知正在趋于科学和理性。大多数被调查者对保健食品持肯定态度，对保健食品行业的进一步改进和提高有所期许；仍然有一部分被调查者对保健食品的认识还存在误区，并且对产品质量、价格、品牌和经营行为等有所顾虑；近八成被调查者认为保健食品科普和教育不够，亟须加强，反映出消费者科学理性消费保健食品的强烈意愿。

四、健康中国行动推动保健食品产业加快发展

党的十八大以来，以习近平同志为核心的党中央坚持以人民为中心，把人民健康放在优先发展的战略地位，树立"大健康、大卫生"理念，提出了新时期卫生健康工作方针。2016 年 8 月，习近平总书记在全国卫生与健康大会上发表重要讲话指出：没有全民健康，就没有全面小

康；要把人民健康放在优先发展的战略地位；努力全方位、全周期保障人民健康；要坚定不移贯彻预防为主方针，努力为人民群众提供全生命周期的卫生与健康服务；把以治病为中心转变为以人民健康为中心，建立健全健康教育体系，提升全民健康素养。习近平总书记还特别要求将健康融入所有政策。《中共中央关于制定国民经济和社会发展第十四个五年规划和二〇三五年远景目标的建议》中提出，要全面推进健康中国建设，把保障人民健康放在优先发展的战略位置，坚持预防为主的方针，深入实施健康中国行动，完善国民健康促进政策，织牢国家公共卫生防护网，为人民提供全方位全周期健康服务。还要求提升健康教育、慢病管理和残疾康复服务质量，重视精神卫生和心理健康。深入开展爱国卫生运动，促进全民养成文明健康生活方式。完善全民健身公共服务体系。加快发展健康产业。

从这些基础政策调整和变化看出，党和政府对健康产业的支持力度不断加大，并且正在转化为更多具体的行动和实施方案。在《"健康中国 2030"规划纲要》发布后，2019 年《国务院关于实施健康中国行动的意见》印发，国务院办公厅印发《健康中国行动组织实施和考核方案》，国家层面印发《健康中国行动（2019—2030 年）》，这 3 个文件被统称为健康中国行动有关文件。《"健康中国 2030"规划纲要》是我国健康领域的首个中长期规划，明确了卫生健康事业的宏伟蓝图和行动纲领。如果说规划纲要是"总纲"的话，这次健康中国行动有关文件就是推进健康中国建设的"路线图"和"施工图"。

与以往不同的是，健康中国行动有关文件指出不仅仅要开展健康的宣传倡导，而且聚焦当前人民群众面临的主要健康问题和影响因素，开展 15 个专项行动。具体说，其特点可以概括为实现"四个转变"：一是在定位上，从以治病为中心向以人民健康为中心转变；二是在策略上，从注重"治已病"向注重"治未病"转变；三是在主体上，从依靠卫生健康系统向社会整体联动转变；四是在行动上，努力从宣传倡导向全民参与、个人行动的转变。政府、社会、家庭和个人要行动起来，共担健康责任，共享健康成果。

特别需要指出的是，健康产业在承担国民健康重任的同时，还承担着我国经济发展转型升级和高质量发展的重任。在新的发展中，要努力把健康产业培育成为国民经济重要的带动产业，加大改革力度，充分调动社会力量，加快发展内容丰富、层次多样的健康服务业，实现基本和非基本健康服务协调发展。这是满足群众迫切需要、提升全民健康素质、保障和改善民生的又一重大举措，也是提升服务业水平、有效扩大就业、形成新的增长点、促进经济转型升级的重要抓手。

这些政策的制定和行动方案的实施，将使健康产业长期享受政策红利，而对作为健康产业组成部分的保健食品产业，无疑创造了健康和可持续发展更好的外部发展环境，为我国健康产业的转型升级奠定了更加扎实可靠的政策基础。

第二章
我国保健食品管理制度

一、监管历史沿革

我国保健食品监管已走过 30 多年的历史。保健食品监管制度及政策经历了多次变化、调整，从监督管理的视角看，其历史沿革可划分为 4 个阶段：分别是原卫生部监管时期、原国家食品药品监督管理局监管时期、原国家食品药品监督管理总局监管时期和现市场监管总局监管时期。

（一）原卫生部监管时期（1987—2003 年）

20 世纪 80 年代初，随着人们保健意识和需求的增强，市场上出现了很多声称具有一定保健功能，但与传统食品原料和形态存在较大差异的食品。同时，还出现了以滋补营养、保健康复为主，但治疗作用不明显或无治疗作用的产品。1987 年，原卫生部出台了《禁止食品加药卫生管理办法》和《中药保健药品的管理规定》，明确"特殊营养食品""传统加药食品""中药保健药品"由省级卫生行政部门负责审批，首次确定了我国对保健食品之前的类似食品进行单独监管。

1995 年《食品卫生法》规定了国家对保健食品实行上市前的注册管理制度。1996 年原卫生部制定发布了《保健食品管理办法》，开始对保健食品实行注册许可和生产许可管理，并在中药序列中取消了中药保健药品类别，停止审批中药保健药品；同年颁布了《保健食品标识规

定》和《保健食品功能学评价程序和检验方法》，规范了保健食品标识
和保健功能声称的管理；1997 年发布了《保健（功能）食品通用标准》
（GB 16740—1997）；1998 年发布了《保健食品良好生产规范（GMP）》
（GB 17405—1998）；2002 年发布了《关于进一步规范保健食品原料管
理的通知》，具体见表 2-1。

表 2-1　第一阶段保健食品监管主要法律法规标准

颁布时间	法律法规标准	颁布机关
1987 年	《禁止食品加药卫生管理办法》	原卫生部
1987 年	《中药保健药品的管理规定》	原卫生部
1995 年	《中华人民共和国食品卫生法》	全国人民代表大会常务委员会通过
1996 年	《保健食品管理办法》	原卫生部
1996 年	《保健食品标识规定》	原卫生部
1996 年	《保健食品功能学评价程序和检验方法》	原卫生部
1997 年	《保健（功能）食品通用标准》（GB 16740—1997）	原国家技术监督局
1998 年	《保健食品良好生产规范》（GB 17405—1998）	原国家技术监督局
2002 年	《关于进一步规范保健食品原料管理的通知》	原卫生部

　　这一阶段由原卫生部一个部门独立负责保健食品监管工作，将省
级卫生行政部门审批的产品收归国家统一管理；明确了产品按照食品类
别实施注册管理，主要对产品的安全、功能和说明书进行审查。与此
同时，取消中药保健药品；初步建立了保健食品注册审批、GMP 管理、
生产许可、原料名单分类管理、功能声称管理、检验管理和标识管理等
制度。据不完全统计，截至 2003 年，原卫生部共批准保健食品 5100 余
个。本阶段保健食品文号的调整与变动情况如下。

1. 国产保健食品

　　1996.11.04——卫食健字（96）第 *** 号（年份 2 位数，序号 3 位
阿拉伯数字）

1997.01.01—1997.04.28——卫食健字〔1997〕第 001 号—卫食健字〔1999〕第 170 号（年份 4 位数，序号 3 位数，共 170 个产品）

1999.04.29—2003.07.08——卫食健字〔1999〕第 0170 号—卫食健字（2003）第 0461 号（1999 年 4 月 29 日至 2003 年 7 月 8 日，备案年份 4 位数，序号 4 位数，共 291 个产品）

此外，1997—1998 年期间，原卫生部还备案了组合式保健食品。

1997.12.1——卫组食健备字〔1997〕第 001 号—卫组食健备字〔1997〕第 010 号（1997 年备案组合式保健食品 10 个，年份 4 位数，序号 3 位数）

1998.09.04——卫组食健备字〔1998〕第 001 号（1998 年备案组合式保健食品 1 个，年份 4 位数，序号 3 位数）

原卫生部注册审批的最后一个国产保健食品是：卫食健字（2003）第 0461 号。

2. 进口保健食品

1996.11.04——卫进食健字（96）第 *** 号

卫进食健字〔1997〕第 001 号—卫进食健字〔1999〕第 043 号（4 年期间共 43 个品种）

1999.12——卫食健进字〔1999〕第 044 号

特别注明：第 045 号产品顺序号调整为 4 位数字，为卫食健进字〔1999〕第 0045 号。

2003 年——卫进食健字（2003）第 0001 号—卫进食健字（2003）第 0007 号，卫进食健字（2003）共 7 个产品；卫食健进字（2003）第 0008 号—卫食健进字（2003）第 0020 号，卫食健进字（2003）共 13 个产品；卫进食健字（2003）第 0021 号—卫进食健字（2003）第 0025 号，恢复原格式 5 个品种。

原卫生部注册审批的最后一个进口保健食品是：卫进食健字（2003）第 0025 号。

（二）原国家食品药品监督管理局监管时期（2003—2013 年）

2003 年，原卫生部的保健食品注册审批职能划归原国家食品药品监督管理局。2005 年，原国家食品药品监督管理局制定了《保健食品注册管理办法（试行）》，对保健食品的申请与审批等做出了具体规定。同年印发《保健食品广告审查暂行规定》，开始对保健食品广告内容的规范性进行审查，具体见表 2-2。

2008 年，保健食品监督职能由原卫生部划归原国家食品药品监督管理局。2009 年《中华人民共和国食品安全法》正式施行，明确对声称具有特定保健功能的食品实行严格监管，具体办法由国务院另行规定。但由于相关部门对保健食品审批制度是否保留、保健食品与其他食品监管职责划分，尤其是非保健食品违规声称功能的监管职责划分等存在不同意见，再加上后期食品监管职能改革，保健食品监督管理条例历经 5 年未能出台。

表2-2　第二阶段保健食品监管主要法律法规

颁布时间	法律法规	颁布机关
2005 年	《保健食品注册管理办法（试行）》	原国家食品药品监督管理局
2005 年	《保健食品广告审查暂行规定》	原国家食品药品监督管理局
2009 年	《中华人民共和国食品安全法》	全国人民代表大会常务委员会通过

在这一阶段，保健食品监管工作主要由两个部门共同负责，原卫生部负责保健食品原料要求和标准管理工作，原国家食品药品监督管理局负责产品注册和生产许可管理。在管理制度方面，原国家食品药品监督管理局基本延续了原卫生部时期的管理模式，在其基础上出台了保健食品广告审查制度。本阶段保健食品文号调整与变动的情况如下。

1. 国产保健食品

格式：　　国　　　食健字　　　G　　　2003　　　0001

表示：　国家局　　保健食品　　国产　　　年份　　　序号

2003 年起：批件无有效期；国食健字 G20030001—国食健字 G20050496

2005 年 7 月起：批件有有效期；国食健字 G20050497—

2. 进口保健食品

格式：　　国　　　　食健字　　　J　　　2003　　　0001

表示：　国家局　　保健食品　　进口　　　年份　　　序号

2003 年起：批件无有效期；国食健字 J20030001—国食健字 J20050016

2005 年 7 月起：批件有有效期；国食健字 J20050017—

由原国家食品药品监督管理局颁布的、从 2005 年 7 月 1 日起开始施行的《保健食品注册管理办法（试行）》中明文规定，保健食品批准证书有效期为 5 年，结束了长达 9 年的"批准文号终身制"的局面。原国家食品药品监督管理局也开始着手组织对全国的保健食品进行再注册，并统一更换为"国食健字"的工作。

（三）原国家食品药品监督管理总局监管时期（2013—2018 年）

2013 年原国家食品药品监督管理总局成立后，开展了第一项专项行动暨保健食品打"四非"（非法生产、非法经营、非法添加、非法宣传）专项行动，净化保健食品市场。起初，拟将普通食品宣传功能、假冒保健食品纳入整治范围，但因各地食品监管职能分散在不同部门，因此未能纳入。随着总局成立，以《食品安全法》修订为契机，开展保健食品立法调研，注册与备案制度论证，针对是否保留注册制度、如何划分注册和备案范围、如何加强保健食品监管、加大对保健食品违法违规行为查处等问题进行了重点研究，形成了以下共识：保健食品监管立法工作既要学习借鉴国外监管的先进经验，更要紧密结合我国保健食品监管实际，充分考虑我国保健食品的传统中医药特色；既要减少行政审批、下放权力，更要建立最严格的监管制度，对风险较高的产品实行严格注册管理；既要严格加强监管，落实企业主体责任，更要遵循市场规律，发挥社会组织及行业协会第三方的作用，形成良好的社会共治格局。为此，有必要在《食品安全法》中明确保健食品产品管理模式、生产经营监管的基本制度，实施适度严格的管理体系，有效解决此前仅有原则规定而缺少具体法律法规支撑的问题。

新修订的《食品安全法》颁布实施，将保健食品纳入特殊食品，继续实行严格监督管理。一是明确对保健食品实行注册与备案分类管理制度；二是实行保健食品原料目录及保健功能目录管理制度；三是强化保健食品企业应当落实主体责任自查报告制度；四是规定保健食品广告应当经省级食品药品监督管理部门审查批准；五是明确保健食品违法违规行为处罚依据等。这段时间出台的主要法规具体见表 2-3。

表 2-3　第三阶段保健食品监管主要法律法规

颁布时间	法律法规	颁布机关
2015 年	《中华人民共和国食品安全法》	全国人民代表大会常务委员会通过
2016 年	《保健食品注册与备案管理办法》	原国家食品药品监督管理总局
2016 年	《保健食品注册审评审批工作细则》	原国家食品药品监督管理总局
2016 年	《保健食品原料目录（一）》	原国家食品药品监督管理总局
2016 年	《允许保健食品允许声称的功能目录（一）》	原国家食品药品监督管理总局

这一阶段主要是食品药品监管部门对保健食品市场进行清理，对保健食品立法进行完善，对保健食品注册和备案进行明确，为今后保健食品规范监管以及产业健康有序发展奠定了良好基础。

本阶段保健食品文号调整与变动的情况如下。

2005—2016 年注册的保健食品，依据的是 2005 年原国家食品药品监督管理局颁布的《保健食品注册管理办法（试行）》中第三十三条规定，批号为［国食健字］，格式为国食健字 G+4 位年代号 +4 位顺序号，进口保健食品格式为国食健字 J+4 位年代号 +4 位顺序号。

2016 年后注册的保健食品，依据的是 2016 年原国家食品药品监督管理总局颁布的《保健食品注册与备案管理办法》中第四十三条规定，批号为［国食健注］，格式为国食健注 G+4 位年代号 +4 位顺序号。

（四）市场监管总局监管时期（2018 年至今）

在 2018 年国务院机构改革中，原国家食品药品监督管理总局食品监管职能和机构被纳入到新组建的市场监管总局当中，相应的，市场监管总局承担起保健食品监管的职责。这一阶段，主要出台的是《保健食品原料目录和功能目录管理办法》（以下简称《管理办法》）（2019 年）。对原料和保健功能两个目录的管理贯彻落实中共中央、国务院《关于深化改革加强食品安全工作的意见》，进一步深化"放管服"改革，是推进保健食品注册备案双轨制运行的一项重要监管制度和保障措施。针对当前保健食品审评审批面临的问题，通过"两个目录"实现注册备案的双轨运行、保证产品的安全有效，力争管住、管活、管优，用科学监管理念促进产业高质量的健康发展，用更优质的产品服务于人民，满足其日益增长的健康需求。《管理办法》具有以下特点。

一是严格质量标准。保健功能目录规定了允许保健食品声称的保健功能范围，原料目录界定了注册与备案的通道，纳入原料目录的，可以直接备案。为保证纳入目录的原料安全有效、功能真实可靠，质量标准稳定，《管理办法》严格规定了目录纳入条件、纳入程序、管理方式。对纳入目录的原料和保健功能，设置了再评价和退出机制，对于最新研究发现有风险、科学共识有变化的，可以及时启动目录的调整程序。

二是强化社会共治。《管理办法》规定，任何个人、企业、科研机构和社会团体在科学研究论证的基础上，均可提出纳入保健食品原料目录和功能声称目录的建议。主管部门按程序要求组织审查、公开论证，符合要求的就可以纳入目录。这样可以充分发挥社会资源科研优势，提高原料和功能评价方法的科学性，解决目前单由政府主导而科技力量不足的问题，提高备案产品和注册申报质量，提高审评审批效率。

三是鼓励研发创新。《管理办法》鼓励多元市场主体参与目录制定，打通了新的保健功能研究开发路径。鼓励企业既继承传统中医养生理论，又充分应用现代生物医学技术，研究开发新功能新产品，改变目前产品低水平重复的现状，促进保健食品产业高质量发展。《管理办法》实施后，原料目录和功能目录将成熟一个、发布一个。随着目录不断扩大，备案产品增多、注册产品减少，生产企业和监管部门的制度成本也会降低。

上述《办法》颁布后，市场监管总局又相继公布《公开征求辅酶 Q_{10} 等 5 种保健食品原料目录意见》《营养素补充剂保健食品原料目录（征求意见稿）（2019 年版）》和《允许营养素补充剂保健食品声称的保健功能目录（征求意见稿）（2019 年版）》的公告，吸收了其他国家在原料目录和功能声称目录制定方面的有益做法，补充了常用的 5 种原料，在营养素补充剂原料目录名称中增加了各种常用的化合物名称，以及该化合物的标准依据、适用范围，在每日用量中明确了与各种不同化合物功效成分相对应的适宜人群及其最高值、最低值。这一阶段主要出台的政策法规见表 2-4。

此外，在上述"征求意见稿"中的允许声称的保健功能目录中，在保健功能名称之外增加了保健功能的释义，可以看出，监管部门希望通过这个方法和措施，进一步完善功能声称和标签的管理。

表 2-4 第四阶段保健食品监管政策主要法律法规

颁布时间	法律法规	颁布机关
2019 年	《保健食品原料目录与保健功能目录管理办法》	市场监管总局
2019 年	《保健食品标注警示用语指南》	
2019 年	《保健食品命名指南（2019 年版）》	
2019 年	《药品、医疗器械、保健食品、特殊医学用途配方食品广告审查管理暂行办法》	
2020 年	《保健食品及其原料安全性毒理学检验与评价技术指导原则（2020 年版）》《保健食品原料用菌种安全性检验与评价技术指导原则（2020 年版）》《保健食品理化及卫生指标检验与评价技术指导原则》	
2020 年	《特殊食品注册现场核查工作规程（暂行）》	

续表

颁布时间	法律法规	颁布机关
2020 年	《保健食品原料目录　营养素补充剂（2020 年版）》 《允许保健食品声称的保健功能目录　营养素补充剂（2020 年版）》	市场监管总局
2021 年	《保健食品备案产品可用辅料及其使用规定（2021 年版）》 《保健食品备案产品剂型及技术要求（2021 年版）》	

我国保健食品监管工作经过近 30 年的发展，至今已逐步形成了包括原料与功能声称管理、产品注册、生产经营许可、GMP 审查等在内的一整套监管制度体系。

二、注册与备案

《食品安全法》规定，对使用的原料是保健食品原料目录以外的保健食品和首次进口的保健食品，按规定实行注册管理；对使用的原料已经列入保健食品原料目录的和首次进口的属于补充维生素、矿物质等营养物质的保健食品实行备案管理。2016 年原国家食品药品监督管理总局配套出台了《保健食品注册与备案管理办法》，正式打破了以往保健食品单一注册的模式，开启注册和备案双轨模式。

与保健食品注册管理相关的规范性文件主要包括《保健食品注册审评审批工作细则（2016 年版）》《保健食品注册申请服务指南（2016 年版）》《保健食品产品技术要求常见问题及注意事项》《使用新原料保健食品注册和首次进口的保健食品（不包含补充维生素、矿物质等营养物质的保健食品）注册审批服务指南》等。

与保健食品备案相关的规范性文件包括《保健食品原料目录（一）》《允许保健食品声称的保健功能目录（一）》《保健食品备案产品可用辅料及其使用规定（2019 年版）》《保健食品备案工作指南（试行）》等。

（一）保健食品上市的"双轨制"改革

2011—2012 年，原国家食品药品监督管理局委托中国社会科学院食品药品产业发展与监管研究中心对我国保健食品监管改革进行研究，研究的建议之一是对保健食品上市进行分类管理，施行注册上市和备案上市的"双轨制"改革。

2016 年 2 月 26 日，原国家食品药品监督管理总局发布《保健食品注册与备案管理办法》（以下简称《办法》），自 2016 年 7 月 1 日起实施。随后印发了《保健食品注册申请服务指南》《保健食品原料目录（一）》《保健食品声称的功能目录（一）》《保健食品备案工作指南（试行）》，启用了保健食品注册系统和备案系统，保健食品注册与备案工作正式开展。2020 年，顺应机构调整，市场监管总局对此《办法》进行修订，发布了《保健食品注册与备案管理办法（2020 年修订版）》。

《办法》的制定和实施，提高了管理效率和效能，是政府"放管服"改革在保健食品管理领域的具体体现，是促进产业发展的有效措施，得到了各方面的肯定和好评。

1. 改革保健食品上市管理模式

按照新修订的《食品安全法》，根据风险管理要求，《办法》将保健食品产品上市的管理模式由原来的单一注册制调整为注册与备案相结合的管理模式，规定原国家食品药品监督管理总局负责保健食品注册管理，以及首次进口的属于补充维生素、矿物质等营养物质的保健食品备案管理（图 2-1）。省、自治区、直辖市食品药品监督管理部门负责本行政区域内其他保健食品备案管理。

2. 优化保健食品注册程序

《办法》规定，生产使用保健食品原料目录以外原料的保健食品，以及首次进口的保健食品（属于补充维生素、矿物质等营养物质的保健食品除外）必须通过产品注册，并由审评机构统一组织现场核查和复核检验，使各项流程紧密衔接。审评机构根据实际需要组织核查机构开展现场核查，组织检验机构开展复核检验，明确了技术审评、现场核查以及复核检验的工作机制、程序要求、时限要求；规定资料审查、现场核查、复核检验、技术综合审评每个环节没有通过的，审评机构均可以终止审评，提出不予注册的建议，以减少审评资源的浪费；规定将复审程序从注册决定做出后调整为审评结论做出后、注册决定做出前，突出审评机构要加强与注册申请人之间的沟通。保健食品技术审评补充资料的要求进行调整。审评机构认为需要注册申请人补正材料的，应当一次告知需要补正的全部内容。注册申请人应当在 3 个月内按照补正通知的要求一次提供补充材料。注册申请人逾期未提交补充材料或者未完成补正的，不足以证明产品安全性、保健功能和质量可控性的，审评机构应当终止审评，提出不予注册的建议。

	国产产品	进口产品
注册	使用保健食品原料目录以外原料的保健食品	首次进口的保健食品（属于补充维生素、矿物质等营养物质的保健食品除外）【是指非同一国家、同一企业、同一配方申请中国境内上市销售的保健食品】
备案	使用的原料已经列入保健食品原料目录的保健食品	首次进口的属于补充维生素、矿物质等营养物质的保健食品【其营养物质应当是列入保健食品原料目录的物质】

图 2-1　保健食品上市的管理

3. 强化保健食品注册证书的管理

《办法》规定，保健食品注册证书有效期为 5 年，并载明产品名称、注册人名称和地址、注册号、颁发日期及有效期、保健功能、功效成分或者标志性成分及含量、产品规格、保质期、适宜人群、不适宜人群、注意事项，以及保健食品注册证书附件应当载明产品标签、说明书主要内容和产品技术要求等。同时，规定国产保健食品注册号格式为国食健注 G+4 位年代号 +4 位顺序号；进口保健食品注册号格式为国食健注 J+4 位年代号 +4 位顺序号。

4. 明确保健食品的备案要求

《办法》明确，使用的原料已经列入保健食品原料目录和首次进口的保健食品中属于补充维生素、矿物质等营养物质的保健食品应当进行备案，规定国产保健食品的备案人应当是保健食品生产企业，原注册人可以作为备案人；进口保健食品的备案人，应当是上市保健食品境外生产厂商。《办法》规定食品药品监督管理部门收到备案材料后，备案材料符合要求的，当场备案，发放备案号，并将备案信息表中登载的信息在其网站上予以公布；不符合要求的，应当一次告知备案人补正相关材料。同时，规定国产保健食品备案号格式为食健备 G+4 位年代号 +2 位省级行政区域代码 +6 位顺序编号；进口保健食品备案号格式为食健备 J+4 位年代号 +00+6 位顺序编号。获得注册的保健食品原料已经列入保健食品原料目录，并符合相关技术要求的，保健食品注册人申请变更注册，或者期满申请延续注册的，应当按照备案程序办理。

5. 严格保健食品的命名规定

《办法》规定，保健食品名称不得使用虚假、夸大或者绝对化，明示或者暗示预防、治疗功能等词语；明确不得使用功能名称或者与表述产品功能相关的文字；规定同一企业不得使用同一配方注册或者备案不同名称的保健食品，不得使用同一名称注册或者备案不同配方的保健食品。

6. 强化对保健食品注册和备案违法行为的处罚

《办法》规定，保健食品注册申请人或者备案人应当对所提交资料的真实性、完整性、可溯源性负责。该办法规定注册申请人隐瞒真实情况或者提供虚假材料申请注册的，不予受理或者不予注册，并给予警告，并且申请人在 1 年内不得再次申请注册保健食品。构成犯罪的，依法追究刑事责任。同时，规定注册申请人以欺骗、贿赂等不正当手段取得保健食品注册证书的，撤销保健食品注册证书，并处 1 万元以上 3 万元以下罚款，以及被许可人在3年内不得再次申请注册。构成犯罪的，依法追究刑事责任。

（二）保健食品注册

1. 注册：从研发到获批

一般保健食品的注册需要经过申报注册前的研发、试产、安全性与功能评价试验，最后对卷宗整理和申报。研发和试产阶段，因企业情况各不相同，用时差别比较大，具体由企业自行把控。企业在安排安全性与功能评价试验的同时可进行卷宗编写等申报准备。依据申报的产品类型不同，研发、试制、注册、审批时间差异较大（图2-2）。

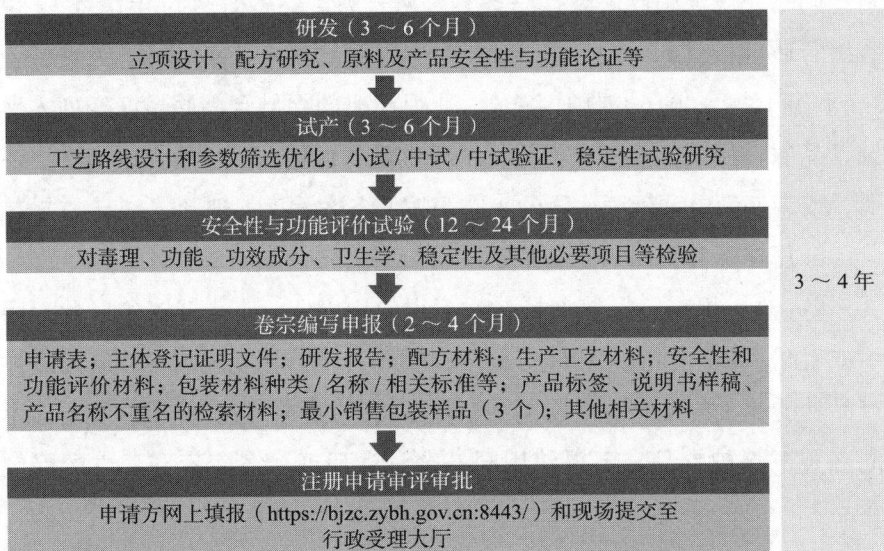

图 2-2　保健食品注册流程

向有关部门提出注册申请后，具体行政许可注册审批流程可见图2-3。

（1）申请人资质：保健食品注册申请人是指提出保健食品注册申请，承担相应法律责任，并在该申请获得批准后持有保健食品批准证书者。境外申请人应当是境外合法的保健食品生产厂商。境外申请人办理进口保健食品注册，应当由其驻中国境内的办事机构或者由其委托的中国境内代理机构办理。

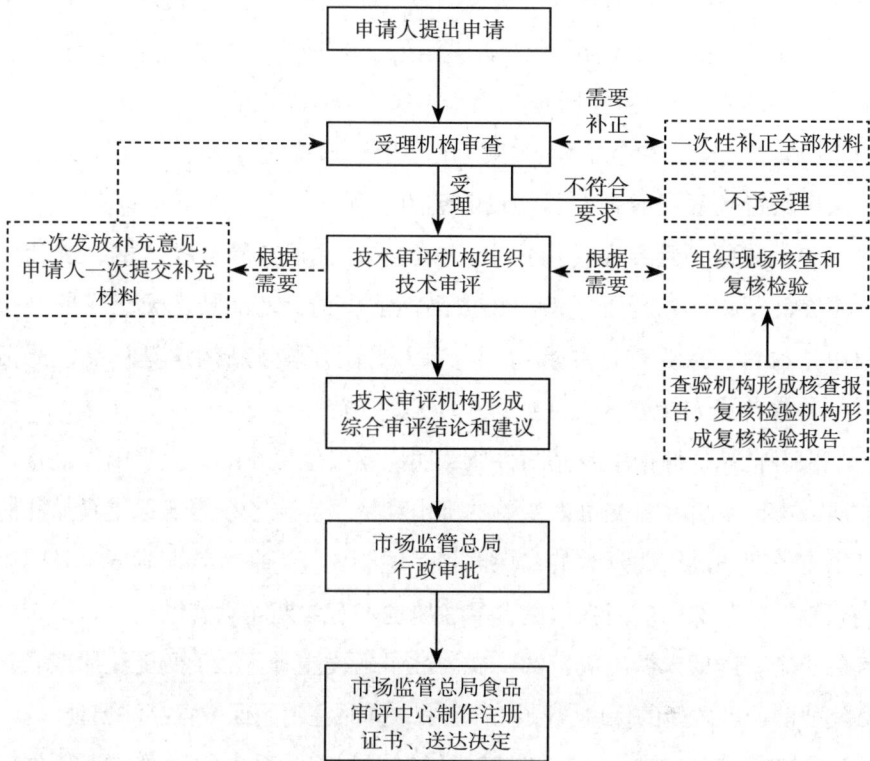

图 2-3　保健食品注册审批流程

（2）注册程序：申请受理、技术审评、行政审批和制证送达。

①申请受理。申请人向市场监管总局提出注册申请，按照要求向受理机构提交注册申请材料。受理机构对申请人提交的材料进行审查，在5 个工作日内做出是否受理的决定。符合要求的予以受理，并出具注册受理通知书。

②技术审评。市场监管总局在受理申请后，应对申请材料进行技术审评。审评机构对申请材料进行审查，并根据实际需要开展现场核查和复合检验。在审评过程中，需要补充资料的，审评机构应当一次性提出。申请人应当在收到补充资料通知书后的 3 个月内提交符合要求的补充资料，未按规定时限提交补充资料的予以退审。

③行政审批。市场监管总局在 20 个工作日内对审评程序和结论的合法性、规范性以及完整性进行审查，做出准予注册或不予注册的决定。

④制证送达。做出准予注册决定的，受理机构自决定之日起 10 个工作日内颁发、送达注册证书；做出不予注册决定的说明理由，受理机构自决定之日起 10 个工作日内发出不予注册决定，并告知申请人享有依法申请行政复议或者提起行政诉讼的权利。

（3）变更、延续和转让技术：保健食品注册人转让技术的，受让方应当在转让方的指导下重新提出产品注册申请，产品技术要求等应当与原申请材料一致。符合要求的，应当为受让方核发新的保健食品注册证书，并对转让方保健食品注册证书予以注销。

保健食品注册证书及其附件所载明内容发生变化的，应当由保健食品注册人申请变更并提交书面变更的理由和依据。在产在售的保健食品注册证书有效期届满需要延续的，保健食品注册人应当在有效期满 6 个月前申请延续。监管部门应当在保健食品注册证书有效期届满前做出是否准予延续的决定。逾期未做出决定的，视为准予延续注册。准予变更注册或者延续注册的，颁发新的保健食品注册证书，同时注销原保健食品注册证书。

（4）撤销和注销：市场监管总局根据利害关系人的请求或者依据职权，可以撤销保健食品注册证书。注册人以欺骗、贿赂等不正当手段取得保健食品注册证书的，应当予以撤销。保健食品申请人申请注销或依法终止、保健食品注册证书有效期届满未申请延续或不予延续、保健食品注册依法被撤销或者保健食品注册证书依法被吊销等法律、法规规定的情形，市场监管总局应当依法办理保健食品注册注销手续。

2. 注册申请事项

需要明确注册申请产品的联系人和联系方式发生变化的，注册申请人应及时向受理机构提交变更申请。涉及延续注册的，注册申请人应当妥善安排申报资料的提交时间，在保健食品注册证书有效期届满 6 个月前提出并获准受理。申请转让技术，如该产品正在办理其他注册事项的，在完成相关注册事项前，暂不受理该产品转让技术事项申请。正在办理转让技术注册事项的，注册申请人可同时提出变更或延续注册申请。但变更或延续注册申请受理的同时，转让技术注册申请终止办理。注册申请人可同时申请多个事项的变更注册申请，涉及延续注册申请的也可同时受理。不同时间申请的多个变更事项，以最后受理变更事项的审评时限作为全部变更事项的审评时限。

3. 申报材料内容

注册申请产品应具有充足的安全性、保健功能、质量可控性科学依据。注册申请人不仅应提供科学依据的来源、目录和全文，还应与产品的配方、工艺等技术要求进行研究比对，试验及研究用样品的来源应清晰、可溯源。论证报告或研究报告等应提供研究的起止时间、地点、研究目的、方法、依据、过程、结果、结论、部门、研发人或试验人签章等。同一企业不得使用同一配方注册不同名称的保健食品。不得使用同一名称注册不同配方的保健食品。同一配方，是指产品的原料、辅料的种类及用量均一致的情形。同一名称，是指产品商标名、通用名、属性名均一致的情形。

材料目录包括：①保健食品注册申请表，以及注册申请人对申请材料真实性负责的法律责任承诺书；②注册申请人主体登记证明文件复印件；③产品研发报告；④产品配方材料；⑤生产工艺材料；⑥安全性和保健功能评价材料；⑦直接接触保健食品的包装材料种类、名称、相关标准；⑧产品标签、说明书样稿；⑨产品名称中的通用名与注册的药品名称不重名的检索材料、产品名称与批准注册的保健食品名称不重名的检索材料；⑩3个最小销售包装的样品；⑪其他与产品注册审评相关的材料。

4. 注册申报重点

工艺研究主要包括剂型选择和规格确定的依据，辅料及用量选择的依据，影响产品安全性、保健功能等的主要生产工艺和关键工艺参数的研究报告。其中关键工艺是指产品生产过程中，对产品质量安全或保健功能有直接影响，不随着工艺规模、生产设备等客观变化必须进行参数调整的工艺。中试以上生产规模的工艺验证报告及样品自检报告。国产产品应提供至少 3 批中试产品的生产验证数据及自检报告。首次进口产品应提供至少 3 批规模化产品生产验证数据及自检报告，工艺研究资料缺失或不完整的，应提供国外生产厂商出具的 10 批次以上规模化产品生产验证报告及自检报告。

产品技术要求研究主要包括鉴别方法研究、理化指标研究、功效成分或标志性成分指标研究、装量差异或重量差异（净含量及允许负偏差）、原辅料质量要求、稳定性考察，详细说明指标的选择、指标值制定及其检测方法研究的过程和依据，根据研发结果，综合确定的产品技术要求，形成研发报告。

对于属于补充维生素、矿物质等营养物质的国产产品，要求补充的维生素、矿物质等营养物质，具有明确的中国居民膳食营养素推荐摄入量（RNI）或适宜摄入量（AI）。产品使用的原料质量标准应有适用的食品安全国家标准或卫生行政部门认可的适用标准。仅有《中国药典》或中国药品标准的，原料应属已列入《食品安全国家标准 食品营养强化剂使用标准》（GB 14880）或卫生行政部门公告的营养强化剂。

（三）保健食品备案

市场监管总局先后印发了保健食品备案工作指南、保健食品备案产品可用辅料及其使用规定、保健食品备案产品主要生产工艺，并在系统中配套了保健食品香精香料规定。主要内容包括：备案流程及要求，备案系统登录账号获取，原注册人备案保健食品，产品备案信息填报、提交，备案人将所有备案纸质材料清晰扫描成彩色电子版（PDF 格式）上传至保健食品备案管理信息系统，确认后提交。备案管理部门对符合要求的当场备案，发放备案号，并按照相关格式要求制作备案凭证；不符合要求的，应当一次告知备案人补正相关材料。

1. 备案过程及时间

一款保健食品的备案周期为 6 ～ 12 个月，如果不计算研发和试产时间，申报备案周期为 3 个月，详见图 2–4、图 2–5。

备案过程
6～12个月

备案相关测试（3～4个月）
功效成分或标志性成分、卫生学、稳定性等

卷宗编写提交（1～2个月）
申请表；主体登记证明文件；研发报告；配方材料；生产工艺；安全性和功能性评价；包装；产品名称检索、标签、说明书；全检报告等

备案申报（1个月）
网上填报、现场提交至行政受理大厅当场备案或一次性告知补全资料

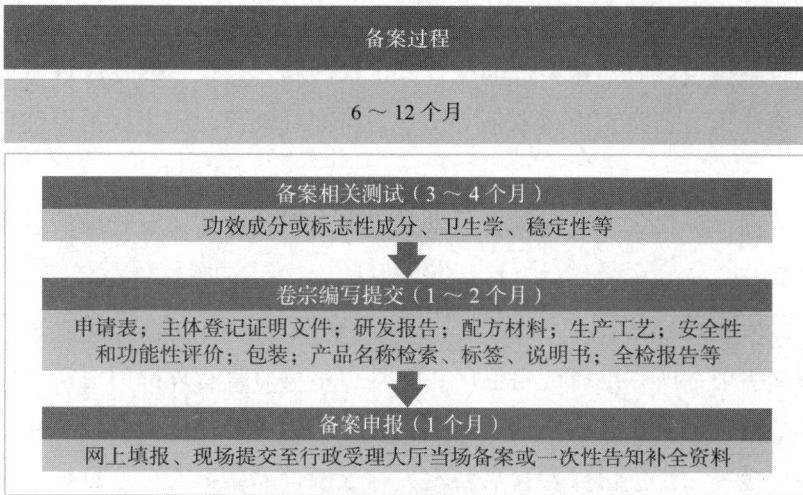

图 2-4　保健食品备案过程及时间

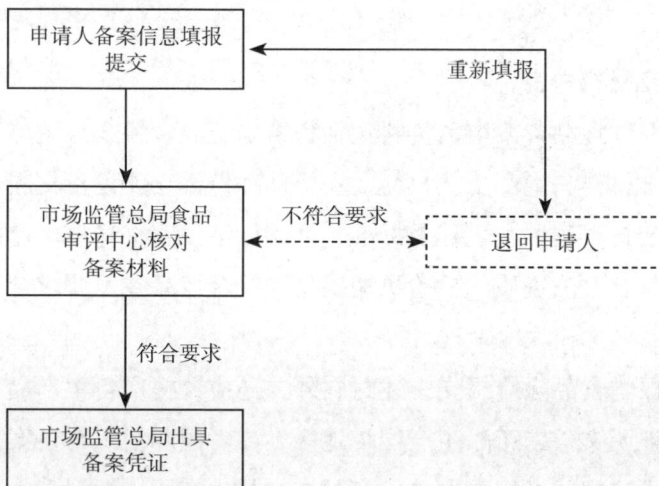

图 2-5　保健食品备案审批流程

2. 备案审批流程

备案人获得备案管理信息系统登录账号后，由备案人将所有备案纸质材料清晰扫描成彩色电子版（PDF 格式）上传至保健食品备案管理信息系统，确认后提交。备案材料符合要求的，备案管理部门当场备案，发放备案号，并按照相关格式要求制作备案凭证。

备案材料虚假、备案产品存在安全性问题、备案人的生产许可被依法吊销注销、备案人申请取消等情形，备案管理部门应当取消保健食品备案。

流程、资料要求：保健食品备案申请在保健食品备案管理信息系统中完成。

账号申请：①国产保健食品备案人在保健食品备案管理信息系统中提交申请，所在地省、自治区、直辖市市场监督管理部门对符合要求的发放系统登录账号。申请资料包括统一信用社会代码、营业执照、生产许可证等。②进口保健食品备案人在保健食品备案管理信息系统中提交申请，审核通过后，持提交申请时的资料原件向受理部门领取登录账号。申请资料包括主体资质证明文件、法人护照、联系人委托授权书等。

3. 备案材料内容

国产保健食品备案申请资料包括备案登记表、备案人主体登记证明文件、配方材料、生产工艺材料、安全性和保健功能评价材料、直接接触产品包装材料的种类名称及标准、产品标签说明书样稿、产品技术要求材料、具有合法资质的检验机构出具的符合产品技术要求全项目检验报告、产品名称相关检索材料等。

进口保健食品除应提交上述材料外，还应该提交备案产品上市销售一年以上证明文件、产品生产国（地区）或者国际组织与备案保健食品相关的技术法规或者标准原文、产品在产品生产国（地区）上市的包装标签说明书实样、由境外备案人常驻中国代表机构办理备案事务的，应当提交《外国企业常驻中国代表机构登记证》扫描件等资料。

三、原料管理

保健食品原料目录中的原料、用量、功效是一一对应的关系，原料目录的制定有助于规范保健食品产品管理，为实施注册与备案相结合的管理制度奠定良好基础。目前，我国可用于保健食品的生产原料主要有普通食品原料、既是食品又是药品的物品、仅用于保健食品原料、新食品原料，同时也涵盖真菌、益生菌、营养素、提取物等。主要管理依据包括《关于进一步规范保健食品原料管理的通知》《保健食品原料目录（一）》《保健食品备案产品可用辅料及其使用规定（2019 年版）》等。

原卫生部于 2002 年发布《关于进一步规范保健食品原料管理的通知》，公布了《可用于保健食品的物品名单》《保健食品禁用物品名单》《既是食品又是药品的物品名单》，对保健食品原料发布了具体管理规定。同时规定《既是食品又是药品的物品名单》中的物品，可用于生产普通食品和保健食品。对于未纳入普通食品原料生产食品、食品添加剂新品种、食品相关产品新品种，应当依据《新食品原料安全性审查管理办法》规定进行申报，批准后可用于普通食品和保健食品生产。

2016 年，原国家食品药品监督管理总局会同原国家卫生和计划生育委员会和国家中医药管理局制定了《保健食品原料目录（一）》，主要针对维生素和矿物质等国际上达成共识的营养素补充剂的名称、用量和对应功效进行明确。

2019 年，市场监管总局发布《保健食品备案产品可用辅料及其使用规定（2019 年版）》，对 196 种保健食品辅料的名称、相关标准和不同形态的最大使用剂量进行规定，并明确了保健食品备案产品辅料的使用应符合国家相关标准。

2019 年，市场监管总局发布了《保健食品原料目录与保健功能目录管理办法》，明确了任何单位或者个人在开展相关研究的基础上，可以向审评机构提出拟纳入或者调整保健食品原料目录的建议。

2020 年，市场监管总局、国家卫生健康委、国家中医药管理局发布《保健食品原料目录 营养素补充剂（2020 年版）》和《允许保健食品声称的保健功能目录 营养素补充剂（2020 年版）》。《保健食品原料目录 营养素补充剂（2020 年版）》部分内容如表 2-5 所示。

表2-5 《保健食品原料目录 营养素补充剂（2020年版）》部分内容

| 营养素 | 原料名称 | | | 功效成分 | 每日用量 | | | | 功效 |
	化合物名称	标准依据	适用范围		适宜人群	最低值	最高值	
钙	碳酸钙	GB1886.214《碳酸钙（包括轻质和重质碳酸钙）》	所有人群	Ca（以Ca计，mg）	1～3	120	500	补充钙
	醋酸钙	GB1903.15《醋酸钙（乙酸钙）》	4岁以上人群		4～6	150	700	
	氯化钙	GB1886.45《氯化钙》	所有人群		7～10	200	800	
	柠檬酸钙	GB1903.14《柠檬酸钙》	所有人群		11～13	250	1000	
	葡萄糖酸钙	GB15571《葡萄糖酸钙》	所有人群		14～17	200	800	
	乳酸钙	GB1886.21《乳酸钙》	4岁以上人群		成人	200	1000	
	磷酸氢钙	GB1886.3《磷酸氢钙》	所有人群		孕妇	200	800	
	磷酸二氢钙	GB25559《磷酸二氢钙》	4岁以上人群					
	磷酸三钙（磷酸钙）	GB25558《磷酸三钙》	所有人群					
	硫酸钙	GB1886.6《硫酸钙》	所有人群					
	L–乳酸钙	GB25555《L–乳酸钙》	所有人群		乳母	200	1000	
	甘油磷酸钙	中国药典《甘油磷酸钙》	4岁以上人群					
	柠檬酸苹果酸钙	GB1903.18《柠檬酸苹果酸钙》	4岁以上人群					
镁	碳酸镁	GB25587《碳酸镁》	所有人群	Mg（以Mg计，mg）	4～6	30	200	补充镁
	……							

（一）保健食品原料标准

我国保健食品原料来源众多，不仅包括普通食品原料、既是食品又是药品的物品、仅用于保健食品原料、新食品原料，也包括可用于保健食品的真菌、益生菌、营养素、提取物等。目前我国尚未建立专门的保健食品原料标准法规体系。各类原料质量规范主要参考相应食品安全标准、部委公告和《中国药典》等。

对于保健食品中使用的普通食品原料，主要依照相应的食品安全国家标准、食品行业标准、农产品质量安全标准管理。对于某些无对应标准的普通食品原料，可通过所属食品类别参照相应的食品污染物、农兽药残留基础标准执行。

新食品原料的质量规格标准在对应新食品原料批准公告中已经说明。维生素和矿物质等营养素补充剂原料，则主要依据《食品安全国家标准 食品营养强化剂使用标准》（GB 14880—2012）进行规范。既是食品又是药品的物品，如炒酸枣仁、肉桂等，大部分可参考《中国药典》标准执行。

对于真菌及益生菌、各种提取物，目前标准覆盖相对薄弱，部分物质缺少相应标准或管理规范，造成保健食品生产企业采购和使用的功效原料缺乏统一要求，这也是限制行业健康有序发展的重要因素之一。建议今后主管部门应加强对该类原料制定相应的质量标准或管理规定，促进保健食品原料的安全、有效、稳定、可控。

（二）纳入保健食品原料目录的程序

市场监管总局会同国家卫生健康委、国家中医药管理局制定、调整并公布保健食品原料目录和保健功能目录。市场监管总局食品审评机构负责组织拟订保健食品原料目录和保健功能目录，接收纳入或者调整保健食品原料目录和保健功能目录的建议。

审评机构对拟纳入或者调整保健食品原料目录的建议材料进行技

术评价，结合批准注册保健食品中原料使用的情况，做出准予或者不予将原料纳入保健食品原料目录或者调整保健食品原料目录的技术评价结论，并报送市场监管总局。

市场监管总局对审评机构报送的技术评价结论等相关材料的完整性、规范性进行初步审查，拟纳入或者调整保健食品原料目录的，应当公开征求意见，并修改完善。

市场监管总局对审评机构报送的拟纳入或者调整保健食品原料目录的材料进行审查，符合要求的，会同国家卫生健康委、国家中医药管理局及时公布纳入或者调整的保健食品原料目录。

（三）纳入保健食品原料目录的要求和需提交的资料

根据相关规定，纳入保健食品原料目录的原料应当符合下列要求：①具有国内外食用历史，原料安全性确切，在批准注册的保健食品中已经使用；②原料对应的功效已经纳入现行的保健功能目录；③原料及其用量范围、对应的功效、生产工艺、检测方法等产品技术要求可以实现标准化管理，确保依据目录备案的产品质量一致性。

提出拟纳入或者调整保健食品原料目录的建议应当包括下列材料：①原料名称，必要时提供原料对应的拉丁学名、来源、使用部位以及规格等；②用量范围及其对应的功效；③工艺要求、质量标准、功效成分或者标志性成分及其含量范围和相应的检测方法、适宜人群和不适宜人群相关说明、注意事项等；④人群食用不良反应情况；⑤纳入目录的依据等其他相关材料。

建议调整保健食品原料目录的，还需要提供调整理由、依据和相关材料。

有下列情形之一的，市场监管总局组织对保健食品原料目录中的原料进行再评价，根据再评价结果，会同国家卫生健康委、国家中医药管理局对目录进行相应调整：①新的研究发现原料存在食用安全性问题；②食品安全风险监测或者保健食品安全监管中发现原料存在食用安全风险或者问题；③新的研究证实原料每日用量范围与对应功效需要调整的或者功效声称不够科学、严谨；④其他需要再评价的情形。

（四）首批保健食品功能类原料出台

2015 年《食品安全法》的发布实施，标志着保健食品注册与备案双轨制运行的正式启动。2016 年发布的《保健食品原料目录（一）》正式启动了维生素、矿物质类产品的备案工作。为了推动保健食品原料目录制定，市场监管总局委托总局食品审评中心对 26 个用于功能类保健食品的原料开展了招标研究，研究工作结束后结合已批准产品的情况和专家共识等，优先确定了 5 个保健食品原料作为首批功能性保健食品原料进行推进。随后，总局食品审评中心正式启动辅酶 Q_{10}、褪黑素、螺旋藻、破壁灵芝孢子粉、鱼油 5 个原料纳入保健食品原料目录的技术研究工作，并于 2019 年 1 月完成了保健食品原料目录、原料技术要求和产品备案配套文件的制定工作。2019 年 3 月市场监管总局对辅酶 Q_{10} 等 5 种原料纳入保健食品原料目录和原料技术要求向社会公开征求意见，对反馈意见中合理意见予以采纳后完善了上述物质的原料目录。根据《食品安全法》规定，市场监管总局向国家卫生健康委和国家中医药管理局征求意见，经过会签后，《关于发布辅酶 Q_{10} 等五种保健食品原料目录的公告》于 2020 年 11 月 23 日正式发布，自 2021 年 3 月 1 日起施行。这是首批功能类保健食品原料，引起业界的广泛关注。

因为是首批功能类保健食品原料，在管理中具有强烈的示范意义，监管部门专门对业界关心的问题进行了交流沟通，主要包括 5 个方面。

一是辅酶 Q_{10} 等 5 种原料在产品备案时配伍使用的问题。本次列入保健食品原料目录的 5 种原料是基于原注册的单方产品经研究论证确定的，在产品备案时，仅可单方产品进行备案（其中褪黑素与维生素 B_6 合并开展研究，因此可以单独作为原料，或选用褪黑素＋维生素 B_6 作为原料），不可与其他原料复配。维生素 C、维生素 E 作为辅料时其用量应该符合现行《保健食品备案产品可用辅料及其使用规定（2021

年版）》。

二是辅酶 Q_{10} 等 5 种原料在产品备案时功能标注问题。辅酶 Q_{10} 等 5 种原料在产品备案时，保健功能应当按照原料目录中对应的保健功能进行标注。其中辅酶 Q_{10} 包括增强免疫力和抗氧化保健功能，允许备案人选择其中一种保健功能进行标注，或者同时标注两个保健功能。

此次纳入保健食品原料的保健功能，是基于 2003 年发布的《保健食品检验与技术评价规范》和 2009 年发布的抗氧化等 9 个保健食品功能评价方法对应的保健功能声称。如功能声称发生调整，本目录中的保健功能也将相应调整。

三是辅酶 Q_{10} 等 5 种原料在产品备案时原料质量控制的问题。辅酶 Q_{10} 等 5 种原料作为首批功能性原料，其产品进行备案时，应当按照各原料的技术要求，提供具有合法资质的检验机构出具的原料全项目检验报告。检验报告自签发之日起至在保健食品备案管理信息系统中提交上报备案申请之日止，报告的有效期为 2 年。检验机构应对原料是否符合现行规定出具结论。

产品备案时，原料必须符合《食品安全法》等相关法律法规规定的要求。备案凭证附件 2 产品技术要求的原料质量要求中，应标明所用原料的来源、供应商、质量标准（其中技术指标要求应符合原料目录中的原料技术要求）等内容。

四是辅酶 Q_{10} 等 5 种原料在产品备案时技术指标选择问题。根据已批准的辅酶 Q_{10} 等 5 种原料单方产品情况，在产品备案时不同原料允许的备案剂型不完全相同，因此各原料在产品备案时应符合所使用剂型的指标要求。此外，参照原料技术要求的技术指标和已批准产品设定的技术指标，配套文件中制定了各产品备案时应该设定的技术指标（包括鉴别、理化指标和标志性成分指标。）

五是关于辅酶 Q_{10} 等 5 种物质已批准注册产品证书到期转备案的问题。根据《食品安全法》《保健食品注册与备案管理办法》《保健食品备案工作指南（试行）》有关规定，原料已纳入保健食品原料目录的产品应当属于备案管理。未来对于原注册人产品转备案时，按照以下原则办理。

对于原料为辅酶 Q_{10} 等 5 种原料的单方原注册人产品，剂型与可备案剂型一致的，转为备案管理。

对于原料为辅酶 Q_{10} 等 5 种原料的单方产品，其产品剂型未列入可备案剂型的，原则上应按照备案的产品剂型更改配方后转为备案管理。

对于原料为辅酶 Q_{10} 等 5 种原料的单方产品，其原料用量未在原料目录中每日用量范围的，建议调整产品用量后转为备案管理。

对于原料为辅酶 Q_{10} 等 5 种原料的单方产品，其申报或已批准的保健功能不在原料目录的功效范围内的，对于新申请的产品，严格对保健功能的科学依据进行审评，对于依据十分充足的予以注册；对于延续注册的产品，提供上市后人群食用具有保健功能的试验依据，试验依据十分充足的予以延续注册，对于予以注册的产品将适时调整该原料的原料目录。如注册申请人同意更改保健功能的，将确认原注册人资质，产品转为备案管理。

首批功能类保健食品原料的出台，不仅是通过科技支撑使管理部门为分类管理提供更扎实可靠的依据，更重要的是引导企业更注重研究与开发，促进企业创新发展。据统计，自 2021 年 6 月 1 日依照《辅酶 Q_{10} 等五种保健食品原料目录》备案系统开放，当月备案的产品超过了 50 个。

四、保健功能及声称管理

保健功能管理制度是指通过制定和发布保健功能范围及对应保健功能评价检验程序和方法，规范保健功能声称的行政管理措施。原卫生部发布的《保健食品管理办法》将保健食品定义为：具有特定保健功能的食品，即适宜于特定人群食用，具有调节机体功能，不以治疗疾病为目的的食品。《食品安全国家标准 保健食品》（GB 16740—2014）定义为：

保健食品是声称并具有特定保健功能或者以补充维生素、矿物质为目的的食品。即适宜于特定人群食用，具有调节机体功能，不以治疗疾病为目的，并且对人体不产生任何急性、亚急性或慢性危害的食品。目前，我国保健食品功能声称分为营养素补充剂声称和一般功能声称两类。

（一）现行保健功能管理的主要内容

现行保健功能管理主要依据《保健食品注册与备案管理办法》和《保健食品原料目录和保健功能目录管理办法》执行。将营养素补充剂声称和一般功能声称分类管理。

依据《保健食品原料目录和保健功能目录管理办法》规定，保健食品原料和保健功能应与保健食品原料目录及保健功能目录相对应。现行已发布的《保健食品原料目录（一）》和《允许保健食品声称的保健功能目录（一）》主要针对维生素和矿物质等营养素补充剂类声称，其他原料及相应一般功能声称研究工作正在稳步推进中。

为进一步加强保健食品保健功能声称管理，近年来市场监管总局多次对保健食品功能和功能声称进行专家论证和征求意见，拟对保健食品功能进行调整。2020年11月，市场监管总局发布了《关于公开征求〈允许保健食品声称的保健功能目录 非营养素补充剂（2020年版）（征求意见稿）〉意见的公告》。

特别值得关注的是，在《允许保健食品声称的保健功能目录 非营养素补充剂（2020年版）（征求意见稿）》中，拟将现行的增强免疫力、辅助降血脂、辅助降血糖、抗氧化、辅助改善记忆、缓解视疲劳、促进排铅、清咽、辅助降血压、改善睡眠、促进泌乳、缓解体力疲劳、提高缺氧耐受力、对辐射危害有辅助保护功能、减肥、改善生长发育、增加骨密度、改善营养性贫血、对化学性肝损伤的辅助保护作用、祛痤疮、祛黄褐斑、改善皮肤水分、改善皮肤油分、调节肠道菌群、促进消化、通便、对胃黏膜损伤有辅助保护等27个功能调整为：有助于增强免疫力、有助于抗氧化、辅助改善记忆、缓解视觉疲劳、清咽润喉、有助于改善睡眠、缓解体力疲劳、耐缺氧、有助于调节体内脂肪、有助于改善骨密度、改善缺铁性贫血、有助于改善痤疮、有助于改善黄褐斑、有助于改善皮肤水分状况、有助于调节肠道菌群、有助于消化、有助于润肠通便、辅助保护胃黏膜、有助于维持血脂健康水平（胆固醇/甘油三酯）、有助于维持血糖健康水平、有助于维持血压健康水平、对化学性肝损伤有辅助保护、对电离辐射危害有辅助保护、有助于排铅等 24 个功能，减少了 3 个功能声称，并对功能的表述也进行了相应的修改和调整。

（二）纳入保健食品功能目录的管理流程

任何单位或者个人在开展相关研究的基础上，可以向审评机构提出拟纳入或者调整保健功能目录的建议。

市场监管总局可以根据保健食品注册和监督管理情况，选择具备能力的技术机构开展保健功能相关研究。符合要求的，技术机构应当及时提出拟纳入或者调整保健功能目录的建议。

审评机构对拟纳入或者调整保健功能目录的建议材料进行技术评价，综合做出技术评价结论，并报送市场监管总局。对保健功能科学、合理、必要性充足，保健功能评价方法和判定标准适用、稳定、可操作的，做出纳入或者调整保健功能目录的技术评价结论。对保健功能不科学、不合理、必要性不充足，保健功能评价方法和判定标准不适用、不稳定、没有可操作性的，做出不予纳入或者调整的技术评价建议。

市场监管总局对审评机构报送的技术评价结论等相关材料的完整性、规范性进行初步审查，拟纳入或者调整保健食品功能目录的，应当公开征求意见，并修改完善。

市场监管总局对审评机构报送的拟纳入或者调整保健功能目录的材料进行审查，符合要求的，会同国家卫生健康委、国家中医药管理局，及时公布纳入或者调整的保健功能目录。

有下列情形之一的，市场监管总局及时组织对保健功能目录中的保健功能进行再评价，根据再评价结果，会同国家卫生健康委、国家中医药管理局对目录进行相应调整：①实际应用和新的科学共识发现保健功能评价方法与判定标准存在问题，需要重新进行评价和论证；②列入保健功能目录中的保健功能缺乏实际健康消费需求；③其他需要再评价的情形。

（三）纳入保健食品功能目录的要求和需提交的资料

纳入保健功能目录的保健功能应当符合下列要求：①以补充膳食营养物质、维持改善机体健康状态或者降低疾病发生风险因素为目的；②具有明确的健康消费需求，能够被正确理解和认知；③具有充足的科学依据，以及科学的评价方法和判定标准；④以传统养生保健理论为指导的保健功能，符合传统中医养生保健理论；⑤具有明确的适宜人群和不适宜人群。

有下列情形之一的，不得列入保健功能目录：①涉及疾病的预防、治疗、诊断作用；②庸俗或者带有封建迷信色彩；③可能误导消费者等其他情形。

提出拟纳入或者调整保健功能目录的建议，应当提供下列材料：①保健功能名称、解释、机理以及依据；②保健功能研究报告，包括保健功能的人群健康需求分析，保健功能与机体健康效应的分析以及综述，保健功能试验的原理依据、适用范围，以及其他相关科学研究资料；③保健功能评价方法以及判定标准，对应的样品动物实验或者人体试食试验等功能检验报告；④相同或者类似功能在国内外的研究应用情况；⑤有关科学文献依据以及其他材料。

建议调整保健功能目录的，还需要提供调整的理由、依据和相关材料。

五、其他相关管理制度

（一）标签标识管理

食品标识，即通常所说的食品标签，包括食品包装上的文字、图形、符号以及说明物。保健食品的标签、说明书首先应当与注册或备案的信息相一致，还应特别载明适宜人群、不适宜人群、功效成分或者标志性成分及其含量，并声明"本品不能代替药物"。主要依据《保健食品标识规定》《关于规范保健食品功能声称标识的公告》《保健食品标注警示用语指南》等。

原卫生部 1996 年发布的《保健食品管理办法》明确规定了获得《保健食品批准证书》的食品准许使用卫生部规定的保健食品标志（即保健食品需标注"小蓝帽"标志的法规依据）。同年原卫生部发布的《保健食品标识规定》规定了保健食品必须强制性标示保健食品名称、保健食品标志与保健食品批准文号、净含量及固形物含量、配料、功效成分、保健作用、适宜人群、食用方法、日期表示、贮藏方法、执行标准、保健食品生产企业名称与地址、特殊标识内容等内容。

2018 年，原国家食品药品监督管理总局发布《关于规范保健食品功能声称标识的公告》，规定未经人群食用评价的保健食品，其标签说明书载明的保健功能声称前增加"本品经动物实验评价"的字样。

2019 年，市场监管总局印发《保健食品标注警示用语指南》，对保健食品标签标识内容进行规范指导，特别是对标注警示用语提出明确意见。一是设置警示区，提高关注度。警示区必须设置在最小包装物的主要展示版面上。二是标注警示语，提高认知度。在标签上标注"保健食品不是药物，不能代替药物治疗疾病"，将保健食品与药物进行明确区分。三是规定面积大小，提高辨识度。警示区面积不少于其所在版面的20%。四是规定印刷字体，提高清晰度。警示用语使用黑体字，提示消费者慎重选用。

（二）广告审查制度

2005 年，原国家食品药品监督管理局根据《国务院对确需保留的行政审批项目设定行政许可的决定》制定了《保健食品广告审查暂行规定》。新修订的食品安全法和广告法从法律层面进一步明确了保健食品广告在发布前必须经过审查批准。2015 年，原国家食品药品监督管理总局印发《关于进一步加强药品医疗器械保健食品广告审查监管办法的通知》，对保健食品广告审批提出了明确要求。2019 年 12 月，市场监管总局发布《药品、医疗器械、保健食品、特殊医学用途配方食品广告审查管理暂行办法》，规范保健食品的广告发布。

（三）生产经营许可管理

对保健食品生产许可目前主要依据的是原国家食品药品监督管理总局 2016 年发布的《保健食品生产许可审查细则》，该细则对保健食品生产涉及的允许剂型、生产资质、流程控制、部分特殊原料管理等提出了具体要求，将保健食品生产许可发证单元细分为片剂、粉剂、茶剂、颗粒剂、硬胶囊剂、软胶囊剂、口服液、丸剂、膏剂、饮料、酒剂、饼干类、糖果类、糕点类、液体乳类、原料提取物、复配营养素、其他类别等 18 个发证单元。原国家食品药品监督管理总局于 2017 年发布《保健食品备案产品主要生产工艺（试行）》，对常见剂型保健食品主要生产工艺进行了规范。

保健食品经营许可需按照原国家食品药品监督管理总局 2017 年发布的《食品经营许可管理办法》的规定取得食品经营许可证，且经营项目中需包含"特殊食品销售（保健食品）"的经营项目内容。

（四）标准管理

1. 保健食品国家食品安全标准

涉及我国保健食品的国家标准主要是《食品安全国家标准 保健食品》（GB 16740—2014）。该标准主要规定了保健食品应遵守的技术要求，包括原料和辅料、感官要求、理化指标、污染物限量、食品添加剂和营养强化剂等内容。但只对金属污染物和微生物等安全性指标做出了具体的限度规定，其检验方法均参考了食品安全国家标准，包括 GB 4789 系列、GB 5009 系列等。

《保健食品良好生产规范》（GB 17405—1998）则规定了保健食品生产过程中应注意的人员、设计与设施、原料、生产过程、成品贮存与运输、品质管理、卫生管理等生产操作规范内容。但保健食品的生产卫生要求仍需参考《食品安全国家标准 食品生产通用卫生规范》（GB 14881—2013）和《洁净厂房设计规范》（GB 50073—2013）等生产卫生标准。

2. 保健食品企业标准

由于保健食品的特殊性，《食品安全国家标准 保健食品》（GB 16740—2014）只有部分通用指标，所以每个保健食品特有的理化、功效或标志性成分仍需具体标准规范。《食品安全法实施条例》第十二条明确，保健食品不属于地方特色食品，不得制定食品安全地方标准。保健食品遵守的产品标准，主要是企业依据注册或备案的产品技术要求制定的企业标准。

我国《食品安全法》鼓励食品生产企业制定严于食品安全国家标准或者地方标准的企业标准。而《食品安全法实施条例》也规定食品生产企业不得制定低于食品安全国家标准或者地方标准要求的企业标准。因此，保健食品遵守的企业标准应不低于《食品安全国家标准 保健食品》（GB 16740—2014），并在实际制定的具体指标上往往严于通用标准。

保健食品企业标准备案有效期，依据各地地方性规范一般为 3～5 年。备案企业标准内容涉及名称、适用范围、规范性引用文件、术语和定义、技术要求、检验方法以及生产经营规范等，其中技术要求、检验方法及生产经营规范标准通常参考国家相应标准。备案企业标准中的技术要求与注册或备案时的产品技术要求内容基本一致，包括原辅料要求、感官要求、功效或标志性成分、理化指标、微生物指标、净含量及允许负偏差等。

第三章
我国保健食品产业现状

"十三五"期间，围绕贯彻落实新修订的《食品安全法》，我国保健食品安全监管严格落实"四个最严"要求，坚持对保健食品实行严格监督管理，产品注册和备案流程管理和监管制度体系不断健全，抽检合格率持续保持高位。

一、产业规模与企业数量

（一）产业规模

我国保健食品产业从无到有，截至 2021 年 6 月 30 日，我国保健食品产业已逐步发展为保健食品生产企业（持有效生产许可证书)1691 家、在产品种 15375 个、产业规模约 4000 亿元的重要食品产业。

2020 年中国保健协会对保健食品生产企业进行的调查显示：规模达到 100 万元以上的企业数量达到 79.9%，其中规模达到 1 亿元以上的企业数量占 20.77%。从 2018 年度保健食品企业业务收入百分比结果可知，2018 年我国保健食品企业主营业务收入为 500 万元以上的企业占被调查企业总数的 60% 以上，其中保健食品业务收入达 5000 万元以上的占 16% 以上。从 2018 年度保健食品销售额增长情况可知，98.5% 的企业年销售额较 2017 年有所增长，其中增长率超过 20% 的企业占被调查企业总数的 6.5%。

（二）企业状况与区域分布

2000 年以前，我国保健食品行业准入门槛较低，企业数量增长比较快。但随着 2000 年国家开始整顿保健食品行业的力度加大，行业内企业数呈下降态势。鉴于保健食品涉及的种类繁多且分散，产品技术和资本的进入门槛低，所以行业集中度依然不高。另外，国内企业相较国外成熟品牌仍有许多不足，主要表现为产品力、品牌力薄弱，以及产品研发能力欠缺。本土企业产品组合缺乏"宽度"和"深度"，既有消费者洞察及产品研发能力不足、企业重营销轻品质的传统因素，也有政策和管理方式调整的原因。随着行业日趋成熟与需求细分，"通吃"的产品结构一定会逐渐被有针对性、定制化的产品所替代。以复合维生素类产品为例，美国市场已将系列产品细化至不同人群，但我国 80% 以上的产品仍为覆盖全人群的粗放式产品。虽然保健食品在产品开发难度上低于药品，但若要推出适合我国不同人群的产品线，仍需要对细分市场消费者需求有深入了解，持续投入产品研发，并培育消费习惯。

从区域分布看，一是东部和南部省份保健食品生产企业已初具规模；二是主要生产企业主要集中在北京、江苏、广东、上海、山东、湖北等地，在已批准生产的保健食品中，42.79% 集中在北京、广东、江苏、上海等地区；三是不发达地区的产品相对较少，云南、西藏、青海、新疆、贵州 5 地产品数仅占总量的 1.25%。

目前，保健食品分为注册和备案，注册统一由市场监管总局食品审评中心进行受理，该产品在批准后办理生产许可时则由批准证书持有人所在地的省级市场监督管理部门负责。一般来讲，保健食品的批件数量与企业数量是正相关的，在对每一个产品逐一进行归类整理后，统计出各省（自治区、直辖市）目前所拥有的国产保健食品的批件数量，如图3-1 所示。

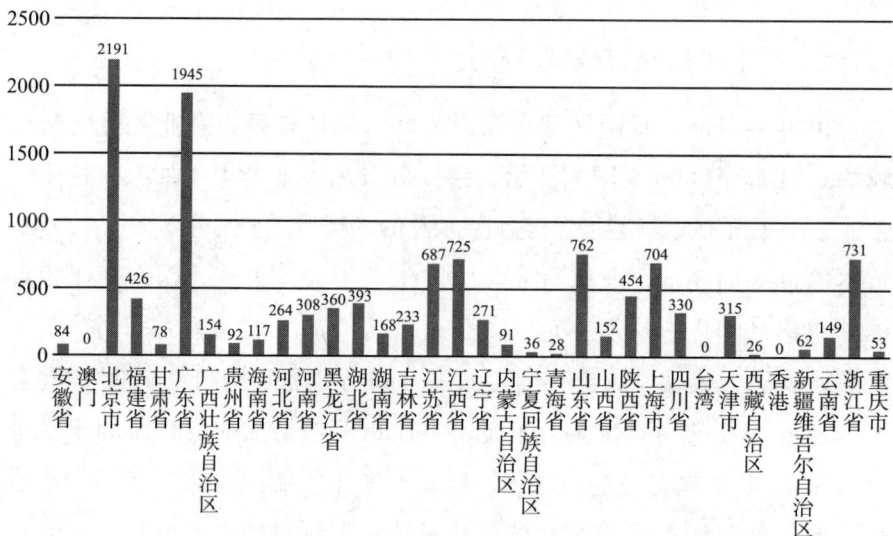

图 3-1　各（自治区、直辖市）国产保健食品批件数量

统计结果显示，其中北京市、广东省、山东省、浙江省和江西省所持有批准证书数量最多。图 3-2 所示为目前所持有批准证书较多的前 14 个省（自治区、直辖市）所占全国的比例，北京市占 17.69%，广东省占 15.70%，山东省占 6.15%。辽宁等其他 17 个省（自治区、直辖市）共计占 16.61%。

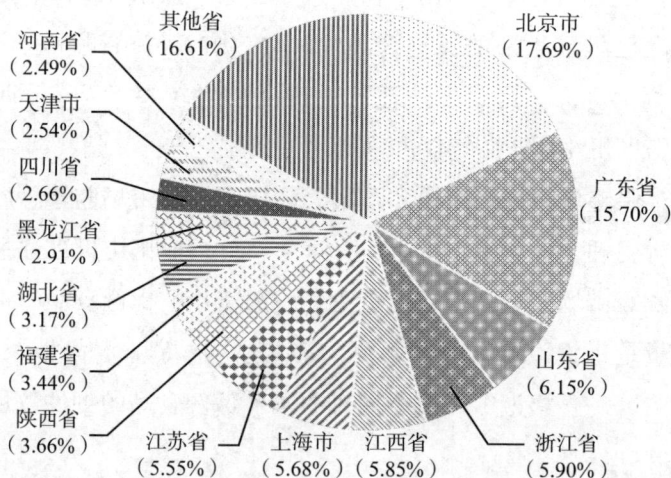

图 3-2　各省（自治区、直辖市）拥有保健食品批准证书的比例

中国保健协会调查显示，从企业规模看，在抽样调查的 127 家保健食品生产企业中，规模达到 1000 万元以上的企业数量达到 54.01%，其中规模 1 亿元以上的企业数量达到 22.83%。我国保健食品生产企业近一半企业固定资产总额在 1000 万～3000 万元，多数为中小型规模企业，竞争力较弱，抗风险能力不强。

（三）保健食品市场规模

由于种种原因，我国在全球保健食品产业链中处于比较低端的位置。多年来，我国一直是保健食品原料出口大国，但同时也是产品进口大国。据中国医药保健品进出口商会统计，2019 年膳食营养补充剂进出口总额达到 52.8 亿美元，同比增长 12.8%。出口稳步发展，达 18.8 亿美元，同比增长 12.7%；进口额达 34.0 亿美元，经历了 4 年快速发展期后，进口增速为 12.8%，有所回落，贸易逆差进一步扩大，达到 15.2 亿美元。

根据海关数据，中国医药保健品进出口商会分析了 2008—2019 年膳食营养补充剂的进口和出口情况，2008 年进口额为 4.1 亿美元，2019 年的进口额则为 34.0 亿美元，增长了 7 倍多，12 年间膳食营养补充剂进口额的复合增长率（CAGR）为 21.2%，维持了较高的增长率；2008—2019 年，膳食营养补充剂出口额的复合增长率为 17.9%。

（四）保健食品的质量安全

在对保健食品质量安全的治理过程中，监管部门不断付诸行动，取得了显著成效。体系检查是提升行业管理水平的有效手段，2020 年是全国保健食品生产企业体系检查开局之年，各地完成保健食品生产企业体系检查 335 家，总体覆盖率达 20%。对发现问题 100% 整改到位，进一步规范了企业生产经营行为，食品质量安全保障水平得到明显提升。根据监管部门公布的保健食品安全监督抽检数据显示，"十三五"期间，我国保健食品抽检合格率大幅提升，安全性得到了有效保障。

"十三五"期间，保健食品样品抽检不合格率统计数据显示：2016年为1.70%，2017年为2.20%，2018年（第四季度）为2.1%，2019年（下半年）为0.4%。2020年，全国市场监管部门完成食品安全监督抽检6387366批次，依据有关食品安全国家标准检验，检出不合格样品147721批次，总体不合格率为2.31%。从2020年食品抽样品种来看，消费量大的食用农产品，粮食加工品，食用油、油脂及其制品，以及肉制品、蛋制品、乳制品，抽检不合格率分别为2.23%、1.18%、1.55%、1.26%、0.29%、0.13%。在此期间，保健食品样品抽检38644批次，不合格样品210批次，全年样品的不合格率为0.54%，第四季度的样品不合格率为0.50%，大大低于总体不合格率。从大排行看，保健食品样品合格率排在第9位，超过了25个食品类别。

（五）保健食品的市场规范

2018年12月25日，一篇"百亿保健帝国权健和它阴影下的中国家庭"的文章引发了广泛关注，并最终引发历史上对保健品和保健食品最严厉的专项整治——"百日行动"。事后证实，"权健事件"涉及的相关产品包括一款紫草体用精油、一款粉末状固体饮料、一袋没有配方说明的中药制剂，这三款产品并非保健食品；另外，涉及的保健床垫用品和"火疗法"等，均非保健食品。在宣传过程中，权健存在欺诈和虚假宣传行为，但保健食品再一次"无辜躺枪"，行业受损严重。

在保健食品产业发展的历史上，"百日行动"专项整治不仅是一个标志性事件，也是保健食品产业发展过程中无法回避和绕不开的重大事件。管理部门在对专项整治中100件保健食品重大案件的调查分析显示，其中44例涉及夸大宣传和虚假宣传，19例涉及违法广告，二者占到了63%，说明保健食品经营环节是当前问题的高发区。

为进一步探索和健全保健食品长效监管机制，迅速扭转市场乱象，监管部门短时间内出台了12部法规，不仅进一步健全完善保健食品监管的法规体系，更是进一步规范保健食品企业的经营行为，促进保健食品产业在规范中发展。可以预见，监管部门将继续贯彻落实"四个最严"要求，深入推进保健食品行业专项清理整治行动，坚持问题导向，突出重点环节，保持高压态势，持续净化保健食品市场秩序，不断增强人民群众的获得感、幸福感、安全感。相应的，保健食品企业在保健食品质量安全得到全面提升后，加强对经营环节的有效管理就显得越来越重要，更是保健食品企业要下大力气的常态化工作。

二、销售渠道与销售模式

（一）销售渠道与销售模式的变化

我国保健食品销售模式和渠道的发展大致经历了 3 个阶段。第一阶段为 20 世纪 80 年代至 1997 年，店铺销售是保健食品主流的销售模式。第二阶段为 1998—2007 年，这个阶段包括传统店铺销售和直销两大主流模式，也包括会议营销等模式。传统店铺销售模式分为药店分销模式和商超渠道分销模式，直销模式分为单层直销和多层直销。1997 年传销方式在中国出现，1998 年前后，一些保健食品企业对传销技术进行研究并"改良"，无店铺销售大量涌现。有些人把这种无店铺销售模式称为直销，还有些企业把这种模式称为会议营销或服务营销，但无论冠以何种称谓，这两种形式都无法回避一个共同的实质，就是与传统的模式完全不同，都是将产品从厂家直接送到消费者面前。在其后的近十年期间，直销和会议营销的模式成为与传统店铺销售并驾齐驱的主流销售模式。第三阶段始于 2008 年，保健食品企业开始尝试销售模式转型，逐渐抛弃原有依赖店铺销售的渠道模式，转为以互联网为平台的远程无接触销售模式。2008 年这种营销模式在网上开始发力，现今已在互联网上非常普遍，参见表 3-1。

表 3-1　保健食品主要销售模式

销售模式		概述
传统店铺营销模式	药店分销模式	药店作为保健食品销售的专业渠道发挥了重要作用。随着市场监管部门对保健食品行业专项清理整治行动、药店渠道医保卡禁刷保健食品等相关政策的推出，保健食品药店渠道毛利率有所下降
	商超渠道分销模式	目前保健品大多兼礼品概念，这就要求保健品的销售渠道较药品、医疗用品要广。随着国际性大卖场、连锁超市等零售业态在中国的快速发展，大卖场、超市等成为保健食品主要销售终端之一
直销模式	单层直销	在直销企业的直销活动中，直销产品经过一代直销商就可以达到消费者手中
会议营销		会议营销是企业进行的一种直接的销售形式，企业将产品直接销售给顾客，不需要通过中间商来进行销售，而是由企业在各个会议的现场进行销售。会议的形式可能不同，但主要是在会议的现场产生销售。进行会议营销需要对潜在的顾客进行筛选和分析，并不是面向所有顾客，同时运用多种营销方式和手段
电子商务	传统电商平台	约占线上电商销售的 60%，以本土品牌居多，此类品牌均已取得"保健食品"标志的蓝帽子产品
	代购	约占 24%，主要以淘宝和微信平台为主，涵盖所有国外品类，多由代购商或个人进行销售
	跨境电商	约占 16%，相较于其他渠道有更好的品质保障和品类选择，体量将继续扩大并将挤压其他渠道
微商营销		微商营销是近两年兴起的一种新型营销，充分利用微信庞大粉丝群，增加企业有限动力

（二）直销仍然占有重要比重

根据商务部直销行业信息管理系统数据统计显示，截至 2021 年 2 月 23 日，我国共有 90 家企业正式获得直销经营许可证，分布于 19 个省、自治区、直辖市，其中广东、山东、北京等 3 个省市的企业居多。直销是我国保健食品销售的最大渠道，约占总销售额的 44%。2019 年度销售额排名前 10 名的保健食品公司中，有 7 家是直销公司，分别是无限极、安利纽崔莱、天狮集团、东阿阿胶、康宝莱、完美中国和新时代国珍。其次为线上和药店渠道，占比分别为 30% 和 22%，大众商超渠道只占 3%。由此可见直销渠道在我国的影响力之大。正因为如此，一些中小企业看到直销企业的成功，也逐渐套用直销的模式，并演变成会销、微商等方式。但由于生存的压力，一些企业急功近利，希望尽快进入产品增长与成熟期，快速回收利润，不少企业要求 3 ～ 6 个月必须达到盈亏平衡，在这种思想指导下，跨越规则的挣快钱的短期行为比较突出，可持续发展能力明显不足，并且造成市场较大的波动。

（三）会议营销模式遭受重创

会议营销的基本要素分为会议之前、会议之中、会议之后 3 个阶段，见图 3–3。

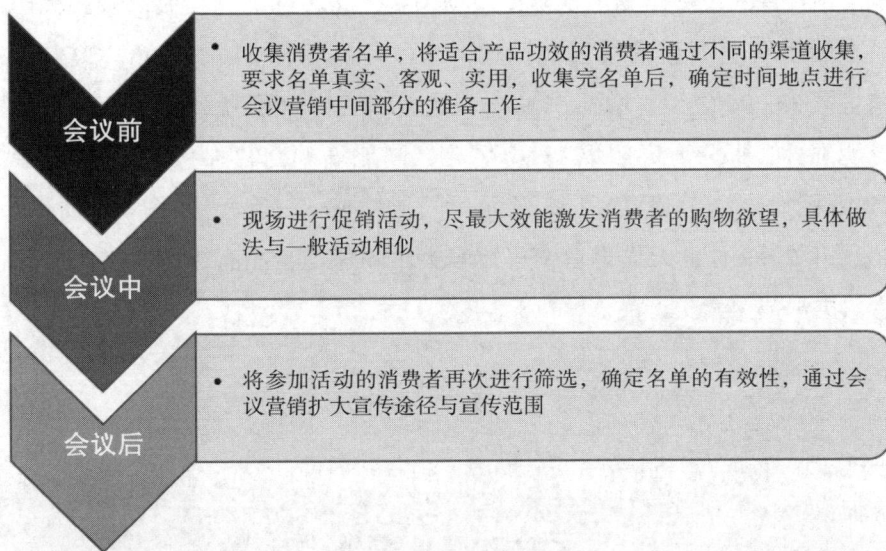

图 3–3　会议营销程序

然而，有一些从事会议营销的企业，在市场上乱开发、滥运作、违规操作，在销售过程中夸大宣传、虚假宣传、欺诈消费者等现象屡禁不止、屡禁不绝，使得企业、产品、营销人员在顾客心目中诚信度极低，迫使监管部门多次对此开展专项治理，对会议营销活动加强监管，保持高压态势。2020 年新冠肺炎疫情爆发，使经历"百日整顿后"处于"沉寂"的保健食品会议销售市场雪上加霜，保健食品企业计划举办的健康教育和市场宣讲活动全部被迫取消，会议销售渠道遭受重创。

（四）线上模式快速发展

2016 年，我国保健食品线上销售份额首次超过药店渠道份额，成为仅次于直销的第二大保健食品销售渠道，且近 5 年的复合增速高达 31.2%。特别是新冠肺炎疫情以来，在众多保健食品销售渠道中，受益最大的便是电商模式。一方面，疫情将原本属于商超、药店模式的顾客逐渐转为线上；另一方面，居家时间的增加，使人们拥有了更多浏览手机的时间，这些因素都给电商模式带来了更多的客流量。一是互联网＋电商销售模式发展迅猛。从阿里数据来看，2020 年，保健食品及相关产品在阿里线上渠道的销售额剧增，2019 年销售额 214.1 亿元，2020 年销售额 333.96 亿元，增长 55.95%。从 2020 年月度数据来看，变化也十分明显：1 月份销售额仅 13.97 亿元，同比增幅 0.07%，3 月份销售额 21.46 亿元，11 月份达 62.13 亿元，同比增幅 63.27%，如图 3–4 所示。2021 年 2—3 月，天猫平台销售比较突出的保健食品有维生素类、胶原蛋白类和褪黑素类产品。

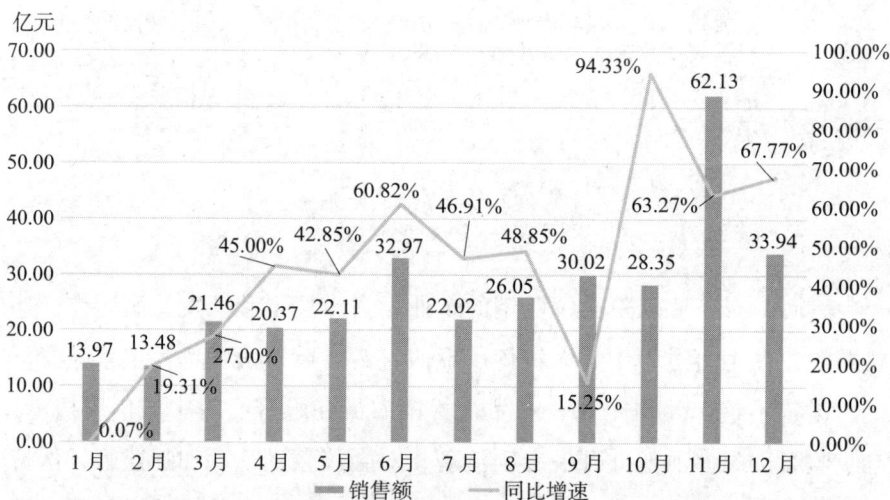

图 3–4　2020 年阿里线上渠道保健食品及相关产品的销售额

资料来源：前瞻产业研究院统计数据。

从保健食品及相关产品的价格看，根据阿里的数据显示，2020年，我国线上保健食品及相关产品销售均价为130～190元/件，峰值出现在11月，如图3-5所示。

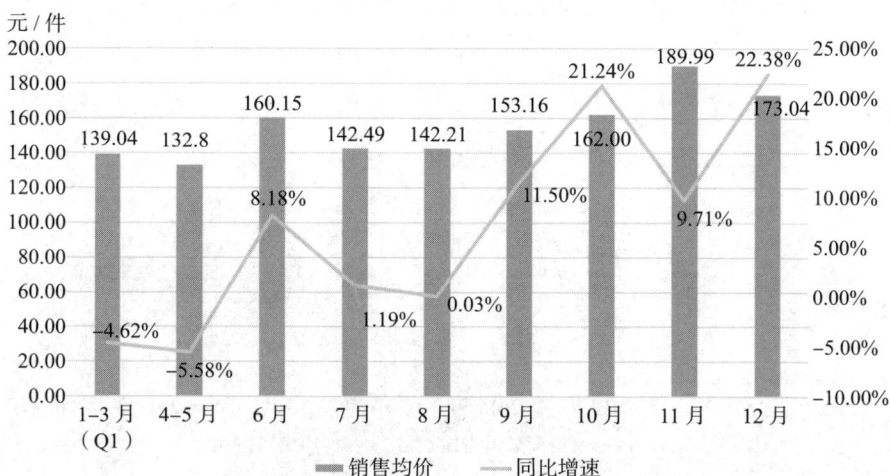

图3-5 2020年阿里线上渠道保健食品及相关产品的销售平均价格

资料来源：前瞻产业研究院统计数据。

二是"直播购物"快速兴起。近几年出现的"直播带货"短时间内吸引了大量的眼球，并且获得了较好的收益，引起了很多企业的关注。很多企业利用产品优势和品牌优势，开启了本企业的"直播购物"，众多保健食品企业也纷纷加大线上营销的投入力度，给行业带来了新的发展机遇和消费增长点。以保健食品某龙头为例，该企业积极利用互联网渠道营销，在抖音和天猫等均开设账号，粉丝数量分别达到22.7万和457万。

（五）药店渠道明显萎缩

长期以来，药店始终是保健食品销售的重要渠道，对市场的贡献率较高，曾经超过了1/3。但近些年来，药店渠道份额萎缩严重，从2013年占比34.5%下滑至2018年的18.5%（图3-6）。有研究显示，2013—2018年药店渠道是直销、线上、药店和商超4个渠道中唯一负增长的，

为 –2.4%。其主要原因，一是与线上相比，药店渠道的成本较高，产品的利润率低；二是由于一些地区禁止保健食品进入药店，导致保健食品无法在药店渠道销售，其他地区的企业为规避可能扩散的政策风险，主动撤出药店渠道，进入药店渠道的企业和产品双双下滑。

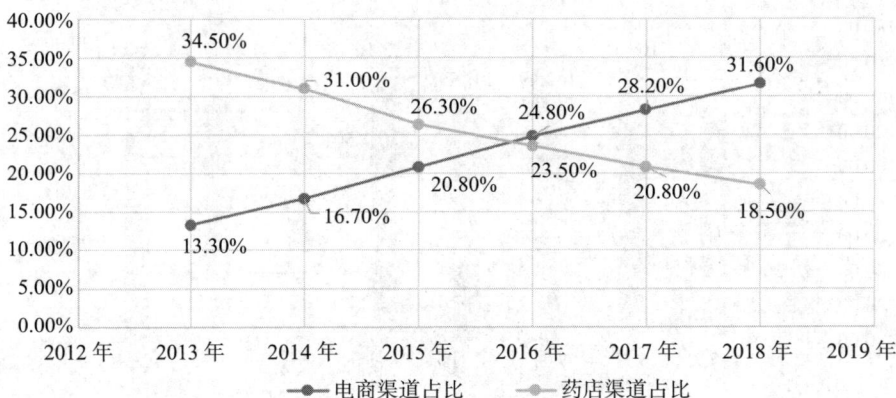

图 3-6　2013—2018 年保健食品电商与药店销售占比变动

资料来源：前瞻产业研究院统计数据。

三、发展机遇与挑战

（一）增长空间大

我国保健食品已经具有了一定的市场规模，拥有一大批比较稳定的消费者，但与发达国家相比，我国保健食品产业仍然有很大的增长空间。根据美国可靠营养委员会（Council for Responsible Nutrition，CRN）统计，美国保健食品及相关产品的渗透率由 2008 年的 64% 上升至 2017 年的 76%。再从人均保健食品及相关产品消费来看，日本为 81.8 美元 / 年，美国则达到 123.4 美元 / 年。对应日本、美国保健食品的消费状况，我国保健食品消费尚有很大的增长空间。

预计未来随着人均收入和健康需求的持续增长，我国保健食品市场整体上将保持发展态势，成为世界上保健食品较快增长的市场。

（二）培育科学理性消费群体

前述的调查显示，76.59%受访者认为保健食品科普和教育需要加强。保健食品的概念明确了保健食品的市场定位，其符合传统中医理论中"治未病"的核心要义。但很多消费者对于保健食品的定位并不清楚，导致他们认为保健食品具有治疗疾病的作用，这种现象在老年群体中尤为突出。此外，相较辅助降血糖、辅助降血脂等具有明显功效的保健食品而言，具有抗氧化、抗疲劳等功效的保健食品对消费者身体的改变是日积月累的，使得消费者无法清晰地感知身体的变化，而造成其认为该产品无任何作用。另外，消费者由于对保健食品的各类功效作用不清楚，使得他们在购买保健食品时容易出现错误，尤其是在网上渠道购买的保健食品更易出现这种情况。

因此，加强保健食品科普和教育，提升消费者科学理性的消费能力，夯实保健食品市场基础，有助于保健食品产业健康和可持续的发展。

（三）进一步落实企业主体责任

在保健食品产业的发展过程中，涌现出一批优秀的企业，其产品品质、品牌声誉等得到了消费者的肯定。但另一方面，有些企业唯利是图，不断挑战和跨越法律与道德底线。在历次治理整顿中，通过对大量案例分析和调研，从问题导向出发，重点锁定在生产环节和经营环节。

研发环节的问题主要是当前保健食品生产企业对研发工作重视程度不高，委托中介公司进行代理申报，导致出现低水平重复、同质化严重等问题，一直以来都是监管部门的重点整治方向。

在生产环节，重点治理产品中非法添加药物的违法行为。治理中发现，个别不法企业在声称减肥保健食品中可能存在添加非法化合物的违法行为，其中以西布曲明、酚酞、芬氟拉明、奥利司他、布美他尼、二甲双胍、甲基安非他命等药物成分最为常见。而在辅助降血糖类产品中非法添加化学降糖药物种类有双胍类、磺脲类、噻唑烷酮类以及格列奈类药物。在不知情的情况下服用存在这些非法添加化学成分的保健食品，可能造成严重的不良反应，甚至会危及生命。此外，在改善睡眠类保健食品中，一些不良厂商为增加其产品功效，会添加一些具有镇静催眠以及镇痛作用的化学药物。由于某些消费者往往把缓解疲劳类保健食品与壮阳和提高性能力产生关联，使得该类保健食品中的壮阳类和改善性能力类药物的非法添加成了最严重的问题。这类保健食品中常见的非法添加的化学药品有西地那非、他达拉非等磷酸二酯酶–5（PDE–5）抑制剂，以及睾酮、甲睾酮、醋酸睾酮等雄性激素类似物以及酚妥拉明等α受体拮抗剂。某些不法厂商为了提高降压效果，非法添加一些血管紧张素转化酶抑制剂、血管紧张素Ⅱ受体抑制剂、利尿剂、钙拮抗剂、交感神经抑制剂、肾上腺素受体阻断剂和血管扩张剂等药品。此外，对于降血脂类保健食品，其常用的非法添加药物有洛伐他丁、辛伐他丁、烟酸及其具有类似降脂功能的药物。对此，监管部门多次重拳出击，严厉制裁，并始终保持高压态势，使违法添加药物基本上销声匿迹，有效保护了消费者的健康安全。

在经营环节，重点查处无证经营、经营销售假冒伪劣保健食品、超范围经营以及与普通食品混淆售卖等问题。保健食品的夸大宣传、虚假宣传方面主要表现在保健食品的广告中宣称其具有治疗疾病的功能、广告内容与备案注册内容不符、未经批准擅自发布违法广告、利用消费者对健康的需求，采用非法花式营销等手段或以免费方式误导消费者购买保健食品等。标签标识方面的问题主要表现为标识、标签、说明书与实际产品不符、含虚假内容或与备案内容不符、进口产品无中文标签、盗用批准文号或未标注批准文号、未标注"本品不能代替药物"以及适宜人群等内容。经营企业的不作为行为主要表现为在管理中不执行索证索票制度、卫生管理制度、进货检查验收制度、不合格产品处理制度、培训制度等，此外，还包括不按规定制作台账、不检查供应链资质以及原料质量等问题。非法经营和夸大宣传、虚假宣传的现象不仅影响正规产品的信誉，还对保健食品行业产生极大的损害。

落实企业主体责任是保健食品生产经营企业的重中之重。落实企业主体责任有很多方面，但当前及今后一段时期，重点是对各利益相关方承担法定责任和义务，遵纪守法，诚实守信，合规生产，合规经营，尊重和维护消费者的合法权益，为消费者提供值得信赖的产品和服务，与监管者和消费者相向而行，推动行业正能量的不断壮大，使消费者在保健食品消费中享受到获得感、满意感和幸福感。

继续坚持推动我国保健食品产业从"发展中规范"向"规范中发展"的转变。中国社会科学院食品药品产业发展与监管研究中心组织的"中国保健食品产业发展研究课题组"对我国保健食品产业发展进行了深入的研究，曾提出了我国保健食品产业健康发展需要完成从"发展中规范"向"规范中发展"的转变，同时，还就保健食品上市制度和经营管理制度等提出了建议。从法制和规范的维度审视我国保健食品产业（企业）迄今为止的发展轨迹，其实就是从"发展中规范"向"规范中发展"的过程，这个转变完成得越快，越有利于我国保健食品产业健康和可持续发展。

（四）基于精准营养的保健食品个性化

在涉及营养补充剂的剂量时，往往涉及人体每日膳食营养素推荐摄入量（RDA）。根据大量科学研究和临床循证发现，由于个体差异，客观上存在着部分营养素吸收能力有缺陷、营养素转运功能有缺陷、有遗传性酶缺陷等的人群，以及饮食中营养素不足、肾脏过度排泄造成营养素浪费、遗传多态性所致营养素不足、有利于诱导增强机体代谢酶的作用、纠正疾病所致的营养素缺乏造成的影响、纠正化学药物引发的营养素不足和副作用、借助发挥营养素本身产生的药理和理化作用等状况。这些人群和状况大多按照RDA补充难以获得相应的预期，客观上存在着需要个性化精准施用营养补充剂的人群或状况，精准营养概念的提出正源于此。人们早就发现，每个人的饮食习惯、对食物的偏好和选择、进食时间等的差别是受生物化学、新陈代谢、遗传学、肠道菌群特征及暴露环境等多因素影响所导致的。"一种尺寸并不适合所有人"。因此，个体要达到营养平衡需要营养个性化，实现营养的精准供给。

国际上最早的关于精准营养（precision nutrition）的定义是美国营养协会提出的，"一个利用人类个性来制定营养策略，以预防、控制和治疗疾病以及优化健康的领域"。精准营养的目标是通过针对个人或相似的群体调整营养来改善人类健康。它可能整合各种数据，包括临床评估、生物标志物、生理功能和病理过程、遗传信息、来自生物传感器（例如活动跟踪器）的数据等个性数据。精准营养有以下几个特点：①是相对较新的；②扎根于科学证据；③依靠分析技术以及训练有素的从业人员的指导；④是多学科的，利用了来自其他领域，例如基因组学、表观遗传学、系统生物学、医学和行为科学以及传统营养科学与临床实践。总之，精准营养是前沿的，进一步量身定制干预措施以满足个人需求或特定人群。国际营养遗传学/营养基因组学学会（ISNN）建议，针对个人或特定人群量身定制精准营养建议应该在预防慢性疾病方面比一般建议更有效。

中国营养保健食品协会于 2019 年 12 月组建了"中国营养保健食品协会精准营养专业委员会"，是中国首个开展精准营养专业方向产、学、研工作的专业组织，并于 2020 年 9 月 18 日首次发布了"中国精准营养计划（纲要）"。美国国立卫生院于 2020 年 5 月 27 日出台了"美国国立卫生研究院 2020—2030 年营养研究战略计划"。精准营养在文献中有多种描述方式，有的侧重于临床实践，有的超出临床营养干预范畴，有的侧重于生物学方面。但专家们的共识认为，精准营养的目标是通过针对个人或相似群体的营养调整来改善人类健康，个性化营养及生活方式干预，可以更加有效地降低整个生命周期的健康风险。

精准营养理论与实践的发展，为保健食品的转型升级拓展了一个新的领域和新的发展空间。长期以来，我国保健食品产品的研发能力和产品竞争力是比较明显的短板，重市场、轻研发的现象普遍存在，造成企业产品组合缺乏"宽度"和"深度"。但随着市场逐渐成熟与需求细分，"通吃"的产品和产品结构已经越来越不适应消费者的个性化需求，以复合维生素类产品为例，美国市场已将系列产品细化至不同人群，但我国80%以上的产品仍为覆盖全人群的粗放式产品。从需求和技术支撑能力的角度看，我国保健食品完全有可能通过理念创新、技术创新和产品创新，以精准营养为基础，通过建立科学合理的每日营养素需求量，以对个体精准营养需求进行评估；建立和优选营养素分子标记物和相应标准化检测技术，以准确衡量个体当前营养素水平和相应健康状态；借助营养基因组学检测，分析和判定个体的基因多态性（SNP）等一系列方法手段，制定个性化的营养干预方案，向市场和消费者提供有针对性、满足个体差异的新产品。

科学研究和临床经验表明，调整饮食、服用营养素、食用其他的天然物质可以有效地预防和治疗很多综合征和疾病，促使身体更健康。而且，若能合理地做到精准应用，营养干预方法非常安全，几乎不会引起严重的副作用。某些患病人群既有先天性单基因遗传病，又有受多基因和多种其他因素交互作用引发的慢性病，也包括一些急性病。对这些人群实施精准营养干预，可以辅助实现机体营养平衡，促进疾病恢复进程和维护健康状态。

亚健康和普通健康人群常常共享着引发慢病的共同风险因素，如高血压、高血脂、高血糖和高同型半胱氨酸血症等。在没有任何干预的情况下，久而久之，机体功能失衡状况加剧，进而发生慢病。而通过调整饮食和实施精准营养干预后，功能失衡状况开始向健康人群状态恢复。近年来，伴随着基因、转录、代谢、蛋白质和微生物等各种组学以及大数据分析技术的发展，有效地促进了人们对疾病发生发展过程的认识，在满足上述精准营养干预的基本条件下，为基于个体特征进行有效营养干预提供了可能。

例如，国际诊断已明确的多达6600余种单基因遗传病，其中大多由于营养代谢通路的基因变异致其功能异常，影响生理功能，产生疾病。这些疾病由于病因学、疾病特征相对明确，诊断后进行相应精准营养干预往往能够达到较好的预防和治疗效果。例如，一种常见的涉及维生素 B_{12} 的先天性代谢障碍疾病——甲基丙二酸尿症，服用大剂量维生素 B_{12} 即可控制。以严重威胁人类健康的高同型半胱氨酸血症（HHCY）的精准营养干预为例，HHCY 是一种已被证明与百余种慢病相关的风险因素，涉及多种 B 族维生素和矿物质代谢以及与代谢相关的多个基因多态表型。如 5，10- 亚甲基四氢叶酸还原酶（MTHFR）基因 C677T 突变是高血压、冠状动脉疾病、中风、骨质疏松症、偏头痛、抑郁症、躁郁症、精神分裂症、唐氏综合征和神经管缺陷的危险因素。发生这些疾病的风险增加很大程度上归因于 HHCY，当叶酸摄入未达到需求量，再加上这种多态性，可能产生多种有害作用。此外，蛋氨酸还原酶（MTRR）基因多态性可影响维生素 B_{12} 的吸收利用，胱硫醚合成酶（CBS）基因多态性可影响维生素 B_6 的利用，从而使体内重要抗氧化物谷胱甘肽的合成减少。所有这些影响可基于基因表型精准补充足够的相关维生素和矿物质而得以纠正。

四、新技术新方法的应用

保健食品中发挥生物学作用的成分称为生理活性成分，即保健食品基料或保健食品的功效分子。目前功效分子主要来源于食物中的营养素或活性物质及其代谢物，包括以下几类：①蛋白质、肽与氨基酸，如免疫球蛋白、谷胱甘肽、精氨酸等；②功能性油脂，如不饱和脂肪酸（n-3 脂肪酸）、磷脂、胆碱等；③功能性多糖，如低聚果糖、枸杞多糖、香菇多糖等；④活性菌类，如乳酸杆菌和双歧杆菌；⑤植物化学物，如儿茶素、槲皮素、花色苷等；⑥维生素类，包括维生素 A、维生素 E、维生素 C 等；⑦微量元素，如铁、锌、硒等。

（一）保健食品的新技术进展

随着科学技术的进步，很多新的技术用于保健食品的生产，促进了保健食品的快速发展和应用便利化。如：①有效功能成分筛选、分离、结构鉴定技术。②利用生物技术制备功能因子，如发酵技术、合成生物学的发展。以 DNA 重组技术为基础的生物技术，包括酶工程、基因工程、发酵工程等获得了长足的发展，成为提升食品工业水平的有力手段，尤其提高了高附加值的功能性食品原料的生产效率。③功能因子的输送技术，许多具有重要生理功能的食品配料，因疏水性和易分解性而造成吸收率低，产品中能够产生效用的功能因子效用大打折扣。如类胡萝卜素、不饱和脂肪酸、植物甾醇等水溶性较差，人体吸收率都不高。提高功能因子的吸收效率就是构建输送体系，纳米技术为构建输送体系提供了新型的解决途径。以纳米技术构建的脂质载体可以提高敏感功能因子的吸收率。此技术经过几十年的发展，已在医药领域得到应用，在保健食品领域同样有广阔的前景。

（二）保健食品新技术的应用

近年来，保健食品生产制备过程中涌现出很多新技术，包括生物技术、超临界流体萃取技术、冷冻干燥技术、微胶囊技术等。

1. 生物技术

现代生物技术进展迅速，出现了很多新技术，在保健食品领域中广泛应用的有发酵工程、酶工程、细胞工程等。其中，应用最早的生物技术是发酵工程，这种技术主要采用现代发酵设备，对优选细胞或经现代技术改造的菌株进行放大培养和控制性发酵，以获得工业化生产预定的食品或食品功能成分。发酵工程利用菌株发酵产生 γ- 亚麻酸、超氧化物歧化酶（SOD）、L- 肉碱等。酶的生产、改性与应用的技术称为酶工程，主要包括微生物细胞发酵产醇、生物活性肽的制备、动植物细胞培养产酶、酶的提取与分离纯化、酶分子修饰、酶原生质体固定化、酶非水相催化、酶定向进化、酶反应器等。细胞工程是指以细胞为对象，应用生命科学理论，借助工程原理与技术，获得特定细胞、组织产品的一门综合科学技术，主要用来生产功能型食品和食品添加剂。基因工程技术也广泛用于保健食品功能因子的研发，如利用基因工程菌培养可以生物合成生物素、肌醇、胡萝卜素、维生素 C、维生素 B_2 及维生素 B_{12} 等营养保健因子。

2. 微胶囊技术

食品微囊化又称微胶囊技术，是用成膜材料将食用的固体、液体和气体原料包裹（包埋）成 $1 \sim 500\mu m$ 的微小颗粒，以提高其稳定性、减轻不良气味、缓释有效成分、提高生物利用度，使其便于加工、储存和运输，这种技术最大限度地保护了原料的活性及色香味，并保持其营养成分。经微胶囊化后，产品的色泽、质量、形状、耐热性、贮藏性等性质发生改变，芯材在需要时被释放出来，使微胶囊技术在保健食品的生产中能够得到应用。微胶囊具有改善和提高物质外观与性质的能力，原材料经过微囊化之后在食品或其他方面展现出诸多优势，尤其是在保健食品行业中的应用，包括增加保健食品的稳定性，控制囊心物的释放位置、时间与速度，且微囊化使一些易挥发的物质得到有效保护，并让其在合适的时候释放出来。如对功能性油脂的微胶囊化，可以避免其与外界环境接触，从而延缓其氧化速率，最大限度地保证其生物活性。同时，该做法还能掩盖油脂中的不良气味，改善油脂物理状态，使其固态化。

3. 膜分离技术

膜分离技术是一种使用半透膜的分离方法，由于膜分离操作一般在常温下进行，被分离物质能保持原来的性质，同时保持功效成分的活性。其选择性强，操作过程简单，适用范围广，能耗低，所以可广泛应用于食品生产中。膜分离技术主要是利用膜的选择性（孔径大小），以膜两侧的能量差作为推动力，由于溶液中各组分通过膜的迁移率不同而实现分离的一种技术。膜分离技术所包含的方法有多种，较常使用的有超滤法、反渗透法、电渗析法、微孔过滤法等。提取纯化是保健食品生产中常见的生产工艺，膜分离技术已经大范围应用在保健食品行业，用于功能成分的过滤、除菌、分离、纯化、浓缩精提。膜分离技术中的微孔过滤可用于植物提取物的过滤、保健食品口服液的除菌；超滤技术常用于提取液中低分子与高分子成分的分离；反渗透常用于提取液中功能成分及液状食品的浓缩。目前，实际生产中多根据产品性能选用多种类型的膜分离技术。

4. 超临界流体（SCF）萃取技术

超临界流体萃取是指以超临界流体为溶剂，从固体或液体中萃取可溶组分的分离操作。超临界流体具有气体和液体的特性，有溶解能力强、传质性能好、临界压力适中、无毒、惰性、无残留、价廉等优点，尤其适用于热敏性物质和高沸点物质的分离提取。超临界流体对应各压力范围所得到的萃取物不可能是单一的，但可以控制条件得到最佳比例的混合成分，然后借助减压、升温的方法使超临界流体变成普通气体，被萃取物质可完全或基本析出，从而达到分离提纯的目的。SCF 萃取技术已在保健食品领域得到广泛应用。尤其适合鱼油这样的热敏性天然产物的萃取分离，鱼油中含有多种具有保健功能的有效成分，特别是 EPA 和 DHA。

5. 冷冻干燥技术

冷冻干燥是利用升华的原理，将含有大量水分的物质预先降温冻结成固体，然后在真空的条件下使水蒸气升华，而物质本身留在冻结时的冰架中。冷冻干燥在低温下进行，适用于许多热敏性物质，可降低食品中的挥发性物质损失，能够很好地保留食品原有的营养成分。冷冻干燥分为常压冷冻干燥和真空冷冻干燥。实际生产中，常压冷冻干燥存在设备成本高、干燥时间长、成品品质不稳定等情况，因而在保健食品工业中应用较少。目前，应用最多、最广泛、最有效的为真空冷冻干燥。真空冷冻干燥在真空下进行，氧气极少，水分以固体状态直接升华，可以保护成分的性质与结构。冷冻干燥后的物质加水后迅速溶解，并恢复原来的形状，可以获得外观和内在品质兼优的成品。冷冻干燥已广泛用于保健食品如人参、蜂王浆、牛初乳、花粉、速溶茶等的加工制造中。

6. 冷杀菌技术

微生物控制是保健食品生产过程中的关键控制点，因而针对不同的环节选择适宜的杀菌方式尤为关键。冷杀菌（物理杀菌）是当代一类崭新的技术，物理杀菌条件易于控制，外界环境对其影响较小。目前，冷杀菌方法有很多种，如放射线辐照杀菌、超声波杀菌、放电杀菌、高压杀菌、紫外线杀菌、磁场杀菌、臭氧杀菌、静电杀菌、感应电子杀菌和强光脉冲杀菌等。超高压杀菌技术的特点是均匀、瞬时、高效；辐照杀菌射线穿透力强，辐照过程易于控制，不存在交叉污染；紫外线杀菌在生产中主要用于物体表面的杀菌、环境的杀菌和一些流体的杀菌；臭氧杀菌技术主要有高效性、高洁净性、方便性、经济性等优点。与传统的食品加热杀菌相比，冷杀菌能充分保留食品的营养成分，杀菌彻底，处理时间短，不产生毒性物质。

保健食品更快速地增长是未来必然的趋势。功能因子是保健食品的关键，获取功能因子是发展保健食品的关键。生物制造技术在过去几十年中发展很快，给食品工业带来了显著的变革。在未来，这仍然是发展的重点之一，包括基因工程技术应用等。

第四章
我国保健食品产品状况

一、原料使用

（一）允许使用和禁止使用的原料

我国保健食品原料管理的工作起步较早，保健食品的原料可来源于普通食品原料、药食同源食品原料、仅用于保健食品原料、新食品原料等。

根据现行的管理制度，保健食品的原料主要源于普通食品原料、仅用于保健食品原料、新食品原料等。2002 年，原卫生部印发《既是食品又是药品的物品名单》《可用于保健食品的物品名单》《保健食品禁用物品名单》，奠定了保健食品原料准入的清单。此后，随着研究的深化和科技支撑能力的提升，这 3 个名单有一些调整，但总体上变化不大。

既是食品又是药品的物品名单

丁香	八角茴香	刀豆	小茴香	小蓟
山药	山楂	马齿苋	乌梢蛇	乌梅
木瓜	火麻仁	代代花	玉竹	甘草
白芷	白果	白扁豆	白扁豆花	
龙眼肉（桂圆）		决明子	百合	肉豆蔻
肉桂	余甘子	佛手	杏仁	沙棘

芡实	花椒	红小豆	阿胶	鸡内金
麦芽	昆布	枣（大枣、黑枣、酸枣）		罗汉果
郁李仁	金银花	青果	鱼腥草	
姜（生姜、干姜）		枳椇子	枸杞子	栀子
砂仁	胖大海	茯苓	香橼	香薷
桃仁	桑叶	桑葚	橘红	桔梗
益智仁	荷叶	莱菔子	莲子	高良姜
淡竹叶	淡豆豉	菊花	菊苣	黄芥子
黄精	紫苏	紫苏籽	葛根	黑芝麻
黑胡椒	槐米	槐花	蒲公英	蜂蜜
榧子	酸枣仁	鲜白茅根	鲜芦根	蝮蛇
橘皮	薄荷	薏苡仁	薤白	覆盆子
藿香				

2014年，新增15种中药材物质：人参、山银花、芫荽、玫瑰花、松花粉、油松、粉葛、布渣叶、夏枯草、当归、山柰、西红花、草果、姜黄、荜茇，在限定使用范围和剂量内作为药食两用。

2018年，征求意见：新增9种中药材物质作为按照传统既是食品又是中药材党参、肉苁蓉、铁皮石斛、西洋参、黄芪、灵芝、天麻、山茱萸、杜仲叶，在限定使用范围和剂量内作为药食两用进行试点。

2020年1月2日，国家卫生健康委、市场监管总局发布《关于对党参等9种物质开展按照传统既是食品又是中药材的物质管理试点工作的通知》，将对党参、肉苁蓉、铁皮石斛、西洋参、黄芪、灵芝、山茱萸、天麻、杜仲叶等9种物质开展按照传统既是食品又是中药材的物质生产经营试点工作，作为保健食品原料使用时，按保健食品有关规定管理。

可用于保健食品的物品名单

人参	人参叶	人参果	三七	土茯苓
大蓟	女贞子	山茱萸	川牛膝	川贝母

川芎	马鹿胎	马鹿茸	马鹿骨	丹参
五加皮	五味子	升麻	天门冬	天麻
太子参	巴戟天	木香	木贼	牛蒡子
牛蒡根	车前子	车前草	北沙参	平贝母
玄参	生地黄	生何首乌	白及	白术
白芍	白豆蔻	石决明	石斛	地骨皮
当归	竹茹	红花	红景天	西洋参
吴茱萸	怀牛膝	杜仲	杜仲叶	沙苑子
牡丹皮	芦荟	苍术	补骨脂	诃子
赤芍	远志	麦门冬	龟甲	佩兰
侧柏叶	制大黄	制何首乌	刺五加	刺玫果
泽兰	泽泻	玫瑰花	玫瑰茄	知母
罗布麻	苦丁茶	金荞麦	金樱子	青皮
厚朴	厚朴花	姜黄	枳壳	枳实
柏子仁	珍珠	绞股蓝	胡芦巴	茜草
荜茇	韭菜子	首乌藤	香附	骨碎补
党参	桑白皮	桑枝	浙贝母	益母草
积雪草	淫羊藿	菟丝子	野菊花	银杏叶
黄芪	湖北贝母	番泻叶	蛤蚧	越橘
槐实	蒲黄	蒺藜	蜂胶	酸角
墨旱莲	熟大黄	熟地黄	鳖甲	

保健食品禁用物品名单

八角莲	八里麻	千金子	土青木香	山莨菪
川乌	广防己	马桑叶	马钱子	六角莲
天仙子	巴豆	水银	长春花	甘遂
生天南星	生半夏	生白附子	生狼毒	白降丹
石蒜	关木通	农吉痢	夹竹桃	朱砂

米壳（罂粟壳）		红升丹	红豆杉	红茴香
红粉	羊角拗	羊踯躅	丽江山慈姑	京大戟
昆明山海棠	河豚	闹羊花	青娘虫	鱼藤
洋地黄	洋金花	牵牛子	砒石（白砒、红砒、砒霜）	
草乌	香加皮（杠柳皮）		骆驼蓬	鬼臼
莽草	铁棒槌	铃兰	雪上一枝蒿	黄花夹竹桃
斑蝥	硫黄	雄黄	雷公藤	颠茄
藜芦	蟾酥			

与保健食品原料准入管理的重要规定还包括相关管理部门颁布的一系列法规。

2002 年原卫生部发布《关于进一步规范保健食品原料管理的通知》规定，申报保健食品中含有动植物物品（或原料）的，动植物物品（或原料）总个数不得超过 14 个；使用药食同源的物品名单之外的动植物物品（或原料）个数不得超过 4 个；使用药食同源的物品名单和可用于保健食品的物品名单之外的动植物物品（或原料），个数不得超过 1 个，且应按有关要求进行安全性毒理学评价。

未纳入普通食品的原料、食品添加剂新品种、食品相关产品新品种应当依据《新食品原料安全性审查管理办法》的要求向国务院卫生行政部门提交相关产品的安全性评估材料，通过审核后同样可用于保健食品的生产。

2016 年 12 月，原国家食品药品监督管理总局会同原国家卫生和计划生育委员会和国家中医药管理局发布了《保健食品原料目录（一）》，涉及国际上达成共识的营养素补充剂的名称、用量和对应的功效，其他原料的纳入标准仍处于研究阶段。

2017 年，原食品药品监督管理总局印发了《保健食品备案产品可用辅料及其使用规定（试行）》，列出了包含阿拉伯胶等在内的 179 种辅料的名称、相关标准以及不同形态的使用最大剂量，并明确规定保健食品备案产品辅料的使用应该符合国家相关标准。

2020 年，市场监管总局会同国家卫生健康委、国家中医药管理局发布了《辅酶 Q_{10} 等五种保健食品原料目录》（辅酶 Q_{10}、破壁灵芝孢子粉、螺旋藻、鱼油、褪黑素）。

2020 年，市场监管总局会同国家卫生健康委、国家中医药管理局调整发布《保健食品原料目录　营养素补充剂（2020 年版）》和《允许保健食品声称的保健功能目录　营养素补充剂（2020 年版）》。

2021 年，市场监管总局制修订了配套的《保健食品备案可用辅料及其使用规定（2021 年版）》。

（二）原料使用状况分析

保健食品主要原料包括普通食品、既是食品又是药品的物品、可用于保健食品的物品、新食品原料、真菌及益生菌类和其他类。

1. 普通食品

根据管理规定，虽然部分普通食品原料纳入了保健食品原料目录，但保健食品原料目录中不仅规定了原料名称，还规定了原料的用量和对应的功效，因此，列入保健食品原料目录的原料及用量和对应的功效只能用于保健食品生产，不能用于其他食品生产。

通过对已经批准的以普通食品作为原料的国产保健食品使用的频次统计分析（1999—2020 年），至少有 16 个大类的普通食品被用于保健食品中。

（1）乳及乳制品类别：乳糖使用频次最高，为 592 次，占总数的 58.10%；其次是牛初乳粉，为 142 次，占总数的 13.94%；乳清蛋白粉使用了 123 次，占总数的 12.07%（图 4-1）。

（2）食用油脂及其制品：大豆油使用了 787 次，占总数的 47.55%；玉米油使用了 277 次，占总数的 16.74%，色拉油使用了 138 次，占总数的 8.34%；食用植物油使用了 99 次，占总数的 5.98%（图 4-2）。

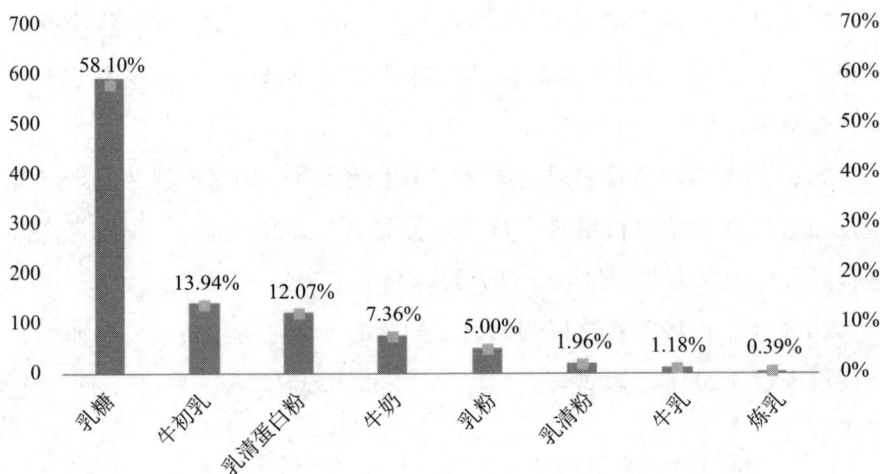

图 4–1 乳及乳制品类原料在国产保健食品中的使用频次

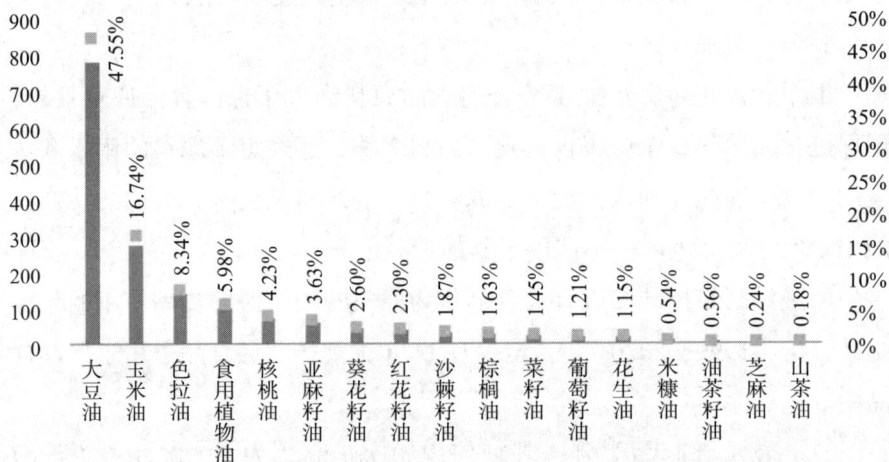

图 4–2 食用油脂及其制品原料在国产保健食品中的使用频次

（3）豆类及其制品：该类别中共计 35 个产品，其中豆粉使用最多，为 15 次，占总数的 42.86%；纳豆使用的频次最少，为 4 次，占总数的 11.43%。

（4）菌藻类及其制品：该类别共计 479 个产品，其中螺旋藻粉最多，使用了 175 次，占总数的 36.53%；竹荪使用了 1 次，占总数的 0.21%（图 4–3）。

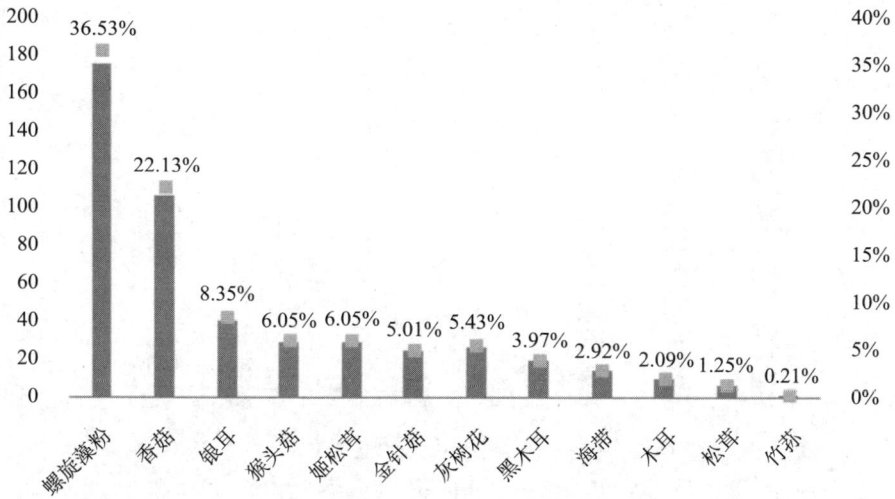

图 4-3　菌藻类及其制品原料在国产保健食品中的使用频次

（5）坚果及其制品：该类别共计 186 个产品，可可粉使用了 69 次，占总数的 37.10%；可可脂为 4 次，占 2.15%（图 4-4）。

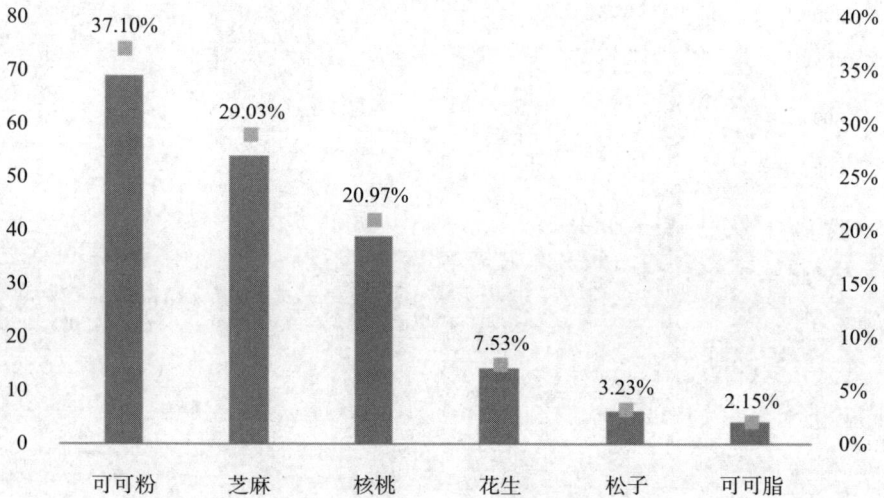

图 4-4　坚果及其制品原料在国产保健食品中的使用频次

（6）谷物及其制品：该类别原料共使用了 131 次，荞麦最多为 51 次，占 38.93%；小米被使用 3 次，占 2.29%（图 4-5）。

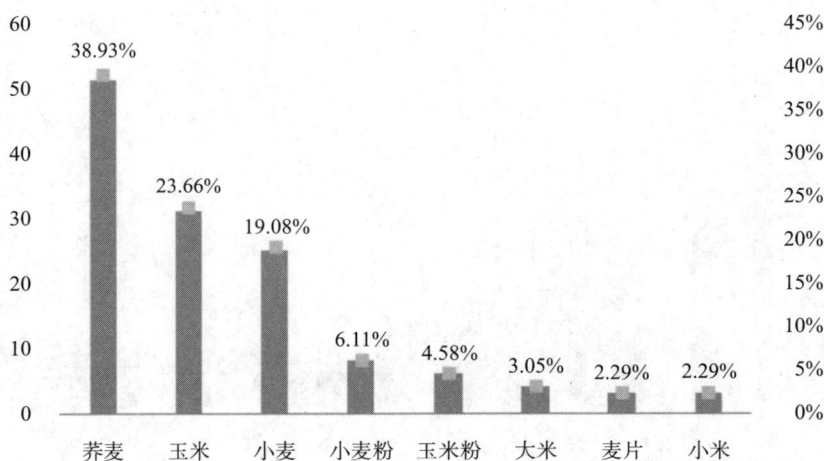

图 4-5　谷物及其制品原料在国产保健食品中的使用频次

（7）淀粉类及其制品：该类别原辅料共计使用了 2578 次，淀粉共计使用了 1020 次，占总数的 39.57%；其次是麦芽糊精，使用了 945 次，占总数的 36.66%；小麦淀粉使用 2 次，占总数的 0.08%（图 4-6）。

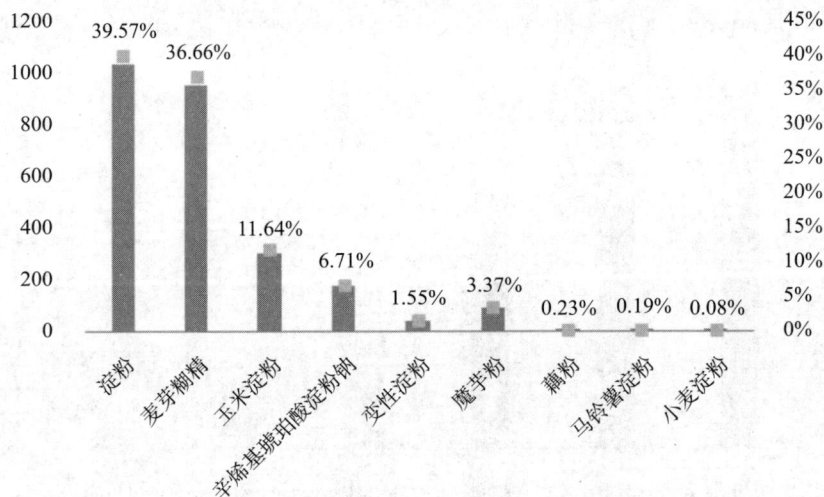

图 4-6　淀粉类及其制品原料在国产保健食品中的使用频次

（8）肉及肉制品：该类共 13 种，鸡使用频次为 7 次，乳鸽使用 3 次，鹌鹑使用 2 次，鹿肉使用 1 次。

（9）水产品：该类使用了 4 种，包括鱼肉、虾、鲍鱼和海参，共计使用了 61 次，其中海参使用频次最多，为 45 次。

（10）蛋及蛋制品：该类使用了 3 种，包括鸡蛋、蛋白粉和蛋黄粉，共计使用了 173 次，鸡蛋 33 次，蛋白粉 136 次，蛋黄粉 4 次。

（11）糖类：糖类共使用了 9 项食品原料，白砂糖最多，占总数的 49.59%；其次是蔗糖，占 29.82%（图 4-7）。

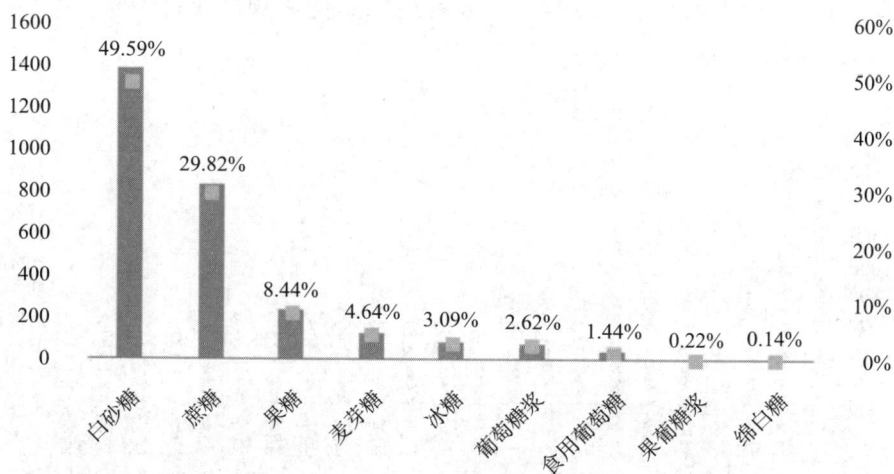

图 4-7　糖类原料在国产保健食品中的使用频次

（12）调味品：包括食盐和山西老陈醋。食盐使用了 23 次，山西老陈醋使用了 8 次。

（13）饮料类：该类共计使用了 2 种，包括水（含纯化水）使用了 1735 次，果、蔬汁类使用 213 次。

（14）酒类：该类 295 个，使用频次中最多的是白酒，为 190 个，其次是黄酒 45 次，食用酒精 42 次，蒸馏酒 13 次，葡萄酒 5 次。

（15）茶类：该类共使用了绿茶、红茶、乌龙茶、普洱茶和茶多酚 5 种，绿茶使用了 252 次，普洱茶使用了 16 次。

（16）蜂蜜及花粉：该类蜂蜜使用了 392 次，松花粉使用 163 次，蜂花粉使用 43 次。

2. 既是食品又是药品的物品

按照"既是食品又是药品的物品名单"中的87个原料使用频次进行统计（1999—2021年），结果显示83个原料被使用过。总共使用频次为10237次，使用最多的原料是枸杞子1584次，其次是茯苓737次，再次是葛根559次。榧子、小蓟、白扁豆花和黑胡椒4个原料一次未被使用。使用频次超过100次的原料为23种，其共计使用频次达到8191次，占总使用频次的80.01%。图4-8所示为使用频次超过100次的23种原料使用情况。

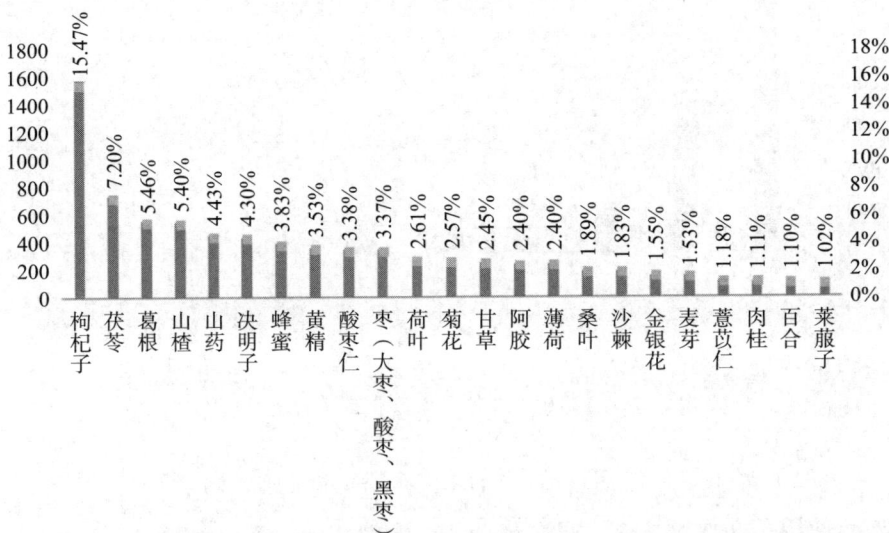

图 4-8 使用频次超过 100 次的 23 种"既是食品又是药品的物品"原料

3. 可用于保健食品的物品

按照《可用于保健食品的物品名单》中114个原料的使用频次进行统计（1999—2021年），结果显示共有106个原料被使用过，总共使用频次达到11669次。其中，西洋参使用频次最多，为1183次；黄芪次之，为1009次；排在第三位的是人参，使用了859次。木贼、荜茇、湖北贝母、大蓟、厚朴花等8个原料未被使用。使用频次超过100次的原料共有29个，共计使用频次达到9816次，占总使用频次的84.12%。

图 4-9 所示的为使用频次超过 100 次的 29 种原料使用频次情况。

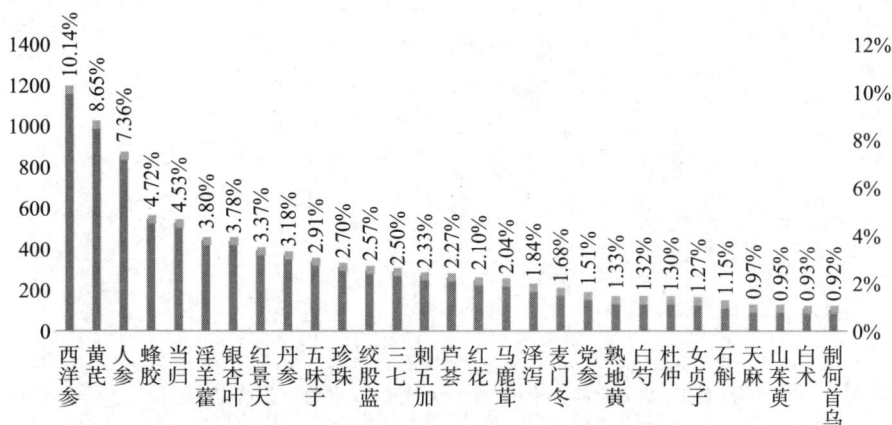

图 4-9 使用频次超过 100 次的 29 种"可用于保健食品的物品"原料

4. 新食品原料

根据卫生管理部门网站上关于新食品原料（新资源食品）公告的品种进行统计，共计统计了自 2003—2013 年批准的鱼油及提取物、低聚木糖、蛹虫草子实体等 29 种新食品原料（新资源食品）作为保健食品原料用于我国国产保健食品的情况，使用频次共计为 608 次。其中鱼油及提取物使用频次最多，为 188 次，占 30.92%；低聚木糖为 85 次，占13.98%；蛹虫草为 72 次，占 11.84%；玛卡为 55 次，占 9.05%；异麦芽酮糖醇为 45 次，占 7.40%；DHA 藻油为 30 次，占 4.93%；植物甾醇及酯为 26 次，占 4.28%；透明质酸钠为 26 次，占 4.28%；菊粉为 24次，占 3.95%。库拉索芦荟凝胶、低聚半乳糖、初乳碱性蛋白、雨生红球藻、共轭亚油酸甘油酯、叶黄素酯、γ- 氨基丁酸、地龙蛋白、御米油、L- 阿拉伯糖、诺丽果浆、雪莲培养物等 12 种新食品原料（新资源食品）共使用 57 次，占总数的 9.38%。酵母 β- 葡聚糖新食品原料（新资源食品）目前在已批国产保健食品中未被使用，详见图 4-10。

5. 真菌及益生菌类

批准的以灵芝（含破壁灵芝孢子粉、灵芝菌丝体、灵芝提取物

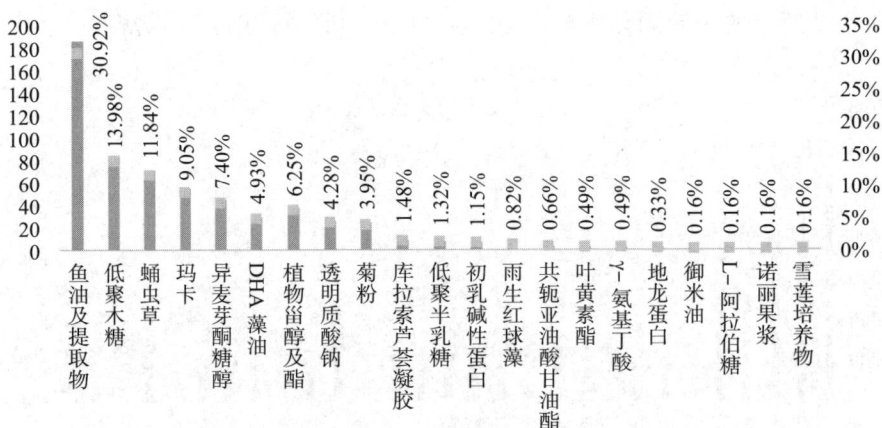

图 4-10 新食品原料在国产保健食品中的使用频次情况

等）、蝙蝠蛾拟青霉、嗜酸乳杆菌和蝙蝠蛾被毛孢等 19 种真菌及益生菌类作为保健食品原料使用情况统计，显示共计使用了 1525 次。其中灵芝（含破壁灵芝孢子粉、灵芝菌丝体、灵芝提取物等）使用频次最多，为 1007 个，占 66.03%；其次是蝙蝠蛾拟青霉，使用频次为 236 个，占 15.48%；嗜酸乳杆菌为 79 个，占 5.18%；蝙蝠蛾被毛孢菌为 53 个，占 3.48%；长双歧杆菌为 25 个，占 1.64%；嗜热链球菌为 23 个，占 1.51%；两歧双歧杆菌为 30 个，占 1.97%；动物双歧杆菌为 15 个，占 0.98%；婴儿双歧杆菌为 13 个，占 0.85%；乳双歧杆菌为 12 个，占 0.79%。酿酒酵母、乳酸菌、保加利亚乳杆菌、干酪乳杆菌干酪亚种、青春双歧杆菌、德氏乳杆菌保加利亚亚种、红曲霉、活性乳酸菌和乳酸菌等 9 种真菌及益生菌类原料共被使用了 32 次，占总数的 2.10%，详见图 4-11。

6. 其他类

批准的包括以大豆蛋白粉、大豆肽粉、大豆皂苷、蜂王浆冻干粉和辅酶 Q_{10} 等 8 种原料作为保健食品使用的频次统计显示，共计使用了 798 次。其中大豆异黄酮使用频次最多占总数的 21.68%，其次是蜂王浆冻干粉占 18.80%，详见图 4-12。

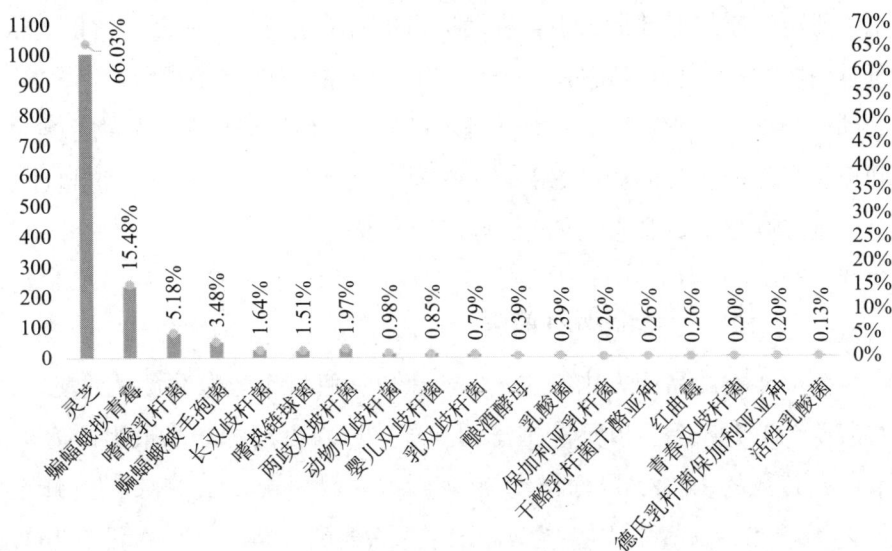

图 4-11 真菌及益生菌类原料在国产保健食品中的使用频次情况

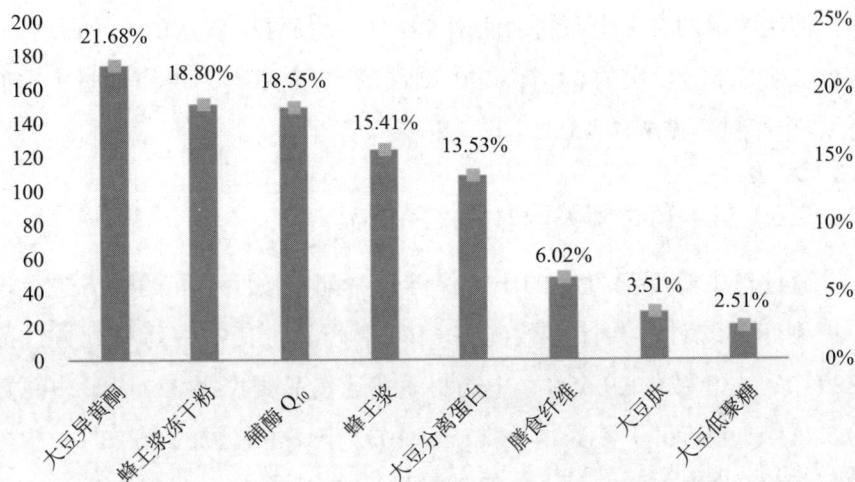

图 4-12 其他类原料在国产保健食品中的使用频次情况

二、配方类别

2002 年，原卫生部发布《关于进一步规范保健食品原料管理的通知》规定，申报保健食品中含有动植物物品（或原料）的，动植物物品（或原料）总个数不得超过 14 个。其中，使用药食同源的物品名单之外的动植物物品（或原料）个数不得超过 4 个；使用药食同源的物品名单和可用于保健食品的物品名单之外的动植物物品（或原料）不得超过 1 个，且应按有关要求进行安全性毒理学评价。

（一）单一原料的配方情况

在批准的产品配方中筛选出 155 个单一原料作为保健食品的配方，共涉及 741 个产品。以灵芝孢子粉为单一原料批准的产品最多，为 91 个，占总数的 12.28%；西洋参 49 个，占总数的 6.61%，蜂王浆 / 蜂王浆冻干粉和螺旋藻粉均各为 47 个，占总数的 6.34%，牛初乳粉为 41 个，占 5.53%。其他类包括库拉索芦荟、大蒜油、芦荟全叶冻干粉、番茄红素、银杏叶提取物和蝙蝠蛾被毛孢、大蒜精油等，共计 135 个。其中被使用 7 次的有 3 个原料，使用 6 次的 2 个原料，5 次的 3 个原料，4 次的 6 个原料，3 次的 11 个原料，2 次的 17 个原料，仅使用过 1 次的有 93 个原料，见图 4-13。

（二）与中药材相关配方的产品情况

通过对主管部门批准的国产保健食品配方按照不同的配方进行逐一识别归类统计，共计有效配方 6169 个产品。其中中药材配方产品 1829 个，占总数的 29.65%；中药材 + 普通食品类产品 337 个，占总数的 5.46%；中药材 + 营养物质类产品 1032 个，占总数的 16.73%；中药材 + 真菌 / 益生菌类产品 370 个，6.00%；普通食品 + 营养物质类产品 255 个，占 4.13%；营养物质类产品 1748 个，占 28.34%；真菌 / 益生菌类 + 营养物质类产品 77 个，占总数的 1.25%；真菌 / 益生菌类产品 383 个，占总数的 6.21%；普通食品类产品 138 个，占总数的 2.24%，见图 4-14。

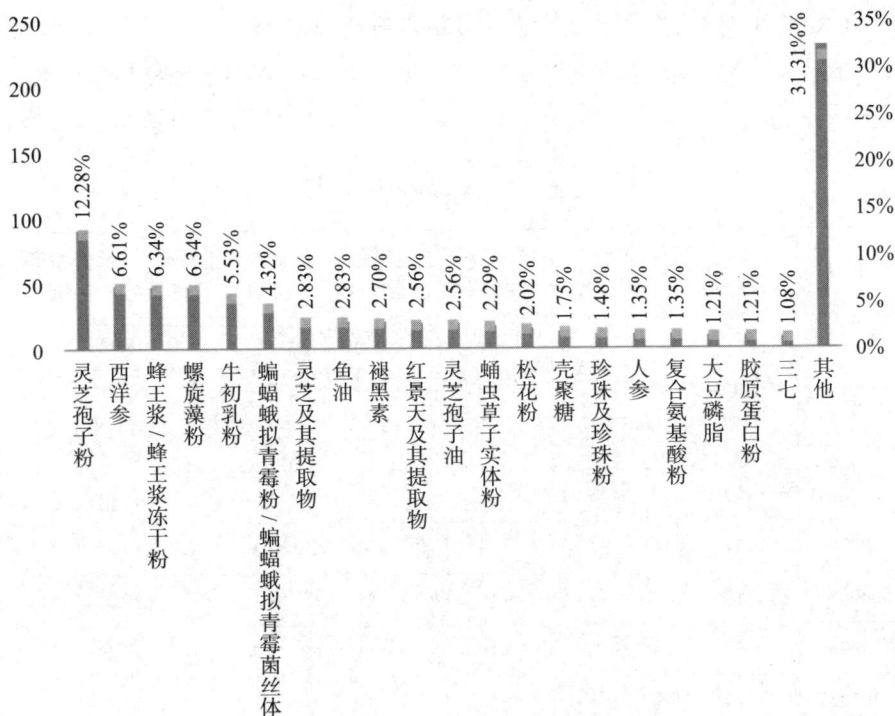

图 4-13　已批准配方中单一原料配方产品情况

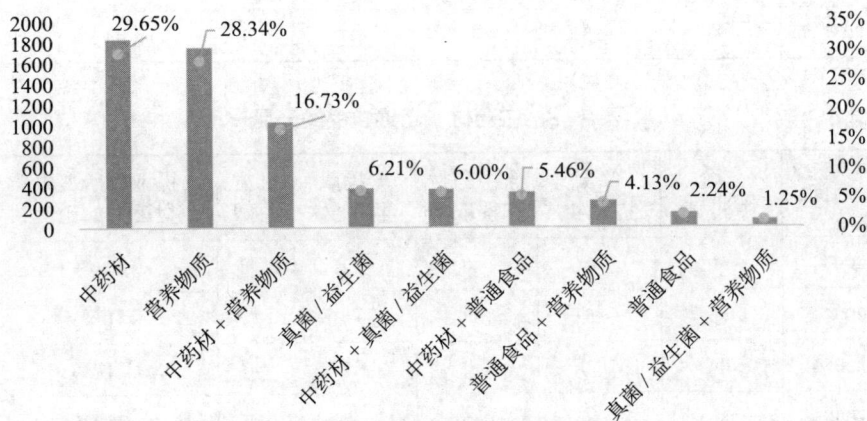

图 4-14　已批准配方中含中药材的配方情况

中药材配方产品主要是按照以仅含中药材、仅含提取物和含有中药材和提取物三类进行统计。监管部门在 2003—2013 年期间批准的（目前尚无对 2013 年之后配方的统计分析数据），以中药材参与配方的国产保健食品，以及中药提取物在不同种配方中所占的比例情况具体见表 4-1 至表 4-4。

表 4-1　中药材配方类产品

时间	仅含中药材	仅含提取物	含中药材和提取物	含提取物总数	配方总数	含提取物所占中药材配方的比例
2003 年	0	3	3	6	6	100.0%
2004 年	343	10	15	25	368	6.8%
2005 年	272	10	13	23	295	7.8%
2006 年	177	11	12	23	200	11.5%
2007 年	71	8	3	11	82	13.4%
2008 年	119	13	15	28	147	19.0%
2009 年	97	14	19	33	130	25.4%
2010 年	124	26	16	42	166	25.3%
2011 年	106	42	20	62	168	36.9%
2012 年	56	29	8	37	93	39.8%
2013 年	97	55	22	77	174	44.3%

表 4-2　中药材 + 普通食品类产品

时间	仅含中药材	仅含提取物	含中药材和提取物	含提取物总数	配方总数	含提取物所占中药材配方的比例
2003 年	0	1	0	1	1	100.0%
2004 年	65	5	3	8	73	11.0%
2005 年	44	2	0	2	46	4.3%
2006 年	36	8	5	13	49	26.5%
2007 年	8	3	0	3	11	27.3%
2008 年	15	14	2	16	31	51.6%
2009 年	4	10	3	13	17	76.5%

续表

时间	仅含中药材	仅含提取物	含中药材和提取物	含提取物总数	配方总数	含提取物所占中药材配方的比例
2010 年	14	7	1	8	22	36.4%
2011 年	12	7	4	11	23	47.8%
2012 年	6	3	3	6	12	50.0%
2013 年	17	29	6	35	52	67.3%

表 4-3　中药材 + 营养物质类产品

时间	仅含中药材	仅含提取物	含有中药材和提取物	含有提取物总数	配方总数	含提取物所占中药材配方的比例
2003 年	0	0	0	0	0	0.0%
2004 年	161	27	40	67	228	29.4%
2005 年	156	15	26	41	197	20.8%
2006 年	102	22	23	45	147	30.6%
2007 年	37	13	10	23	60	38.3%
2008 年	45	19	16	35	80	43.8%
2009 年	18	21	7	28	46	60.9%
2010 年	21	23	10	33	54	61.1%
2011 年	24	33	21	54	78	69.2%
2012 年	20	23	8	31	51	60.8%
2013 年	25	48	18	66	91	72.5%

表 4-4　中药材 + 真菌 / 益生菌类产品

时间	仅含中药材	仅含提取物	含有中药材和提取物	含有提取物总数	配方总数	含提取物所占中药材配方的比例
2003 年	0	0	0	0	0	0.0%
2004 年	30	2	4	6	36	16.7%
2005 年	55	6	6	12	67	17.9%

续表

时间	仅含中药材	仅含提取物	含有中药材和提取物	含有提取物总数	配方总数	含提取物所占中药材配方的比例
2006 年	48	2	5	7	55	12.7%
2007 年	11	2	2	4	15	26.7%
2008 年	10	9	5	14	24	58.3%
2009 年	14	12	4	16	30	53.3%
2010 年	9	0	2	2	11	18.2%
2011 年	14	13	7	20	34	58.8%
2012 年	18	25	6	31	49	63.3%
2013 年	17	20	12	32	49	65.3%

根据表 4-1 至表 4-4 的统计结果，将主管部门批准的以中药材为原料的产品按照以中药材和提取物原料分类进行汇总，如表 4-5 所示。

表 4-5　中药材和提取物原料分类汇总

时间	仅含中药材	仅含提取物	含有中药材和提取物	含有提取物总数	配方总数	含提取物所占中药材配方的比例
2003 年	0	4	3	7	7	100.0%
2004 年	599	44	62	106	705	15.0%
2005 年	527	33	45	78	605	12.9%
2006 年	363	43	45	88	451	19.5%
2007 年	127	26	15	41	168	24.4%
2008 年	189	55	38	93	282	33.0%
2009 年	133	57	33	90	223	40.4%
2010 年	168	56	29	85	253	33.6%
2011 年	156	95	52	147	303	48.5%
2012 年	100	80	25	105	205	51.2%
2013 年	156	152	58	210	366	57.4%

三、保健功能声称管理

保健功能管理制度是指通过制定和发布保健功能范围以及对应保健功能评价检验程序和方法，规范保健功能声称的行政管理措施。现行保健功能管理主要依据《保健食品注册管理办法》《保健食品检验与评价技术规范》（2018 年已废止）等规章、规范性文件执行，主管部门对功能声称、评价方法、标识样稿等予以明确规定。原卫生部 2003 年发布的《保健食品检验与评价技术规范》虽已废止，但该规范在很长的一段时间里作为指导我国保健食品检验与评价的技术依据或者参考。

现行保健食品的 27 种功能，即增强免疫力、辅助降血脂、辅助降血糖、抗氧化、辅助改善记忆、缓解视疲劳、促进排铅、清咽、辅助降血压、改善睡眠、促进泌乳、缓解体力疲劳、提高缺氧耐受力、对辐射危害有辅助保护功能、减肥、改善生长发育、增加骨密度、改善营养性贫血、对化学性肝损伤的辅助保护作用、祛痤疮、祛黄褐斑、改善皮肤水分、改善皮肤油分、调节肠道菌群、促进消化、通便、对胃黏膜损伤有辅助保护功能。以上 27 项特定保健功能依据功能描述、评价指标及适宜人群，主要属于改善人体健康状态类声称。

2020 年 11 月，市场监管总局发布了"关于公开征求《允许保健食品声称的保健功能目录 非营养素补充剂（2020 年版）（征求意见稿）》意见的公告"，拟取消 3 种功能，形成 24 种功能，预示着将对保健功能目录进行调整，具体见表 4-6。

表 4-6 保健功能目录调整过程

时间及数量	部门文件名称	公布或调整的保健功能范围
1996 年 （12 项）	《保健食品功能学评价程序和检验方法》	①免疫调节；②延缓衰老；③改善记忆；④促进生长发育；⑤抗疲劳；⑥减肥；⑦缺氧；⑧抗辐射；⑨抗突变；⑩抑制肿瘤；⑪调节血脂；⑫改善性功能

时间及数量	部门文件名称	公布或调整的保健功能范围
1997年（增补12项，共24项）	《卫生部关于保健食品管理中若干问题的通知》	⑬调节血糖；⑭改善胃肠道功能（具体功能应予明确）；⑮改善睡眠；⑯改善营养性贫血；⑰对化学性肝损伤有保护作用；⑱促进泌乳；⑲美容（具体功能应予明确）；⑳改善视力；㉑促进排铅；㉒清咽润喉；㉓调节血压；㉔改善骨质
2000年（调整为22项）	《卫生部关于调整保健食品功能受理和审批范围的通知》	取消了⑩抑制肿瘤、⑫改善性功能两项功能，保留已公布的其他22项功能名称不变，细化了⑭改善胃肠道功能（调节肠道菌群、促进消化、润肠通便、对胃黏膜有辅助保护作用）、⑲美容（祛痤疮、祛黄褐斑、改善皮肤水分和油分）
2003年（调整为27项）	《卫生部关于印发〈保健食品检验与评价技术规范〉（2003年版）的通知》	取消了⑨抗突变功能，将⑭改善胃肠道功能、⑲美容功能所包含的分项内容作为独立的保健功能单列，并调整保健功能名称为现有的保健功能名称
2020年（明确补充矿物质、维生素范围）	《允许保健食品声称的保健功能目录　营养素补充剂》	补充矿物质、维生素。包括补充：钙、镁、钾、锰、铁、锌、硒、铜、维生素A、维生素D、维生素B_1、维生素B_2、维生素B_6、维生素B_{12}、烟酸、叶酸、生物素、胆碱、维生素C、维生素K、泛酸、维生素E、β-胡萝卜素
2020年（征求意见稿拟调整为24项）	《允许保健食品声称的保健功能目录　非营养素补充剂（2020年版）（征求意见稿）》	拟将促进泌乳功能、改善生长发育功能、改善皮肤油分功能删除，调整为24种保健功能

在保健食品功能声称类产品中，保健功能数量排名前10位的依次为增强免疫力、抗疲劳、辅助降血脂、抗氧化、辅助降血糖、通便、增加骨密度、改善睡眠、保肝、减肥。据统计，增强免疫力功能最多，占29.6%；另外，营养素补充剂类的数量和占比也较高，占总体的18.0%；其他较多的有缓解体力疲劳、辅助降血脂、抗氧化等，促进泌乳的产品最少，而改善皮肤油分功能则没有被批准的产品，具体见表4-7。

表 4-7 保健食品产品中的功能分布

保健食品类别	保健功能	个数	百分比
维生素矿物质补充类	营养素补充剂类	3482	18.00%
保健功能类	增强免疫力	5739	29.60%
	缓解体力疲劳	2116	10.90%
	辅助降血脂	1576	8.10%
	抗氧化（延缓衰老）	897	4.60%
	辅助降血糖	586	3.00%
	通便	580	3.00%
	增加骨密度	559	2.90%
	改善睡眠	539	2.80%
	保肝	516	2.70%
	减肥	392	2.00%
	耐缺氧	382	2.00%
	祛黄褐斑	353	1.80%
	改善记忆	274	1.40%
	清咽	215	1.10%
	改善营养性贫血	213	1.10%
	抗辐射	174	0.90%
	调节肠道菌群	138	0.70%
	视疲劳	137	0.70%
	辅助降血压	132	0.70%
	促进消化	95	0.50%
	保护胃黏膜	81	0.40%
	改善生长发育	78	0.40%
	祛痤疮	66	0.30%
	排铅	48	0.20%
	改善皮肤水分	17	0.10%
	促进泌乳	10	0.10%
	改善皮肤油分	0	0.00%
合计	以功能计（部分产品为双功能）	19395	100.00%

四、产品剂型

目前，我国保健食品的形态上主要包括食品属性和药品属性两种，食品属性大致包括饮料、饮（乳）品、糖、果汁、饼干等。而药品属性则包含硬胶囊、软胶囊、片剂、口服液等。具体分类统计如下。

通过对已经批准的国产保健食品的形态进行分别统计，结果显示1987—2003 年共批准了 370 个食品形态的产品，4381 个药品形态的产品；2003 年至今批准了 157 个食品形态的产品，7481 个药品形态的产品。我国在已批准的 12389 个国产保健食品当中有 527 个食品形态的产品，占总数的 4.25%；共计有 11862 个药品形态的产品，占总数的 95.75%，详见图 4-15 和图 4-16。

对药品形态国产保健食品进行归类统计发现，以硬胶囊剂、片剂、口服液和软胶囊剂最多，具体产品数量及所占总数的比例如图 4-17 所示。图中其他项目包括颗粒剂、粉剂、酒剂、丸剂、茶剂、膏剂和糖浆等。

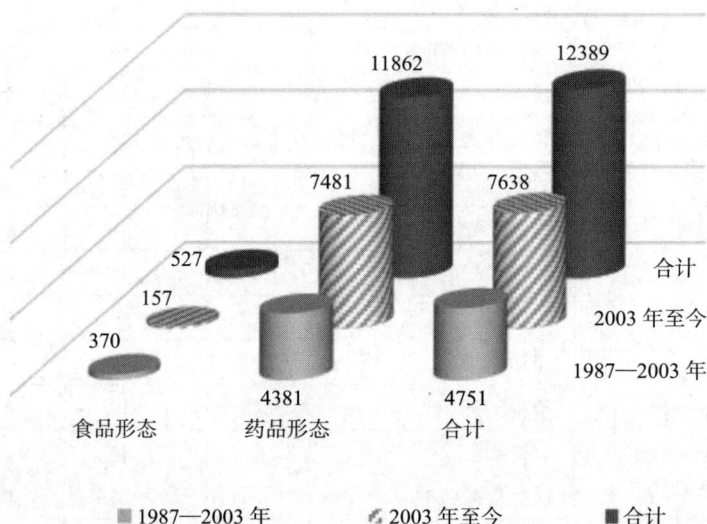

图 4-15 不同时期批准的食品、药品形态国产保健食品数量情况

食品形态（527）
4.25%

药品形态（11862）
95.75%

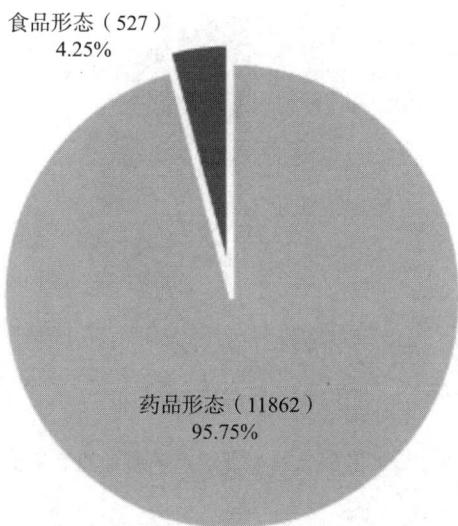

图 4-16 食品、药品形态国产保健食品数量及其比例

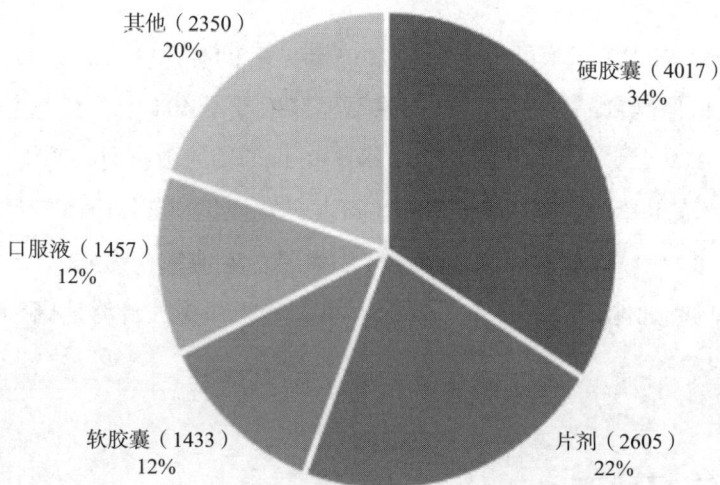

其他（2350）
20%

硬胶囊（4017）
34%

口服液（1457）
12%

软胶囊（1433）
12%

片剂（2605）
22%

图 4-17 已批准的药品形态国产保健食品产品剂型情况

在批准的 527 个食品形态产品中最多的是饮料、饮品（乳品）、糖、油、果汁和饼干类。饮料最多，为 146 个，占总数的 27.55%，其次是饮（乳）品，为 76 个，占 14.34%；其他项包括酸奶、露、糕、醋和粥等共计 194 个，占总数的 36.60%，详见图 4-18。

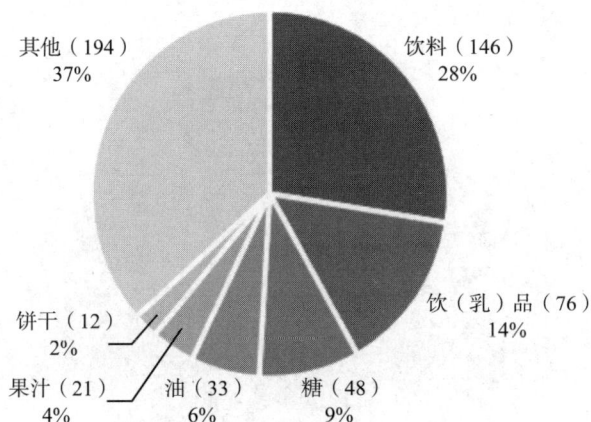

图4-18 已批准的食品形态国产保健食品产品剂型情况

五、进口产品

2003—2013年（目前尚无对2013年之后的统计分析数据），我国共批准进口保健食品593个，其中原卫生部批准了404个，其他主管部门批准了189个。除了1996—1999年139个产品的数据外，我们对其余454个产品进行了进口国家或地区归类，发现进口于美国的产品最多，为247个，占总数的41.65%；其次是我国香港地区，为42个，占总数的7.08%；其他依次为日本、韩国、澳大利亚和我国台湾地区等。详见图4-19。

六、备案产品

（一）2017—2019年间的备案产品

随着《保健食品注册和备案办理办法》的颁布实施，保健食品备案成为保健食品管理的一个新篇章。截至2019年12月31日，已有3259款保健食品获得备案凭证，其中，3195款为国产保健食品，64款为进口保健食品（图4-20）。

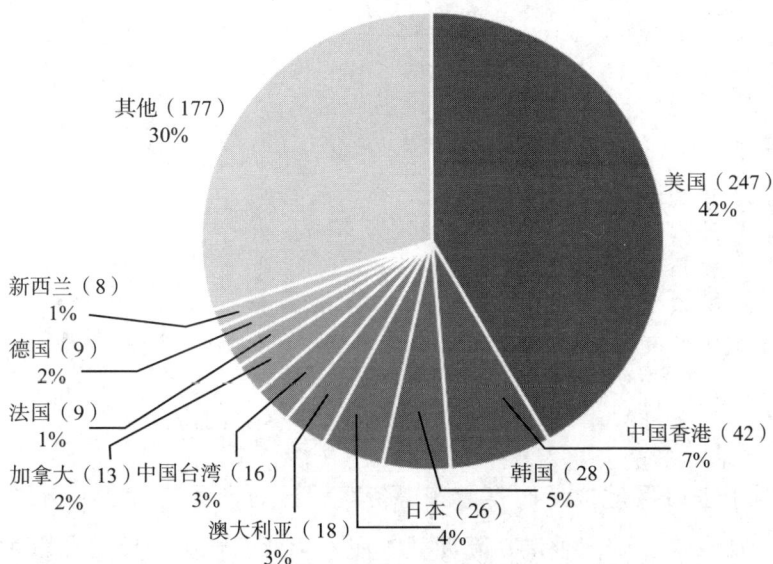

图 4-19　进口保健食品原产国、地区情况

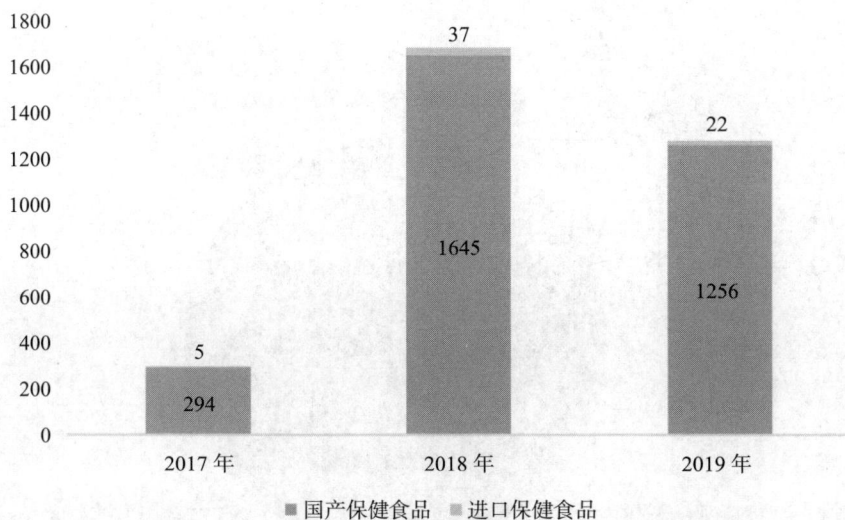

图 4-20　2017-2019 年备案的国产、进口保健食品数

　　国产保健食品各省备案情况千差万别，其中山东省和广东省获得备案凭证的产品分别为 663 款和 576 款，备案数量位列第一和第二位，分别占据全国备案产品总量的 20.75% 和 18.03%（图 4-21）。

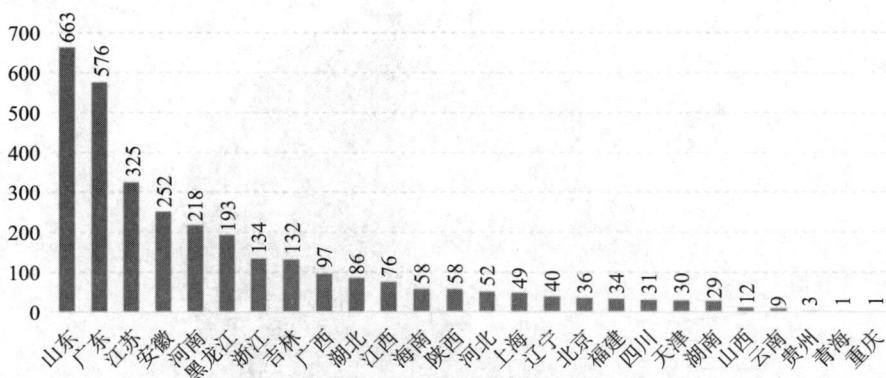

图 4-21　2017—2019 年各省市国产保健食品备案数

对于进口保健食品而言，获得备案凭证的产品其备案人分别来自美国、加拿大、中国香港、新西兰、澳大利亚、韩国、英国和以色列 8 个国家 / 地区。64 款已备案产品中 34 款产品的备案人为美国企业。生产国为英国和以色列的保健食品均为 2019 年首次获得备案凭证（图 4-22）。

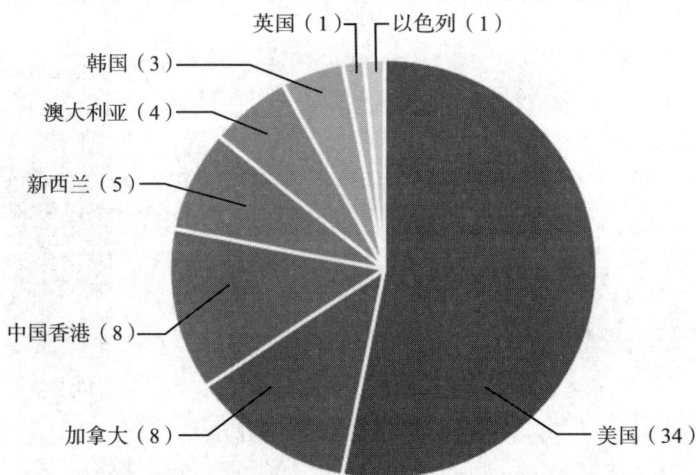

图 4-22　2017—2019 年各国及地区备案的进口保健食品产品数

已备案的国产保健食品中补充单一营养素的产品最多，备案数量为 1429 款，其次为补充多种营养素和补充两种营养素的产品（图 4-23）。

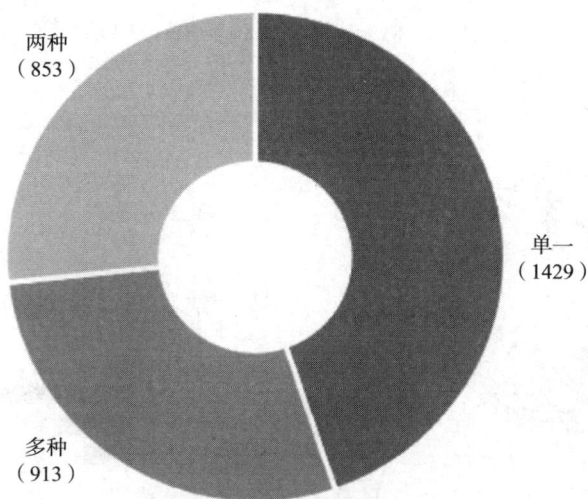

图 4-23 2017—2019 年备案国产保健食品补充营养素种类情况

2019 年前，国产备案产品中补充多种维生素、矿物质的产品、补充维生素 C 的产品以及补充钙和维生素 D 的产品为三大主流产品，备案数量分别为 531 款、486 款和 314 款（图 2-24）。

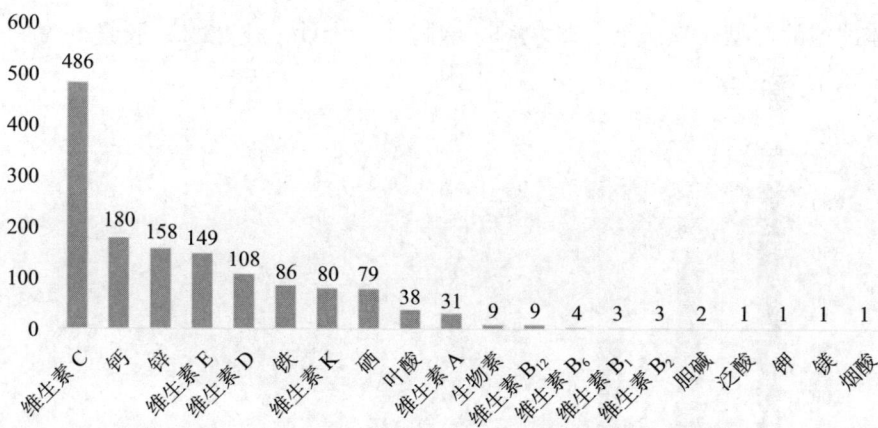

图 4-24 2017—2019 年补充营养素类的国产保健食品备案数

已备案进口保健食品中补充多种维生素、矿物质的产品、补充钙和维生素 D 的产品以及补充维生素 D 的产品为三大主流产品，备案量分别为 9 款、9 款和 7 款（图 4-25）。

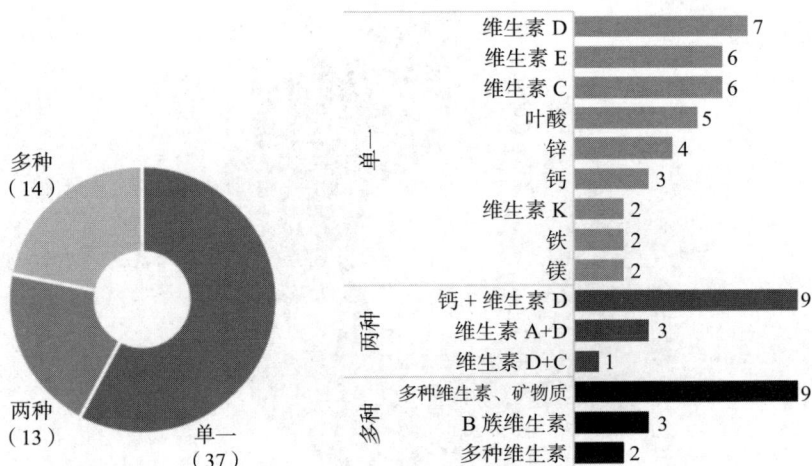

图 4-25　2017—2019 年补充各类营养素的进口保健食品备案数

（二）2020 年的备案产品

2020 年全年国产保健食品获得备案凭证 2300 余个，经分析发现，当年备案产品的形态中，咀嚼片占比最大（27%），液体剂型和需要液体冲泡的剂型（口服液、颗粒剂、泡腾片）合计占比 22%，胶囊剂占比较小（图 4-26）。

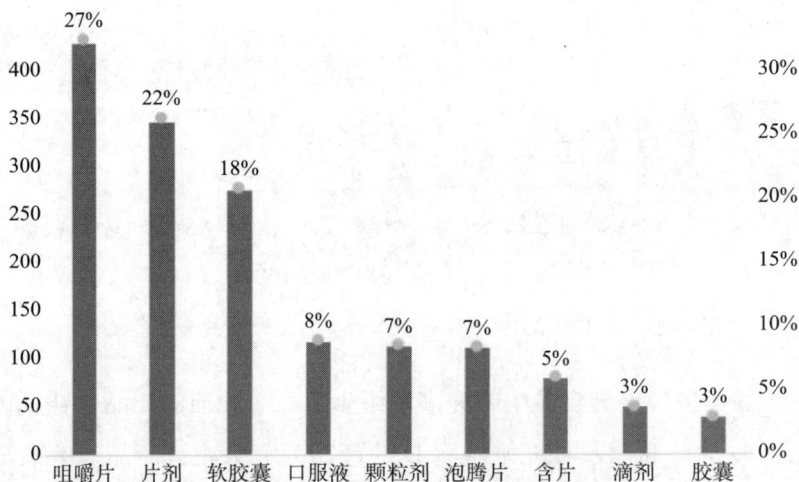

图 4-26　2020 年国产保健食品备案产品形态情况

2020 年国产保健食品备案中标示产品口味的共 368 个产品，占整个国产保健食品备案数量的 28%，涉及近 20 种口味（图 4-27）。由此可见保健食品作为食品的一种特性，也反映出消费者对于口味的追求不再单一，而是越来越重视保健食品提供健康益处的同时也要求美味好吃的消费需求。橙味和草莓 / 蓝莓味为主要选择，占比超过 57%，水蜜桃味增长迅速，达到了 8% 的占比。

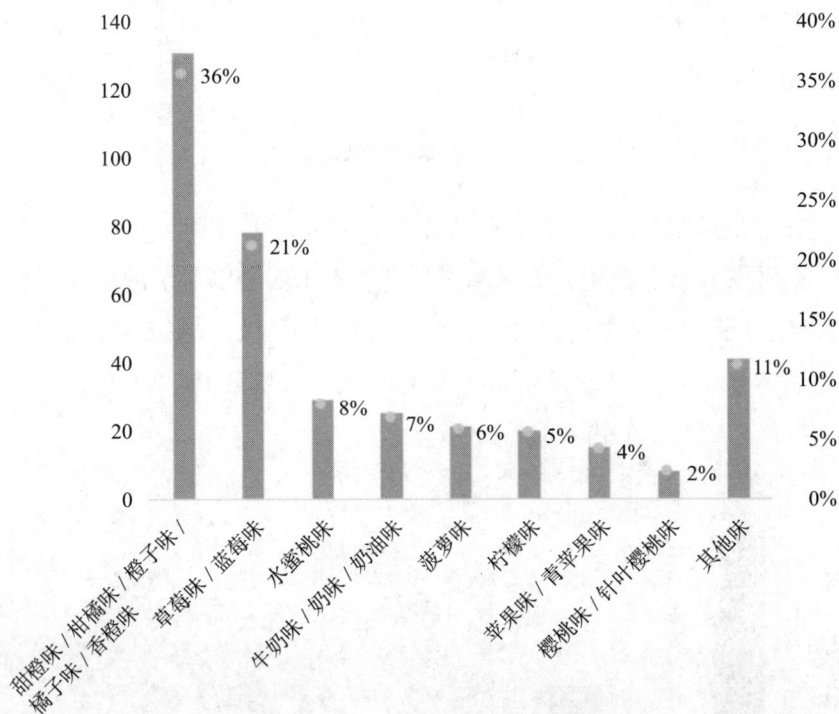

图 4-27　2020 年国产保健食品备案口味情况

2020 年国产保健食品备案中产品名称中针对特定人群的凭证数量为155 个，占全部批准数量的 12%，不同人群的具体情况如图 4-28 所示。从图中可以看出，成人和孕妇、乳母是主要的针对人群。针对不同年龄阶段细分的产品还是较少。青少年、老年人作为重要的群体，对于营养素有特别的需求，需要进一步关注。

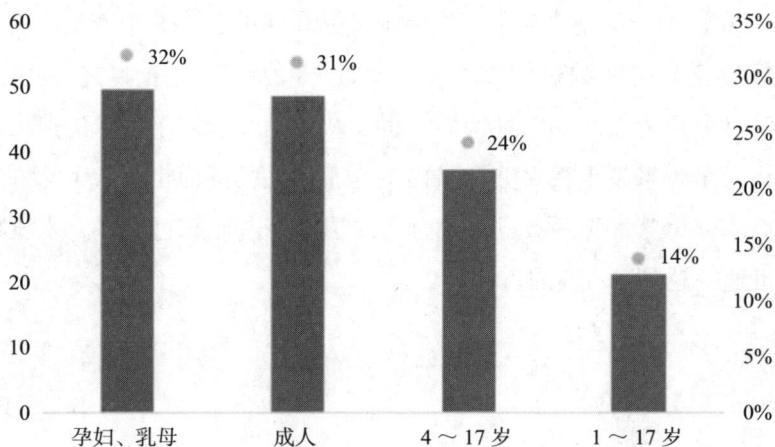

图 4-28　2020 年产品名称中限定食用人群情况

针对目前批准备案的 22 种营养素，可分析出分别为补充单种营养素、两种营养素、三种营养素和多种营养素（四种以上）的情况，具体如图 4-29 所示。从图可以看出，单种营养素为主，占备案数量的 48%，多种营养素中补充 B 族维生素（维生素 B_1、维生素 B_2、维生素 B_6、烟酸、叶酸、泛酸）的占 4%。

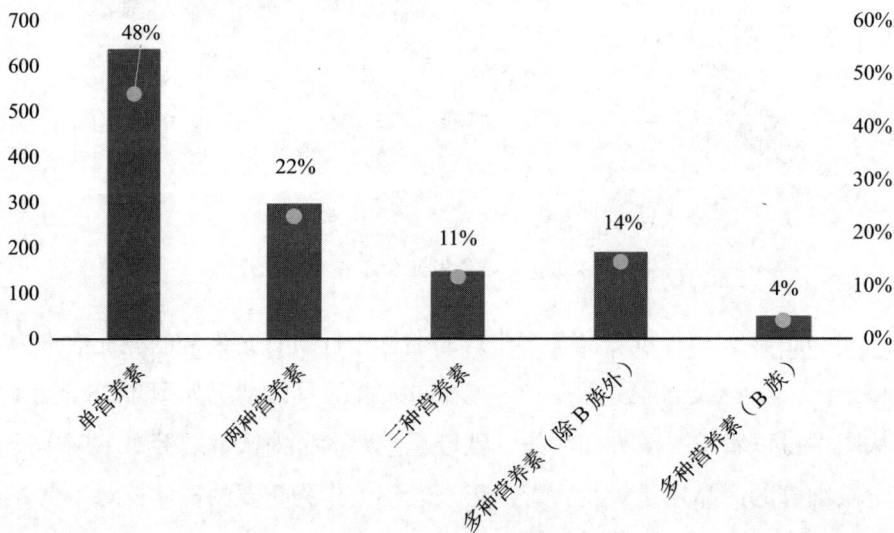

图 4-29　2020 年国产保健食品备案营养素配伍情况

从单种营养素的数据中看出（图 4-30），维生素 C 作为最大的单种营养素品种（43%），其他依次是钙（13%）、锌（9%）、维生素 E（9%）、硒（6%）、维生素 D（6%）、维生素 K（6%）、铁（4%），我们还发现，出现了单独补充 β- 胡萝卜素、维生素 B_1、维生素 B_2、维生素 B_6、泛酸这样的产品。

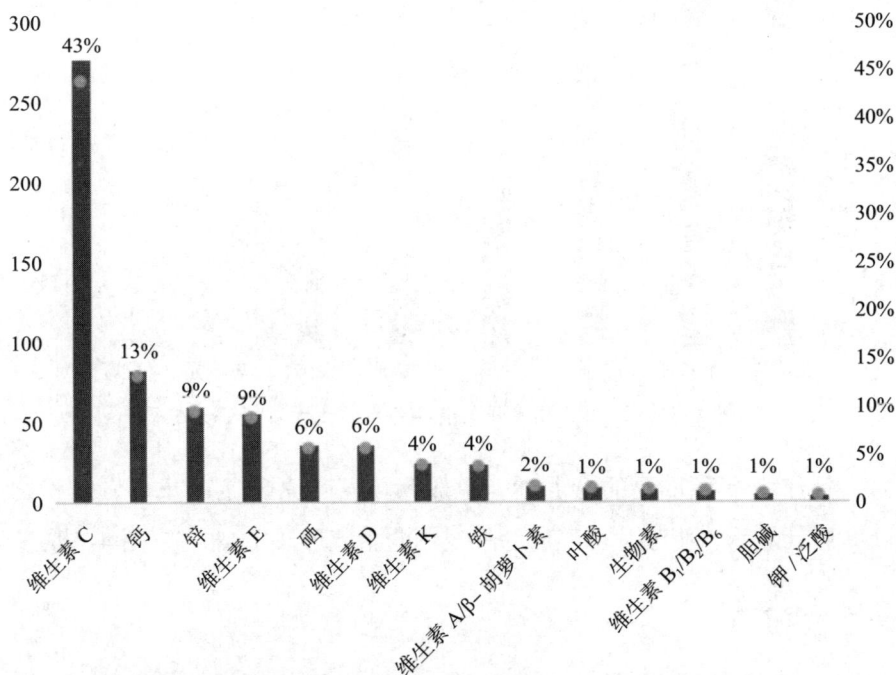

图 4-30　2020 年单种营养素国产保健食品备案情况

受 2020 年新冠肺炎疫情影响，增强免疫力成为重要的话题。国内外很多研究证明，维生素 C、锌、维生素 D 对于免疫健康是有帮助的，从而产生了这 3 个单营养素备案产品的增加，这也充分反映出产品研发对于市场热点和市场反应的快速效应，备案制度加速了产品上市的进度。

维生素 C 作为单营养素备案最多的营养素，合计有 274 个备案凭证。维生素 C 产品的形态主要包括咀嚼片、泡腾片、含片、普通片剂、

颗粒剂、滴剂、软胶囊、胶囊，没有口服液产品（图 4-31）。咀嚼片、
泡腾片和含片的占比达到了 82%，胶囊形态产品比例下降严重。

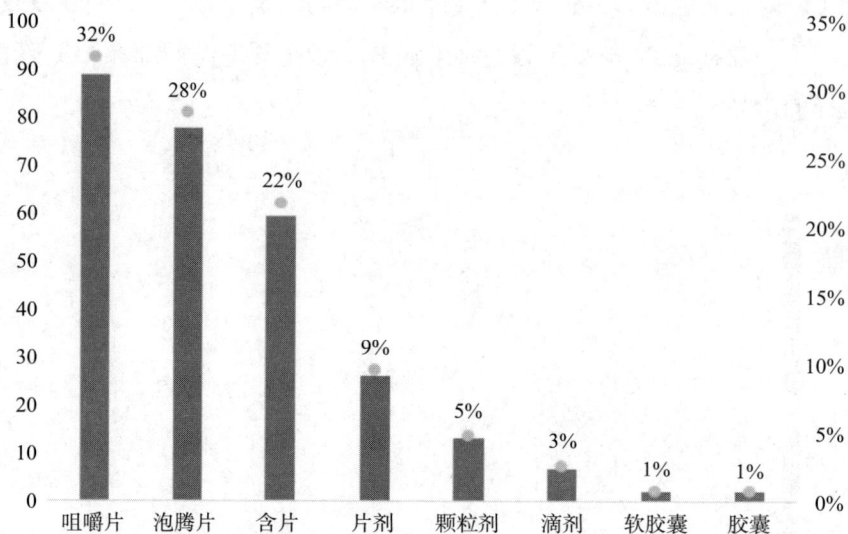

图 4-31　2020 年国产保健食品备案维生素 C 产品形态

钙作为一种重要的营养素，也成为单营养素备案的重要营养素之
一。统计显示，咀嚼片已经成为补充钙的主流形态（48%）（图 4-32）。

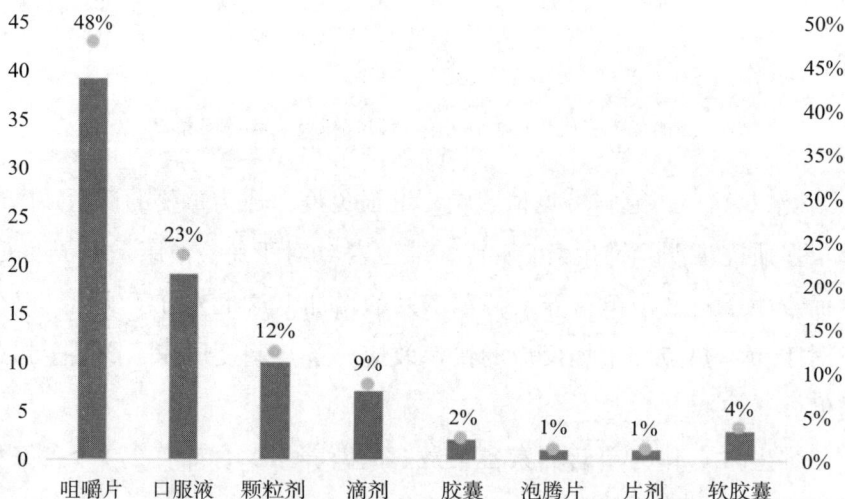

图 4-32　2020 年国产保健食品备案单钙产品形态

两种营养素备案的产品数为 295 个，可以将两种营养素分为矿物质＋矿物质、矿物质＋维生素和维生素＋维生素。按照数量依次是钙＋、维生素 C＋、维生素 A＋、铁＋。其中组合最多的是钙＋维生素 D、钙＋维生素 K、铁＋叶酸、铁＋锌、铁＋维生素 C、维生素 C＋维生素 E、维生素 C＋硒、维生素 C＋生物素、维生素 C＋维生素 K。维生素 A 加一种营养素，配伍组合包括维生素 A＋维生素 D、维生素 A＋维生素 E、维生素 A＋锌。其他的配伍组合包括维生素 D＋维生素 K、锌＋硒、硒＋维生素 E、镁＋维生素 D、维生素 B_{12}＋叶酸、维生素 K＋维生素 E、钾＋维生素 K、维生素 B_{12}＋胆碱、生物素＋胆碱，具体情况如图 4-33 所示。含有钙的营养素配伍占比达 55%，含有维生素 C 的配伍组合占比为 13%。这与备案统计情况类似，但两种营养素配伍的组合也出现了一些新的变化，如维生素 A＋维生素 E、镁＋维生素 D、维生素 B_{12}＋叶酸、维生素 B_{12}＋胆碱、生物素＋胆碱等，说明产品组合的丰富性有所增加。产品名称中限定食用人群（成人、孕妇、乳母、1～17 岁）还是常规的组合（钙＋维生素 D、铁＋叶酸、维生素 C＋维生素 E）。

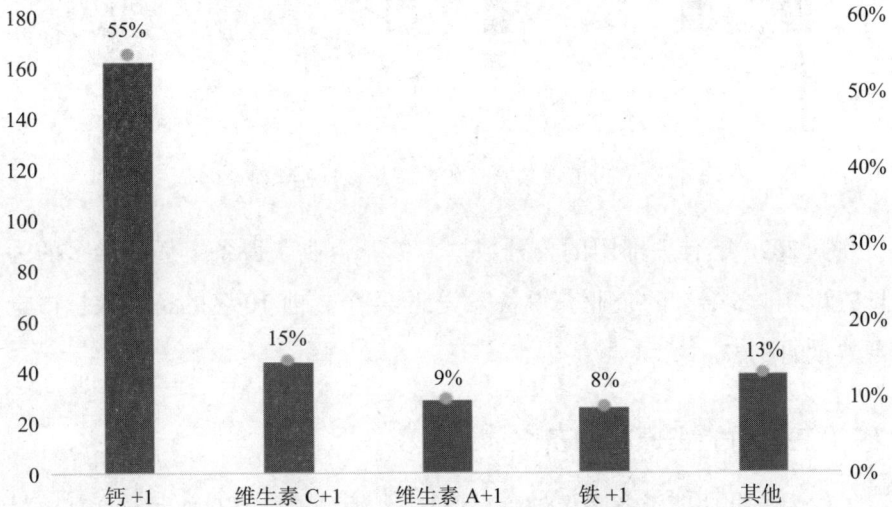

图 4-33　2020 年国产保健食品两种营养素配伍

三种营养素的配伍组合更丰富，我们将其分为钙＋两种营养素、铁＋两种营养素、镁＋两种营养素、锌＋两种营养素、硒＋两种营养素、锰＋两种营养素、维生素 A＋两种营养素、维生素 B_2＋两种营养素，具体情况如图 4-34 所示。钙＋两种营养素是占比最大的（82%），其中常见的是钙＋维生素 D＋维生素 K 和钙＋铁＋锌。铁＋两种营养素中常见的是铁＋叶酸＋维生素 C。我们也发现出现了一些新的营养素配伍组合，如锰＋锌＋硒、锌＋铜＋维生素 B_6、维生素 B_6＋维生素 B_{12}＋叶酸等。

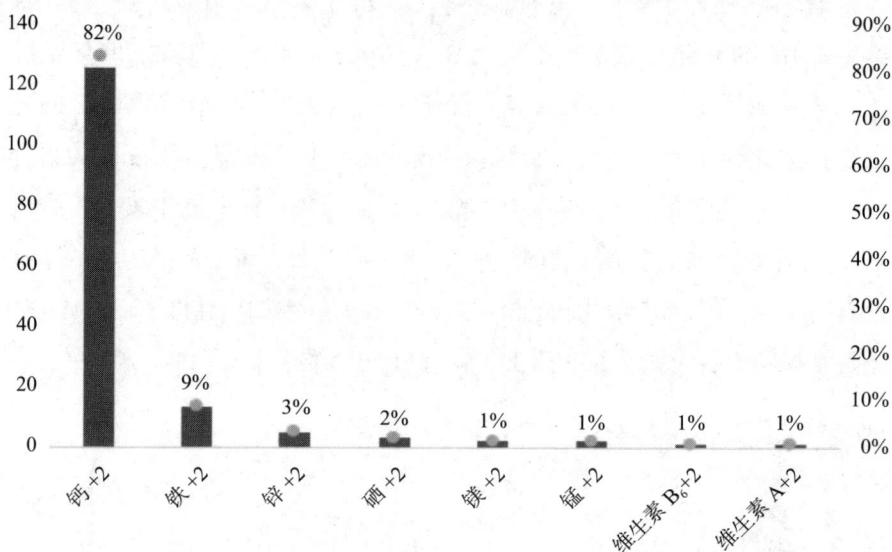

图 4-34　2020 年国产保健食品备案三种营养素配伍

据 2020 年有关部门的公开数据，单一企业获得备案凭证最多的为 126 个，排名第二的企业获得备案凭证 44 个，前 10 名的备案数量占全国数量的 31%。

（三）功能类原料的备案

作为首批功能类备案保健食品原料，《辅酶 Q_{10} 等五种保健食品原料目录》于 2020 年 11 月 23 日正式发布，并于 2021 年 3 月 1 日起施行，《辅酶 Q_{10} 等五种保健食品原料备案产品剂型及技术要求》于 2021 年 6

月 1 日起施行，引发行业关注。截至 7 月 1 日，全国范围内辅酶 Q_{10}、褪黑素、破壁灵芝孢子粉、鱼油、螺旋藻 5 种保健食品原料，共备案产品 50 个，涉及天津、浙江、陕西、广东、山东和安徽。随着保健食品原料目录的逐步扩大，备案保健食品前景值得期待。

第五章
国外主要国家和地区保健食品的管理

一、管理模式

(一)部分国家和地区的管理体制

1. 美国

在美国,与我国保健食品类似的产品称之为膳食补充剂,然而两者并非完全对应。我国绝大部分保健食品在美国可按照膳食补充剂或是带有健康声称的普通食品管理,均属于食品管理的范畴,主管部门为美国食品药品管理局(FDA)。美国对膳食补充剂采取的是一种较宽松的监督管理方式,强调企业与行业协会的自律。企业需要在上市前评估其产品的安全性和标签标识,以确保它们符合相关法规的所有要求,对于新原料和新的功能声称需要提供较为充足的科学证据。而在膳食补充剂产品进入市场后,FDA 负责对任何掺假或虚假标识的产品承担举证责任。

2003 年起,FDA 要求所有向美国提供膳食补充剂生产和销售的企业必须向 FDA 登记企业信息。2007 年,FDA 发布《膳食补充剂良好生产规范》,要求膳食补充剂生产、包装、经营企业按照膳食补充剂标准进行各项生产活动,以确保产品成分、纯度和质量。

2. 欧盟

欧盟对于食品补充剂的管理并不是孤立进行的,而是将其蕴含于欧盟整体的食品监管体系进行综合管理。主管部门包括欧盟委员会和各成员国的主管部门。食品补充剂的安全和功能评价主要由欧盟食品安全局（EFSA）负责，具体监督管理由欧盟各成员国负责。欧盟于 2002 年 6 月颁布了《欧盟食品补充剂导则》，2006 年 12 月颁布了《食品营养和健康声称法令》，对食品补充剂及营养和健康声称规范管理。

3. 澳大利亚

澳大利亚卫生部门下属的治疗产品管理局（TGA）将特定草药、传统药品、维生素和矿物质、营养补充剂、芳香性植物产品和顺势疗法产品等产品归类为"补充药品"，按照药品进行监管，属《治疗产品法案 1989》（Therapeutic Goods Act 1989，以下简称法案）和《治疗产品法规 1990》（Therapeutic Goods Regulations 1990，以下简称条例）监管的范围，负责对治疗产品进行监管，依据原料和功能声称的风险高低，对治疗产品实施上市前注册和备案管理。

4. 日本

日本于 1991 年发布《营养改善法》（2002 年改为《健康增进法》），建立以允许功能声称的食品为管理对象的保健机能食品制度，规定了保健机能食品（包括营养功能食品和特定保健用食品）的概念及其管理、审批等要求，从此明确了保健机能食品的法律地位。在原有制度基础上，日本于 2015 年制定新的功能性标示食品制度，对新建立的功能性标示食品实施备案管理。至此，以营养功能食品（无需事先申请）、特定保健用食品（注册许可）、功能性标示食品（事先备案）为主体的日本保健机能食品制度管理体系基本形成。

日本保健机能食品的主要管理部门为内阁府下的消费者厅（食品标示企划科）和食品安全委员会。其中消费者厅是在食品领域专门保护消费者权益的机构，负责消费者纠纷的调查工作，有权向相关食品安全监管部门提出意见或政策劝告，就政府相关的食品安全法规和政策在消费者群体中进行普及教育。除此之外，还负责制定食品标示、保健机能食品、特别用途食品的相关标准及指南，并对保健机能食品和特别用途食品进行监管审查。食品安全委员会是日本食品安全规制的重要主体，隶属于内阁府，独立行使权力，以保护国民健康为重要宗旨，是以客观科学依据为基础并且中立公正的风险评估机构。

5. 韩国

在韩国，与我国保健食品定义范畴类似的产品称为健康功能食品。2002年，韩国颁布了《健康功能食品法》，是亚洲地区较早建立健康功能食品管理法规的国家，相继出台了一系列配套管理法规，如《健康功能食品法实施条例》《健康功能食品法典》《健康功能食品法执行法令》《健康功能食品功效评价》《健康功能食品标签标准》《健康功能食品功能性原料批准条例》等，这些法规自颁布后也在不断地修改和完善。

健康功能食品的管理部门为韩国食品医药品安全部，负责健康功能食品的许可、评估、监督检查，如功能性原料安全性以及功效性的评估、审批等，涉及监管的所有领域，并将产品标签和广告的审核职能委托给韩国健康补充剂协会（KHSA）。食品安全政策局下设食品标准计划副总监，健康功能食品政策处就隶属于此部门。

（二）与我国管理体制的异同

尽管保健食品在不同国家地区有着不尽相同的称谓，但各国都有类似的产品，且均从法律法规层面对其名称和定位进行了具体规定。其共同点在于：区别于普通食品和药品；可以进行功能声称，但对声称内容有要求；对可使用的原料有要求；剂型以胶囊、片剂、口服液等为主，对每日用量有要求。从监管角度，不同国家和地区在保健食品及类似产品的管理上都有相对独立的法规体系及专门的管理部门。表5-1总结了上述国家和地区保健食品类似产品的管理概况。

表5-1　相关国家和地区的保健食品管理体制

国家和地区	产品定位	上市许可	生产	流通	广告
中国	保健食品	注册或备案	生产许可	经营许可	事前审查 + 事中事后监管

续表

国家和地区	产品定位	上市许可	生产	流通	广告
美国	膳食补充剂（Dietary supplement）	多数产品自主合规、新原料备案	GMP注册生产设施		发布后监管
欧盟	食品补充剂（Food supplement）	多数产品备案、少数国家自主合规	GMP	/	发布后监管
澳大利亚	补充药品（Complementary medicine）	注册或备案	生产许可	/	事前审查
日本	保健机能食品（保健机能食品）	注册、备案、自主合规	GMP	/	发布后监管
韩国	健康功能食品（건강기능식품）	注册或备案	GMP	/	事前审查

二、上市管理

（一）部分国家和地区对上市的管理

1. 美国

膳食补充剂上市前不需经过 FDA 的事先许可。但宣称健康声称（包括合格健康声称）上市前需要对声称进行审批；使用了新的膳食成分，需依法在上市前向 FDA 提交安全性资料和其他的相关信息予以备案。此外，在产品上市前，企业不需要向 FDA 提交证实产品安全性或有效性的证据。企业出售的产品其原料是食品原料或者 1994 年 10 月 15 日《膳食补充剂健康与教育法》实施前上市的，只要未发生化学改变的食物成分，可直接用于膳食补充剂中。否则，使用新的膳食补充剂成分应当在上市前至少 75 天向 FDA 备案，提交证明产品成分是安全的资料。同时，生产商也可以委托 FDA 请有关单位对新的膳食补充剂成分进行安全性评价。虽然 FDA 不对膳食补充剂进行注册管理，但对膳食补充剂的安全性有质疑的权利。一旦 FDA 发现产品存在安全问题时，FDA 会通知生产商进行解释。如安全性确实存在问题，FDA 可宣布该膳食补充剂为伪劣产品。

2. 欧盟

欧盟对食品补充剂实行比较宽松的准入制度。多数国家规定食品补充剂上市前 30 天，生产企业应当向本国政府备案，政府不对食品补充剂进行审查注册。产品如已在一个国家备案，该产品就可以在欧盟内流通，不必向其他国家备案。根据《食品补充剂指令》（EC2002/46），食品补充剂的上市前备案管理并不是强制要求，各成员国可以选择是否备案。因此有些成员国不要求上市前进行备案，只实施上市后的监管（如奥地利、荷兰、瑞典、英国），主管机构通常会定期进行市场监督检查，检查的范围包括成分、标签和声称等。如果发现违法情况，将采取产品召回、罚款等措施。

3. 澳大利亚

TGA 根据补充药品所使用的原料以及功效声称，来判定补充药品的安全风险性高低，根据风险由低到高，分别设立备案制（AUST L，直译为列表补充药品）、评估备案制（AUST L（A），直译为经评估的列表补充药品）以及注册制（AUST R）。TGA 公布并更新列表补充药品允许使用的成分，若使用清单中的成分且进行低级功能声称，产品在上市前不需做安全、有效和质量审评。若使用清单中的成分但进行中级功能声称，则属于评估备案制产品，企业需对功效进行评估后备案。若使用了清单以外的成分，企业需要对该产品进行注册，或对使用的新成分进行注册，若新成分注册被 TGA 批准，该注册成分即可被纳入到列表补充药品可使用的成分范围，所有使用此新成分的补充药品且声称不超出列表药品范围的可作为列表补充药品进行网上申请。

4. 日本

保健机能食品上市采用分类管理，包括特定保健用食品的注册审批，功能性标示食品的备案，以及营养功能食品的自我认证。产品通过注册审批和自我认证的同时，也需要满足相关食品法规在生产、销售、标示等方面的要求。

在特定保健用食品上市前，主管部门需要进行安全性、功效性、法规相符性等审查。申报特定保健用食品需要提供 3 项基本注册申报材料：标示许可申请书、审查申请书和分析用样品检测报告。产品通过许可后可标示相应功能及特定标志。符合相关标准要求的规格基准型及降低疾病风险型产品采用简化注册管理，审查内容部分减免。对功能性标示食品，国家制定备案要求、销售对象限制、备案资料、信息公开、健康损害情况收集等规定，产品上市前 60 日备案；对于营养功能食品，国家制定统一的营养成分含量及功能声称，企业按照规定组织生产。此外，在保健机能食品之外，还有一类以"营养辅助食品""健康辅助食品"等形式存在的"所谓健康食品"，没有法律明文的定义，不允许标示功能声称。

5. 韩国

一般性健康功能食品采用备案管理，特定健康功能食品采用上市前审批，即注册管理。一般性健康功能食品是指所用的原料完全符合《健康功能食品法典》（以下简称《法典》）包括允许使用名单和相关要求的产品。经注册的合法生产商可以自由使用《法典》中的功能原料，在上市前，产品不需要主管部门或其他组织机构对安全性和有效性的审评。对于使用《法典》之外原料，或者使用原料不完全符合《法典》要求的产品，则称之为特定健康功能食品。

（二）与我国保健食品上市管理的异同

当前大多国家和地区对于保健食品及类似产品的管理模式主要分为三类。第一类是注册管理，即对产品进行实质性或技术性审查；第二类是备案管理，只对产品进行形式审查；第三类是企业自行合规，不用向主管部门进行申报即可上市，由企业自身承担主体责任。表 5-2 中对相应国家和地区采取的上市前管理方式进行了罗列和对比。随着法规体系建设越来越完善，目前多数国家和地区均根据原料和功能声称风险评估结果，按照风险管理原则采取注册和备案的分类模式，即风险等级高的实行注册制度，风险等级低的则采取备案管理。我国目前采用了这种备案注册并行的"双轨制"上市前管理。

表 5-2　相关国家和地区的保健食品上市管理

国家和地区	上市管理	特殊标识
中国	注册 备案（原料目录）	
美国	新原料备案需备案后上市 产品自主合规	－
欧盟	多数产品备案 部分国家自主合规	
澳大利亚	注册 评估备案 备案	
日本	注册（特定保健用食品） 备案（功能性标示食品） 自主合规（营养机能食品）	
韩国	注册（特定健康食品） 备案（一般健康食品）	

三、原料管理

（一）部分国家和地区对原料的管理

1. 美国

美国膳食补充剂中原料的合规逻辑与食品类似，遵循"一般认为安全 GRAS"原则。依据 1994 年颁布的《膳食补充剂健康教育法案》（DSHEA），美国建立了新的膳食补充剂原料（NDI）备案管理制度。对含有新膳食成分的膳食补充剂，生产商需要在销售前 75 天向 FDA 通报备案，并提供安全性证实资料，FDA 需要对新膳食成分的安全性进行审核，认为安全的才允许上市销售。

对于 NDI 备案，FDA 会对安全性信息进行判断。目前为止，并没有一个官方授权的 Pre-DSHEA 膳食配料（1994 年 10 月 15 日之前已在美国上市的膳食配料）清单。制造商和分销商有责任去判定配料是否为新膳食配料，并且记录好哪些膳食配料在 1994 年 10 月 15 日前已作为膳食配料上市。目前企业提交的 NDI 备案中相当一部分被 FDA 拒绝。NDI 备案中的核心问题包括判断原料是否属于 NDI，以及判断其安全性所需采取的判断标准。

2. 欧盟

食品补充剂的部分原料在欧盟层面实现了统一管理，包括维生素、矿物质及通过新食品原料审批的若干其他物质。

《欧盟法规 1170/2009》的名单包括 13 种维生素（46 种化学成分）和 17 种矿物质（137 种化学成分）。随后的几年里相继发布法规对维生素、矿物质元素名单进行了补充。如食品补充剂中所含维生素、矿物质种类或化学形式超出上述范围，则被禁止销售。如需使用超出名单外的其他维生素、矿物质成分，需作为新补充剂原料进行注册审批。

除维生素、矿物质以外的其他物质的使用，欧盟层面的法规尚未出台，部分成员国有肯定列表。目前欧盟市场使用超过 400 种除维生素、矿物质以外的其他物质原料，约占膳食补充剂市场的 43%，主要包括氨基酸、酶、益生元与益生菌、必需脂肪酸、植物及其提取物、其他（番茄红素、叶黄素、辅酶 Q_{10} 等）。由于欧盟食品补充剂的法规颁布较晚，对于监管中未明确的成分各国的认识也不一样，因此对于产品的定位也不尽相同。

3. 澳大利亚

澳大利亚对补充药品的管理重点放在原料安全风险高低及功能声称上。对于原料的管理，TGA 每季度更新《治疗产品许可成分物质列表》（Therapeutic Goods（Permissible Ingredients）Determination）来增补可用于备案的原料种类，目前有超过 5000 种成分。若使用清单以外成分，则需要对该产品进行注册，或是对使用的新成分进行注册，若新成分注册被 TGA 批准，该注册成分即可被纳入到列表补充药品可使用的成分范围，所有使用此新成分的补充药品且声称不超出列表药品范围的可作为列表补充药品进行备案。

4. 日本

虽然日本政府部门并未对允许在健康功能食品中使用的物质进行名单式管理，但日本厚生劳动省发布的《不批准不许可药品指导监管》附录《药品范围评估标准》中对药品和食品进行了区分，同时制定了药品原料列表和非药品原料列表，要求用于食品中的原料不得使用药品原料列表中的物质成分，非药品原料列表中物质成分需要通过安全性评估后方可作为食品原料使用。

对于未收录在药品原料列表和非药品原料列表中的物质，需要提供该物质（原料）的学名、使用部位、药理作用或生理作用、毒性、在国外有无批准作为药品的先例或有无食用习惯等资料，向日本厚生劳动省提交申请，进一步进行判断其属于药品原料还是非药品原料。

5. 韩国

韩国主要通过《健康功能食品法典》和《健康功能食品功能性原料批准条例》两部法律对健康功能食品的功效原料进行管理。《健康功能食品法典》包括健康功能食品允许使用的原料清单，具体原料的加工工艺、规格、标准、允许摄入量、功效声称、检验方法等一系列要求。除了纳入《健康功能食品法典》的功能性成分，可用于健康功能食品的原料还可以根据《健康功能食品功能性原料批准条例》的规定，通过新原料审批的程序批准后使用。

（二）与我国保健食品原料管理的异同

上述国家和地区都依据现有掌握的资料建立了关于产品可用原料的目录或名单，同时制定了关于目录或名单以外原料或声称的审查规定。其中有些目录是原料和功能结合的目录，规定了原料的名称、来源、用量范围、允许使用的功能声称、质量要求、注意事项等。也有类似美国，从使用历史的角度，要求企业对新原料进行上市前备案并公开，但官方未发布已使用原料清单的，详见表5-3。

表5-3 相关国家和地区对保健食品原料的管理

国家和地区	原料管理方式	原料与声称关系
中国	建立保健食品原料目录供备案使用	原料目录包含原料名称、用量及对应功效，同时还建立了专门的功能声称目录
美国	膳食补充剂中老原料无需许可，使用新原料需在上市前审核性备案为NDI	原料与功能声称分开管理，且为企业主体责任制
欧盟	维生素、矿物质实现了名单管理，其他原料尚未统一。部分成员国制定可用和禁用名单	原料和功能结合管理
澳大利亚	建立了备案补充药品允许使用的原料目录，使用目录外原料的产品需注册	原料和功能分开管理
日本	特定保健用食品有部分原料名单，产品使用名单内或名单外的原料都要注册 营养机能食品有允许使用原料的目录，只允许使用目录内的原料 机能标示食品未设立明确的功效原料清单，对原料的使用上要求有效成分明确，原料不应属于《膳食摄入基准》规定的营养素	原料和功能结合管理
韩国	建立了功能原料名单，新功能原料需要注册	原料和功能结合管理

四、保健功能及声称管理

（一）部分国家和地区对功能和声称的管理

1. 美国

针对健康声称的管理，《营养标签和教育法案》授权 FDA 审批，并建立允许使用的健康声称。三类声称分级管理：营养成分声称、结构或功能声称、健康声称。健康声称提前 120 天向 FDA 提交具体内容和依据；结构声称需上市 30 天后报 FDA。FDA 主要审查食品或成分与健康声称之间的关系，并判断相关科学依据是否符合"科学显著一致性"的标准。

2. 欧盟

欧盟对于食品补充剂的管理主要体现在对健康声称的限制和规范上。欧盟委员会于 2007 年开始执行《食品营养与健康声称条例》（EC1924/2006），对营养与健康声称的定义、适用范围、申请注册、科学论证等内容做出了明确的规定。

欧盟对于声称的定义为任何未在委员会或国家法律中强制规定的信息或表述。包括以图片形式、绘画形式、符号形式等形式来表达、建议或暗示该食物具有特殊的属性。该定义明确地阐明了营养和健康声称不仅仅包含文字形式的声称，也包括了那些可以被消费者理解为传达健康相关信息的图片、绘画或符号等形式。

根据欧盟委员会法规《食品营养与健康声称条例》（EC1924/2006）的要求，健康声称的申请应基于充分的科学证据和数据，欧盟委员会根据这个需求，建立了与法规相一致的声称申请批准准则，即法规《健康声称批准原则》（EC353/2008），针对声称的特性及研究内容进行评估和批准。

3. 澳大利亚

TGA 制定了《治疗产品允许声称列表》，包含 1000 多种标准声称，列表补充药品可选择标准声称，也可根据《列表药品声称支持证据指南》来进行自主描述的声称，仅需具备相应证据，而不需要通过 TGA 的审核。除上述两种途径以外所进行的声称，需要在产品注册中确认。

4. 日本

根据产品性质的不同，健康功能食品包括特定保健用食品、功能性标示食品以及营养功能食品 3 个类别，其声称管理各不同。特定保健用食品目前通过注册审批的功能声称包括：调节体脂肪或血中中性脂肪；改善牙齿健康；改善胃肠道（包括调节肠道菌群）；促进矿物质吸收；辅助降血糖；辅助降血压；辅助降低胆固醇；改善骨骼健康；改善缺铁性贫血 9 大类。功能性标示食品是指基于科学依据进行生产，不以患者为对象，通过摄取该类食品中的"有效成分"，有助于保持或促进身体健康。功能性标识食品制度规定功能性标识食品原则上只针对除患者、未成年人、孕妇和哺乳期妇女以外的人群，其产品包装上不得标识以治疗疾病为目的的用语。营养功能食品主要对添加了营养素的食品进行声称，企业需遵循《食品表示基准》中的要求进行声称，如"n–3 系脂肪酸（ω–3）和钾"。

5. 韩国

健康功能食品的健康声称分为营养成分功能声称、其他功能声称、降低疾病风险声称三大类，每一类均包含健康宣称、每日使用量以及使用注意事项。营养成分功能声称是指在人体生长、发育以及行使正常功能中营养素所发挥的生理活性。其他功能声称是指在上述营养素功能之外，产品对于人体正常功能或生物活性所具有的特定功效，对人体健康有贡献，增强身体功能，维持或改善整体健康等。降低疾病风险声称是指通过摄入产品以降低疾病风险或减少健康问题。这些声称的界定和划分与国际食品法典委员会的指南保持一致。根据《健康功能食品的标示标准》和《健康功能食品法典》的规定，使用建立了膳食推荐量（RDAs）的营养素（如蛋白质、维生素和矿物质等）作为原料的一般性健康功能食品可以进行与营养素原料相对应的营养成分功能声称。

如果标签上仅标示完全符合科学论证标准的健康声称,消费者获得的健康相关信息将会非常有限。对此,主管当局引入了一套基于科学依据的等级划分体系,证据的不同等级划分取决于单项研究的类型和质量,以及所有研究的整体数量、一致性和相关性。其中,降低疾病风险声称是具有科学显著一致性的级别,其他功能声称则根据科学依据的情况划分为可信、可能、不充分3个级别。不同级别的健康声称被赋予不同的声称用语,从而显示出证据的强度差别,具体见表5-4。

表5-4 不同级别的健康声称被赋予不同的声称用语

声称类型	科学证据等级	声称用语
降低疾病风险	科学显著一致性	可以帮助降低……的风险
其他功能（Ⅰ）	可信	对……具有有益作用
其他功能（Ⅱ）	可能	可能改善…… 可能增加/降低……
其他功能（Ⅲ）	不充分	可能改善……,但仍需验证 可能改善……,但科学证据不充分

（二）与我国保健食品功能声称管理的异同

与我国类似,目前多数国家都对保健食品类似产品的功能声称进行了目录制管理,且都与药品的"疾病治疗"声称有所区分,并允许企业申请对新的功能声称进行申请。不同的是,各国和地区允许声称目录的数量有所不同,从几十到几千不尽相同。有些国家和地区除了允许标准声称,也允许企业自主确定产品的特定声称,如澳大利亚。也有些国家和地区已经对声称进行了分级管理。这些都是与我国目前声称管理的不同之处,具体见表5-5。

表5-5　相关国家和地区对保健食品类功能声称的管理

国家和地区	功能声称管理
中国	规定了保健食品功能目录，包含27种功能声称，正在征求意见拟修订为24种功能声称
美国	对于允许使用的原料制定了健康声称名单和说明，新的健康声称需审查批准
欧盟	分为一般性健康声称和适用于特定人群以及降低疾病风险的健康声称。对于使用原料声称目录外的声称需注册
澳大利亚	有标准功能声称目录和可按《列表类药品声称支持证据指南》确定的特定声称。除此之外的声称需在产品注册中确认
日本	特定保健用食品声称分为三类，只有9项，产品使用9项或9项外的声称都要注册；营养机能食品仅允许使用目录内的声称；机能标示食品未设立明确的功效范围，需要对拟标示功能进行评价后方能进行声称
韩国	三类：营养成分功能声称；其他功能声称；降低疾病风险声称

（编写人员：严卫星、张永建、郭海峰、孙贵范、凌文华、董国用、刘洪宇、刘沛然、苏龙、萨翼、俞海琦、边立峰、闫文杰、张旭光、周丽娟、彭先武）

婴幼儿配方食品篇

◎ 产业发展历程

◎ 管理制度

◎ 产业现状

◎ 产业发展趋势

婴幼儿是具有特殊营养需求的一类群体，母乳是婴幼儿最好的食品，在母乳不足或因各种原因无法母乳喂养时，婴幼儿配方食品成为婴幼儿的重要食品。

婴幼儿配方食品是全社会关注的热点。婴幼儿配方食品的质量安全既是重大民生问题，也是重大的经济社会问题。提升婴幼儿配方食品质量安全水平，保障婴幼儿食用安全、放心的配方食品，关系下一代健康成长，关系亿万家庭的幸福和国家民族的未来。

本篇通过对我国婴幼儿配方食品的发展历程、产业规模、生产质量技术管理水平等方面的客观描述，展现了我国婴幼儿配方食品的产业现状和未来发展前景。同时对我国相关的产业政策、法规标准也做了较为详细的介绍。

第六章
婴幼儿配方食品行业概述

一、我国婴幼儿配方食品发展历程

（一）婴幼儿配方食品的定义

婴幼儿配方食品是参考母乳营养指标，加入婴幼儿成长所必需的营养物质，使其营养价值最大限度地趋近于母乳，适用于3岁以内正常婴幼儿食用的特殊食品。

婴幼儿配方食品根据蛋白质原料来源不同，分为乳基和豆基两类。乳基婴幼儿配方食品是指以乳类及乳蛋白制品为主要蛋白来源，加入适量的维生素、矿物质和（或）其他原料，仅用物理方法生产加工制成的液态或粉状产品。豆基婴幼儿配方食品指以大豆及大豆蛋白制品为主要蛋白来源，加入适量的维生素、矿物质和（或）其他原料，仅用物理方法生产加工制成的液态或粉状产品。

依据2021年公布的食品安全国家标准，按年龄段和营养需求可将婴幼儿配方食品分为三类。

婴儿配方食品（GB10765），也称为1段：适用于正常婴儿食用，其能量和营养成分能满足0～6月龄婴儿正常营养需要的配方食品。

较大婴儿配方食品（GB10766），也称为2段：适用于正常较大婴儿食用，其能量和营养成分能满足6～12月龄较大婴儿部分营养需要的配方食品。

幼儿配方食品（GB10767），也称为3段：适用于正常幼儿食用，其能量和营养成分能满足12～36月龄正常幼儿部分营养需要的配方食品。

国内生产的婴幼儿配方食品中，液态乳基婴幼儿配方食品产品类别和豆基婴幼儿配方食品产品类别较少，粉状乳基婴幼儿配方食品产品即日常所称的婴幼儿配方乳粉是我国生产及市场流通的主要产品类别。基于国情，下面以阐述婴幼儿配方乳粉的政策法规和产业发展为主。

对于特殊医学状况婴儿，另有适用的特殊医学用途婴儿配方食品，参见特殊医学用途配方食品部分。

（二）婴幼儿配方食品的发展历程

与发达国家相比，我国婴幼儿配方食品的发展起步较晚。我国传统喂哺婴幼儿的方法是母乳喂养，对于无法满足母乳喂养的婴幼儿主要是用谷粉（如大米粉）或面粉调制成糊状来喂哺。从营养学的观点来衡量，这种糊状食品不能满足婴幼儿生长发育需要，会导致较高的发病率和死亡率。20世纪50年代，我国只有全脂乳粉以及加糖乳粉。1979年黑龙江省乳品工业研究所等单位研究出"婴儿配方乳粉Ⅰ"；20世纪80年代初，黑龙江乳品工业研究所和内蒙古轻工业研究所等单位完成了国家"六五"重点攻关项目"母乳化乳粉"的研制，经动物及人体临床实验获得验收，产品被命名为"婴儿配方乳粉Ⅱ"；20世纪90年代，黑龙江乳品工业技术开发中心将"婴儿配方乳粉Ⅱ"中的脱盐乳清粉替换为精制饴糖或麦芽糊精，研发出"婴儿配方乳粉Ⅲ"。自此之后各种婴幼儿配方乳粉陆续面市，打开了我国婴幼儿配方乳粉的市场，推动了我国婴幼儿配方食品的发展。整体上我国婴幼儿配方食品的发展可以分为3个阶段。

1.第一阶段：国内婴幼儿配方食品早期快速发展阶段

这一时期的主要特征是市场引领。自2005年起，我国婴幼儿配方食品市场容量年复合增长率约为20%，保持两位数的高速增长，成为仅次于美国的全球第二大婴幼儿配方食品市场。国内婴幼儿配方食品生产企业利用渠道优势，迅速扩张，占领了国内近 70% 市场份额。众多乳制品生产企业纷纷开始生产婴幼儿配方乳粉，生产企业的食品安全意识、食品安全管理能力、原料质量控制能力、研发能力等方面存在着显著的欠缺或不足，尤其是对营养成分含量的重要性认识不足，市场上的产品质量良莠不齐，连续发生的阜阳"大头娃娃"和"三鹿奶粉"等严重的食品安全事故使消费者对国内品牌失去信心，我国婴幼儿配方食品产业陷入低谷期。

2. 第二阶段：国内婴幼儿配方食品整顿规范发展阶段

为规范乳制品行业发展，加强行业管理，确保乳制品质量安全，保障公众健康和生命安全，政府相继出台了一系列政策、法规、标准，对婴幼儿配方食品生产企业的行业准入、生产管理、质量管理、产品配方、产品质量、标签标识、产品召回等做出了严格的要求。例如，国务院于 2008 年 10 月 9 日发布《乳品质量安全监督管理条例》，工业和信息化部于 2009 年 6 月 26 日发布《乳制品工业产业政策（2009 年修订）》，原卫生部于 2010 年 3 月 26 日发布《食品安全国家标准　婴儿配方食品》（GB 10765—2010）和《食品安全国家标准　较大婴儿和幼儿配方食品》（GB 10767—2010）。

国内婴幼儿配方食品生产企业落实政府的监管要求，加强全员食品安全教育，加大企业生产设备、检测设备的投入，加大研发投入，构建稳固的发展基础，婴幼儿配方食品质量逐步稳定，抽检合格率逐年提高。

3. 第三阶段：国内婴幼儿配方食品质量提升阶段

国务院办公厅于 2013 年 6 月 16 日发布《进一步加强婴幼儿配方乳粉质量安全工作意见的通知》，明确工作目标、工作重点及工作要求，对婴幼儿配方乳粉实施从源头到消费的全过程监管。

原国家食品药品监督管理总局于 2013 年 12 月 26 日发布了《婴幼儿配方乳粉生产许可审查细则（2013 版）》，严格婴幼儿配方乳粉生产企业许可条件，强化企业生产许可审查，提升婴幼儿配方乳粉质量安全水平；2016年6月6日发布了《婴幼儿配方乳粉产品配方注册管理办法》，严格婴幼儿配方乳粉产品配方注册管理。

2013年之后，生产企业继续加大设备和技术投入，目前婴幼儿配方食品生产企业的生产设备和产业技术已达到国际先进水平；开展母乳成分研究，从提高产品的科学性、营养性、安全性及产品质量稳定性入手，满足中国婴幼儿营养需求，用产品质量来竞争市场。国家抽检数据显示，婴幼儿配方食品的抽检合格率位居全国食品行业榜首，国产婴幼儿配方食品质量媲美国外同类产品。至2020年底，国产婴幼儿配方食品市场占有率接近2008年顶峰时期。

二、国外婴幼儿配方食品发展概况

19世纪，欧洲和美国开始了婴幼儿配方食品的研究和开发。19世纪末，以生物学和医学研究为基础，开始了母乳替代品的研究，发现巴氏杀菌奶更适合婴幼儿的喂养。1855年，英国人T.S.Grimwade发明了乳饼式乳粉的干燥法，乳粉的工业化生产自此拉开序幕。1867年，首个商用婴儿配方食品由德国人Justus.Von.Liebing发明，并获得专利，采用的方法是将小麦粉、麦芽粉和少许碳酸钾加入牛乳中煮沸而成。1872年发明乳粉喷雾干燥法后，乳粉生产发生了革命性的变革。1915年，Gerstenberger等人发明了第一个乳基婴儿配方食品，现在世界上大多数婴儿配方食品都是从这个基础上发展而来的。1921年的大规模生产标志着现代婴儿配方食品工业的开始。1961年，惠氏开发出了第一个以乳清蛋白为主的婴儿配方食品。1972年，芬兰维奥利公司推出了世界上第一款液态婴儿食品。进入21世纪，随着食品技术的飞速发展，生物化学、营养学等相关学科不断进步，婴幼儿配方食品在不断向着母乳化的方向发展。

由于婴幼儿配方食品的特殊性，国际社会也高度重视相关标准和法规的制定。国外婴幼儿配方食品法规标准发展梗概如下。

（一）美国

最早颁布于 1938 年的《联邦食品、药品和化妆品法案》（FDC&A，以下简称《联邦食药法案》）是美国食品监管法规的核心，1980 年颁布的《婴儿配方食品法案》成为《联邦食药法案》第 412 部分，对婴儿配方食品制定了具体的法规要求，以保护婴儿健康安全。

（二）欧盟

1977 年欧盟理事会发布了《成员国关于特殊营养用途食品法规一致性的指令》（即 77/94/EEC 指令，以下简称《指令》），该《指令》奠定了欧盟特殊营养用途食品的监管框架，确立了"特殊营养用途食品"的概念和类别，将为满足健康婴幼儿营养需求的产品纳入了"特殊营养用途食品"的范围，并要求各成员国依据该《指令》修订或制定本国相应的法律法规，以确保各国的婴儿及较大婴儿配方食品符合相关要求，避免影响单一市场内的产品自由流通并保护消费者利益。1991 年 5 月 14 日，欧盟委员会发布了《委员会关于婴儿和较大婴儿配方食品的指令》（91/321/EEC），对婴儿以及较大婴儿的标签和营养素成分进行了规定，同时还提出婴儿和较大婴儿配方食品的营销和标签需要符合世界卫生组织《国际母乳代用品销售管理办法》保护母乳喂养的目标。此后欧盟关于特殊营养用途食品的法规经历了多次修订，国际学术界对婴儿营养和膳食也进行了广泛的探讨。欧盟委员会于 2016 年通过了《委员会关于婴儿和较大婴儿配方食品特定成分和标签以及婴幼儿喂养信息的要求的 2016/127 授权条例》，并于 2020 年 2 月 22 日起正式在欧盟成员国执行。

（三）澳大利亚和新西兰

澳新联合婴儿配方食品管理体系主要由一系列的法律、政策、标准和流程组成。法律规定了联合管理体系的框架，保护食品生产、销售等各环节的质量安全。这里的法律不是由议会制定，而是澳新两国政府联合签订的协议法案，主要包括《澳新食品标准法案 1991》和《澳大利亚新西兰联合食品标准系统协定 1995》等。

目前，世界上婴幼儿配方食品的主要生产国，都是具有很好的自然资源禀赋（适合于奶牛养殖）和奶酪消费生活习惯（婴幼儿配方食品的主要原料之一乳清粉是奶酪生产的副产物）以及贸易传统的国家，如荷兰、爱尔兰、法国、美国、澳大利亚、新西兰等。

第七章
婴幼儿配方食品产业政策和监管措施

一、产业政策

婴幼儿配方食品作为母乳的替代品，满足婴幼儿的正常营养需求，其生产供应与质量安全不仅是一个经济问题，更是重大的社会民生问题，一直受到社会各界的高度关注。"让祖国的下一代喝上好奶粉"，是党和国家领导人对婴幼儿配方食品产业的谆谆嘱托。中国是世界第一人口大国，截至2020年底，我国0～3岁的婴幼儿有4000多万人。中国妇女就业率在世界上处于前列，2019年全国女性就业人口占全社会就业人口的比重为43.2%。没有母乳及母亲外出工作等因素造成无法母乳喂养的婴幼儿都需要婴幼儿配方食品来提供生长所必需的营养，做好婴幼儿配方食品的质量保证和供应保障工作，是实现《"健康中国2030"规划纲要》中婴幼儿健康水平目标的重要基础。

为进一步促进婴幼儿配方食品产业发展，提升国产婴幼儿配方食品的品质、竞争力和美誉度，满足社会需求，对于作为我国婴幼儿配方食品主体产品类别的婴幼儿配方乳粉，国务院及相关政府部门陆续出台了《推动婴幼儿配方乳粉企业兼并重组工作方案》《国务院办公厅关于推进奶业振兴保障乳品质量安全的意见》《国产婴幼儿配方乳粉提升行动方案》《乳制品质量安全提升行动方案》等一系列政策及相关配套法规标准要求（表7-1）。

表 7-1　婴幼儿配方乳粉相关产业政策

序号	文件名称	发文号	发布日期	颁发部门
1	《奶业整顿和振兴规划纲要》	国办发〔2008〕122 号	2008.11	国务院转发
2	《乳制品工业产业政策（2009 年修订）》	工联产业〔2009〕第 48 号	2009.06	工业和信息化部、国家发展改革委
3	《关于进一步加强婴幼儿配方乳粉质量安全工作意见》	国办发〔2013〕57 号	2013.06	国务院转发
4	《中国食物与营养发展纲要（2014—2020 年）》	国办发〔2014〕3 号	2014.01	国务院
5	《推动婴幼儿配方乳粉企业兼并重组工作方案》	国办发〔2014〕28 号	2014.06	国务院转发
6	《国务院办公厅关于加快推进重要产品追溯体系建设的意见》	国办发〔2015〕95 号	2015.12	国务院
7	《全国奶业发展规划（2016—2020 年）》	农牧发〔2016〕14 号	2017.01	农业部、国家发展改革委、工业和信息化部、商务部、原食品药品监督管理总局
8	《国务院办公厅关于推进奶业振兴保障乳品质量安全的意见》	国办发〔2018〕43 号	2018.06	国务院
9	《国产婴幼儿配方乳粉提升行动方案》	发改农经〔2019〕900 号	2019.05	国家发展改革委、工业和信息化部、农业农村部、卫生健康委、市场监管总局、商务部、海关总署
10	《乳制品质量安全提升行动方案》	国市监食生〔2020〕195 号	2020.12	市场监管总局

（一）推动婴幼儿配方乳粉企业兼并重组

2014年6月，国务院办公厅转发了工业和信息化部等部门《推动婴幼儿配方乳粉企业兼并重组工作方案》，重点提出基于行业集中度不高、自主品牌竞争力不强、消费者对国产品牌缺乏信心等问题，为进一步规范市场秩序，推动企业兼并重组，优化产业结构，提升质量效益，促进婴幼儿配方乳粉产业健康发展，鼓励并支持符合条件的企业通过企业并购、协议转让、联合重组、控股参股等多种方式，开展婴幼儿配方乳粉企业兼并重组。提出的目标是：到2015年底，争取形成10家左右年销售收入超过20亿元的大型婴幼儿配方乳粉企业集团，前10家国产品牌企业的行业集中度达到65%；到2018年底，争取形成3～5家年销售收入超过50亿元的大型婴幼儿配方乳粉企业集团，前10家国产品牌企业的行业集中度超过80%。

（二）推进奶业振兴保障乳品质量安全

2018年6月，国务院办公厅印发的《国务院办公厅关于推进奶业振兴保障乳品质量安全的意见》指出，要加大婴幼儿配方乳粉监管力度。严格执行婴幼儿配方乳粉相关法律法规和标准，强化婴幼儿配方乳粉产品配方注册管理。婴幼儿配方乳粉生产企业应当实施良好生产规范、危害分析和关键控制点体系等食品安全质量管理制度，建立食品安全自查制度和问题报告制度。按照"双随机、一公开"要求，持续开展食品安全生产规范体系检查，对检查发现的问题要从严处理；严厉打击非法添加非食用物质、超范围超限量使用食品添加剂、涂改标签标识以及在标签中标注虚假、夸大的内容等违法行为；严禁进口大包装婴幼儿配方乳粉到境内分装。大力提倡和鼓励使用生鲜乳生产婴幼儿配方乳粉，支持乳品企业建设自有自控的婴幼儿配方乳粉奶源基地，进一步提高婴幼儿配方乳粉品质。

（三）国产婴幼儿配方乳粉提升行动

2019 年 5 月，国家发展改革委、工业和信息化部、农业农村部、卫生健康委、市场监管总局、商务部和海关总署等 7 部门联合印发的《国产婴幼儿配方乳粉提升行动方案》指出，为进一步提升国产婴幼儿配方乳粉的品质、竞争力和美誉度，要坚守质量底线，确保食品安全。以产品质量提升带动产业提质增效，完善质量管理机制，落实企业食品安全主体责任，全面提高产品品质和质量安全水平，重塑消费者对国产婴幼儿配方乳粉的信心。坚持创新驱动，加强品牌引领。鼓励企业优化产品配方，在技术装备、质量管理、营销模式等方面大胆创新，加快产品研发创新和产业转型升级，加强国产婴幼儿配方乳粉的品牌培育。立足国内实际，找准市场定位。充分认识提升国产婴幼儿配方乳粉品质、竞争力和美誉度的长期性与艰巨性，选准产业发展突破口，找准产品市场定位，促进国产婴幼儿配方乳粉与进口产品公平竞争、错位竞争。坚持市场主导，政府支持引导。充分发挥市场在资源配置中的决定性作用，尊重企业的主体地位，强化政府在政策引导、宏观调控、监督管理等方面的作用，维护公平有序的市场环境。

行动目标是，大力实施国产婴幼儿配方乳粉"品质提升、产业升级、品牌培育"行动计划，国产婴幼儿配方乳粉产量稳步增加，更好地满足国内日益增长的消费需求，力争婴幼儿配方乳粉自给水平稳定在 60% 以上；产品质量安全可靠，品质稳步提升，消费者信心和满意度明显提高；产业结构进一步优化，行业集中度和技术装备水平继续提升；产品竞争力进一步增强，市场销售额显著提高，中国品牌婴幼儿配方乳粉在国内市场的排名明显提升。

（四）乳制品质量安全提升行动

2020 年 12 月，为进一步督促企业落实主体责任，提升乳制品质量安全水平，市场监管总局制定并印发了《乳制品质量安全提升行动方案》（以下简称《方案》）。《方案》明确，到 2023 年，乳制品生产企业质量安全管理体系更加完善，规模以上乳制品生产企业实施危害分析与关键控制点体系达到 100%。乳制品生产企业原辅料、关键环节与产品检验管控率达到 100%，食品安全自查率达到 100%，发现风险报告率达到 100%，食品安全管理人员监督抽查考核合格率达到 100%。婴幼儿配方食品生产企业质量管理体系自查与报告率达到 100%。《方案》还强调，企业应具有完整生产工艺，不得使用已符合食品安全国家标准的婴幼儿配方乳粉作为原料申请配方注册；进一步加强对婴幼儿配方乳粉产品配方科学性、安全性材料和研发报告的审查，对配方科学依据不足，提交材料不支持配方科学性、安全性的一律不予注册。严厉查处分装、未按规定注册备案或未按注册备案要求组织生产婴幼儿配方乳粉等违法违规行为。严格落实复原乳标识制度，依法查处使用复原乳不做出标识的企业。严格按照法律法规要求，依法从严落实"处罚到人"要求。

二、法规标准

（一）《食品安全法》及其实施条例

我国目前已建立比较健全的婴幼儿配方食品方面的法律法规，形成了以《食品安全法》为核心，以其实施条例、相关配套规章和婴幼儿配方食品安全国家标准构成的一套较为完整的法律法规体系，有力地实施了婴幼儿配方乳粉质量安全的严格监管。

《食品安全法》具体条例

第七十四条 国家对保健食品、特殊医学用途配方食品和婴幼儿配方食品等特殊食品实行严格监督管理。

第八十一条 婴幼儿配方食品生产企业应当实施从原料进厂到成品出厂的全过程质量控制，对出厂的婴幼儿配方食品实施逐批检验，保证食品安全。

生产婴幼儿配方食品使用的生鲜乳、辅料等食品原料、食品添加剂等，应当符合法律、行政法规的规定和食品安全国家标准，保证婴幼儿生长发育所需的营养成分。

婴幼儿配方食品生产企业应当将食品原料、食品添加剂、产品配方及标签等事项向省、自治区、直辖市人民政府食品药品监督管理部门备案。

婴幼儿配方乳粉的产品配方应当经国务院食品药品监督管理部门注册。注册时，应当提交配方研发报告和其他表明配方科学性、安全性的材料。

不得以分装方式生产婴幼儿配方乳粉，同一企业不得用同一配方生产不同品牌的婴幼儿配方乳粉。

（二）监督管理部门行政法规

1. 婴幼儿配方乳粉注册管理制度

2016 年 6 月，原国家食品药品监督管理总局发布了《婴幼儿配方乳粉产品配方注册管理办法》（以下简称《注册管理办法》），对在我国境内生产、销售和进口的婴幼儿配方乳粉的产品配方实施统一的注册管理，于 2016 年 10 月 1 日起实施。

在发布《注册管理办法》的基础上，原国家食品药品监督管理总局又于 2016 年 11 月发布了《婴幼儿配方乳粉产品配方注册申请材料项目与要求（试行）》《婴幼儿配方乳粉产品配方注册现场核查要点及判断原则（试行）》以及 2017 年 5 月发布了《婴幼儿配方乳粉产品配方注册标签规范技术指导原则（试行）》等一系列配套法规文件，从而形成了一套相对比较完善的婴幼儿配方乳粉配方注册管理制度。

2018 年组建的市场监管总局设有特殊食品安全监督管理司，整合对婴幼儿配方乳粉的注册、许可、备案和监督管理，并增加了组织查处重大违法行为等职责，有利于特殊食品监管的统一协调。市场监管总局审核查验机构负责婴幼儿配方乳粉产品配方注册的现场核查工作。省、自治区、直辖市市场监督管理部门负责配合市场监管总局开展本行政区域婴幼儿配方乳粉产品配方注册的现场核查等工作。

配方注册申请人应当为拟在中华人民共和国境内生产并销售婴幼儿配方乳粉的生产企业，或者拟向中华人民共和国出口婴幼儿配方乳粉的境外生产企业。申请人应当具备与所生产婴幼儿配方乳粉相适应的研发能力、生产能力、检验能力，符合粉状婴幼儿配方食品良好生产规范要求，实施危害分析与关键控制点体系，对出厂产品按照有关法律法规和食品安全国家标准规定的项目实施逐批检验。

申请注册产品配方应当符合有关法律法规和食品安全国家标准的要求，并提供证明产品配方科学性、安全性的研发与论证报告和充足依据。

同一企业申请注册两个以上同年龄段产品配方时，产品配方之间应当有明显差异，并经科学证实。每个企业原则上不得超过3个配方系列9种产品配方，每个配方系列包括婴儿配方乳粉（0～6月龄，1段）、较大婴儿配方乳粉（6～12月龄,2段）、幼儿配方乳粉（12～36月龄,3段）。

同一集团公司已经获得婴幼儿配方乳粉产品配方注册及生产许可的全资子公司可以使用集团公司内另一全资子公司已经注册的婴幼儿配方乳粉产品配方。

配方注册制的实施意味着婴幼儿配方乳粉将参照药品的管理方式进行严格管理，有利于推进企业配方研发、提升企业竞争力、保护消费者权益，也利于行业的整合，使企业做大做强，提升行业的整体水平和促进行业稳健发展。

2. 生产许可审查要求

《婴幼儿配方乳粉生产许可审查细则（2013版）》（以下简称《细则》）是对婴幼儿配方乳粉企业生产许可条件的进一步明确和规范。通过制定更加严格的细则，进一步提高婴幼儿配方乳粉生产企业生产条件要求，规范许可机构的许可审查工作。

《细则》规定了生产许可条件审查和生产许可产品检验两部分内容。生产许可条件审查包括了管理制度审核、场所核查、设备核查、基本设备布局、工艺流程及关键控制点、人员核查等。其中管理制度审核中包含了食品质量安全管理制度、主要生产原料管理制度、企业采购制度、技术标准及工艺文件制度、产品配方管理制度、过程管理制度、检验管理制度、产品防护管理制度、储存和分发制度、人员管理制度、信息化管理和产品追溯及召回制度、研发能力制度等 12 项审核内容，对婴幼儿配方乳粉生产提出了更高要求，重点是企业质量安全管理、生产过程控制、检验检测能力等方面。

为严格生产工艺的要求，《细则》规定了湿法工艺、干法工艺和干湿法复合工艺 3 种生产工艺的基本流程和审查要求。对仅有包装场地、工序、设备，没有完整的生产条件，不予生产许可审查；对以婴幼儿配方乳粉或基粉为主要原料生产婴幼儿配方乳粉，没有完整的干法工艺，不予生产许可审查。

婴幼儿配方乳粉的产品配方注册与生产许可的侧重点不同，产品配方注册侧重产品的研发，关注的是配方的科学性、安全性；生产许可侧重生产企业的能力与条件，关注的是企业生产规范的合规性、生产工艺的可靠性、生产过程的可控性等。

3. 良好生产规范（GMP）和危害分析与关键控制点（HACCP）

（1）婴幼儿配方食品良好生产规范:《食品安全国家标准 粉状婴幼儿配方食品良好生产规范》（GB 23790—2010）适用于以乳类或大豆及其加工制品为主要原料的粉状婴幼儿配方食品（包括粉状婴儿配方食品、粉状较大婴儿和幼儿配方食品）的生产企业。规定了术语和定义、选址及厂区环境、厂房和车间、设备、卫生管理、原料和包装材料的要求、生产过程的食品安全控制及检验方面的内容。

该标准替代《婴幼儿配方粉企业良好生产规范》（GB/T 23790—2009），推荐性标准改为强制性标准。两者相比主要变化为：增加了原料采购、验收、运输和贮存相关要求；增加了大豆原料安全性控制的要求；增加了食品安全控制措施有效性的监控与评价方法；修改了生产过程的食品安全控制措施，增加安全控制的特定处理步骤，制定了对热处理、中间贮存、冷却、干混合、内包装等重要工序的控制要求；对微生物、化学、物理污染的重点控制措施参照《食品安全国家标准 乳制品良好生产规范》（GB 12693—2010）的规定；增加规范性附录 A，规定了对清洁作业区环境中主要污染源——沙门菌、阪崎肠杆菌和其他肠杆菌进行监控的要求。

目前，监管部门正在考虑将液态婴幼儿配方食品纳入《食品安全国家标准 婴幼儿配方食品良好生产规范》，有望进一步丰富产品类型。

（2）危害分析与关键控制点：《危害分析与关键控制点（HACCP）体系 食品生产企业通用要求》（GB/T 27341—2009）是一种科学、合理、针对食品生产加工过程进行过程控制的预防性体系，这种体系的建立和应用可保证食品安全危害得到有效控制，以防止发生危害公众健康的问题。

目前，HACCP 体系已被世界各国食品生产企业广泛使用。发达国家和地区已建立了较为完善的国家食品安全监督管理体系，特别是对各高风险的食品行业都要求企业建立体系，对危害分析和关键点进行自觉控制，从而为国民能够享受到安全卫生的食品提供了保证，在国际食品贸易中也具有独特的优势。其典型代表国家和地区主要是美国、欧盟、加拿大和日本。我国鼓励婴幼儿配方食品生产企业通过 HACPP 体系认证，实现管理提升。

婴幼儿配方食品法律法规是保障产品安全的基础，是规范婴幼儿配方食品市场的标杆。近年来，我国持续加强质量安全监管工作，完善法律法规体系，有力地保障了婴幼儿配方食品的质量安全。

（三）标准

1. 产品标准

2010 版婴幼儿配方食品系列标准自发布以来，在规范引导我国婴幼儿配方食品生产企业、保障婴幼儿配方食品安全等方面发挥了重要作用。近年来，随着各国对母乳成分、婴幼儿营养素需要量以及婴幼儿配方食品的研究不断深入，国际食品法典委员会、欧盟、澳新等国际组织和国家（地区）陆续开展了婴幼儿配方食品标准的修订工作。为了更好地适应中国婴幼儿的营养健康需求，国家卫生健康委组织对现行婴幼儿配方食品系列标准进一步修订完善。修订后的婴幼儿配方食品系列标准已于 2021 年 2 月 22 日发布，将于 2023 年 2 月 22 日实施。

新标准主要变化如下：一是将《较大婴儿和幼儿配方食品》（GB 10767—2010）分为 2 个标准，即《食品安全国家标准 较大婴儿配方食品》（GB 10766—2021）和《食品安全国家标准 幼儿配方食品》（GB 10767—2021）；二是为充分保证婴幼儿配方食品营养有效性，修订或增加了产品中营养素含量的最小值；三是为充分保障婴幼儿营养的安全性，修订或增加了产品中营养素含量的最大值；四是将 2010 版标准中部分可选择成分调整为必需成分；五是污染物、真菌毒素和致病菌限量要求统一引用相关基础标准，体现标准间协调性。

国际食品法典委员会制定的 CODEX 标准是各国制订婴幼儿配方食品的基础，我国的婴幼儿配方食品标准也是主要参考 CODEX 标准，仅个别地方根据我国实际情况进行了调整。由于中西方人种、饮食习惯、遗传基因等的不同，完全使用国外的营养参考摄入量数据，会造成中国婴幼儿营养的缺陷。因此在基本采用 CODEX 的基础上做了微调，我国标准中各成分含量与 CODEX 标准的对比见表 7-2 至表 7-4。

表 7-2 我国 1 段婴儿配方食品与 CODEX 标准营养成分限量对比一览表

标准 / 法规号	婴儿配方食品标准 GB 10765—2021	婴儿配方食品和特殊医学用途婴儿配方食品标准 CODEX STAN 72-1981（2007年修订版）
能量	250 ～ 295（kJ/100 mL）	250 ～ 295（kJ/100 mL）
	/100kJ	/100kJ

续表

标准/法规号	婴儿配方食品标准 GB 10765—2021	婴儿配方食品和特殊医学用途婴儿配方食品标准 CODEX STAN 72-1981（2007年修订版）
蛋白质/g	0.43 ～ 0.72	0.45 ～ 0.7
乳清蛋白	≥ 60%	—
脂肪/g	1.05 ～ 1.43	1.05 ～ 1.40
亚油酸/g	0.07 ～ 0.33	≥ 0.07（GUL：0.33）
α- 亚麻酸/mg	12 ～ N.S.	≥ 12
亚油酸与 α- 亚麻酸比值	5：1 ～ 15：1	5：1 ～ 15：1
月桂酸和肉豆蔻酸（十四烷酸）总量	≤总脂肪酸的20%	≤总脂肪酸的20%
芥酸含量	≤总脂肪酸的1%	≤总脂肪酸的1%
反式脂肪酸含量	≤总脂肪酸的3%	≤总脂肪酸的3%
碳水化合物/g	2.2 ～ 3.3	2.2 ～ 3.3
乳糖占碳水化合物总量	≥ 90%	—
维生素 A/μg RE	14 ～ 36	14 ～ 43
维生素 D/μg	0.48 ～ 1.20	0.25 ～ 0.60
维生素 E/mg α-TE	0.12 ～ 1.20	≥ 0.12（GUL：1.2）
维生素 K_1/μg	0.96 ～ 6.45	≥ 1（GUL：6.5）
维生素 B_1/μg	14 ～ 72	≥ 14（GUL：72）
维生素 B_2/μg	19 ～ 120	≥ 19（GUL：119）
维生素 B_6/μg	8.4 ～ 41.8	≥ 8.5（GUL：45）
维生素 B_{12}/μg	0.024 ～ 0.359	≥ 0.025（GUL：0.36）
烟酸（烟酰胺）/μg	96 ～ 359	≥ 70（GUL：360）
叶酸/μg	2.9 ～ 12.0	≥ 2.5（GUL：12）
泛酸/μg	96 ～ 478	≥ 96（GUL：478）
维生素 C/mg	2.4 ～ 16.7	≥ 2.5（GUL：17）

标准 / 法规号	婴儿配方食品标准 GB 10765—2021	婴儿配方食品和特殊医学用途婴儿配方食品标准 CODEX STAN 72-1981（2007年修订版）
生物素 /μg	0.36 ～ 2.39	≥ 0.4（GUL：2.4）
钠 /mg	7 ～ 14	5 ～ 14
钾 /mg	17 ～ 43	14 ～ 43
铜 /μg	14.3 ～ 28.7	≥ 8.5（GUL：29）
镁 /mg	1.2 ～ 3.6	≥ 1.2（GUL：3.6）
铁 /mg	0.10 ～ 0.36	≥ 0.1
锌 /mg	0.12 ～ 0.36	≥ 0.12（GUL：0.36）
锰 /μg	0.72 ～ 23.90	≥ 0.25（GUL：24）
钙 /mg	12 ～ 35	≥ 12（GUL：35）
磷 /mg	6 ～ 24	≥ 6（GUL：24）
钙磷比值	1：1 ～ 2：1	1：1 ～ 2：1
碘 /μg	3.6 ～ 14.1	≥ 2.4（GUL：14）
氯 /mg	12 ～ 38	12 ～ 38
硒 /μg	0.72 ～ 2.06	≥ 0.24（GUL：2.2）
胆碱 /mg	4.8 ～ 23.9	≥ 1.7
肌醇 /mg	1.0 ～ 9.6	≥ 1（GUL：9.5）
牛磺酸 /mg	0.8 ～ 4.0	≤ 3
左旋肉碱 /mg	0.3 ～ N.S.	L- 肉碱 ≥ 0.3
二十二碳六烯酸 /% 总脂肪酸	3.6 ～ 9.6mg	GUL：0.5% 总脂肪酸
二十碳四烯酸 /mg	N.S. ～ 19.1	如果添加 DHA，则至少要添加相同量的 ARA；EPA 含量 ≤ DHA 含量

表 7-3　我国 2 段较大婴儿配方食品与 CODEX 标准营养成分限量对比一览表

标准 / 法规号	较大婴儿配方食品标准 GB 10766—2021	婴儿后继配方食品标准 CODEX156（1989 年修订版）
能量	250 ～ 314（kJ/100 mL）	250 ～ 355（kcal/100 mL）
	/100kJ	/100kJ
蛋白质 /g	0.43 ～ 0.84	0.7 ～ 1.3
乳清蛋白	≥ 40%	
脂肪 /g	0.84 ～ 1.43	0.7 ～ 1.4
亚油酸 /g	0.07 ～ 0.33	≥ 0.0717
反式脂肪酸含量	≤总脂肪酸的 3%	—
月桂酸和肉豆蔻酸（十四烷酸）总量	≤总脂肪酸的 20%	—
芥酸含量	≤总脂肪酸的 1%	—
α- 亚麻酸 /mg	12 ～ N.S.	—
亚油酸与 α- 亚麻酸比值	5 : 1 ～ 15 : 1	—
碳水化合物 /g	2.2 ～ 3.3	—
乳糖占碳水化合物总量	≥ 90%	—
维生素 A/μg RE	18 ～ 43	18 ～ 54
维生素 D/μg	0.48 ～ 1.20	0.25 ～ 0.75
维生素 E/mg α-TE	0.14 ～ 1.20	≥ 0.15
维生素 K_1/μg	0.96 ～ 6.45	≥ 1
维生素 B_1/μg	14 ～ 72	≥ 10
维生素 B_2/μg	19 ～ 120	≥ 14
维生素 B_6/μg	11.0 ～ 41.8	≥ 11
维生素 B_{12}/μg	0.041 ～ 0.359	≥ 0.04
烟酸（烟酰胺）/μg	110 ～ 359	≥ 60
叶酸 /μg	2.4 ～ 12.0	≥ 1
泛酸 /μg	96 ～ 478	≥ 70

续表

标准 / 法规号	较大婴儿配方食品标准 GB 10766—2021	婴儿后继配方食品标准 CODEX156（1989 年修订版）
维生素 C/mg	2.4 ～ 16.7	≥ 1.9
生物素 /μg	0.41 ～ 2.39	≥ 0.4
钠 /mg	N.S. ～ 20	5 ～ 21
钾 /mg	18 ～ 54	≥ 20
铜 /μg	8.4 ～ 28.7	—
镁 /mg	1.2 ～ 3.6	≥ 1.4
铁 /mg	0.24 ～ 0.48	0.25 ～ 0.50
锌 /mg	0.12 ～ 0.36	≥ 0.12
钙 /mg	17 ～ 43	≥ 22
磷 /mg	8 ～ 26	≥ 14
钙磷比值	1.2：1 ～ 2：1	1.2：1 ～ 2：1
碘 /μg	3.6 ～ 14.1	≥ 1.2
氯 /mg	N.S. ～ 52	≥ 14
硒 /μg	0.48 ～ 2.06	—
胆碱 /mg	4.8 ～ 23.9	—
锰 /μg	0.24 ～ 23.90	—
肌醇 /mg	1.0 ～ 9.6	—
牛磺酸 /mg	0.8 ～ 4.0	—
左旋肉碱 /mg	0.3 ～ N.S.	—
二十二碳六烯酸 /mg	3.6 ～ 9.6	—
二十碳四烯酸 /mg	N.S. ～ 19.1	—

表 7-4　我国 3 段幼儿配方食品与 CODEX 标准营养成分限量对比一览表

标准 / 法规号	幼儿配方食品标准 GB 10767—2021	婴儿后继配方食品标准 CODEX156（1989 年修订版）
能量	250 ～ 334（kJ/100 mL）	250 ～ 355（kcal/100 mL）
	/100kJ	/100kJ
蛋白质 /g	0.43 ～ 0.96	0.7 ～ 1.3
脂肪 /g	0.84 ～ 1.43	0.7 ～ 1.4
亚油酸 /g	0.07 ～ 0.33	≥ 0.0717
反式脂肪酸含量	≤总脂肪酸的 3%	—
α- 亚麻酸 /mg	12 ～ N.S.	—
亚油酸与 α- 亚麻酸比值	5：1 ～ 15：1	—
碳水化合物 /g	1.8 ～ 3.6	—
乳糖占碳水化合物总量	≥ 50%	—
维生素 A/μg RE	18 ～ 43	18 ～ 54
维生素 D/μg	0.48 ～ 1.20	0.25 ～ 0.75
维生素 E/mg α–TE	0.14 ～ 1.20	≥ 0.15
维生素 K_1/μg	0.96 ～ 6.45	≥ 1
维生素 B_1/μg	14 ～ 72	≥ 10
维生素 B_2/μg	19 ～ 155	≥ 14
维生素 B_6/μg	11.0 ～ 41.8	≥ 11
维生素 B_{12}/μg	0.041 ～ 0.478	≥ 0.04
烟酸（烟酰胺）/μg	110 ～ 359	≥ 60
叶酸 /μg	2.4 ～ 12.0	≥ 1
泛酸 /μg	96 ～ 478	≥ 70
维生素 C/mg	2.4 ～ 16.7	≥ 1.9
生物素 /μg	0.41 ～ 2.39	≥ 0.4
钠 /mg	N.S. ～ 20	5 ～ 21
钾 /mg	18 ～ 69	≥ 20

续表

标准 / 法规号	幼儿配方食品标准 GB 10767—2021	婴儿后继配方食品标准 CODEX156（1989 年修订版）
铜 /μg	6.9 ～ 34.9	—
镁 /mg	1.4 ～ 4.3	≥ 1.4
铁 /mg	0.24 ～ 0.60	0.25 ～ 0.50
锌 /mg	0.10 ～ 0.31	≥ 0.12
钙 /mg	17 ～ 50	≥ 22
磷 /mg	8 ～ 26	≥ 14
钙磷比值	1.2 : 1 ～ 2 : 1	1.2 : 1 ～ 2 : 1
碘 /μg	1.4 ～ 14.1	≥ 1.2
氯 /mg	N.S. ～ 52	≥ 14
硒 /μg	0.48 ～ 2.06	—
胆碱 /mg	4.8 ～ 23.9	—
锰 /μg	0.24 ～ 23.90	—
肌醇 /mg	1.0 ～ 9.6	—
牛磺酸 /mg	0.8 ～ 4.0	—
左旋肉碱 /mg	0.3 ～ N.S.	—
二十二碳六烯酸 /mg	3.6 ～ 9.6	—
二十碳四烯酸 /mg	N.S. ～ 19.1	—

注：N.S. 为没有特殊说明。

2. 原料标准

婴幼儿配方食品原辅料主要为婴幼儿提供其生长发育所必需的蛋白质、脂类、碳水化合物、维生素、矿物质等。婴幼儿配方食品所使用的原辅料应符合相应的国家标准，主要包括《食品安全国家标准 生乳》（GB 19301）、《食品安全国家标准 乳粉》（GB 19644）、《食品安全国家标准 乳清粉和乳清蛋白粉》（GB 11674）、《食品安全国家标准 大豆油》（GB/T 1535）、《食品安全国家标准　葵花籽油》（GB/T 10464）、《食品安全国家标准　玉米油》（GB/T 19111）、《食品安全国家标准　食用植物油卫生标准》（GB 2716）等。

3. 食品添加剂标准

婴幼儿配方食品中食品添加剂的质量规格应符合我国《食品安全国家标准　食品添加剂使用标准》（GB 2760—2014）以及原国家卫生计划生育委员会增补公告的相关规定。在 GB 2760 的食品分类系统中，婴儿配方食品及较大婴儿和幼儿配方食品属于 13.0 特殊膳食用食品（大类）下的 13.01 婴幼儿配方食品（亚类），即 13.01.01 婴儿配方食品及 13.01.02 较大婴儿和幼儿配方食品。婴幼儿配方食品中食品添加剂的选择和使用量需按照 GB 2760 中食品分类系统的使用原则。

4. 营养强化剂标准

2012 年 3 月 15 日，原卫生部发布《食品安全国家标准　食品营养强化剂使用标准》（GB 14880—2012），增加了原卫生部 1997—2012 年 1 号公告及 GB 2760—1996 附录 B 中营养强化剂的相关规定；列出了允许使用的营养强化剂化合物来源名单；特别是增加了可用于特殊膳食用食品的营养强化剂化合物来源名单和部分营养成分的使用范围和使用量，其中表 C.1 规定了允许用于特殊膳食用食品的营养强化剂及化合物来源，表 C.2 规定了仅允许用于部分特殊膳食用食品的其他营养成分及使用量，特殊膳食用食品包括婴幼儿配方食品、婴幼儿谷类辅助食品、特殊医学用途婴儿配方食品，在生产中可根据标准列表要求进行选择性添加。

《食品安全国家标准　食品营养强化剂使用标准》（GB 14880—2012）中规定可以添加到婴幼儿食品的营养强化剂名单为：低聚半乳糖、低聚果糖、多聚果糖、棉籽糖、聚葡萄糖、二十二碳六烯酸（DHA）、二十碳四烯酸（AA 或 ARA）、1, 3- 二油酸 -2- 棕榈酸甘油三酯（OPO）、叶黄素、乳铁蛋白、酪蛋白钙肽、酪蛋白磷酸肽、核苷酸。

5. 标签标准

《预包装食品标签通则》（GB 7718—2011）、《预包装特殊膳食用食品标签》（GB 13432—2013）、《预包装食品营养标签通则》（GB 28050—2011）、《食品标识监督管理办法》、《婴幼儿配方乳粉产品配方注册标签规范技术指导原则（试行）》是婴幼儿配方食品标签执行的主要依据。

2019 年 12 月 31 日食品安全国家标准审评委员会秘书处发布《预包装食品标签通则（征求意见稿）》（GB7718），并公开征求意见。此外，《食品安全国家标准 婴儿配方食品》（GB 10765—2021）、《食品安全国家标准 较大婴儿配方食品》（GB 10766—2021）与《食品安全国家标准 幼儿配方食品》（GB 10767–2021）中也对标签进行了要求。

6. 检验方法标准

2010 年，原卫生部发布了 49 项检验方法标准，包括生乳相对密度、冰点的测定；乳及乳制品杂质度、酸度、脂肪、脂肪酸、溶解度、非脂乳固体、苯甲酸和山梨酸的测定；婴幼儿食品和乳品中乳糖和蔗糖、不溶性膳食纤维、维生素 A、维生素 D、维生素 E、维生素 K_1、维生素 B_1、维生素 B_2、维生素 B_6、维生素 B_{12}、烟酸和烟酰胺、叶酸（叶酸盐活性）、泛酸、维生素 C、游离生物素、钙、铁、锌、钠、钾、镁、铜和锰、磷、碘、氯、肌醇、牛磺酸、β-胡萝卜素、反式脂肪酸、黄曲霉毒素 M1 的测定；食品中蛋白质、水分、灰分、亚硝酸盐与硝酸盐、黄曲霉毒素 M1 和 B1、硒的测定；食品微生物学检验包括总则、菌落总数测定、大肠菌群计数、沙门菌检验、金黄色葡萄球菌检验、霉菌和酵母计数、单核细胞增生李斯特菌检验、乳酸菌检验、阪崎肠杆菌检验等标准。

2016 年，原国家卫生和计划生育委员会发布一批乳及乳制品方面的检验标准，包括《乳及乳制品杂质度的测定》（GB 5413.30—2016）、《乳及乳制品非脂乳固体的测定》（GB 5413.39—2016）、《乳及乳制品中多种有机氯农药残留量的测定 气相色谱 – 质谱 / 质谱法》

（GB 23200.86—2016）、《乳及乳制品中多种氨基甲酸酯类农药残留量的测定》（GB 23200.90— 2016）、《乳及乳制品中多种拟除虫菊酯农药残留量的测定　气相色谱－质谱法》（GB 23200.85—2016）等标准。

婴幼儿配方食品中的检验标准主要包括 GB 5413 系列，《婴幼儿食品和乳品中反式脂肪酸的测定》（GB 5413.36—2010）、《婴幼儿食品和乳品中乳糖、蔗糖的测定》（GB 5413.5—2010）、《婴幼儿食品和乳粉中维生素 B_{12} 的测定》（GB 5413.14—2010）、《婴幼儿食品和乳品中维生素 C 的测定》（GB 5413.18—2010）、《婴幼儿食品和乳品中胆碱的测定》（GB 5413.20—2013）、《乳和乳制品杂质度的测定》（GB 5413.30—2016）、《婴幼儿食品和乳品中脲酶的测定》（GB 5413.31—2013）、《婴幼儿食品和乳品中核苷酸的测定》（GB 5413.40—2016）等，以及 GB 5009 系列《食品卫生检验标准》、GB 4789 系列《食品微生物学检验标准》。目前婴幼儿配方食品的检验标准仍在不断制定和修订中。

（四）国际贸易政策

1. 自由贸易协定

在影响乳制品进口的国际贸易政策方面，当两国贸易伙伴间存在优惠的贸易政策时，贸易产品交易成本的降低将促进贸易量的显著上升；反之，若贸易伙伴间实施贸易管制措施，则将导致交易成本上升，贸易量下降。自由贸易协定是两国或多国间具有法律约束力的契约，目的在于促进经济一体化，其目标之一是消除贸易壁垒，允许产品与服务在国家间自由流动。截至 2021 年 7 月，中国已签署自贸协定 19 个，涉及国家和地区 26 个。其中值得关注的典型代表是中国与新西兰和澳大利亚分别签订的《中新自贸协定》和《中澳自贸协定》。

《中新自贸协定》：协定中规定，中国对原产于新西兰的婴幼儿配方乳粉（190110）实行 5 次降税模式。对作为婴幼儿配方乳粉原料的脱脂乳粉（04021000）实行 12 次降税模式、乳清粉（04041000）实行 5 次降税模式，最终关税降为零。

《中新自贸协定》签订后，2008—2019 年我国从新西兰进口的婴幼儿配方乳粉数量年均增长率为 19.06%。《中新自贸协定》的签订使得新西兰婴幼儿配方乳粉在中国市场具有较为明显的价格优势，且明显优于澳大利亚和世界平均水平，对国产婴幼儿配方乳粉造成一定冲击。但与此同时，价格优势也使得包括婴幼儿配方乳粉在内的新西兰乳制品受到国内企业和消费者的青睐，受需求影响，出现价格上涨。2007—2019 年，我国从新西兰进口的婴幼儿配方乳粉价格在乳制品中变动最大，年均增长率达到 10.64%。

《中澳自贸协定》：协定中规定，中国对原产于澳大利亚的婴幼儿配方乳粉（190110）实行 5 次降税模式。对作为婴幼儿配方乳粉原料的脱脂乳粉（04021000）实行 10 次降税模式、乳清粉（04041000）施行 5 次降税模式，4 ～ 11 年实现关税降为零。

《中澳自贸协定》签订后，2015—2019 年我国从澳大利亚进口婴幼儿配方乳粉数量仅增加 0.26 万吨，年均增长率仅为 5.55%。我国从澳大利亚进口婴幼儿配方乳粉数量占我国进口婴幼儿配方乳粉总量的比例始终在 6% 以下。中澳自贸协定签订后，婴幼儿配方乳粉价格持续增长，2015—2019 年中国从澳大利亚进口的婴幼儿配方乳粉价格年均增长率达到 5.18%。

2. 贸易限制与监管政策

（1）进口关税政策：目前我国乳制品的进口方式有 3 种，一是个人自用邮寄入境，二是旅游客户携带入境，三是货物报关入境。这 3 种方式的进口关税政策各有不同。在此重点介绍货物报关入境方式的有关乳制品进口关税政策。根据《中华人民共和国海关进出口税则》（以下简称《海关税则》），乳粉等乳制品征收 17% 的增值税。2012 年《海关税则》又重新调整了乳制品的税率，针对乳制品类别划分了税率，普通乳粉为 40%，婴幼儿配方乳粉为 80%。另一方面，中国在加入世界贸易组织后实行了最惠国政策，规定给家用乳粉的最惠国税率仅为 10%。由此可见，实际征收的税率明显低于中国《海关税则》中规定的普遍税率。

（2）进出口监督管理政策：2013年原国家质量监督检验检疫总局颁布并实施了《进出口乳品检验检疫监督管理办法》（以下简称《管理办法》）。《管理办法》第二章第五条至第二十一条，对乳制品进口产品的质检、安全、风险、包装等方面做出规定并列出了准入条件，严格进口乳制品的品质监管，要求其必须符合中国现行的质检规范。

《管理办法》规定，首次向中国出口乳制品要提供卫生组织机构、法规、安全卫生控制体系、残留监控体系等资料。乳制品的所有进口商实行在原国家质量监督检验检疫总局销售备案制，申请备案的进口商须提供完备的信息，并且针对信息负有法律责任，进口和销售记录至少保存两年以上。境外的乳品企业入境销售需符合中国的质检安全办法，对使用含有中国严令禁止的添加剂等化学元素的乳制品拒绝进口。

近年来随着中国的乳制品需求大幅增长以及新技术的发展，乳制品行业出现了更多的潜在风险，因此《管理办法》中增加了技术指标和抽检样本，加大了检测力度，提高了检验门槛标准。例如《管理办法》中针对乳制品检验由原来的抽检变更为"批批检"和"全项目检"，其中仅检测项目方面就新增近50%。

《管理办法》第二十二条至第五十一条，对乳制品出口产品的质检、安全、风险、包装等方面做出规定并列出了准入条件，严格出口乳制品的品质监管，要求其必须符合中国现行的质检规范。

《管理办法》规定，原国家质量监管检验检疫总局对出口乳品生产企业实施备案制度，备案工作按照相关规定执行。出口乳品应当来自备案的出口乳品生产企业。出口乳品生产企业应当符合良好生产规范要求，建立并实施危害分析与关键控制点体系（HACCP），并保证体系有效运行。出口乳品生产经营者应当建立产品追溯制度，建立相关记录，保证追溯有效性。

2018年国务院机构改革，原国家质量监督检验检疫总局进出口监督管理职能全部隶转海关总署。

三、国外监管体系及法规简介

（一）美国

《婴儿配方食品法案》作为美国婴儿食品法规的基础，其赋权美国食品药品管理局（FDA）对婴儿食品进行管理。法案规定，在一个新的婴儿食品（新产品或现有产品配方发生重大变化）上市之前，生产商需要向 FDA 进行注册；企业如果发现可能发生的食品掺假，需要通知FDA；新产品首次上市之前，生产商需要向 FDA 提交验证申请，证明产品符合法律法规的要求。

该法案对企业的召回和销售纪录管理做了强制性要求，对营养素、质量要素、生产过程控制提出了要求。

FDA 依据法案要求，制定颁布了联邦法规第 21 章 106 部分（21 CFR 106）、107 部分（21 CFR 107）、《关于婴儿配方食品的公告和检测导则》等一系列法规要求。对婴儿配方食品的产品定义、标签、营养成分、可使用物质和召回进行了规定，以及对婴儿配方食品良好操作规范、质量控制过程、质量要素、记录、报告和通知的要求。

FDA 要求婴儿配方食品生产企业在初次投产之前或配方生产工艺改变以后要向 FDA 申报，FDA 对于收到的新婴儿配方食品的通报申请，并不是上市前审批程序，如果提交的资料不能保证婴儿配方食品不会掺假，则发出异议函。FDA 每年会检查所有的婴儿配方食品生产企业，其检查权力包括检查制造商记录、质量控制记录、确定是否符合法案规定所必需的检验结果以及对婴儿配方食品的抽样检测。新生产企业会在其早期运营期间进行检查。若发现婴儿配方食品有掺假或虚假标识，可能对人体健康造成危害的，可进行强制召回。

美国 FDA 发布了婴儿配方食品的标签指导书，指导婴儿配方食品的制造商和经销商遵守婴儿配方食品产品相应的标签要求，包括对标签的特别声明和恰当的特性说明要求。使用婴儿配方产品的看护者必须能够确认标签信息准确可靠，无误导性，并有科学证据的支持。

（二）欧盟

欧盟婴儿及较大婴儿配方食品法规以特殊膳食用途食品法规为基础，以《国际母乳代用品销售守则》作为营销、宣传和责任方面的原则和目标。欧盟委员会于 2016 年通过了法规《欧盟 2016/127 授权条例》，2020 年 2 月起正式在欧盟成员国执行。法规在欧盟各成员国直接适用，且应当适用法规的全部规定，不得进行选择和保留。

《欧盟 2016/127 授权条例》是专门针对婴儿及较大婴儿配方食品的法规，该法规除了对婴儿及较大婴儿配方食品的原料和组分做了规定外，还对兽药残留、标签标识、广告宣传以及上市前的通报做了要求。主要是为了保证给予消费者清晰、不误导的信息以及产品合理使用的信息。考虑到婴儿配方食品在婴儿膳食中发挥的作用，婴儿配方食品禁止使用营养或健康声称。

欧盟没有专门针对婴儿配方食品生产制定特别法规，婴儿配方食品的生产应符合普通食品生产所遵守的欧盟食品卫生法规《852/2004 条例》和动物源性食品特别卫生法规《853/2004 条例》。

欧盟的监管目标是确保单一市场内的商品自由流通以及食品安全和消费者安全。在欧盟层面上的主要政策制定和协调由欧盟委员会健康和食品安全总司负责，各成员国具体负责执行，当各成员国有任何问题的时候，可以要求欧盟健康和食品安全总司进行解释。此外，健康和食品安全总司还对各成员国的食品安全监管体系定期进行审计，确保相关政策得到有效执行。

2020 年起，根据《欧盟 2016/127 授权条例》，婴儿配方食品、使用水解蛋白的较大婴儿配方食品，以及使用了该法规附录所列营养物质之外的原料的较大婴儿配方食品，要向主管当局提交产品标签样稿和其他主管当局认为有必要的资料来完成通告流程。幼儿配方食品属于普通食品的范畴，不需要上市前通告。

（三）澳大利亚／新西兰

依据澳新食品标准法案（1991），由澳新食品标准局负责澳新联合婴儿配方食品标准的制定。澳新食品法规部长论坛通过新的澳新食品政策后，通知澳新食品标准局将政策转化为相应的食品法规标准或对当前的澳新婴儿配方食品标准进行评估和修订。

婴儿配方产品相关的标准体系主要包括婴儿配方食品、膳食补充配方及辅助食品（适用于3段产品）、食品添加剂、食品中微生物限量、维生素及矿物质、污染物及天然毒素、新资源食品和加工助剂。

在《澳大利亚新西兰联合食品标准系统协定1995》框架下，联合开发部分食品标准的同时也规定了统一的标准不适用以下三方面：一是农药和兽药最高残留限量；二是食品卫生规定的详细要求，如证明食品安全和守法的食品安全计划或其他方法的要求；三是有关第三国贸易的出口要求。所以，在澳新联合婴儿配方食品管理体系的法律框架下，澳新两国既有共同的婴儿配方食品管理制度，又有各自独立的监管制度。

在澳新当局关于婴儿配方食品的法规管理体系中，婴儿配方食品和其他普通乳制品都遵循统一的监管制度和要求，并没有被特别划入特殊食品类别进行特殊管理。在整个婴儿配方食品的管理机制中更强调生产企业对产品的质量安全及相应风险所承担的职责。

澳大利亚食品监管体系最主要的特点是制定政策和制定食品标准的单位之间相互独立，联邦政府设立澳新食品标准局与新西兰联合制定食品标准，绝大多数州政府、地方政府监管食品法规的执行。澳大利亚联邦和各州政府机构负责通过各自的食品法案及其他相关食品立法监督食品标准的实施和执行，负责在不同的司法管辖区实施和执行法规。澳大利亚的食品监管责任分层下放，既有统一规范的标准，又为地方政府的监管提供了一定空间。这种分层次的监管架构比较合理地分配了风险及职责。

新西兰政府的风险管理计划制度专门针对特定经营者的企业，详细列明了该经营者在其生产和加工安全食品过程中如何识别、控制和消除可能产生的危害和其他危险因素；规定了当产品不符合法律规定时所需要采取的行动，包括通知的方式和产品召回等。

新西兰监管体系中非政府机构（第三方）在提供审验（或审核）服务中发挥着作用。新西兰的婴儿配方食品制度体系是由监管机构负责设定监管框架和标准，通过第三方的审验机构负责审核生产企业，从而促使企业遵守这些标准并承担相应责任。它确保了食品法规监管的独立与公正和工作效率。

澳新两国在婴儿配方产品的监管体系中权责划分明确，政府相关机构是规则制度的制定者，在监管层面又分别依托地方政府及有资质的第三方审核机构执行，最终落实到生产企业是产品质量与安全的真正责任人。这套机制避免了政府既是"裁判员"同时也是"运动员"，为产品的质量安全提供了保障，为行业的发展创造了空间。

相比国外发达国家及地区近40年的对婴幼儿配方食品的立法和监管历史，我国对婴幼儿配方食品的立法和监管虽然起步较晚，但我国充分借鉴了国外监管方法和产品标准体系，结合中国国情，制定出符合中国实际的监管措施和产品标准。对比而言，我国目前所执行的配方注册制度、生产许可制度，以及日常监管中的生产体系审核、市场抽检等措施，是目前世界上最严格的监管。在这样严格的监管要求下，中国婴幼儿配方食品生产企业的质量管理能力、生产管理能力、研发能力、检测能力等走在了世界前列。

第八章
婴幼儿配方食品产业现状

一、产业规模

（一）生产企业数量

截至 2021 年 6 月 30 日，全国共有 117 家生产企业获得婴幼儿配方食品生产许可（表 8-1）。黑龙江作为全国最大的婴幼儿配方食品生产基地，拥有 34 个获得婴幼儿配方食品生产许可的生产企业，占比为 29.06%。陕西作为西部重要的乳业优势区，拥有 20 个获得婴幼儿配方食品生产许可的生产企业，占比 17.09%，仅次于黑龙江。内蒙古作为全国重要的乳品生产基地，拥有 7 个获得婴幼儿配方食品生产许可的生产企业，占比 5.98%。河北作为传统的奶牛养殖优势区和乳制品加工优势区，拥有 7 个获得婴幼儿配方食品生产许可的生产企业，占比 5.98%。黑龙江、陕西、内蒙古和河北共拥有全国超过 50% 的获得婴幼儿配方食品生产许可的生产企业，可见，婴幼儿配方食品产业区域集聚度较高（表 8-2）。

表 8-1 婴幼儿配方食品生产企业许可基本信息表

序号	生产者名称	食品类别
1	临夏州燎原乳业有限公司	婴幼儿配方食品
2	甘南藏族自治州燎原乳业有限责任公司	乳制品，食品添加剂，婴幼儿配方食品

序号	生产者名称	食品类别
3	陕西和氏乳业集团有限公司	乳制品；婴幼儿配方食品
4	长沙素加营养品有限公司	婴幼儿配方食品
5	湖南展辉食品有限公司	乳制品；饮料；婴幼儿配方食品
6	西安银桥贝多营养食品有限公司	乳制品；食品添加剂；婴幼儿配方食品
7	美可高特羊乳有限公司	乳制品；婴幼儿配方食品
8	飞鹤（镇赉）乳品有限公司	乳制品；食品添加剂；婴幼儿配方食品
9	石河子花园乳业有限公司	乳制品；饮料；婴幼儿配方食品
10	白城龙丹乳业科技有限公司	乳制品；食品添加剂；婴幼儿配方食品
11	青岛索康食品有限公司	乳制品；食品添加剂；饮料；婴幼儿配方食品
12	张家口察哈尔乳业有限公司	其他食品；乳制品；食品添加剂；饮料；婴幼儿配方食品
13	陕西金牛乳业有限公司	乳制品；食品添加剂；婴幼儿配方食品
14	中宁县黄河乳制品有限公司	乳制品；食品添加剂；婴幼儿配方食品
15	陕西雅泰乳业有限公司	乳制品；食品添加剂；婴幼儿配方食品
16	陕西百跃优利士乳业有限公司	乳制品；食品添加剂；婴幼儿配方食品
17	陕西美力源乳业有限公司	乳制品；食品添加剂；婴幼儿配方食品
18	陕西红星美羚乳业股份有限公司	乳制品；婴幼儿配方食品
19	西安百跃羊乳集团有限公司	乳制品；食品添加剂；婴幼儿配方食品
20	陕西和氏乳业集团陇州有限公司	乳制品；饮料；婴幼儿配方食品
21	陕西秦龙乳业有限公司	乳制品；食品添加剂；婴幼儿配方食品
22	哈尔滨艾倍特乳业有限公司	乳制品；婴幼儿配方食品；食品添加剂
23	西安喜洋洋生物科技有限公司	乳制品；食品添加剂；婴幼儿配方食品
24	杨凌圣妃乳业有限公司	乳制品；饮料；婴幼儿配方食品
25	陕西省定边县乳品实业有限公司	乳制品；食品添加剂；饮料；婴幼儿配方食品

序号	生产者名称	食品类别
26	百跃羊乳（合水）古象有限公司	婴幼儿配方食品
27	哈尔滨太子乐乳业有限公司	食品添加剂；婴幼儿配方食品；乳制品
28	西安银桥乳业（集团）有限公司	乳制品；食品添加剂；饮料；婴幼儿配方食品
29	依安县摇篮乳业有限责任公司	乳制品；食品添加剂；婴幼儿配方食品
30	黑龙江华丹乳业有限公司	乳制品；饮料；婴幼儿配方食品
31	西安安诺乳业有限公司	乳制品；婴幼儿配方食品
32	青冈亚华乳多宝乳业有限责任公司	乳制品；婴幼儿配方食品
33	迈高乳业（青岛）有限公司	乳制品；婴幼儿配方食品
34	陕西欢恩宝乳业股份有限公司	乳制品；食品添加剂；特殊膳食食品；婴幼儿配方食品
35	北安宜品努卡乳业有限公司	乳制品；饮料；婴幼儿配方食品；食品添加剂
36	西安宏兴乳业有限公司	乳制品；食品添加剂；特殊膳食食品；婴幼儿配方食品
37	惠氏营养品（中国）有限公司	乳制品；婴幼儿配方食品
38	陕西关山陇州乳业有限责任公司	乳制品；食品添加剂；婴幼儿配方食品
39	陕西恒生乳业有限公司	乳制品；食品添加剂；婴幼儿配方食品
40	吉林贝因美乳业有限公司	乳制品；食品添加剂；婴幼儿配方食品
41	美赞臣营养品（中国）有限公司	乳制品；婴幼儿配方食品
42	上海晨冠乳业有限公司	淀粉及淀粉制品；乳制品；饮料；婴幼儿配方食品
43	上海花冠营养乳品有限公司	乳制品；食品添加剂；婴幼儿配方食品
44	贝登（福建）婴幼儿营养品有限公司	乳制品；食品添加剂；婴幼儿配方食品
45	圣元营养食品有限公司	婴幼儿配方食品
46	澳优乳业（中国）有限公司	乳制品；婴幼儿配方食品
47	高培（广州）乳业有限公司	婴幼儿配方食品；乳制品

续表

序号	生产者名称	食品类别
48	美庐生物科技股份有限公司	乳制品；食品添加剂；婴幼儿配方食品
49	黑龙江托普康儿思麦尔乳业有限公司	乳制品；食品添加剂；婴幼儿配方食品
50	大庆乳品厂有限责任公司	食品添加剂；冷冻饮品；乳制品；婴幼儿配方食品
51	黑龙江省农垦龙王食品有限责任公司	饮料；乳制品；食品添加剂；特殊膳食食品；婴幼儿配方食品
52	大庆市绿叶乳品有限公司	食品添加剂；乳制品；婴幼儿配方食品
53	黑龙江鞍达实业集团股份有限公司	饮料；乳制品；婴幼儿配方食品
54	爱优诺营养品有限公司	婴幼儿配方食品；乳制品；饮料；特殊膳食食品；食品添加剂
55	黑龙江农垦全乳元乳业有限责任公司	婴幼儿配方食品；乳制品；食品添加剂
56	湖北咸宁向阳湖兴兴奶业有限公司	乳制品；食品添加剂；饮料；婴幼儿配方食品
57	雅士利国际集团有限公司	乳制品；婴幼儿配方食品
58	河北三元食品有限公司	乳制品；食品添加剂；特殊膳食食品；饮料；婴幼儿配方食品
59	辽宁辉山乳业集团（锦州）有限公司	乳制品；食品添加剂；饮料；婴幼儿配方食品
60	北海贝因美营养食品有限公司	淀粉及淀粉制品；调味品；乳制品；食品添加剂；特殊膳食食品；饮料；婴幼儿配方食品
61	呼伦贝尔纽籁特乳业有限公司	婴幼儿配方食品；食品添加剂
62	呼伦贝尔昱嘉乳业有限公司	婴幼儿配方食品
63	天津澳斯乳业有限公司	乳制品；婴幼儿配方食品
64	旗帜婴儿乳品股份有限公司	乳制品；食品添加剂；婴幼儿配方食品
65	黑龙江力维康优贝乳业集团有限公司	食品添加剂；乳制品；婴幼儿配方食品
66	河北君乐宝君源乳业有限公司	乳制品；食品添加剂；婴幼儿配方食品
67	内蒙古欧世蒙牛乳制品有限责任公司	乳制品；婴幼儿配方食品；食品添加剂

序号	生产者名称	食品类别
68	杭州味全生技食品有限公司	乳制品；饮料；婴幼儿配方食品
69	淮南益益营养食品科技有限公司	乳制品；食品添加剂；饮料；婴幼儿配方食品
70	多美滋婴幼儿食品有限公司	乳制品；特殊膳食食品；婴幼儿配方食品
71	北安完达山乳品有限公司	乳制品；婴幼儿配方食品；食品添加剂
72	黑龙江辰鹰乳业有限公司	饮料；乳制品；婴幼儿配方食品
73	山西雅士利乳业有限公司	乳制品；婴幼儿配方食品；食品添加剂
74	江西人之初乳品营养有限公司	乳制品；食品添加剂；婴幼儿配方食品
75	江西金薄金生态科技有限公司	乳制品；饮料；婴幼儿配方食品；食品添加剂
76	呼伦贝尔双娃乳业有限公司	乳制品；饮料；婴幼儿配方食品；食品添加剂
77	石家庄君乐宝太行乳业有限公司	乳制品；食品添加剂；婴幼儿配方食品
78	黑龙江省完达山乳业股份有限公司九三分公司	乳制品；食品添加剂；婴幼儿配方食品
79	上海纽贝滋营养乳品有限公司	乳制品；婴幼儿配方食品
80	双城雀巢有限公司	乳制品；特殊膳食食品；方便食品；婴幼儿配方食品；饮料；其他食品
81	黑龙江农垦英博华威乳业有限公司	乳制品；婴幼儿配方食品
82	黑龙江宜品乳业有限公司	婴幼儿配方食品；乳制品；食品添加剂
83	黑龙江贝因美乳业有限公司	乳制品；饮料；婴幼儿配方食品
84	广州市美素力营养品有限公司	饮料；婴幼儿配方食品；乳制品
85	多加多乳业（天津）有限公司	乳制品；婴幼儿配方食品
86	明一乳业（富裕）有限公司	乳制品；食品添加剂；婴幼儿配方食品
87	明一乳业（齐齐哈尔）有限公司	乳制品；食品添加剂；婴幼儿配方食品
88	菲仕兰辉山乳业有限公司	乳制品；食品添加剂；食用油、油脂及其制品；婴幼儿配方食品

序号	生产者名称	食品类别
89	杜尔伯特伊利乳业有限责任公司	食品添加剂；婴幼儿配方食品
90	明一国际营养品集团有限公司	乳制品；食品添加剂；婴幼儿配方食品
91	内蒙古蒙原食品有限责任公司	乳制品；婴幼儿配方食品；食品添加剂
92	黑龙江省完达山乳业股份有限公司双城分公司	乳制品；婴幼儿配方食品；食品添加剂
93	雅培（嘉兴）营养品有限公司	乳制品；特殊膳食食品；婴幼儿配方食品
94	唐山三元食品有限公司	乳制品；食品添加剂；婴幼儿配方食品
95	若尔盖高原之宝牦牛乳业有限责任公司	婴幼儿配方食品；食品添加剂
96	黑龙江红星集团食品有限公司	乳制品；食品添加剂；婴幼儿配方食品
97	黑龙江贝特佳营养食品有限公司	乳制品；食品添加剂；饮料；婴幼儿配方食品
98	肇州县摇篮乳业有限责任公司	乳制品；饮料；婴幼儿配方食品；食品添加剂
99	杭州贝因美母婴营养品有限公司	乳制品；食品添加剂；饮料；婴幼儿配方食品
100	黑龙江优贝特乳业有限公司	婴幼儿配方食品；乳制品；食品添加剂
101	湖南欧比佳营养食品有限公司	乳制品；特殊膳食食品；饮料；婴幼儿配方食品
102	天津伊利乳业有限责任公司	乳制品；食品添加剂；婴幼儿配方食品
103	黑龙江飞鹤乳业有限公司	乳制品；食品添加剂；饮料；婴幼儿配方食品
104	飞鹤（甘南）乳品有限公司	乳制品；食品添加剂；饮料；婴幼儿配方食品
105	飞鹤（龙江）乳品有限公司	乳制品；食品添加剂；饮料；婴幼儿配方食品
106	黑龙江欧贝嘉营养食品有限公司	乳制品；食品添加剂；婴幼儿配方食品
107	呼伦贝尔友谊乳业（集团）有限责任公司	乳制品；婴幼儿配方食品

续表

序号	生产者名称	食品类别
108	黑龙江省光明松鹤乳品有限责任公司	乳制品；食品添加剂；饮料；婴幼儿配方食品
109	内蒙古金海伊利乳业有限责任公司	婴幼儿配方食品；乳制品；食品添加剂
110	河北君乐宝君恒乳业有限公司	乳制品；食品添加剂；婴幼儿配方食品
111	杭州千岛湖康诺邦健康产品有限公司	乳制品；饮料；方便食品；糖果制品；保健食品；其他食品；食品添加剂；婴幼儿配方食品
112	新疆西牧乳业有限责任公司	乳制品；食品添加剂；饮料；婴幼儿配方食品
113	甘肃华羚乳品股份有限公司	乳制品；婴幼儿配方食品
114	飞鹤（泰来）乳品有限公司	乳制品；婴幼儿配方食品；食品添加剂
115	陕西圣唐乳业有限公司	乳制品；糖果制品；饮料；婴幼儿配方食品
116	宜昌贝因美食品科技有限公司	乳制品；食品添加剂；婴幼儿配方食品
117	飞鹤（吉林）乳品有限公司	乳制品；婴幼儿配方食品

表 8-2 获得婴幼儿配方食品生产许可的生产企业地理分布情况

省（市、自治区）	企业数量（个）	比重（%）
黑龙江	34	29.06
陕西	20	17.10
内蒙古	7	5.98
河北	7	5.98
其他	49	41.88

数据来源：市场监管总局数据。

（二）注册配方数量

截至 2021 年 6 月 30 日，市场监管总局（包括原国家食品药品监督管理总局）共批准 1342 个婴幼儿配方乳粉配方，包括婴儿配方乳粉 446 个、较大婴儿配方乳粉 446 个和幼儿配方乳粉 450 个，涉及 169 家国内外婴幼儿配方乳粉生产企业，包括境内 117 家和境外 52 家，境内 117 家共注册 1016 个配方，境外 52 家企业共注册 326 个配方。

通过注册的进口婴幼儿配方乳粉生产企业主要分布在 15 个国家，其中新西兰注册配方数量最多，共 72 个配方，占进口配方总量的 22%。已注册批准的产品原料来源主要分为牛乳和羊乳，其中婴幼儿配方牛乳粉注册配方共 1054 个，占注册数总体的 79%。婴幼儿配方羊乳粉注册配方产品共 288 个，占注册数总体的 21%。其注册配方的产品生产工艺类型，包括干法工艺 345 个、干湿法复合工艺 674 个以及湿法工艺 323 个，其中干湿法复合工艺占比最大，占注册数总体的 50%。通过配方注册的有机婴幼儿配方共 81 个，占注册数总体的 6%。

（三）产量情况

国内生产的婴幼儿配方乳粉因出口数量很少，主要销售区域在国内，生产量受国内 0～3 岁婴幼儿数量和进口产品竞争两种因素的影响。据智研咨询统计显示，2010 年，全国婴幼儿配方乳粉产量约 45.3 万吨，2012 年全国婴幼儿配方乳粉产量 60.3 万吨，2016 年婴幼儿配方乳粉产量 79.7 万吨，2017 年婴幼儿配方乳粉产量约 80.6 万吨，2018 年婴幼儿配方乳粉产量 97.2 万吨，2019 年婴幼儿配方乳粉产量 73 万吨。自 2019 年起，婴幼儿配方乳粉产量开始下降，这与我国人口出生率下降有关。

根据国家统计局公布数据，2013—2019 年中国人口出生率由 12.08‰下降至 10.48‰。2020 年新生儿数量为 1157 万，对比 2019 全年出生人口 1465 万，整体降幅达 21%。0～36 月龄儿童数量，2020 年较 2019 年减少约 12%。不考虑母乳喂养率变化的情况下，估计国内婴幼儿配方乳粉需求会相应缩减，婴幼儿配方乳粉产量变化情况见图 8-1。

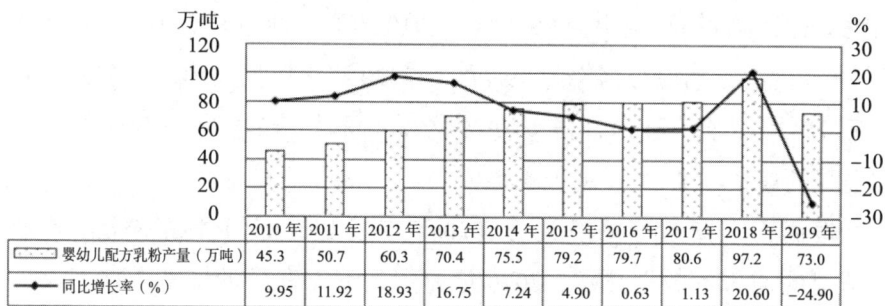

	2010年	2011年	2012年	2013年	2014年	2015年	2016年	2017年	2018年	2019年
婴幼儿配方乳粉产量（万吨）	45.3	50.7	60.3	70.4	75.5	79.2	79.7	80.6	97.2	73.0
同比增长率（%）	9.95	11.92	18.93	16.75	7.24	4.90	0.63	1.13	20.60	-24.90

图 8-1　2010—2019 年婴幼儿配方乳粉产量变化情况

数据来源：智研咨询，《2019—2025 年中国婴幼儿配方奶粉行业市场运营态势及未来发展趋势报告》。

（四）质量控制情况

我国婴幼儿配方食品生产企业充分认识到产品质量安全的重要性，不断强化主体责任意识，增加投入，保障婴幼儿配方乳粉质量安全。一方面，企业纷纷自建规模性牧场，严格控制原料乳的质量，完善质量安全控制体系，严格执行检测、召回和质量安全自查自纠制度，配备专职安全管理人员。另一方面，生产加工过程严格执行国家标准，注重引进先进技术设备与人才，在企业内部建立检测实验室、研发中心与可追溯平台，加大乳品质量安全控制和科技投入，确保乳品质量与安全。同时国内很多大型企业对外开放参观、加强展示宣传，不仅增强了消费者对国产婴幼儿配方食品的信心和认知程度，也在一定程度上促进了国产婴幼儿配方食品质量安全的提升。

我国婴幼儿配方食品企业在产品质量安全等方面取得了重大进步，从风险防控和全链条质量保证两条主线提升质量管理水平。深化危害分析和关键控制点体系，提高源头风险监控能力，全面实施风险防控体系，保障产品质量和安全可控。企业均建立覆盖全产业链的追溯体系，实现婴幼儿配方乳粉生产全过程信息可记录、可追溯、可管控、可召回、可查询。

据市场监管总局数据显示，2018 年全年抽检婴幼儿配方食品样品

11064 批次，抽检合格率为 99.80%；2019 年全年抽检婴幼儿配方食品样品 7958 批次，抽检合格率为 99.77%；2020 年全年抽检婴幼儿配方食品样品 15330 批次，抽检合格率为 99.89%。同时，已连续 12 年未检出重点监控的违禁添加物。

根据《市场监管总局关于 2020 年市场监管部门食品安全监督抽检情况的通告》数据显示，2020 年婴幼儿配方食品抽检不合格率仅为 0.11%，远低于消费量大的食用农产品（2.23%）、粮食加工品（1.18%）、肉制品（1.26%）、蛋制品（0.29%）和乳制品（0.13%）（图 8-2）。

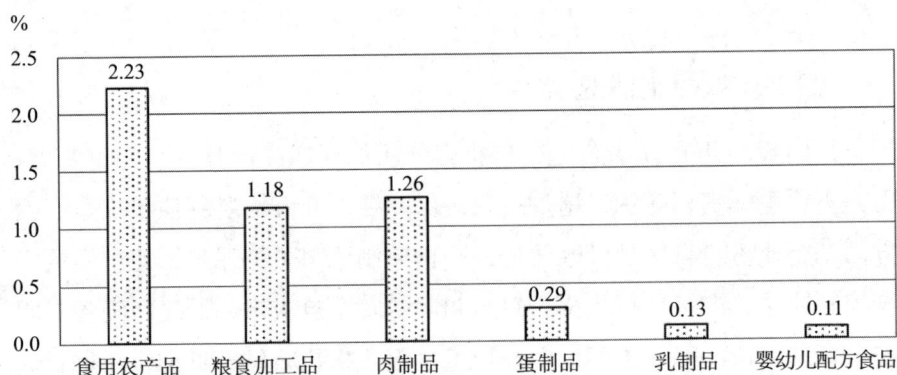

图 8-2　2020 年食品抽检不合格率对比情况

数据来源：市场监管总局数据。

目前，国产婴幼儿配方奶粉质量安全风险处于受控范围内，整体情况为历史最好水平。婴幼儿配方食品抽检不合格率远低于其他食品类别，是名副其实的安全食品。

（五）产能利用率

据中商产业研究院统计显示，国内婴幼儿配方食品企业平均产能利用率低于 50%，大品牌企业产能利用率较高，中小企业产能利用率低，甚至个别企业处于停产或半停产状态。造成国内产能利用率低的原因主要有：国内中小型企业因产品竞争力低，一直采取多配方、多品种战略对应市场，受配方注册制对工厂配方数量的限制，品种数量减少，而能生产的产品品种销售情况不能满足设计产能；一些企业通过新建工厂的方式增加配方数量，造成产能利用率低；资本市场对国内婴幼儿配方食品产业发展预期误判，大量资本进入婴幼儿配方食品行业，新建工厂，但是面对人口出生率下降以及激烈的市场竞争，销售不畅，加剧了产能利用率的进一步降低。

产能利用率的降低，增加了生产成本，使得产品利润进一步下降，而利润下降使企业无法投入更多的资金进行生产技术升级，也无法增加研发投入、提高质量管理水平，使产品竞争力下降，销售萎缩，因而产能利用率进一步降低，使企业陷入困境。长此以往，一些企业将面临退出行业，或被其他企业收购整合，这样会使行业集中度得以提高。

二、市场概况

（一）市场规模

1. 市场整体规模

对于不能够享受母乳喂养的婴幼儿来说，婴幼儿配方食品很大程度上是刚性需求，市场规模直接与国内 0 ～ 3 岁婴幼儿的数量相关。生育政策、生育愿望、居民消费能力决定了我国婴幼儿配方食品市场的总体规模。

（1）生育政策影响人口出生率：我国的生育政策先后经历了计划生育阶段、双独二孩阶段、单独二孩阶段和全面放开二孩阶段。1982年12月，全国人大五届五次会议通过的《中华人民共和国宪法》中规定："国家推行计划生育，使人口的增长同经济和社会发展计划相适应"。2011年11月，我国全面实施双独二孩政策，即夫妻双方均为独生子女的可以生育第二个孩子。2013年11月，我国开始实施单独二孩政策，即夫妻双方有一方为独生子女的可以生育第二个孩子。2015年10月，党的十八届五中全会决定，全面放开二孩政策。

伴随"二孩政策"的逐步放开，我国新生儿的出生率随之波动。

2011—2015 年，人口出生率由 11.93‰波动上升至 12.07‰。全面放开二孩政策后，2016 年人口出生率激增至 12.95‰，达到 2011—2020 年的顶峰（图 8-3）。2017 年起，人口出生率持续下降。2020 年人口出生率为 8.50‰，为 1952 年以来最低。

2021 年 5 月 31 日，中共中央政治局召开会议，决定实施一对夫妻可以生育三个子女政策及配套支持措施，即三孩政策，未来人口出生率有望提升。

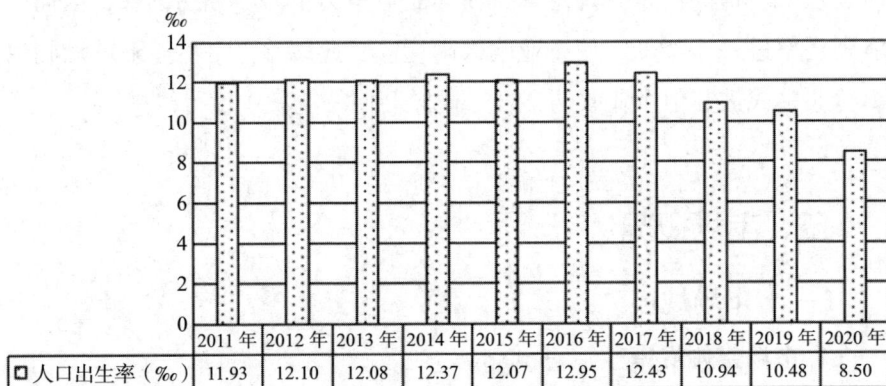

	2011年	2012年	2013年	2014年	2015年	2016年	2017年	2018年	2019年	2020年
人口出生率（‰）	11.93	12.10	12.08	12.37	12.07	12.95	12.43	10.94	10.48	8.50

图 8-3　2011—2020 年人口出生率变化情况

数据来源：国家统计局数据。

（2）社会婚育观念影响人口出生率：我国育龄妇女有 3 亿人，但是晚婚晚育情况明显。中国妇联发布的《中国幸福婚姻家庭调查报告》显示，目前我国平均结婚年龄为 26 岁，一线城市结婚年龄在 30 岁左右，如北京 27 岁、上海 30 岁、广东 30.8 岁；三四线城市及农村地区结婚年龄在 25 岁左右。目前追求单身生活、追求丁克家庭的人越来越多，随着受教育程度的提高，结婚年龄也显著相应推迟。

城镇化也对人口出生率产生影响，主要表现在城镇化过程中流动人口生育意愿的下降。流动人口由于社会融合程度、居住环境、生活成本、社会公共服务获得程度等诸多因素的影响，降低了生育率。

（3）市场规模不断增大：居民收入水平提升，提高了居民消费能力，增加了对高端产品的需求，增大了市场规模。2013—2019 年，我国婴幼儿配方乳粉的市场规模从 1017 亿元升至 1755 亿元，总体上保持持续增长态势。2014 年，市场规模的同比增长率为 16.81%，达到近 6 年历史最高，与 2013 年放开"单独"后，市场需求的提升有关。2015 年 10 月，"二孩政策"全面放开，我国婴幼儿配方乳粉的市场需求有所提升，2015—2016 年，市场规模保持平稳上升态势。2017 年，市场规模的同比增长率再次超过十个百分点（图 8-4）。

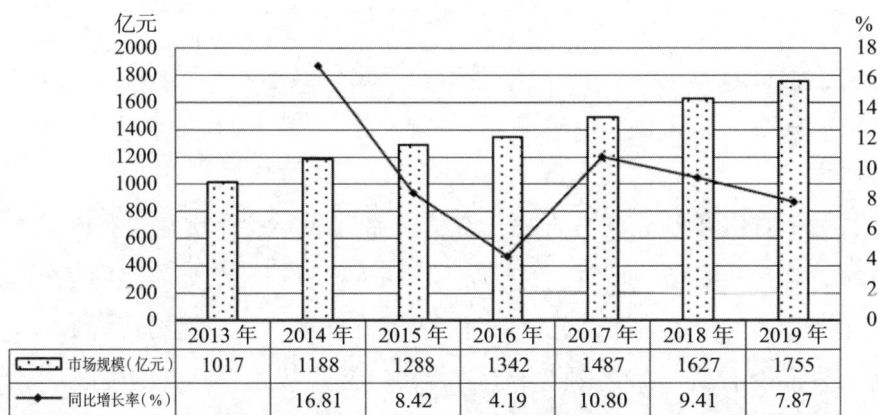

	2013 年	2014 年	2015 年	2016 年	2017 年	2018 年	2019 年
市场规模（亿元）	1017	1188	1288	1342	1487	1627	1755
同比增长率（%）		16.81	8.42	4.19	10.80	9.41	7.87

图 8-4　2013—2019 年婴幼儿配方乳粉市场规模变化情况

数据来源：Euromonitor 前瞻产业研究院，《2020 年中国婴幼儿配方奶粉市场现状分析》。

2. 快速增长品种的市场规模

（1）婴幼儿配方羊乳粉：中国的羊乳产业起步晚，直到 2000 年前后，我国的婴幼儿配方羊乳粉品牌才开始逐渐进入市场。产业规模和牛乳相比还非常小。羊乳具有脂肪球颗粒小、更易人体吸收、蛋白过敏原更少等特性，因此婴幼儿摄入后不易便秘、上火和致敏。由于羊乳更易消化吸收，消费者认可度提升，婴幼儿配方羊乳粉市场增长迅猛。2013—2019 年，国内婴幼儿配方羊乳粉连续 6 年同比增长率保持在 20% 以上，但在婴幼儿配方食品中的占比仍然较低，2019 年婴幼儿配方羊乳粉的市场规模占比仅为 6.95%（图 8-5）。

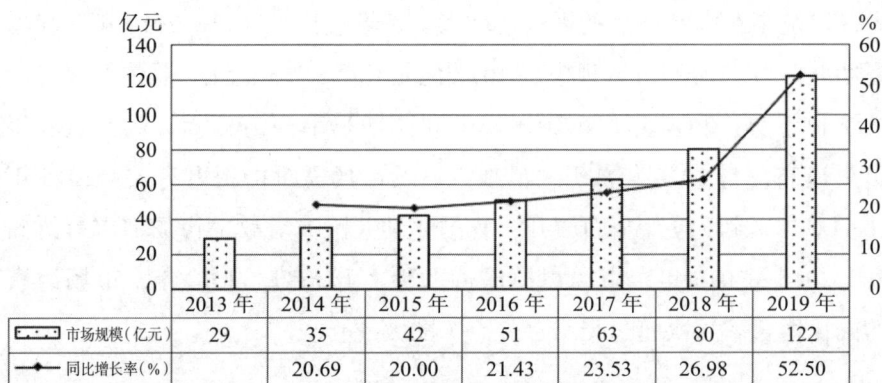

	2013 年	2014 年	2015 年	2016 年	2017 年	2018 年	2019 年
市场规模（亿元）	29	35	42	51	63	80	122
同比增长率（%）		20.69	20.00	21.43	23.53	26.98	52.50

图 8-5　2013—2019 年婴幼儿配方羊乳粉市场规模变化情况

数据来源：产业信息网，《2020—2026 年中国羊奶粉行业市场现状调研及发展趋势分析报告》；前瞻产业研究院，《中国羊奶行业市场前瞻与投资战略规划分析报告》。

（2）有机婴幼儿配方乳粉：有机产品近些年发展迅猛，有机婴幼儿配方乳粉从牧场、奶牛、生产加工、认证监管等环节都须满足有机农业生产体系的要求。随着近年来消费者对有机概念认知度提升，婴幼儿配方食品中有机产品比例逐年上升，2019 年市场规模达 57.7 亿元，占市场整体规模的 3.29%。消费者对有机产品溢价更为接受，价格敏感度低。2016—2019 年，有机婴幼儿配方乳粉的市场规模年均增速高达46.90%（图 8-6）。

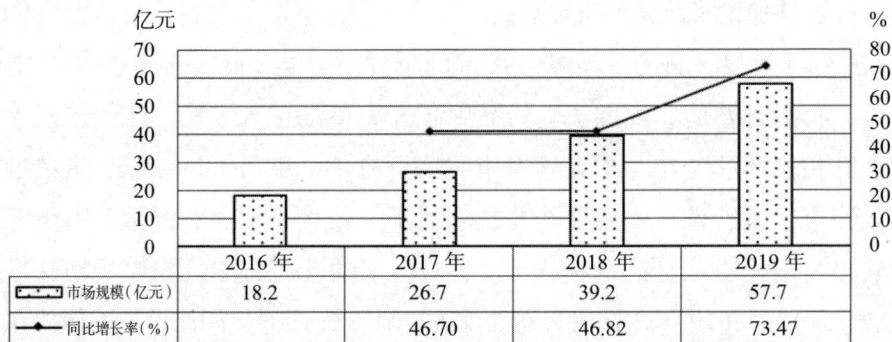

	2016 年	2017 年	2018 年	2019 年
市场规模（亿元）	18.2	26.7	39.2	57.7
同比增长率（%）		46.70	46.82	73.47

图 8-6　2016—2019 年有机婴幼儿配方乳粉市场规模变化情况

数据来源：广发证券统计。

3. 国产品牌市场占有率

2008—2013 年，国产品牌与外资品牌市场份额的占比从 2008 年初的 60%∶40% 演变为 2013 年的 42%∶58%，外资品牌快速抢占市场份额，占据我国婴幼儿配方乳粉市场领先地位。

2013—2016 年，婴幼儿配方乳粉进入调整期，部分外资品牌出现质量安全问题，加之国产品牌婴幼儿配方乳粉质量安全水平持续提升，国产品牌市场份额开始上升。

2016 年配方注册制度出台后，国产大品牌市场占有率提升，小品牌逐渐退出。2019 年，飞鹤、蒙牛、伊利、澳优和合生元的市场占有率分别为 13.3%、7.6%、5.3%、5.0%、4.9%，相较 2016 年提升了 8.2%、4.1%、0.5%、3.0%、1.7%；雀巢、达能、雅培、美赞臣 2019 年市场占有率为 13.5%、10.1%、6.7%、6.1%，较 2016 年份额分别变动了 −0.4%、2.6%、0.3%、−0.6%。具体变化见表 8-3。

表 8-3 2010—2019 年主要婴幼儿配方乳粉品牌市场份额变化情况

品牌	2010 年	2011 年	2012 年	2013 年	2014 年	2015 年	2016 年	2017 年	2018 年	2019 年
雀巢（含惠氏）	9.1%	9.4%	10.1%	11.0%	12.3%	12.9%	13.9%	14.1%	13.9%	13.5%
飞鹤	4.3%	4.3%	4.0%	4.4%	5.2%	5.3%	5.1%	7.0%	10.4%	13.3%
达能	9.0%	8.6%	9.0%	7.0%	6.4%	6.3%	7.5%	9.5%	10.1%	10.1%
蒙牛（含君乐宝及雅士利）	6.2%	5.2%	5.5%	5.1%	3.8%	3.8%	3.5%	4.5%	6.2%	7.6%
雅培	4.8%	4.9%	4.8%	4.9%	7.2%	6.3%	6.4%	6.6%	6.6%	6.7%
美赞臣	8.3%	9.9%	8.0%	7.8%	7.1%	6.0%	6.7%	6.5%	6.3%	6.1%
伊利	8.3%	8.8%	5.4%	5.7%	5.3%	5.4%	4.8%	4.8%	5.1%	5.3%
澳优	1.6%	1.1%	1.0%	1.0%	1.1%	1.4%	2.0%	2.8%	4.0%	5.0%

续表

品牌	2010 年	2011 年	2012 年	2013 年	2014 年	2015 年	2016 年	2017 年	2018 年	2019 年
合生元	1.9%	3.4%	4.5%	5.0%	4.6%	3.5%	3.2%	4.4%	4.7%	4.9%
完达山	2.3%	2.6%	2.8%	2.7%	2.7%	2.2%	2.0%	2.1%	2.1%	2.1%
贝因美	8.4%	9.4%	9.0%	8.5%	6.1%	4.6%	2.8%	2.1%	1.8%	1.6%

数据来源：中信证券，《奶粉行业深度跟踪报告：国产奶粉龙头强势增长 - 路径和原因》。

注：雀巢、蒙牛、美赞臣因涉及不同时点的并购和剥离，表中为追溯全时间段各品牌数据加总。

（二）销售渠道

婴幼儿配方乳粉的销售渠道主要分为三类：母婴店、大型商超和电商。在过去的几年中，销售渠道结构发生了巨大的变化。

据欧睿咨询统计显示，母婴店的销售量逐渐增加，2014 年母婴店销售量占比为 35%，2018 年占比为 52%，预计 2023 年占比将达到 60%。2016 年之前母婴店只是一些小型的连锁店，2018 年出现了大型母婴店。

消费者对于婴幼儿配方乳粉的需求越来越偏向专业化、高端化、便利化，母婴店专营婴幼儿配方乳粉销售，对于产品本身具有较好的把握，同时可以提供专业化的导购、齐全的品牌、一站式的服务，深受消费者的青睐。从供应商角度来看，母婴店能够通过精准的市场教育为品牌做推广，具备专业的销售技巧，对市场偏好具有准确的了解，因此也成为各大品牌争相竞争的合作伙伴。

电商销售渠道也在不断获得份额。2014 年电商销售渠道销售份额仅占 10%，2018 年其销售份额上涨到 18%，预计 2023 年占比将达到 26%。调研数据显示，跨境电商占线上渠道 30% 左右，跨境电商和代购的兴起为进口产品提高渗透率提供了便利，大量外资品牌通过跨境渠道进入中国市场，2015 年通过跨境电商进入中国市场的婴幼儿配方乳粉达 100 亿元左右，占整体市场比重达 5.5%。国外品牌因为知名度较高，在电商渠道上优势明显。据新西兰初级产业部介绍，新西兰出口的婴幼儿配方乳粉中占比 25% 的产品是电商渠道。

商超等传统销售渠道受母婴店、电商平台冲击，其销售占比严重萎缩。大型商超 2014 年其销售份额为 35%，2018 年其销售份额下降到 20%，预计 2023 年占比将下降到 12%。商超不具备专业性优势，也无法满足现在人们足不出户就可以购买到所需物品的需求，因此在未来销售份额的抢占中不具备明显优势，尤其受 2020 年新冠肺炎疫情影响，商超婴幼儿配方乳粉的销售额出现大幅度下降（图 8-7）。

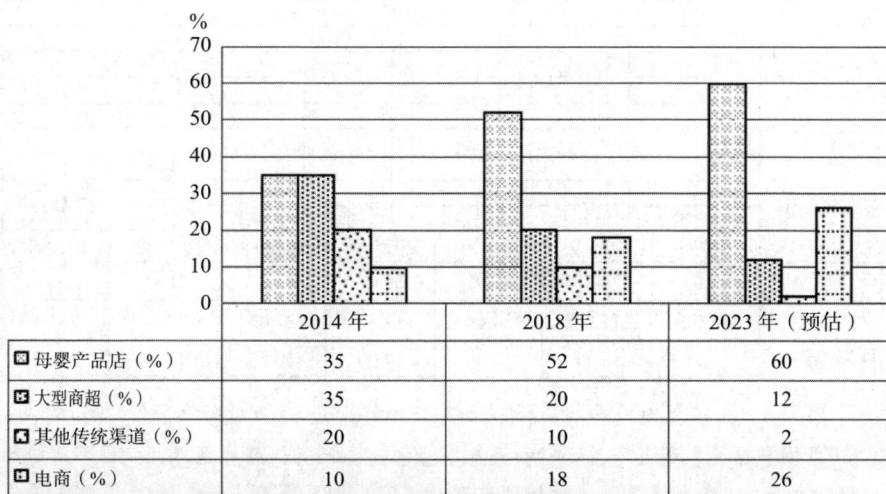

	2014 年	2018 年	2023 年（预估）
母婴产品店（%）	35	52	60
大型商超（%）	35	20	12
其他传统渠道（%）	20	10	2
电商（%）	10	18	26

图 8-7 2014—2023 年婴幼儿配方乳粉市场各销售渠道产品的零售销售价值占比

数据来源：东莞证券，《奶粉行业深度报告：国产头部品牌崛起，疫情下有望加速进口替代》。

（三）市场特点

1. 产品高端化

随着国内教育水平的提高，大学以上学历人口占比剧增，这类趋势导向下的消费者在对产品的挑选上更偏于精细化。当前国内人均收入水平已较十年前翻了两番，使得消费者倾向于选择更高端、更精细化的产品。近年来在婴幼儿配方乳粉市场，高端与超高端产品的销售比重增加。

2014—2020年超高端婴幼儿配方乳粉市场占比由6.79%提升至18.37%，年均增长率达到18.04%；高端婴幼儿配方乳粉市场占比由15.20%提升至25.21%，年均增速为8.80%。母婴渠道中高端与超高端占比已超过40%，更有针对性、功能性更突出的产品增长强劲。相较之下，普通婴幼儿配方乳粉市场不升反降，占比由78.01%下滑至56.42%，年均增速为 –5.26%（图8-8）。

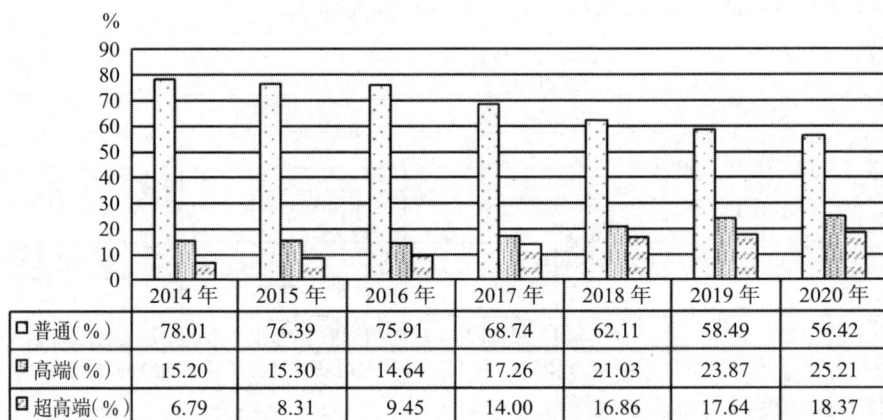

	2014年	2015年	2016年	2017年	2018年	2019年	2020年
普通(%)	78.01	76.39	75.91	68.74	62.11	58.49	56.42
高端(%)	15.20	15.30	14.64	17.26	21.03	23.87	25.21
超高端(%)	6.79	8.31	9.45	14.00	16.86	17.64	18.37

图8-8 2014—2020年超高端、高端及普通婴幼儿配方乳粉零售价值占比

数据来源：东莞证券《奶粉行业深度报告：国产头部品牌崛起，疫情下有望加速进口替代》；光大证券《行业研究：存量博弈，国产崛起——奶粉行业首次覆盖报告》。

2. 增长点

目前三线及以下城市的婴幼儿配方乳粉市场份额持续上升，占据整体市场的一半以上，且近5年实现更快速的增长。新一线和二线城市的婴幼儿配方乳粉市场份额变动不大。一线城市的婴幼儿配方乳粉市场份额为1/10左右，且保持逐年下降的趋势。

三线及以下城市人口较多，出生率亦高于一二线城市，三线及以下城市随着居民收入水平提高，消费力提升，婴幼儿配方乳粉消费增长潜力较大。自 2016 年实施婴幼儿配方乳粉配方注册制后，许多小品牌产品退出市场，而这些产品主要集中在三线及以下城市，腾出了市场空间。未来市场的增长主要看三线及以下城市，以及农村地区（图 8-9）。

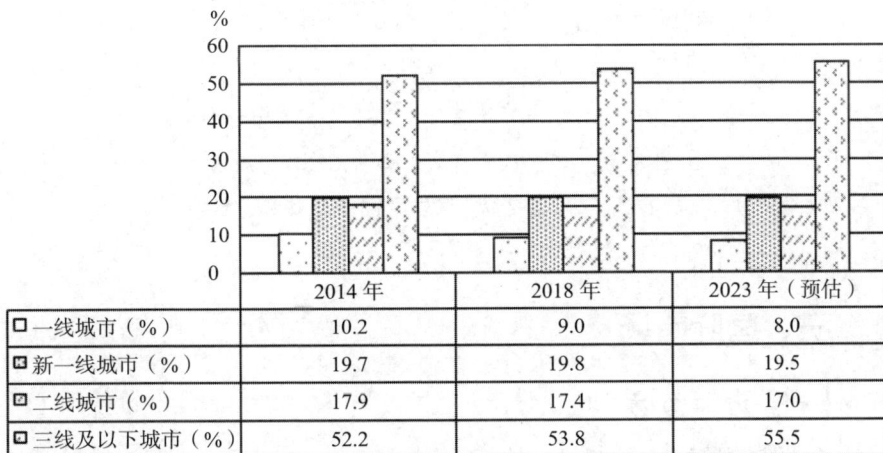

	2014 年	2018 年	2023 年（预估）
□ 一线城市（%）	10.2	9.0	8.0
■ 新一线城市（%）	19.7	19.8	19.5
▨ 二线城市（%）	17.9	17.4	17.0
▧ 三线及以下城市（%）	52.2	53.8	55.5

图 8-9 2014—2023 年不同层次市场婴幼儿配方乳粉市场份额变化情况

数据来源：东莞证券，《奶粉行业深度报告》。

3. 区域特点

华东和中南地区是婴幼儿配方乳粉的重要市场，西部地区增长潜力巨大。华东和中南地区的婴幼儿配方乳粉市场规模占据整个婴幼儿配方乳粉市场的 60% 以上。华东和中南地区的经济发达，消费水平高，成为婴幼儿配方乳粉的重要消费市场。目前华东和中南地区市场已逐渐趋于饱和，而西部地区近年来迅速发展，将是未来婴幼儿配方乳粉市场发展的主要增长动力源（图 8-10）。

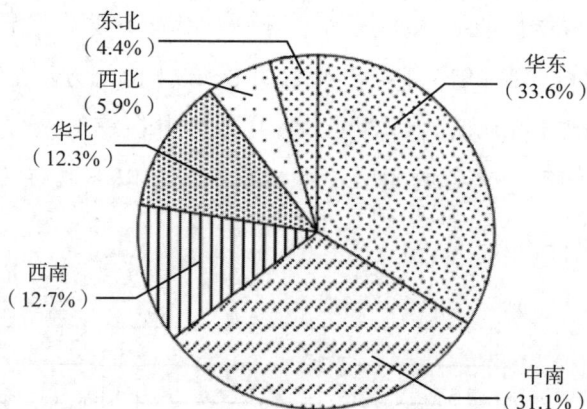

东北
（4.4%）

西北
（5.9%）

华北
（12.3%）

西南
（12.7%）

华东
（33.6%）

中南
（31.1%）

图 8-10　不同区域婴幼儿配方乳粉市场规模

数据来源：乳业在线，《中国婴幼儿配方奶粉市场趋势分析》。

三、国际市场

（一）进口市场

1. 贸易规模

2011—2020 年婴幼儿配方乳粉进口数量由 7.83 万吨增至 34.86 万吨，年均增长率达 18.06%，2016 年达到近十年进口量最高峰，进口量为 43.73 万吨。2016 年《婴幼儿配方乳粉产品配方注册管理办法》发布实施，对婴幼儿配方乳粉的配方注册做出了相关规定，设立了注册门槛，对进口婴幼儿配方乳粉的监管更加严格。2017 年进口婴幼儿配方乳粉数量出现了自 2011 年起的首次下降，同比增长率达 –30.82%。2018—2019 年进口婴幼儿配方乳粉数量缓慢增长。2020 年新冠肺炎疫情全球流行，受海运等因素影响，进口婴幼儿配方乳粉数量再次出现下滑（图 8-11）。

2. 贸易区域

2010—2019 年，进口新加坡、澳大利亚的婴幼儿配方乳粉的比例呈现下降趋势，进口丹麦、法国、德国、爱尔兰、新西兰和荷兰的婴幼儿配方乳粉的比例呈现上升态势。2010—2019 年，除 2018—2019 年

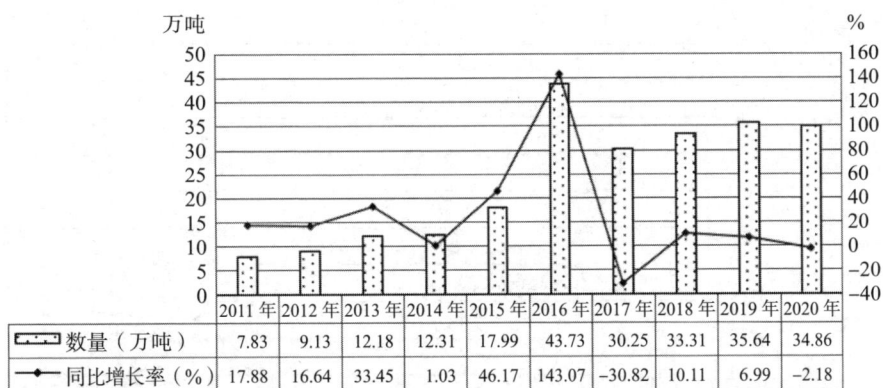

	2011 年	2012 年	2013 年	2014 年	2015 年	2016 年	2017 年	2018 年	2019 年	2020 年
数量（万吨）	7.83	9.13	12.18	12.31	17.99	43.73	30.25	33.31	35.64	34.86
同比增长率（%）	17.88	16.64	33.45	1.03	46.17	143.07	−30.82	10.11	6.99	−2.18

图 8-11　2011—2020 年婴幼儿配方乳粉进口规模变化情况

数据来源：UN Comtrade 数据库数据。

外，新加坡婴幼儿配方乳粉占比持续下降，且下降速度较快，年均增长率达 −39.46%。进口澳大利亚的婴幼儿配方乳粉占比有小幅度下降。进口丹麦、新西兰和法国的婴幼儿配方乳粉占比有小幅度上升。进口德国和荷兰婴幼儿配方乳粉的占比分别以 12.78% 和 14.35% 的年均增长率上升。进口爱尔兰婴幼儿配方乳粉的占比呈大幅度上升态势，年均增长率达 37.47%。这得益于 2015 年欧盟取消奶业配额后，欧盟各国新增乳制品产品大力开拓中国市场。2019 年，我国的婴幼儿配方乳粉市场是全球市场的 50%，是全球新增婴幼儿配方乳粉的主要目标国（图 8-12）。

2020 年我国进口婴幼儿配方乳粉总额是 52.16 亿美元，进口来源国前五名国家依次为荷兰、新西兰、爱尔兰、德国和法国，合计占比超过 80%。其中荷兰和新西兰是我国婴幼儿配方乳粉进口主要来源国，合计占比达 59.26%（图 8-13）。

（二）出口市场

1. 贸易规模

我国婴幼儿配方乳粉出口规模较小，但增长很快。2011—2020 年婴幼儿配方乳粉出口数量由 0.03 万吨增至 0.73 万吨，年均增长率达 42.35%。2011—2015 年，出口婴幼儿配方乳粉持续稳定增长。2015 年，

	2010 年	2011 年	2012 年	2013 年	2014 年	2015 年	2016 年	2017 年	2018 年	2019 年
新加坡（%）	45.78	28.02	16.54	12.87	7.24	4.46	1.70	0.77	0.25	0.50
丹麦（%）	3.18	7.31	5.36	8.60	10.11	6.04	5.91	6.91	4.76	5.61
澳大利亚（%）	4.42	4.56	4.35	5.58	3.69	5.59	5.31	4.11	3.33	3.73
法国（%）	6.72	14.35	17.28	18.35	13.31	8.74	6.68	14.22	10.52	11.26
德国（%）	2.46	0.20	1.93	1.73	3.92	9.71	9.63	9.44	10.17	7.26
爱尔兰（%）	0.76	2.01	4.58	6.27	14.06	13.74	14.48	12.53	13.46	13.32
新西兰（%）	18.76	15.98	17.85	16.21	8.52	8.04	10.68	15.66	15.80	19.52
荷兰（%）	9.32	17.96	22.88	20.61	27.27	32.09	35.09	29.04	32.68	31.15

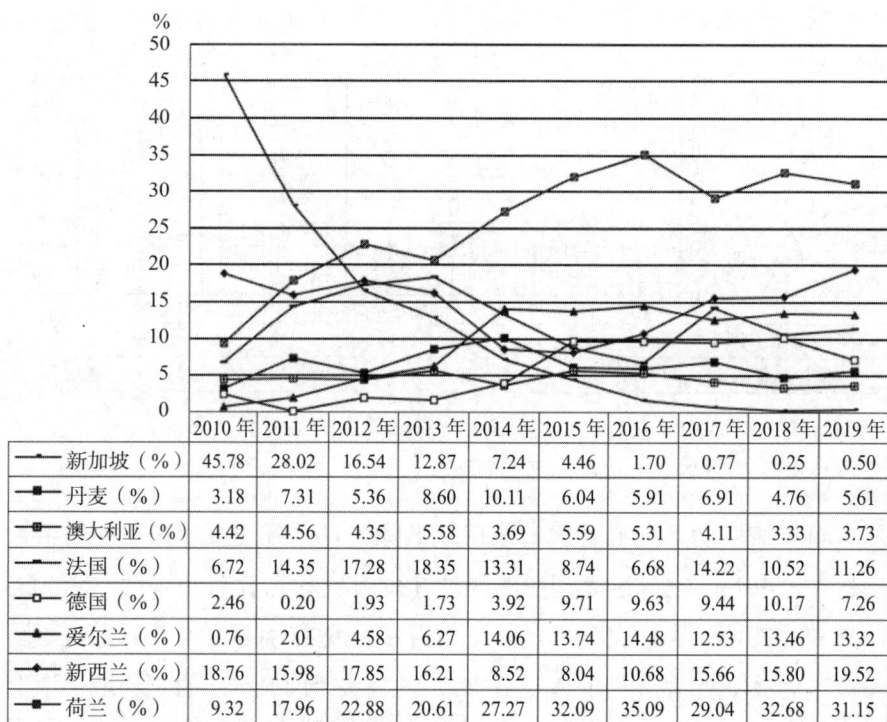

图 8-12 2010—2019 年婴幼儿配方乳粉主要进口国家变化情况

数据来源：UN Comtrade 数据库。

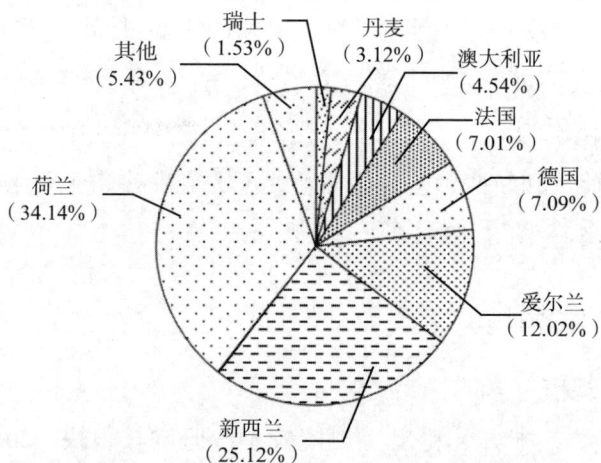

图 8-13 2020 年婴幼儿配方乳粉进口区域

数据来源：中国海关总署数据。

我国"一带一路"倡议获得广泛共识，极大地促进了婴幼儿配方乳粉的出口，2016 年出口数量出现大幅度上升，同比增长率高达 596.74%。注册制的逐步施行也让我国婴幼儿配方乳粉的质量安全愈加值得信任，提高了我国婴幼儿配方乳粉的出口量。2018 年出口量首次突破 1 万吨，2019 年平稳上升，2020 年受新冠肺炎疫情影响，我国婴幼儿配方乳粉的出口量同比下降了 61.37%，再次降至 1 万吨以下（图 8-14）。

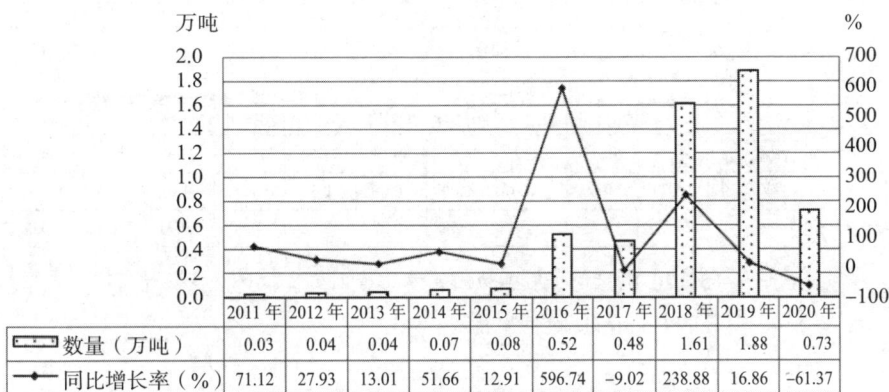

	2011 年	2012 年	2013 年	2014 年	2015 年	2016 年	2017 年	2018 年	2019 年	2020 年
数量（万吨）	0.03	0.04	0.04	0.07	0.08	0.52	0.48	1.61	1.88	0.73
同比增长率（%）	71.12	27.93	13.01	51.66	12.91	596.74	-9.02	238.88	16.86	-61.37

图 8-14　2011—2020 年婴幼儿配方乳粉出口规模变化情况

数据来源：UN Comtrade 数据库数据。

2. 贸易区域

2010—2019 年，我国出口到香港和澳门的婴幼儿配方乳粉占出口到世界总量的比例呈上升态势，出口到朝鲜的婴幼儿配方乳粉占比呈下降态势（图 8-15）。具体来看，2010—2019 年，出口到香港的婴幼儿配方乳粉呈波动上升态势。2014 年之前，我国较少出口到澳门，2015—2016 年占比持续上升，2017 年占比下降至 1.88%，2018 年出现反弹，2019 年，占比再次上升至 1.73%。2010—2019 年，出口到朝鲜的婴幼儿配方乳粉大幅度下跌，年均增长率达 -57.36%。

2020 年我国出口婴幼儿配方乳粉总额是 1.79 亿美元，出口区域高度集中，出口至中国香港的婴幼儿配方乳粉占据总出口量的 92.42%，其次是中国澳门，二者的合计占总出口额的 97.72%。我国出口少量婴幼儿配方乳粉至哈萨克斯坦、朝鲜、爱尔兰、缅甸和柬埔寨等国，合计占比仅占总出口量的 2.28%（图 8-16）。

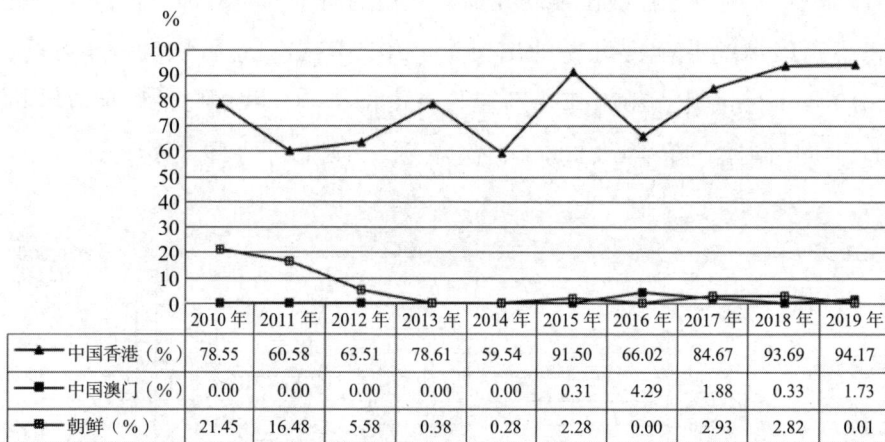

	2010年	2011年	2012年	2013年	2014年	2015年	2016年	2017年	2018年	2019年
中国香港（%）	78.55	60.58	63.51	78.61	59.54	91.50	66.02	84.67	93.69	94.17
中国澳门（%）	0.00	0.00	0.00	0.00	0.00	0.31	4.29	1.88	0.33	1.73
朝鲜（%）	21.45	16.48	5.58	0.38	0.28	2.28	0.00	2.93	2.82	0.01

图 8-15　2010—2019 年婴幼儿配方乳粉主要出口区域变化情况

数据来源：UN Comtrade 数据库数据。

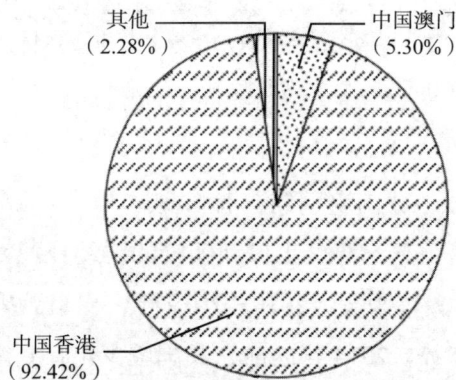

图 8-16　2020 年婴幼儿配方乳粉出口区域变化情况

数据来源：中国海关总署数据数据。

四、产业链概述

婴幼儿配方乳粉产业链涉及上游原料生产、中游加工和下游流通等

3个主要环节。婴幼儿配方乳粉产业链条长，环节多且复杂，质量安全控制要求极高。

上游原料生产环节主要是指奶牛养殖和原料奶生产过程以及从原料奶中制取蛋白质、脂肪、碳水化合物原料，如全脂乳粉、脱脂乳粉、乳清蛋白粉、乳糖、奶油等，另外也包含添加剂等辅料的生产供应，是整个婴幼儿配方乳粉产业链的首要环节。

中游加工环节主要是指婴幼儿配方乳粉加工企业加工产品的过程，是整个婴幼儿配方乳粉产业链最重要的环节。加工企业是婴幼儿配方乳粉质量安全控制的直接责任主体。

下游流通环节主要是指婴幼儿配方乳粉加工企业将婴幼儿配方乳粉运输至经营企业，并由经营企业最终销售给消费者的过程，是婴幼儿配方乳粉产业链的最后环节。

在产业链各环节中，主要原辅料供应、研发及生产管理、生产设备和检测设备技术水平、质量追溯体系是婴幼儿配方乳粉质量保障和风险管控的关键环节。

（一）原料供应概况

1. 原料来源

（1）提供蛋白质的原料：蛋白质是婴幼儿配方食品的必需营养素之一，蛋白质的质和量是婴幼儿喂养食物的关键评价指标。提高蛋白质的品质也是近年来婴幼儿配方乳粉的研发重点。婴幼儿配方乳粉中的蛋白质来源为牛乳和（或）羊乳及其制品。母乳中乳清蛋白含60%，且较易被消化吸收，为了充分保证我国婴幼儿配方乳粉中蛋白质的质量以及婴幼儿配方乳粉的安全性，GB 10765—2021规定乳基婴儿配方食品中乳清蛋白含量应≥60%，GB 10766—2021规定乳基较大婴儿配方食品中乳清蛋白含量应≥40%。对于1岁以上的幼儿来说，饮食已经逐步向成人饮食靠拢，配方食品的摄入逐渐减少，多样化辅食摄入逐渐增多，因此GB 10767—2021未对幼儿配方食品蛋白质的质量进行特别规定。提供蛋白质的原料具体来源情况见表 8-4。

（2）提供脂肪的原料：婴幼儿配方食品中的脂肪是婴幼儿生长所需的重要能量来源物质，可为婴幼儿成长提供必需脂肪酸，脂肪酸对婴幼儿机体的代谢、免疫、生长发育等重要生理过程具有重要作用。同时脂肪是脂溶性维生素的载体，有利于脂溶性维生素的吸收。

由于牛羊乳的脂肪酸组成和人乳的差异较大，将植物油经过一定比例的调整可优化脂肪酸，一方面可调整脂肪酸的含量及组成以接近母乳，另一方面可获得较高的不饱和脂肪酸（主要是亚油酸和亚麻酸），确保婴幼儿配方乳粉的脂肪酸含量符合产品标准要求。提供脂肪的原料具体来源情况见表 8-4。

（3）提供碳水化合物的原料：母乳中所含碳水化合物的来源主要为乳糖，其余是低聚糖类，不含淀粉和其他碳水化合物。GB 10765—2021 和 GB 10766—2021 对婴儿配方食品（1 段）及较大婴儿配方食品（2 段）中乳糖含量做了相应规定，要求乳糖占碳水化合物总量应 ≥ 90%。淀粉只有经预糊化后才可以添加，并且不得使用果糖和蔗糖作为碳水化合物的来源。GB 10767—2021 规定乳基幼儿配方食品（无乳糖和低乳糖产品除外），乳糖占碳水化合物含量应 ≥ 50%。提供碳水化合物的原料具体来源情况见表 8-4。

表 8-4　婴幼儿配方乳粉三大营养素主要来源情况

营养素	常见原料来源
蛋白质	生牛乳 / 羊乳、全脂乳粉、脱脂乳粉、全脂牛奶、脱脂牛奶、浓缩乳清蛋白粉、乳清分离蛋白、脱盐乳清液、脱盐乳清粉、乳蛋白水解物（酪蛋白水解物、乳清蛋白水解物）、α- 乳白蛋白、乳铁蛋白、单体氨基酸等
脂肪	中链甘油三酯、葵花籽油、亚麻籽油、椰子油、大豆油、玉米油、棕榈油、棕榈仁油、菜籽油、核桃油、低芥酸菜籽油、核桃油、金枪鱼油、无水奶油、稀奶油、生牛 / 羊乳、全脂乳粉等
碳水化合物	乳糖、葡萄糖浆、乳糖和葡萄糖聚合物、麦芽糊精、预糊化淀粉、玉米糖浆固体、生牛 / 羊乳、全脂乳粉等

（4）提供维生素和矿物质的原料：婴幼儿配方乳粉中维生素与矿

物质等营养素的添加以国家标准（GB 10765、GB 10766、GB 10767）为依据，且其化合物来源应符合《食品营养强化剂使用标准》（GB 14880）中附表 C 的有关要求，选择安全易吸收的形式进行添加。

（5）可选择性成分：依据国家标准（GB 10765、GB 10766、GB 10767），婴幼儿配方乳粉除添加必需营养素成分外，还可以添加一些可以提高产品营养价值的可选择性成分。这些可选择性成分的添加应符合国家的相关规定，见表 8-5。

表 8-5　我国可用于婴幼儿配方食品的可选择性成分

类别	营养素（可选择成分）	依据	备注
婴儿配方食品（1段）	肌醇、牛磺酸、左旋肉碱、二十二碳六烯酸、二十碳四烯酸、低聚半乳糖、低聚果糖、多聚果糖、棉子糖、聚葡萄糖、1，3-二油酸 2-棕榈酸甘油三酯、叶黄素、核苷酸、乳铁蛋白、酪蛋白钙肽和酪蛋白磷酸肽等原料和 L-半胱氨酸、L-半胱氨酸盐酸盐一水物、L-半胱氨盐酸盐、L-胱氨酸、L-组氨酸、L-盐酸组氨酸一水物、L-异亮氨酸、L-亮氨酸、L-盐酸赖氨酸、L-赖氨酸醋酸盐、L-蛋氨酸、N-乙酰基-L-甲硫氨酸、L-苯丙氨酸、L-苏氨酸、L-色氨酸、L-酪氨酸、L-缬氨酸等 17 种单体氨基酸	GB 10765、GB 14880 等	GB 10765—2021 中胆碱由可选择成分变为必需成分
较大婴儿配方食品（2段）	肌醇、牛磺酸、左旋肉碱、二十二碳六烯酸、二十碳四烯酸、低聚半乳糖、低聚果糖、多聚果糖、棉子糖、聚葡萄糖、1，3-二油酸 -2-棕榈酸甘油三酯、叶黄素、核苷酸、乳铁蛋白、酪蛋白钙肽和酪蛋白磷酸肽等原料和 L-半胱氨酸、L-半胱氨酸盐酸盐一水物、L-半胱氨盐酸盐、L-胱氨酸、L-组氨酸、L-盐酸组氨酸一水物、L-异亮氨酸、L-亮氨酸、L-盐酸赖氨酸、L-赖氨酸醋酸盐、L-蛋氨酸、N-乙酰基-L-甲硫氨酸、L-苯丙氨酸、L-苏氨酸、L-色氨酸、L-酪氨酸、L-缬氨酸等 17 种单体氨基酸	GB 10766、GB 14880 等	GB 10766—2021 中胆碱、硒、锰由可选择成分变为必需成分

续表

类别	营养素（可选择成分）	依据	备注
幼儿配方食品（3段）	胆碱、肌醇、牛磺酸、左旋肉碱、二十二碳六烯酸、二十碳四烯酸、低聚半乳糖、低聚果糖、多聚果糖、棉子糖、聚葡萄糖、1，3-二油酸2-棕榈酸甘油三酯、叶黄素、核苷酸、乳铁蛋白、酪蛋白钙肽和酪蛋白磷酸肽、硒、锰和酵母β-葡聚糖（仅限幼儿中添加）	GB 10767、GB 14880 等	/

此外，婴幼儿配方乳粉中还可以添加嗜酸乳杆菌（仅限在1岁以上幼儿配方食品中使用）、动物双歧杆菌、乳双歧杆菌、鼠李糖乳杆菌、罗伊乳杆菌、发酵乳杆菌、短双歧杆菌、瑞士乳杆菌、婴儿双歧杆菌、两歧双歧杆菌等益生菌，促进婴幼儿的消化吸收、调节肠道健康等。

（6）食品添加剂：婴幼儿配方乳粉所使用的食品添加剂应符合GB 2760有关规定，其中香料的使用有以下要求：婴儿配方食品（1段）不得添加任何食用香料，较大婴儿和幼儿配方食品（2、3段）可以在限量范围内使用香兰素、乙基香兰素和香荚兰豆浸膏。

（7）关于禁止使用的原料：婴儿和较大婴儿配方食品（1、2段）要求不应使用危害婴儿及较大婴儿营养与健康的物质；所使用的原料和食品添加剂不应含有麸质；不应使用氢化油脂以及经辐照处理过的原料。幼儿配方食品（3段）规定不应使用危害幼儿营养与健康的物质、氢化油脂以及经辐照处理过的原辅材料。

2. 原料供需的概况和资源情况

除了婴幼儿配方乳粉生产企业自建、自控的奶牛、奶羊养殖场生产的生牛乳、生羊乳以外，我国婴幼儿配方乳粉其他主要原料均需采购获得。当前国产的婴幼儿配方乳粉有60%以上的原料依赖于进口。

（1）生乳：我国2020年奶牛存栏1043万头，奶牛规模养殖比重达到67.2%，比2015年提高了18.9%；奶牛年均单产达到8.3吨，比2015年高出2.3吨。全国奶类产量3530万吨，其中牛奶产量3440万吨。生乳安全卫生指标抽检合格率达到99.8%，乳蛋白含量平均值达到3.27%，比生乳国家标准高 16.8%；乳脂肪含量平均值达到 3.78%，比生乳国家标准高 21.9%。我国奶牛生产水平和生乳质量整体达到奶业发达国家水平。2021 年一季度牛奶产量同比增长 8.5%，继续保持近十多年来少有的快速发展势头。目前总体上我国奶源自给率 66%（生乳除部分用于婴幼儿配方乳粉，还用于生产液态奶和发酵乳，以及其他食品工业）。

（2）其他成分：乳糖、乳清粉、乳清蛋白粉等长期依赖进口，这些原料在婴幼儿配方乳粉中的质量占比超过 50%。2019 年我国乳糖行业进口量 16822 万吨，出口量仅 1367.6 万吨，我国乳糖供给量明显低于需求量。2014—2019 年我国乳糖及乳糖浆进出口数量具体情况如图 8-17 所示。

由于我国奶酪消费量相对较小，乳制品深加工方面尚未成气候，国内乳清生产不足以满足市场需求，乳清供给主要依赖进口。我国乳清进口主要以欧盟和美国为主，前五大进口国分别为美国、法国、白俄罗斯、荷兰和德国。2014—2020 年，我国乳清粉进口量均达到 40 万吨以上，具体情况如图 8-18 所示。

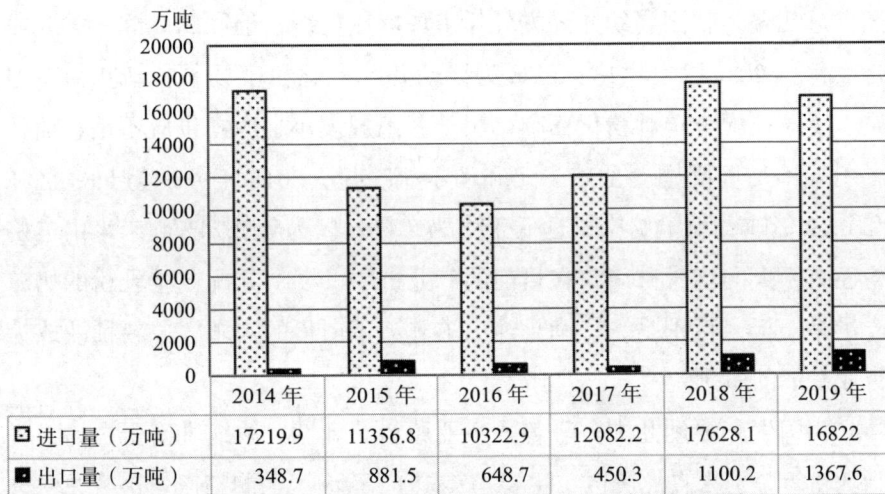

万吨	2014 年	2015 年	2016 年	2017 年	2018 年	2019 年
进口量（万吨）	17219.9	11356.8	10322.9	12082.2	17628.1	16822
出口量（万吨）	348.7	881.5	648.7	450.3	1100.2	1367.6

图 8-17 2014—2019 年我国乳糖及乳糖浆进出口数量

数据来源：中国海关总署数据。

万吨

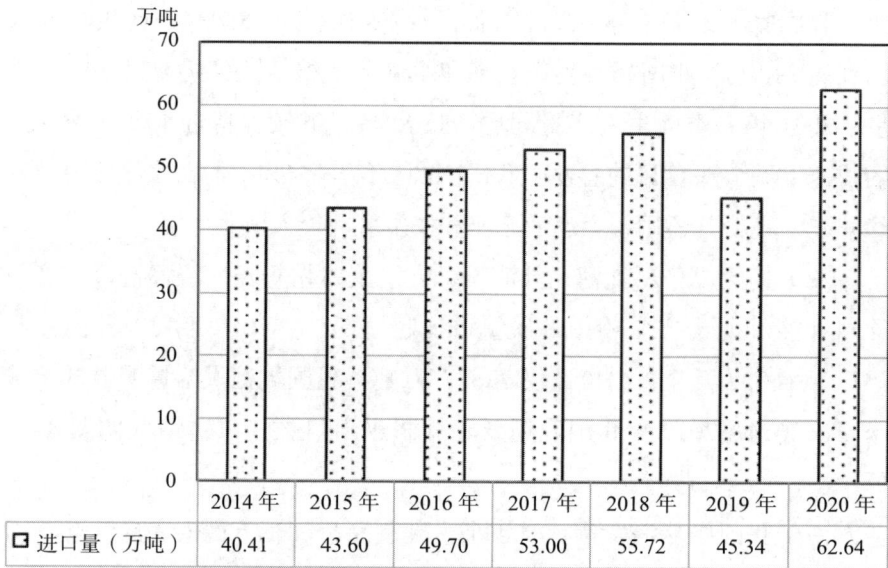

	2014 年	2015 年	2016 年	2017 年	2018 年	2019 年	2020 年
□ 进口量（万吨）	40.41	43.60	49.70	53.00	55.72	45.34	62.64

图 8-18　2014—2020 年中国乳清粉进口数量

数据来源：中国海关总署数据。

　　婴幼儿配方羊乳粉作为一种新兴婴幼儿配方食品品种，近年来销售逐步火热。根据联合国粮农组织的数据，全球羊奶产量的 59.3% 来自亚洲。近几年，我国婴幼儿配方乳粉市场增速放缓，但婴幼儿配方羊乳粉持续保持 20% 以上增速，已成为婴幼儿配方乳粉市场增长新势力。但是，婴幼儿配方羊乳粉仍面临奶山羊养殖规模小、原料供应不足、消费者引导不足等问题。全球牛奶和山羊奶产量，2018 年分别为 6.83 亿吨和 0.19 亿吨，山羊奶产量远低于牛奶产量，仅为其 2.74%。未来山羊奶粉还有很大的增长空间，在目前的产业链中，婴幼儿配方羊乳粉的奶源产量是短板，特别是无法满足纯山羊乳清蛋白粉的需求，原料稀缺成为行业发展的瓶颈。

　　我国生产婴幼儿配方乳粉的主要原料，乳糖、浓缩乳清蛋白粉、脱脂乳粉等分别来自北美区（主要是美国）、欧洲区、澳新区。这些原料选择的空间不大，国内的原料供应存在很大的不稳定性，特别是对于乳清蛋白粉、乳糖等对外依存度较高的原料，目前的供应链存在一定的风险。

3. 食品添加剂供需的概况

依据《食品安全国家标准 婴儿配方食品》（GB 10765—2021）、《食品安全国家标准 较大婴儿配方食品》（GB 10766—2021）、《食品安全国家标准 幼儿配方食品》（GB 10767—2021）、《食品营养强化剂使用标准》（GB 14880—2012）、《食品添加剂使用标准》（GB 2760—2014）等相关标准，婴幼儿配方乳粉中使用的维生素、矿物质和可选择成分原辅料主要有维生素 A、维生素 D、维生素 E、维生素 B_1、维生素 B_6、维生素 B_{12}、烟酸、叶酸、泛酸、维生素 C、生物素、硫酸铜、硫酸镁、焦磷酸铁、硫酸锌、柠檬酸钙、碘酸钾、OPO（1,3- 二油酸 -2- 棕榈酸甘油三酯）、低聚果糖、磷脂、胆碱、肌醇、乳铁蛋白、牛磺酸、左旋肉碱、DHA、ARA、叶黄素、核苷酸、CPP（酪蛋白磷酸肽）等。其中，OPO 结构油脂和乳铁蛋白等受国内产业结构、纯化技术和单体工厂产能的影响，以进口为主。而维生素、核苷酸、牛磺酸、肌醇等原辅料在国内有一定产业基础和供给优势，可满足生产需求。

2010—2019 年，我国维生素产量持逐年增长的趋势，出口量远高于消费量。2019 年我国维生素行业产量 34.9 万吨，进口量 1.28 万吨，出口量 28.72 万吨，国内维生素行业表观消费量 7.46 万吨。近几年我国维生素行业基本能维持供需平衡，具体情况如图 8-19 所示。

牛磺酸是人体生长发育必需的一种氨基酸，由于婴幼儿特别是早产儿酶类合成系统发育不完善，不能自身合成牛磺酸，所需的牛磺酸要从食物中获取。2010—2017 年中国牛磺酸的产量呈上升趋势，产量远大于消费量，可满足我国相关产品生产需求，具体情况如图 8-20 所示。

（二）配方研发

婴幼儿配方乳粉生产企业必须拥有研发能力，但是行业的整体研发投入差异较大，大型企业投入大，中小型企业投入小。2019 年部分企业研发投入占销售收入的比例，高的达到 5.6%，低的仅 0.2%。部分小型企业经营困难，甚至停产，基本没有研发投入。

万吨

	2010 年	2011 年	2012 年	2013 年	2014 年	2015 年	2016 年	2017 年	2018 年	2019 年
进口量（万吨）	1.23	1.49	1.51	1.46	1.49	1.39	1.29	1.6	1.19	1.28
出口量（万吨）	19.55	19.26	18.7	19.72	22.34	23.38	24.27	27.76	28.5	28.72
产量（万吨）	23	24	22	23	26	27	29	31.2	32.8	34.9
消费量（万吨）	4.74	6.23	4.81	4.74	5.15	5.01	6.02	5.04	5.49	7.46

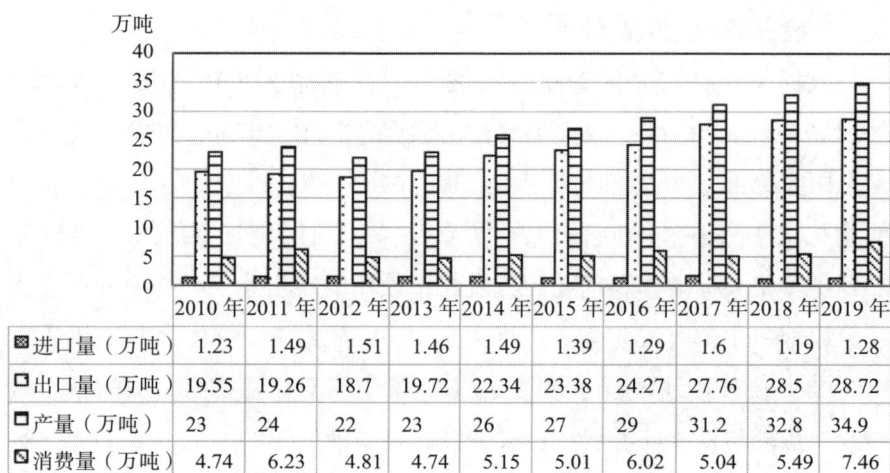

图 8-19　2010—2019 我国维生素行业供需情况

数据来源：中国海关总署数据。

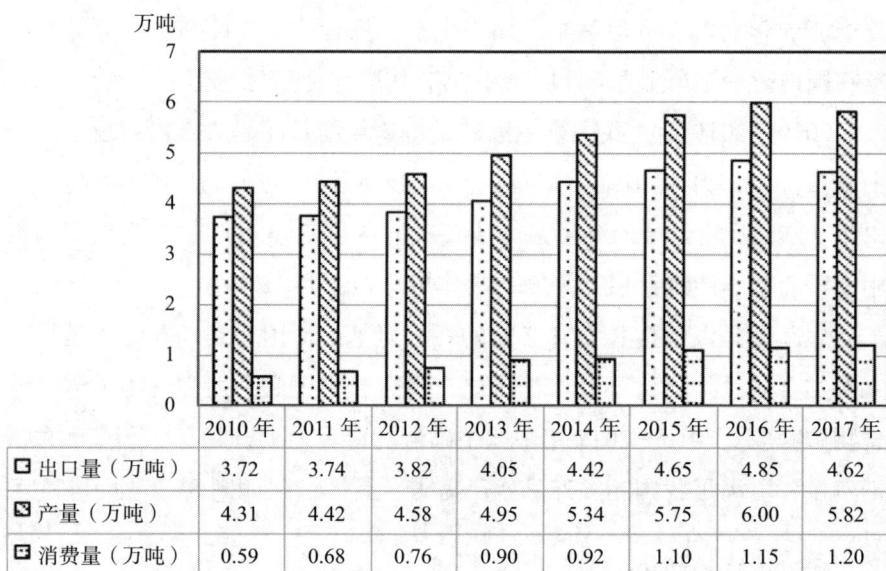

万吨

	2010 年	2011 年	2012 年	2013 年	2014 年	2015 年	2016 年	2017 年
出口量（万吨）	3.72	3.74	3.82	4.05	4.42	4.65	4.85	4.62
产量（万吨）	4.31	4.42	4.58	4.95	5.34	5.75	6.00	5.82
消费量（万吨）	0.59	0.68	0.76	0.90	0.92	1.10	1.15	1.20

图 8-20　2010—2017 我国牛磺酸行业供需情况

数据来源：中国海关总署数据。

目前，国内婴幼儿配方乳粉行业研发水平不均衡，大部分企业的研发水平仅限符合国标的要求，创新仅限于可选择成分的差异上，即在国标规定的必需成分的基础上，在可选择成分表中择选不同的成分构成不同的配方。这种研发本质上是对工艺稳定性和产品稳定性的研究，这是造成国内婴幼儿配方乳粉产品同质化严重的最主要原因。

国内婴幼儿配方乳粉品牌企业在产品研发的认识上是明晰的，体现在母乳研究及应用领域的创新能力，体现在创新产品符合国标的同时，在营养组分含量以及营养组分的结构上越来越接近母乳水平，并通过临床喂养观察实验验证与母乳喂养效果的相似性。

以蛋白母乳化配方为例，牛乳中酪蛋白占总蛋白的 80%，牛乳乳清蛋白占总蛋白的 20%。通过人类母乳研究发现，人类母乳中酪蛋白约占总蛋白的 40%，且以 β- 酪蛋白为主，占母乳酪蛋白的 85%；母乳中乳清蛋白含量 60%，且以 α—乳清蛋白为主，占母乳乳清蛋白的 50%。牛乳中酪蛋白比乳清蛋白为 80 : 20，而人类母乳中酪蛋白比乳清蛋白为 40 : 60。人类母乳的乳清蛋白主要以 α- 乳白蛋白为主，而牛乳中的乳清蛋白主要以 β- 乳球蛋白为主，α- 乳白蛋白较少。充分说明了牛乳与人类母乳在组成上的差异性。但是进一步对比研究发现，牛乳中的 α- 乳白蛋白与人类母乳中的 α- 乳白蛋白，两者含有的氨基酸种类、组成及排列顺序有 72% 是相同的，即组成的氨基酸种类和排列顺序完全一致，有 6% 是相近的，两者均含有 123 个氨基酸残基，分子量均为 14.2kDa。从牛奶中提取 α- 乳白蛋白，经纯化后添加到配方中，使其含量达到接近母乳的水平，这样的配方最大限度地实现了氨基酸组成及排列顺序与母乳的接近。

今后，将会有越来越多的具有自有知识产权的母乳研究专利成果应用于婴幼儿配方乳粉的配方设计。

（三）生产管理体系

在取得产品配方注册和使用合规原辅料的前提下，能否持续稳定生产出合格的产品，离不开生产质量管理体系的建立和规范化管理，这是整个产品质量安全最重要的环节。

　　为了保障婴幼儿配方乳粉质量安全，督促企业严格落实食品安全主体责任，规范企业的生产经营管理。从 2014 年起，原国家食品药品监督管理总局"以问题为导向"，对检出不合格产品的婴幼儿配方乳粉生产企业开展食品安全审计，根据食品安全法律法规、食品安全标准和相关技术文件，对企业的生产质量管理体系运行情况进行全过程、系统性的检查。2015 年，原国家食品药品监督管理总局决定"以预防为原则"全面推行食品安全审计工作，并将食品安全审计更名为"食品安全体系检查"，即在 3 年内对国内所有婴幼儿配方乳粉生产企业开展体系检查。体系检查的主要内容包括企业生产许可条件保持、食品安全管理制度落实、检验能力以及不安全食品召回处置等情况。体系检查组以《食品安全国家标准　粉状婴幼儿配方食品良好生产规范》（GB 23790）为检查内容主干，对每一家企业开展生产全过程、全方位的检查，督促企业不断改进、完善生产质量管理体系，及时发现问题并进行整改。同时原国家食品药品监督管理总局还要求负责企业日常监督检查的监管部门进一步加大监督检查力度和频次，对每家企业的现场监督检查不少于每年 3 次。

　　面对体系检查的要求，许多婴幼儿配方乳粉生产企业加大对生产系统的投入，对整个生产流程、各生产环节、生产环境以及危害因素分析和相关管理制度进行全方位的自审或外审和风险评估，并根据评估情况及时进行整改。

　　体系检查包括下列 13 项内容。

　　（1）厂区环境情况：厂区布局、道路和空地、厂区绿化。

　　（2）厂房和车间情况：厂房和车间布局、作业区划分、准清洁作业区和清洁作业区管理、内部建筑结构。

　　（3）设施运行情况：供水设施、排水设施、清洁消毒设施、废弃物存放设施、个人卫生设施、通风设施、照明设施、仓储设施。

　　（4）设备运行情况：生产设备、监控设备、设备的保养和维修。

　　（5）卫生管理情况：卫生管理制度、厂房及设施卫生管理、清洁和消毒、人员健康与卫生要求、虫害控制、废弃物处理、有毒有害物管理、工作服管理。

（6）原料、食品添加剂等原辅料制度要求和执行情况要求：采购和验收要求、运输和贮存。

（7）生产过程的食品安全控制情况：微生物污染控制、化学污染的控制、物理污染的控制、工艺过程控制、配料投料、包装、清场、产品信息和标签。

（8）检验系统情况：检验设备设施、检验管理、检验记录、产品留样。

（9）产品的贮存和运输情况：贮存与运输、仓库管理。

（10）产品追溯和召回制度执行情况：产品追溯、产品召回、投诉处理、应急预案。

（11）培训情况：培训制度、培训计划、培训实施、培训记录。

（12）管理机构设置和人员配备情况。

（13）生产记录和文件的管理情况。

通过监管部门与生产企业的合力，我国婴幼儿配方乳粉生产企业整体大幅提升了企业质量安全管理能力，提升了产品质量安全水平。这种提升最直观的表现就是我国婴幼儿配方乳粉产品质量安全问题减少，国家抽检合格率稳步提升，进而提升了广大消费者对国产婴幼儿配方乳粉的信任度。

（四）生产及检测设备设施概况

根据《婴幼儿配方乳粉生产许可审查细则（2013版）》，湿法生产婴幼儿配方乳粉必备的生产设备有储奶设备、净乳设备、巴氏杀菌设备、清洗设备、配料设备、均质设备、制冷设备、浓缩设备、高压泵、喷雾干燥设备、密闭输送设备、密闭暂存设备、金属检测设备、包装设备、洁净空调系统；干法生产婴幼儿配方乳粉必备的生产设备有隧道杀菌设备、投料设备、筛分设备、密闭输送设备、计量配料设备、预混设备、混合设备、密闭暂存设备、金属检测设备、包装设备、洁净空调系统；干湿法复合工艺生产婴幼儿配方乳粉应具备湿法工艺全部的生产设备和干法工艺必需的生产设备。

婴幼儿配方乳粉的检测包括 60 多项指标，其中有感官检测、营养成分检测、污染物真菌毒素检测以及微生物检测等，所有婴幼儿配方乳粉生产企业必需配备相应的检测设备并按照国家标准进行检测。

气相色谱法常用于脂肪酸的检测；高效液相色谱法常用于维生素的检测；电感耦合等离子体质谱法常用于钙、铁、锌、钠、钾、镁、铜、锰、砷等元素的检测；原子吸收光谱法常用于铅、镉等物质的检测；原子荧光光谱法常用于硒、汞等物质的检测；此外，核磁共振波谱法、紫外吸收光谱法、红外吸收光谱法等一些现代化的技术也应用于检测原料掺假、农药及兽药残留。微生物检验也是控制婴幼儿配方乳粉质量的重要因素之一，随着新技术和新设备的发展和信息数据处理系统的深入应用，基于计算机处理的自动化分析技术广泛应用于婴幼儿配方乳粉中的微生物检测，并且具有重复性高、简易化、系统化、自动化等优点与优势。

目前国内关键设备主要使用进口设备，大型婴幼儿配方乳粉生产企业的生产技术装备和检测设备处于全球前端水平。

（五）追溯体系

婴幼儿配方乳粉追溯体系建设是婴幼儿配方乳粉生产经营管理的重点环节，通过追溯系统，可以实现双向追溯。一方面可以追踪问题产品的流向，便于及时封存和召回问题产品；另一方面也可以根据追溯体系，查找问题产品产生的环节和原因。消费者通过追溯系统可以更多了解产品的生产和流通信息。

国内已经建立的婴幼儿配方乳粉追溯体系如图 8-21 所示。

婴幼儿配方乳粉追溯体系共计分为五大部分，包括生产追溯管理系统、物流发货扫描系统、销售市场追溯系统、数据管理中心、消费者查询系统。

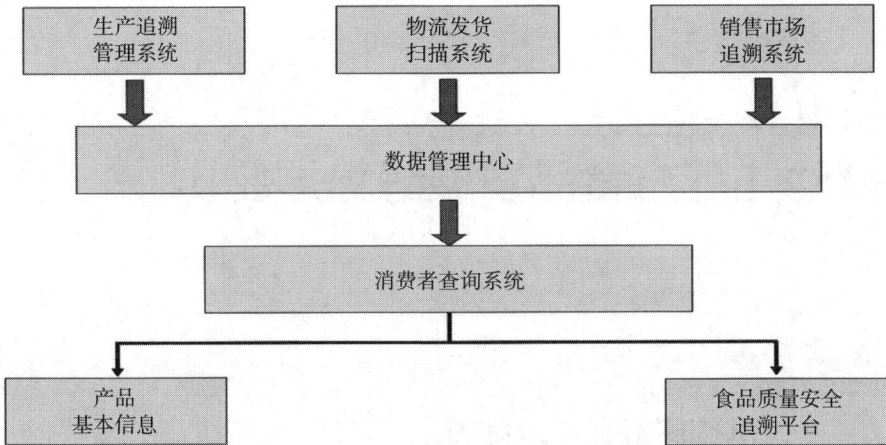

图 8-21 追溯体系组成图

　　生产追溯管理系统使生产过程记录与成品批次产生对应关系，为每一个最小单位产品赋身份标识，并与生产信息关联。物流发货扫描系统利用二维码扫描技术，将产品身份标识与供应链系统链接，记录物流分仓、经销商发货信息，实现产品身份证与经销商关联，并进一步实现经销商、下游分销商再到商超的流向记录，从而实现销售市场渠道追溯。数据管理中心收集产品生产过程中所有记录，将生产数据与销售渠道数据集合后，传送到企业数据交换系统。如果上市的产品发现有质量问题，可以通过这个数据系统精准定位，实现快速召回；生产企业也可以利用反向追溯快速查到具体生产批次，使用的原料及生产工艺曲线，以快速查清原因并快速做出改善。婴幼儿配方乳粉生产企业的信息与国家电子信息平台合作完成消费者查询系统建设，供消费者查询。消费者可以利用手机扫描产品二维码信息，或者登录查询平台获得更多产品信息。

第九章
婴幼儿配方食品发展趋势展望

一、基础研究和技术创新

（一）基础研究

我国婴幼儿配方食品的研发力量目前还较薄弱，起步时间不长，但已引起政府和科研院校、生产企业的高度重视，今后婴幼儿配方食品的基础研究将主要集中在母乳研究和营养需求研究，并以此来制定标准和开发产品。

1. 母乳研究

（1）加强母乳成分研究，建立我国母乳成分数据库：母乳成分受地域、膳食、种族等多种因素影响，相同个体在初乳、过渡乳和成熟乳的不同哺乳时期、同次哺乳不同段乳汁中的营养成分也具有很大的差异。母乳研究不仅要关注营养成分和功效成分、母乳中微生物在新生儿和婴幼儿免疫系统程序化进程中的作用，还要高度关注乳汁中的环境污染物。建立母乳成分数据库，用于开发适合婴幼儿食用的配方食品。

（2）加强母乳中免疫活性成分的研究：从母乳中发现了多种免疫活性的细胞和可溶性免疫活性成分（如免疫球蛋白、乳铁蛋白、溶菌酶、补体、细胞因子和丰富的微生物等），这些免疫活性物质可保护新生儿和婴儿避免感染。深入研究这些物质并用于婴幼儿配方食品的开发，代表了未来新一代婴幼儿配方食品的发展趋势。

2. 加强人群营养需求研究

中国是幅员辽阔、民族众多的大国，国土面积相当于整个欧洲，南北跨度 5500 公里，东西跨度 5200 公里，有高原、有平原、有沙漠，既有沿海居住，也有内陆居住，不同民族、不同地理位置、不同的生活习惯，对营养的需求自然也有着不同。目前我国开展基础营养研究的深度及广度不足，尤其是不同区域的母乳数据收集尚无法用来指导人群营养需求设计。需要针对我国各个地区、不同民族开展婴幼儿基础营养研究。

3. 加强基础研究合作

目前，国内婴幼儿配方食品行业与生物医学、营养学等基础学科的联合研究相对较少，婴幼儿配方食品的最佳配方必须经过许多的科学实验才能获得，包括各种配料、营养成分的选择。对于 0 ~ 6 月龄的婴儿来说，配方食品作为母乳缺乏的情况下婴儿的基本口粮，宏量营养素模拟母乳以及常量及微量营养素的精确强化是关键，其重点为宏量营养素模拟母乳的精确度和常量及微量营养素的强化。以大量的母乳研究成果来指导设计宏量营养素的模拟，以大量的基础研究并建立大数据库来指导设计常量及微量营养素的强化，这样的工作需要产、学、研、企共同合作来进行。由国家相关部门牵头，依托全国妇幼保健院和社区医院，建立覆盖全国的母婴人群队列，收集并分析不同泌乳阶段的母乳成分，建立国家母乳研究数据库。通过跟踪随访，形成包含婴幼儿生长发育、血清营养素水平、喂养记录、肠道微生态、基因型及基因亚型、环境因素、医疗档案等信息的国家婴幼儿营养模型库，全面系统地分析各营养素水平与婴幼儿生长发育及各类疾病终点的关联性，为制定中国婴幼儿的能量与营养素推荐摄入量标准提供基础数据。以上基础数据将为国内婴幼儿配方食品企业研发差异化产品提供科技支撑。

（二）新型原料使用

1. 脂肪原料（配料）

（1）DHA 和 ARA：DHA（二十二碳六烯酸）和 ARA（二十碳四烯酸）是婴幼儿大脑中含量最多的两种特殊的长链不饱和脂肪酸。DHA 对婴幼儿神经发育、肾功能完善等十分重要。ARA 的代谢产物可促进机体分泌生长激素、肾上腺皮质激素等，从而有益于婴幼儿生长发育。婴幼儿以两种方式获取 DHA 和 ARA，一是自动合成，主要利用体内的亚油酸和 α- 亚麻酸，二是从食物中获取。由于婴幼儿合成能力有限，早产儿和低出生体重儿合成能力更弱，因此一些婴幼儿配方乳粉品牌常在配方中添加适量的 ARA 和 DHA。有研究数据表明，与用普通配方乳粉喂养的婴幼儿相比，用添加 ARA 和 DHA 的配方乳粉喂养的婴幼儿视力和智力发展水平较高。目前，婴幼儿配方乳粉中补充的 DHA 主要来自鱼油和微藻油，ARA 主要来自真菌发酵。

（2）中链脂肪酸：人类母乳脂肪酸中的饱和脂肪酸含量占 30% 左右，其中大部分的饱和脂肪酸都是中链脂肪酸形式。中链脂肪酸可通过门静脉被直接运送到肝脏，可快速地为婴幼儿提供能量，并且中链脂肪酸具有很强的酮体生成作用、抗菌和抗病毒作用，因此很多婴幼儿配方乳粉添加了中长链脂肪酸。如常添加的月桂酸就属于中长链脂肪酸。

（3）OPO 结构脂：OPO 结构脂（1,3- 二油酸 -2- 棕榈酸甘油三酯），是棕榈酸酯在三酰甘油的 Sn-2 位上被酯化，对植物油或动物脂肪通过现代酶法脂交换技术进行改性和精加工，模拟母乳脂质分子结构的重要人乳脂替代品。大量临床证据显示，添加 OPO 结构脂的婴幼儿配方食品能有效促进婴幼儿对脂肪酸及钙的吸收，降低便秘发生率、增加骨密度、调节能量代谢、大脑和身体脂肪分布等作用，并且服用添加 OPO 结构脂的婴幼儿配方食品较未添加的婴幼儿配方食品相比，肠道益生菌存活率更高。通过添加 OPO 结构脂，可以使婴幼儿配方食品中 Sn-2 棕榈酸比例高达 40% 以上。用于提取 OPO 结构脂的天然植物油来源主要为棕榈油、橄榄油等，天然动物油来源主要为猪油。由于各地民族风俗特点不同，以猪油为原料合成的 OPO 结构脂还尚未普遍使用。

我国于 2008 年批准营养强化剂 OPO 结构脂可在婴幼儿配方食品中使用。2010 年，原卫生部公布的《关于食品添加剂及食品营养强化剂扩大使用范围及使用量的公告》首次规定了 OPO 结构脂在配方食品中的使用量。当时在婴幼儿配方食品中添加 OPO 结构脂还不普遍。2012 年，原卫生部下发 GB 14880—2012 中核准 OPO 结构脂可以添加在婴幼儿配方食品中，规定了 OPO 结构脂在婴儿配方食品中使用量为 32 ～ 96g/kg，较大婴儿和幼儿配方食品中为 24 ～ 96g/kg。从 2012 年起，越来越多的研究人员对 OPO 结构脂的多种功能更加明确，消费者的意识也逐渐提升，一度使得以 OPO 结构脂作为重要的油脂基料添加到婴幼儿配方食品中成为行业主流。据不完全统计，至 2018 年 9 月底，已经通过注册审核的 1177 个婴幼儿配方乳粉配方，近 40% 的产品配方添加了 OPO 结构脂。

（4）乳脂肪球膜：乳脂肪球膜（MFGM）是包含乳脂肪球的三层膜，为磷脂、蛋白质、黏多糖、胆固醇以及一些酶类组成的多元营养成分。MFGM 的功能主要表现在促进神经发育、肠道发育及免疫力提高上，为了弥补植物油替换牛乳脂肪造成的部分营养缺失，市面上已经出现了富含 MFGM 的产品作为营养强化剂添加到婴幼儿配方乳粉中。但 MFGM 的功能及机制还需要经过科研人员们进一步的研究以及相关标准的完善，以确定为婴幼儿提供满足生长需要的最佳含量。

2. 蛋白质原料

蛋白质对婴幼儿的生长发育极为重要，其含量和组成均会对婴幼儿的生长发育造成影响。母乳中主要蛋白质成分为酪蛋白和乳清蛋白，以及多种氨基酸和肽类物质。乳清蛋白中又包含 α- 乳清蛋白、乳铁蛋白等免疫活性物质。牛乳中虽然蛋白质含量高却没有达到易于婴幼儿消化吸收的完美比例，这些成分都需在配方乳粉中密切关注。

（1）水解乳蛋白：由于婴幼儿胃内蛋白酶活性低，牛乳中高含量的酪蛋白容易在婴幼儿肠道内聚结成块，且牛乳中的β-乳球蛋白含量高，婴幼儿皮肤、肠道、呼吸道都有可能因不耐受产生过敏症状。婴幼儿配方乳粉生产中添加相应的酶水解牛乳蛋白，可以提高蛋白质的消化率及降低婴幼儿牛乳蛋白过敏发生率。乳蛋白水解还会产生一些有益健康的肽类物质，这些水解产生的肽类物质可在婴幼儿体内产生多种功能性调节作用。牛乳蛋白水解物主要包括酪蛋白水解物和乳清蛋白水解物。

（2）调整氨基酸模式：母乳蛋白质的氨基酸可以被婴幼儿显著地利用，其模式接近婴幼儿体内必需氨基酸模式，并且不会给婴幼儿的肾脏造成负担。对于初生6个月以内的婴儿来说，9种必需氨基酸的需要量比成人高5～10倍。而牛乳中色氨酸、酪氨酸等氨基酸含量都较母乳低，为了进一步提升配方乳粉中蛋白质的生物利用率，婴儿配方乳粉中目前主要通过添加单体氨基酸的方式来补充必需氨基酸含量，添加的单体氨基酸包括半胱氨酸、组氨酸、异亮氨酸、蛋氨酸等。GB 10765—2021中推荐了婴儿配方食品中必需与半必需氨基酸含量值，并介绍了可用于婴儿配方食品中的单体氨基酸及对其各项指标的要求。

（3）生物活性蛋白：母乳中含有乳铁蛋白、溶菌酶、糖聚肽、酪蛋白磷酸肽等生物活性蛋白，其在母乳中的含量大部分高于牛乳中的含量，全面地强化这些活性物质的含量一直是配方食品的发展趋势之一。目前我国明确可以作为婴幼儿配方食品营养强化剂的生物活性蛋白包括乳铁蛋白、酪蛋白磷酸肽和酪蛋白钙肽。近年来酪蛋白磷酸肽和乳铁蛋白在婴幼儿配方乳粉中应用十分普遍。

乳铁蛋白不仅是一种很好的氨基酸来源的铁结合性糖蛋白，更是一种具有广泛生物学作用的功能因子，其功能包括促进婴幼儿铁的吸收、促进成骨细胞分化、促进胃肠道内双歧杆菌的增长并参与免疫系统的建立、调节与完善等。《食品安全国家标准 食品营养强化剂使用标准》（GB 14880—2012）中将乳铁蛋白列为营养强化剂中的一种，乳铁蛋白的添加量是≤1.0g/kg。早期母乳（即28天的母乳）乳铁蛋白含量范围为0.44～4.40g/L，其含量相较于鲜牛乳高22倍，这为设计科学合理的乳铁蛋白添加量提供了依据。

酪蛋白磷酸肽（CPP）是一种天然的强化剂，是牛乳酪蛋白经胰酶或胰蛋白酶水解后得到的产物。CPP 非常适合我国婴幼儿的营养需要，研究表明中国人最易缺乏的矿物质为钙、铁、锌，而酪蛋白磷酸肽恰恰可以有效地促进人体对钙、铁、锌等二价矿物营养素的吸收和利用。除此之外，CPP 还有增强机体免疫力等功能。GB 14880—2012 中规定在婴幼儿配方食品中 CPP 的使用量为 ≤ 3.0 g/kg。

3. 碳水化合物

（1）用乳糖替代蔗糖：由于 6 月龄以上婴幼儿开始添加辅食，因此早期的《食品安全国家标准 较大婴儿和幼儿配方食品》（GB 10767—2010）未对配方食品中碳水化合物的含量以及来源进行要求，存在部分婴幼儿配方食品产品选择麦芽糊精、蔗糖等作为配方食品中碳水化合物的来源。但是研究表明，摄入过多的蔗糖会导致婴幼儿偏食、肥胖和龋齿，而乳糖甜度低，既不会导致婴幼儿偏食，也不影响其牙齿健康。新国标 GB 10765—2021 和 GB 10766—2021 对婴儿配方食品（1 段）及较大婴儿配方食品（2 段）明确规定了不得使用蔗糖作为碳水化合物的来源。

乳糖作为人乳中含量最丰富的碳水化合物，是婴幼儿生长的重要能量来源，约占母乳中碳水化合物总量的 90%。乳糖既可以为婴幼儿的成长发育、组织合成等供能，又能够调节婴幼儿肠道菌群，同时还参与新生儿先天性免疫调节、促进肠道中钙、铁、锌等矿物质的吸收。此外，乳糖的代谢产物半乳糖能够促进婴幼儿脑苷和黏多糖的形成，进而促进婴幼儿的智力发育。新国标明确规定"对于乳基婴儿（1 段）、较大婴儿（2 段）配方食品，碳水化合物的来源应首选乳糖（乳糖占碳水化合物总量应 ≥ 90%），可适当添加葡萄糖聚合物（其中淀粉经预糊化后才可加入），不应使用果糖和蔗糖"。用乳糖替代蔗糖和麦芽糊精的标准在保障婴幼儿健康发育的同时，也使婴幼儿配方食品的配方更加合理。

（2）唾液酸：临床实验表明，母乳中大量的低聚糖能使婴幼儿肠道处于低 pH 状态，可促进肠道菌群的生长，有效抑制致病菌的繁殖，维持肠道稳态。母乳低聚糖还可以形成保护膜，通过结合许多以糖结合蛋白为毒力因子的致病菌，阻止致病菌和靶细胞结合，避免有害菌入侵，起到抗感染作用，增强婴幼儿的抵抗力。目前已知的牛乳中的低聚糖有40 余种，而母乳低聚糖结构复杂，是由唾液酸（N– 乙酰基神经氨酸）、N– 乙酰氨基葡萄糖、L– 岩藻糖、D– 葡萄糖和 D– 半乳糖 5 种单糖以不同形式结合而成的复合低聚糖，可形成百余种不同的母乳低聚糖。母乳低聚糖含量和结构与牛乳低聚糖的差异启示了婴幼儿配方食品研发的新焦点——唾液酸。

唾液酸（Sialic acids，SA）是广泛存在于生物系统中的一类天然糖类化合物。唾液酸一般以糖脂、低聚糖或者糖蛋白的形式存在，每毫升母乳中含有 0.3 ～ 1.5mg 唾液酸，人体的脑中唾液酸含量最高。唾液酸对大脑的发育至关重要，有研究表明神经节苷脂（含有唾液酸的糖脂）可增强婴幼儿的学习和记忆能力。成人可通过肝脏合成唾液酸，但是新生儿肝脏功能还不完善，因此需要从食品中摄取唾液酸。有公司曾尝试通过微生物发酵法等技术批量生产唾液酸。之前我国法规限制不得在食品中添加唾液酸，2017 年 6 月原国家卫生和计划生育委员会批准 N– 乙酰神经氨酸可作为食品原料使用。虽并未说明在婴幼儿配方食品中可以使用，但是却为研发添加唾液酸的婴幼儿配方食品带来了曙光。国外添加唾液酸的婴幼儿配方食品因执行标准不同，未必适合我国婴幼儿的生长需求。未来，唾液酸还需要更多的科研人员深入研究，以确保在安全的前提下制定出合理有效的添加量。

（3）益生元：益生元是指可以完整地通过胃肠道上部，并且促进肠内有益菌群增殖、调节并维持肠道健康的不可被消化的成分。目前，认可较多的满足益生元标准的功能性低聚糖有低聚果糖（FOS）、低聚半乳糖（GOS）和菊粉。

GOS 是乳糖经 β– 半乳糖苷酶作用产生的低聚糖，是接近母乳低聚糖的典型益生元之一，大部分婴幼儿配方食品都添加了 GOS，用于促进婴幼儿消化吸收。口腔中的细菌不能利用FOS，从而可预防龋齿，并且FOS还具有保护肠道黏膜等作用。选择不同的益生元在添加量和种类上进行科学合理的复配，促进婴幼儿肠道内的有益菌群全面增殖是国内外近年的研究热点。有科研人员用添加了FOS和GOS两种益生元的配方食品喂养婴幼儿。实验结果表明FOS和GOS具有良好的耐受性，经过小肠后仍然保持完整，肠道中的乳酸杆菌和双歧杆菌可降解FOS和GOS，数量及活性得到显著提高，并且这两种益生元产生的有机酸等能抑制肠道腐败菌的生长、防治便秘和腹泻，增强免疫功能和抗感染能力。在我国将植物来源的益生元FOS和GOS以1∶9的比例加入婴幼儿配方乳粉中较为常见。我国婴幼儿配方乳粉中除添加低聚果糖和低聚半乳糖外，还会补充添加与其功能相近的聚葡萄糖、多聚果糖等膳食纤维。

4. 可选择成分

在婴幼儿配方食品中，还存在一些辅助婴幼儿大脑及视觉功能发育、亲和肠胃等多方面功能的可选择成分。近几年在婴幼儿配方食品中添加率较高的可选择成分主要包括GB 10765—2021中允许添加到婴幼儿配方食品中的胆碱、牛磺酸、肌醇和左旋肉碱等，同时还包括GB 14880中批准添加到婴幼儿配方食品中的核苷酸和叶黄素。

（1）核苷酸：婴幼儿体内的核苷酸会随着机体的细胞、组织分布于全身，人乳中大量的核苷酸可增强婴幼儿抗感染能力，并促进肝脏器官发育、参与脂质代谢等。因此，市面上有不少产品会选择性添加外源的核苷酸来强化配方食品中核苷酸含量。但并不是核苷酸含量越多越好，有研究表明，高含量的核苷酸可能会对婴幼儿的健康造成危害，GB 14880—2012中规定核苷酸在婴幼儿配方食品中的使用量为0.12～0.58g/kg。

（2）叶黄素：叶黄素是构成婴幼儿双眼视网膜黄斑区域的主要色素，通过过滤蓝光，避免蓝光对婴幼儿眼睛的危害，从而促进视觉功能的完善，因此，大部分婴幼儿配方食品都会在配方中添加适量的叶黄素。GB 14880—2012 中规定，叶黄素在婴儿配方食品中的使用量为 300 ~ 2000μg/kg，在较大婴儿和幼儿配方食品中使用量为 1620 ~ 4230 μg/kg。

（3）胆碱：母乳中的胆碱是构成卵磷脂的成分，而卵磷脂是构成神经组织的重要成分。胆碱能帮助中枢神经传递信号，对婴幼儿的神经发育有重要意义，进而促进大脑智力和记忆力的发育，因而胆碱被称为"记忆因子"。在新国标中把胆碱列为 1 段及 2 段婴幼儿配方食品中的必需营养素，并要求二者在配方中的含量为（4.8 ~ 23.9）μg/100kJ。对于 3 段幼儿配方食品来说，胆碱仍是可选择成分。

（4）牛磺酸：在人脑中含有大量的牛磺酸，能显著促进神经系统的生长发育和细胞的增殖分化，并且牛磺酸有助于视网膜的发育以及调节机体代谢等。但是牛乳中牛磺酸的含量还不足人乳中的 1/4，现今市面上销售的多数婴幼儿配方乳粉都会添加牛磺酸。新国标中牛磺酸指标相比 GB 10765—2010 和 GB 10767—2010 增加了下限指标，提高了上线指标，要求 1 段、2 段、3 段月龄婴幼儿配方食品中牛磺酸含量在（0.8 ~ 4）mg/100kJ。

（5）肌醇：肌醇是大多数生物都含有的生长因子，多以磷脂的形式存在，它可以促进婴幼儿的新陈代谢，预防湿疹，还能促进婴幼儿的毛发生长。许多婴幼儿配方食品都会添加少量的肌醇。

（6）左旋肉碱：左旋肉碱是婴幼儿体内脂肪代谢的重要参与者，能将体内的长链脂肪酸转化为能量。婴幼儿的左旋肉碱合成能力一般只有成人的 10% ~ 30%，GB 10765—2010 未限制婴幼儿配方食品中左旋肉碱的最大含量。

5. 益生菌

益生菌（Probiotics）是宿主摄入后能够改善宿主肠道菌群生态平衡、有益肠道健康或生理功能、提高宿主健康水平的活性微生物。益生菌被科学实验证明能够有效改善宿主肠内菌群结构。临床治疗中应用益生菌制剂治疗婴幼儿的常见疾病，如感染性腹泻、抗生素相关性腹泻、坏死性小肠炎等非常普遍，效果显著。

不同喂养方式的研究实验结果表明：与普通婴幼儿配方食品喂养的婴幼儿相比，母乳喂养的婴幼儿肠道菌群中双歧杆菌等有益菌群数量更多，腹泻频率也较低。于是人们考虑在婴幼儿配方食品中添加足够数量的益生菌用来帮助婴幼儿调整肠道菌群结构，使其肠道菌群与母乳喂养的婴幼儿更相似。2010年原卫生部公布了《可用于食品的菌种名单》的通知，2011年又发布了可用于婴幼儿食品的菌种名单的公告，其中包括嗜酸乳杆菌（*Lactobacillus acidophilus* NCFM）、动物双歧杆菌（*Bifidobacterium animalis* Bb-12）、乳双歧杆菌（*Bifidobacterium lactis* HN019、Bi-07）、鼠李糖乳杆菌（*Lactob- acillus rhamnosus* LGG、HN001）。2014年5月30日原国家卫生和计划生育委员会发布《关于批准塔格糖等6种新食品原料的公告》新增罗伊氏乳杆菌（*Lactobacillus reuteri* DSM17938）。2020年5月20日国家卫生健康委发布的《关于瑞士乳杆菌R0052等53种"三新食品"的公告》中新增3个可应用于婴幼儿食品的菌种，包括瑞士乳杆菌（*Lactobacillus helveticus* R0052）、婴儿双歧杆菌（*Bifidobacterium infantis* R0033）、两歧双歧杆菌（*Bifidobacterium bifidum* R0071）。2021年4月15日国家卫生健康委发布《关于β-1,3/α-1,3-葡聚糖等6种"三新食品"的公告》新增鼠李糖乳杆菌MP108（*Lactobacillus rhamnosus* MP108）。这些公告的相继推出，使我国婴幼儿配方食品中可添加的活菌种类更加丰富，有利于研发添加多功能组合益生菌的婴幼儿配方食品。目前我国可用于婴幼儿食品的益生菌菌种如表9-1所示。

表9-1 我国可用于婴幼儿食品的益生菌菌种

菌种中文名称	拉丁文名称	菌株号	使用范围
嗜酸乳杆菌	*Lactobacillus acidophilus*	NCFM	仅限在1岁以上幼儿配方食品中使用
动物双歧杆菌	*Bifidobacterium animalis*	Bb-12	婴幼儿食品

菌种中文名称	拉丁文名称	菌株号	使用范围
乳双歧杆菌	*Bifidobacterium lactis*	HN019 Bi-07	婴幼儿食品
鼠李糖乳杆菌	*Lactobacillus rhamnosus*	LGG HN001	
罗伊氏乳杆菌	*Lactobacillus reuteri*	DSM17938	
发酵乳杆菌	*Lactobacillus fermentum*	CECT5716	
短双歧杆菌	*Bifidobacterium breve*	M-16V	
瑞士乳杆菌	*Lactobacillus helveticus*	R0052	
婴儿双歧杆菌	*Bifidobacterium infantis*	R0033	
两歧双歧杆菌	*Bifidobacterium bifidum*	R0071	
鼠李糖乳杆菌	*Lactobacillus rhamnosus*	MP108	

当前，我国市场常见的益生菌婴幼儿配方乳粉中大多数使用的是动物双歧杆菌 Bb-12，乳双歧杆菌 HN019、Bi-07，或者多种益生菌组合。目前提出了"益生菌＋益生元"的概念，即将益生菌和益生元组合，再加入维生素、微量元素等的复合制剂，可同时协调发挥益生菌和益生元的生理功能。目前，我国在婴幼儿配方乳粉生产中，益生菌添加工艺和质量控制等各项技术手段日益精良，国内相关法规及标准也在不断完善，预计会有更多的婴幼儿配方食品中添加多元的益生菌成分。

（三）新型生产技术

为了使婴幼儿配方食品营养更加全面、均衡、配方更加合理化，最大限度地满足婴幼儿正常生长发育所需要的全部营养，我国婴幼儿配方食品行业不断采用新的生产工艺和装备，力求保护原料成分、降低能耗、智能化生产。

1. 生鲜乳膜过滤除菌技术

膜过滤（微滤、超滤）可去除生乳中的微生物、病毒、孢子等有害因素。目前，发达国家普遍采用该技术来提高婴幼儿配方食品的质量。采用膜技术与离心杀菌、微波杀菌、超高压杀菌等相结合的复合灭菌系统，能保持鲜奶原有风味，避免蛋白质热变性，提高产品质量和货架期。膜过滤除菌技术在婴幼儿配方食品中的应用具有重要意义。

2. 蛋白质水解技术

与母乳相比，牛奶中蛋白质成分具有较大差异，易导致婴幼儿出现消化不良、过敏等不良反应。通过加热和（或）酶将乳蛋白水解成小分子乳蛋白、肽和氨基酸的乳蛋白部分水解配方食品可以降低大分子乳蛋白的致敏性。早在20世纪40年代，已出现牛奶蛋白水解配方，该配方首先对蛋白质进行酶解，然后对酶解组分进行加热和（或）超滤。水解蛋白是指大分子蛋白质通过加热或酶解成小分子蛋白质、多肽或氨基酸。根据蛋白质水解程度可分为深度水解蛋白和部分水解蛋白。部分水解蛋白即适度水解蛋白，是通过生物技术将蛋白质分解成小片段或小分子多肽，以减少抗原活性物质的数量，减少或消除乳蛋白的过敏性，降低乳蛋白过敏的风险。

3. 低温真空浓缩技术

浓缩是乳品加工中常用的方法。目前多数加工企业所采用的浓缩技术为传统的加热蒸发法。但该方法能耗高，且破坏了乳蛋白的质地和结构，导致乳蛋白变性，产品口感粗糙。

低温真空浓缩是蒸发乳中的水分，使乳固体含量达到喷雾干燥所要求的标准。在真空条件下，乳液沸点随环境压力的降低而降低。在40～70℃牛乳就会沸腾，水分子蒸发，以增加牛奶的固体含量。作为干燥前的预处理步骤，可以降低加工损耗，节约能源，提高产品的贮存性和质量，减少乳脂肪的氧化变质。

4. 低温干燥技术

现代喷雾干燥技术向着低温真空的工艺方向迈进，低温真空喷雾干燥技术越来越多地被应用于现代食品行业。应用低温干燥技术的产品口感好，物料本身不承受高温，可保持天然牛奶香味，产品的分散性、溶解性有效提高，营养素损失少，并可减少废弃物的排放。

5. 蒸汽直接喷射杀菌技术

蒸汽直接喷射杀菌法是在一定的压力下将蒸汽与牛奶混合，蒸汽释放出的热量使牛奶温度升高到灭菌温度，并保持一定的时间，实现乳制品灭菌目的。

蒸汽直接喷射杀菌技术是目前较先进的杀菌技术，它具有杀菌速度快、时间短，可控制杀菌温度和停留时间，牛奶色泽、风味和营养成分损失少，可长时间连续工作等优势。但工作会产生较大噪音，仍会破坏产品中的敏感性营养成分。

6. 微胶囊包埋技术

微胶囊技术是一种不断更新的食品生产技术，已被广泛地应用在食品工业中。其制备方法达200多种，应用较广泛的主要有原位聚合法、喷雾干燥法、复凝聚法、层–层自组装法等。婴幼儿配方乳粉行业中相对较多采用喷雾干燥法制备微胶囊。微胶囊技术可有效防止营养物质的流失，延长储藏期，提高芯材的稳定性，改善口感，提高有效成分的利用率。

7. 低温等离子杀菌技术等非热加工技术

食品在加工和贮藏过程中易受金黄色葡萄球菌、单增李斯特菌、大肠埃希菌和沙门菌等微生物的污染。低温等离子体等非热加工技术，有省时高效、适用范围广等优点，能更好地保持食品的品质。

8. 智能信息技术

智能信息技术正成为各个产业的重要驱动力，其在婴幼儿配方食品产业中同样发挥重要作用。不少婴幼儿配方乳粉生产企业积极发力产业链智能化布局，全面向"智能化"发展迈进，并以物联网、大数据、人工智能等科技实现产业链的智慧升级，大幅提高了行业的生产力水平。

智能化发展的方向是实现各个工厂、车间互联互通、信息共享的智能网络，以此为基点，逐步打通上下游产业链条，实现智能全产业链集群。

　　智能生产线从原奶到成品所涉及的生产环节包括杀菌、配料、投料、喷粉、装罐、打码、包装、入库等，基本实现80%以上的自动化智能生产，工人只监控生产过程。在管理环节以及质量管控方面也都实现智能化操作，能够实时监控生产环节各项指标数据。

（四）新型检测技术

　　我国高度重视婴幼儿配方食品质量与安全问题。国家不断加大对婴幼儿配方食品的监管检测力度，提高乳制品分析检测技术水平，通过对婴幼儿配方食品成分含量的检测，更好地保障产品的质量与安全。

　　随着婴幼儿配方食品产业的发展，乳成分的分析检测从最初的蛋白质、脂肪等成分检测发展到快速检测乳中的各种成分，尤其也包括含量极低但对质量安全影响极大的营养物质或毒素的检测分析。目前，现代组学技术可以有效地帮助分析和测定乳中脂肪、蛋白质、寡糖和微量元素等成分。高通量、高分辨、高快捷的新型检测技术，如免疫学技术、光谱技术、色谱质谱连用技术实现了婴幼儿配方食品中兽药、农药、抗生素、非法添加物等安全风险因素的同时检测，有效支撑乳中生物性、化学性安全隐患的风险，实现了检测范围的广谱化。相比于新型检测技术，传统的微生物检测方法一般耗时较长且不适用于常规现场检测，目前已有企业应用快速检测技术检测婴幼儿配方乳粉中的致病微生物，其具有检测速度快、高灵敏度、便携、适用于常规现场检测等优势。此外，分子生物学技术的发展对乳中致病菌的检测和分类也起到了重要作用，PCR技术、全基因组测序等技术已应用于乳中相关致病菌的检测分析。

1. 基质辅助激光解析电离飞行时间质谱技术

　　基质辅助激光解析电离飞行时间质谱（MALDI-TOF-MS）是一种软电离质谱技术，由于灵敏度高、测定速度快、易于实现高通量检测，近10年来得到了快速发展。MALDI-TOF-MS常用于食源性微生物检测，它的出现改变了微生物鉴定依赖于传统的生物化学、分子生物学和形态学等方法的工作模式，其周转快、鉴定速度快、高通量的优点，大大提高了工作效率。《出口食品中四种致病菌检测方法 MALDI-TOF-MS 法》（SN/T 3872—2014）和《基质辅助激光解吸电离飞行时间质谱鉴别微生物方法通则》（GB/T 33682—2017）标准的实施促使该技术的应用日趋普及。SN/T 3872—2014 规定了食品中 4 种致病菌的 MALDI-TOF-MS 检测方法，可用于食品中沙门菌、单核细胞增生李斯特菌、副溶血性弧菌以及霍乱弧菌 4 种致病菌的快速检测，其他致病菌可参照使用。MALDI-TOF-MS 同时可用于食品品质鉴别，如牛羊乳掺假检验等。

2. 基于病原菌的快速检测技术

以病原菌细胞为靶标的检测方法主要是探索抗体或适配体对特定抗原的特异性结合，主要包括酶联免疫吸附法、免疫层析试纸条以及辅助快速检测的免疫磁吸附前处理等技术。酶联免疫吸附法利用抗体的特异性与酶分析的灵敏性，从而使酶与抗体或抗原结合起来更加简便，该方法现在处于相当先进的发展阶段，已经在食品工业中得到应用。侧流免疫分析是一种将免疫学和层析技术相结合的方法。夹心法和竞争分析法是试纸条中常用的两种主要形式，基于夹心法的试纸条用于检测具有多个表位的高分子靶标，在乳制品中主要检测病原菌。免疫层析技术是一种快速、简便、稳定、便携和灵敏的高效技术，是应用在乳制品中检测病原菌最成功的平台之一。免疫磁分离技术是一种很有前途的检测病原菌的预处理系统，抗体或适配体功能化磁珠能够从一系列样本基质中选择性分离和浓缩目标细菌。目前已对利用免疫磁分离技术从食品基质中分离和浓缩病原菌进行了深入研究，将免疫磁分离作为一种前处理技术结合其他快速检测方法可避免乳基质的干扰，提高检测灵敏度。

分子检测技术是病原菌检测常用的有效工具，通常利用针对病原菌的特异性核酸引物进行扩增后检测。目前被广泛使用的分子生物学检测方法有聚合酶链式反应（PCR）、实时荧光定量 PCR 以及恒温扩增技术等。牛奶中常见的病原菌 PCR 检测方法主要有传统 PCR、结合 PCR 和荧光技术，实时 PCR 和数字 PCR 也被认为是检测乳制品中病原菌的有效手段。实时 PCR 和数字 PCR 在灵敏度和效率上都有很大的提高，与实时 PCR 相比，数字 PCR 的灵敏度更高（102cfu/mL），预培养时间更短（节省 2 小时），对抑制剂的抗性更强，为乳制品中鼠伤寒沙门菌的检测提供了一种新的方法。基于 PCR 的病原菌检测方法灵敏度高、特异性强，在乳制品安全、环境监测等方面具有重要的应用价值。恒温扩增技术是继 PCR 后又一种体外扩增技术，该技术主要包括核酸外切酶Ⅲ辅助靶循环扩增、链置换扩增、滚圈扩增、环介导等温扩增等。目前链置换扩增乳制品中真菌毒素的检测中已经取得了良好的效果，但是在病原菌的检测方面却鲜有提及，随着核酸研究的不断发展，该技术在乳制品等食品安全领域会展示出强大的作用。滚环扩增包括传统 RCA 和指数放大 RCA，均具有简单、快速、灵敏度高等优点，其与各种传感器联用均可广泛应用于乳制品中病原菌的检测。

加强原料乳质量控制和管理，提高检测技术水平，加强标准及监管体系建设，是保障我国婴幼儿配方乳粉行业健康持续发展的重要举措。虽然我国的乳制品检测技术水平和方法均已大幅度提升，但目前的检测仪器设备还是难以及时快速地监测各个环节的产品质量安全状况，因此乳制品检测仍是应该注重的难题，有待进一步建立快速、灵敏、自动化的乳制品安全分析检测技术。

（五）关键原料和设备的国产化

1. 原辅料

目前我国在原辅料使用方面还需要做很多工作，一方面应根据母乳研究的结果，开发相应的原料；另一方面，我国婴幼儿配方乳粉的主要原料需要进口，存在"卡脖子"问题，应采取系列措施，推进原辅料国产化。

在国外，婴幼儿配方乳粉中的主要成分乳清蛋白和乳糖均来自奶酪生产的副产物。然而，我国奶酪产业发展缓慢，在可预见的时间范围内无法期望通过奶酪产业来提供足量的乳清蛋白、乳糖等主要原料，需要行业下大力气开发出乳清蛋白及乳糖可替代、能够自给的原料，或者研发出可对牛乳成分进行分离的生产技术，以保证我国婴幼儿配方食品行业主要原料不出现战略供应短缺风险。

有必要组建"国家婴幼儿配方食品重点实验室"，组织全国顶尖的营养学专家、基础医学专家、临床儿科医生、公共卫生与预防医学专家、乳品科学专家、工程技术专家、乳制品企业技术专家等，协作打通基础研究到产业化生产的各个环节，实现乳清蛋白、乳糖、低聚糖、DHA、OPO 结构油脂、矿物元素等功能基料的国产化，解决重要原辅料的"卡脖子"问题，研发非乳基婴幼儿配方食品，降低乳源原料的国际贸易风险。

2. 提高国产生产装备应用程度

我国大型婴幼儿配方食品生产企业技术装备水平相对较高，但基本是引入国外装备和技术。主要设备来源见表9-2。

对于婴幼儿配方食品企业来说，若核心生产设备和检验检测仪器过于依赖国外设备，一旦断供，会带来产业装备供给安全隐患，使行业的发展受到限制。婴幼儿配方食品企业面临的技术设备问题具有系统性和普遍性，是中国工业面临的整体挑战。只有不断提高工业装备的整体水平，才能真正消除相应的风险。

另外，对于上述所说的为解决进口原料"卡脖子"问题，需要开发乳成分分离生产技术设备，国外不存在这些原料"卡脖子"的问题，也就没有迫切的需求来开发这类设备，这类技术设备的开发只能靠我们自己。

表 9-2　目前国内婴幼儿配方食品企业主要设备及其来源

设备名称	品牌	产地	备注
混料系统	GEA、Tetra Pak、SPX	德国、瑞典、上海	核心设备在国外生产，其余设备国内加工
浓缩系统	GEA、Tetra Pak	德国、瑞典、上海	核心设备在国外生产，其余设备国内加工

续表

设备名称	品牌	产地	备注
干燥系统	GEA、Tetra Pak	德国、瑞典、上海	核心设备在国外生产，其余设备国内加工
包装设备（听装线）	PLF、OPTIMA、INDOSA、仅一	英国、德国、瑞士、江苏	高速线（120 听 / 分钟）全部由国外厂家提供
包装设备（袋装线）	ROVEMA、仅一	德国、江苏	/
包装设备（条 / 方便装）	Bossar、Mespack、仅一、建技、迈威	西班牙、江苏、石家庄、上海	/

数据来源：企业提供数据。

二、全球化发展趋势

（一）企业整合

表 9-3　2008—2019 年婴幼儿配方食品企业兼并重组情况

时间	企业重组情况	
	收购企业	被收购企业
2010.11	光明乳业	新西兰 Synlait
2011.07	澳优乳业	荷兰 Hyproca（先收购 51%）
2012.11	澳优乳业	荷兰 Hyproca（再收购 49%）
2013.06	蒙牛	雅士利
2013.11	圣元	育婴博士
2013.12	合生元	长沙营可营养品有限公司
2014.01	飞鹤	吉林艾培特乳业
2014.02	飞鹤	关山乳业
2015.03	光明食品	以色列 Tnuva
2015.04	贝因美	敦化美利健

时间	企业重组情况	
	收购企业	被收购企业
2015.06	光明乳业	上海牛奶集团
2015.09	雅士利	欧世蒙牛
2015.09	合生元	Swisse Wellness
2015.12	雅士利	多美滋
2016.01	湖南亚华乳业控股有限公司	湖南犇牧营养品科技有限公司
2016.07	中牧集团	新西兰 Mataura Valley Milk
2016.08	三元食品	加拿大 Crowley
2016.12	澳优乳业	妈妈觅呀
2017.05	澳优乳业	Australian Dairy Park Pty Ltd 及 Oz Farm Royal Pty Ltd（先收购 50%）
2017.05	澳优乳业	澳大利亚 ADP
2018.02	澳优乳业	Holland Goat Milk B.V.
2018.06	澳优乳业	OzFarm Royal Pty Ltd（再收购 50%）
2018.12	达能	雅士利旗下新西兰乳业
2019.01	汇滋力乳业	纽麦营养食品
2019.08	伊利集团全资子公司香港金港商贸控股有限公司	Westland Co-operative Dairy Company Limited
2019.09	蒙牛	澳洲贝拉米
2019.11	蒙牛	Lion-Dairy & Drinks
2020.02	贝因美	呼伦贝尔昱嘉乳业

数据来源：根据中国奶业统计资料、新闻及公司公告整理而得。

注：Swisse Wellness 为澳大利亚知名维生素品牌；Australian Dairy Park Pty Ltd 及 Oz Farm Royal Pty Ltd 为澳大利亚配方奶粉领先企业；Westland Co-operative Dairy Company Limited 为新西兰第二大乳业合作社；Lion-Dairy & Drinks 为澳大利亚第二大乳企。

企业为增强自身生产经营水平，需要增加研发及生产管理等各环节的投入，大型骨干企业自身实力强，投入大，产品竞争力增强。企业兼并重组将使强者更强，行业集中度将进一步提高。

（二）产品多元化

1. 国外已有产品

婴幼儿配方食品包括乳基婴幼儿配方食品和豆基婴幼儿配方食品，形态上又分液态和粉状。目前国内生产的婴幼儿配方食品主要以粉状乳基婴幼儿配方食品即配方乳粉为主。全球市场特别是乳制品产业发达的欧美地区，液态婴幼儿配方食品和豆基婴幼儿配方食品也占据相当大的市场份额。

液态婴幼儿配方食品是指以乳类及乳蛋白制品、大豆及大豆蛋白制品为主要原料，加入适量的维生素、矿物质和（或）其他成分，经高温灭菌处理后的商业无菌产品。与婴幼儿配方乳粉相比，液态婴幼儿配方食品具有无需冲调、浓度恒定、喂食方便、安全卫生等突出优点。欧洲第一家液态婴幼儿配方食品于 1973 年由芬兰维利奥公司推出，并获得了很大的成功。1988 年以来其他公司也开始生产同类产品。

目前，世界上很多国家有液态婴幼儿配方食品生产和销售，如美国、德国、芬兰等，但由于各国经济状况和发展历程的不同，婴幼儿配方食品的起步不同，各国家的市场分布情况也不尽相同。

豆基婴幼儿配方食品是以大豆分离蛋白为基质，根据婴幼儿生长发育的营养需求添加所需的维生素和矿物质而制成的一种配方食品，其特点是不含乳糖，适用于乳糖不耐症和蛋白质过敏的婴幼儿，也可被其他婴幼儿食用。

目前，美国豆基婴儿配方食品同乳基婴儿配方食品一样在市场销售，每年大约有 36% 的婴儿在一月龄期间食用豆基婴儿配方食品，其市场份额占总婴儿配方食品销量的 25%；在加拿大，其使用率高达 20%；在欧洲，同类产品需持有医生处方才可购买。

我国豆基婴幼儿配方食品产品很少，液态婴幼儿配方食品的研发刚刚萌芽，目前大部分在售的液态婴幼儿配方食品是从国外进口的。未来这两种产品在国内市场前景尚待观察。

2. 有机婴幼儿配方乳粉

随着有机理念的深入人心，有机婴幼儿配方乳粉备受瞩目。为了杜绝化肥、激素、农药等化学物质的污染，从牧场的管理、奶牛的培育，到生产、加工、运输等，有机婴幼儿配方乳粉生产企业都必须严格按照有机标准执行。与普通婴幼儿配方乳粉相比，有机婴幼儿配方乳粉营养成分更天然，但这也限制了产品配方的优化，2018 年国家认监委发布了《有机产品认证增补目录（六）》的公告，新增了 1,3- 二油酸 -2- 棕榈酸甘油三酯，这表明有机婴幼儿配方乳粉有望通过添加 OPO 结构脂进行配方的升级。

国内各大婴幼儿配方食品生产企业相继推出有机婴幼儿配方乳粉，截至 2021 年 3 月底，通过市场监管总局注册审核的有机婴幼儿配方乳粉有 81 个产品配方。有机原料的稀缺仍是制约我国有机婴幼儿配方乳粉产业发展的难题。随着三孩政策的全面展开，消费者对高端婴幼儿有机配方乳粉的需求越来越旺盛，婴幼儿有机配方乳粉将是未来婴幼儿配方乳粉的一大热点。

3. 婴幼儿配方羊乳粉

我国形成婴幼儿配方羊乳粉加工规模的地区主要包括陕西、黑龙江、山东、河南等地。技术上的进步和突破促进了我国婴幼儿配方羊乳粉产业的稳步发展。例如羊乳脱膻等技术更加先进成熟，羊乳清粉首次实现国内生产。一些地方政府也在推进羊乳产业的发展。预计未来会有更多企业涉足婴幼儿配方羊乳粉产业。

4. 细分市场产品

基于母乳研究和人群营养需求的研究结果，针对全国不同区域、不同地理条件、不同生活习惯和不同民族开发的细分区域产品，未来将会成为市场极具竞争力的产品。

近年来，婴幼儿配方羊乳粉、有机婴幼儿配方乳粉等细分领域市场都在崛起之中，国内外一线品牌纷纷强化布局。随着婴幼儿配方牛乳粉市场竞争格局逐渐稳定，细分市场带来差异化创新。尼尔森数据显示，2019年上半年，中国婴幼儿配方食品市场总体同比增长为9.4%，而婴幼儿配方羊乳粉增速高达30.8%；有机婴幼儿配方乳粉2018年实现了46.8%的增长。但是这两个细分品类受原料资源的制约，有机乳清蛋白及羊乳清蛋白资源匮乏，短期内还无法与市场需求相匹配。对于婴幼儿配方羊乳粉来说，需要5～10年的时间从奶羊牧场建设、奶羊繁殖、羊奶膜分离技术开发应用等方面实现突破，形成可持续发展。对于有机婴幼儿配方乳粉来说，也需要3～5年的时间解决有机乳清原料供应问题。

未来，配方升级、产品细分将成为婴幼儿配方食品行业新的发展方向。

（三）全球化发展

《中华人民共和国国民经济和社会发展第十四个五年规划和2035年远景目标纲要》中提出要促进国内国际双循环。立足国内大循环，协同推进强大国内市场和贸易强国建设，形成全球资源要素强大引力场，促进内需和外需、进口和出口、引进外资和对外投资协调发展，加快培育参与国际合作和竞争新优势。

婴幼儿配方食品产业在双循环发展格局下，首先立足国内大循环，充分利用国内和国际两个市场、两种资源，积极应用国际先进的经验、一流的设备、创新的成果，充分利用"一带一路"倡议及"区域贸易协定"和"进口博览会"等平台，实现中国婴幼儿配方食品产业高质量"引进来"和高水平"走出去"。

新西兰、澳大利亚、爱尔兰等国家拥有丰富的牧草资源、优质的奶牛品种、完善的机械设施，婴幼儿配方乳粉生产成本相对较低，有足够的利润空间，产品信誉高。国内企业近年走出国门到这些国家建厂，一是生产产品，运回国内销售，可以获得更高的利润；二是可以为国内工厂提供原料，降低成本，保障供应链；三是熟悉国外市场环境，为产品打开国外市场做前期准备。

另外，国内一些企业到国外建立研发基地，利用国外良好的研发环境和资源大力开发产品、引进人才，取得了一些研究成果。

中国婴幼儿配方食品市场是国际化充分竞争的市场，全球婴幼儿配方食品品牌都想打入中国市场，可以说中国的婴幼儿配方食品行业是完全的全球化竞争，是覆盖原料、技术、管理、产品、品牌的全方位竞争。在这种激烈的市场竞争中，中国婴幼儿配方食品企业不断提高自身能力，在竞争中成长，国内市场占有率不断提升，并为产品走出国门，走向世界奠定了坚实的基础。

三、前景及展望

自 2008 年以来，党中央、国务院高度重视乳制品质量与安全问题。十九大报告中明确提出"实施食品安全战略，让人民吃得放心"。以供给侧结构性改革为主线，以保障乳品质量安全为核心，推动乳品加工优化升级。

国家各级监管部门按照党中央、国务院的部署要求，把婴幼儿配方乳粉作为食品安全监管的重中之重，实行了从源头、生产、出厂到销售全过程的监管，取得了明显成效。整个产业呈现出法规标准日臻完善、婴幼儿配方乳粉生产规范化和现代化提升、技术创新活跃、产品配方的科学性不断提高、市场经营多元化发展等良好态势。

2019 年 5 月，国家发展改革委、工业和信息化部、农业农村部、卫生健康委、市场监管总局、商务部、海关总署 7 部委印发《国产婴幼儿配方乳粉提升行动方案》，中国婴幼儿配方食品行业将按照方案的要求，把提升品质、提升竞争力、提升美誉度作为未来发展的方向。

（一）提升品质

目前，婴幼儿配方食品行业已进入发展平缓期，在市场容量增量有限的情况下，产品品质是赢得消费者信赖的最基本保证。

提升产品品质，需要企业加大基础营养研究，加大生产管理和质量控制水平。未来产品的竞争将不仅仅在于产品满足国家标准，国家标准是必须符合的底线，是最低要求。真正比拼的是产品的科学性、营养性、安全性，其中，在安全性上，需要企业加大风险监测、风险预防水平，对国家标准没有列入的潜在食品安全隐患物质的控制和消除，才是更见企业质量安全管理的真功夫。采用母乳研究数据和新的生产技术，使配方中的原料成分更贴近母乳、更有利于婴幼儿吸收、更有利于婴幼儿健康成长，原料成分在加工过程中和货架期中减少损失、减少变质，才是优质的产品。

（二）提升竞争力

提升竞争力，要在使用先进技术、引进高端人才、掌控关键原辅料、降低生产经营成本等几个方面做出努力。

针对制约我国乳业发展的关键技术，依据引进消化和自主创新相结合的原则，进行产、学、研联合科技攻关。研制婴幼儿配方食品生产新工艺、新技术，努力在工艺技术和科学研究上取得突破，并使重大项目成果及专利在企业实际生产中得到广泛应用。通过创新技术的实际应用，提高产品的核心竞争力。

婴幼儿配方食品生产企业需要加大技术更新力度，以新产品、新技术、新工艺为纽带，推动建立企业技术联盟、企业技术中心，建设关键技术研发平台、技术服务基地。实现学科链、产业链、资金链的有效衔接，全面提升行业技术水平。

装备制造企业要通过技术改造逐步解决自主创新能力差、技术水平低、装备成套性和稳定性差的问题。

加快培养创新型研发人才、复合型管理人才、应用型技术人才、国际化运营人才。推进产、学、研合作，创新人才培养模式。加快培养生产技术工人和检验检测人员，稳定一线熟练工人队伍，确保生产管理体系稳定运行。

受自然资源禀赋条件的制约，我国生鲜乳生产成本高，而且婴幼儿配方乳粉所使用的乳清粉、乳糖等还依赖进口，这些构成了产业链的短板，是竞争劣势。要提高产品的竞争力，一方面需要全行业合力，在原料的掌控上有所突破；另一方面，借助我国在电子商务等销售模式创新方面的优势，下沉销售渠道，降低营销费用，也是提升竞争力的一条路径。还可以通过构建绿色制造体系，从工厂设计、设备技术改造、节水技术、节能技术、新生产工艺、包装减量化等方面入手，降低能耗、减少排放，降低生产成本。开发有机产品、高端产品来形成市场竞争力。

（三）提升美誉度

我国婴幼儿配方食品企业需要进一步加强品牌建设，充分利用主流和网络媒体、专业展会、行业论坛、产品推介等平台，及时发布婴幼儿配方食品质量安全报告，扩大品牌影响力，提高消费者对国产品牌的信任度。品牌建设非一日之功，却极易毁于一旦。企业需要认真开展诚信体系建设，在信息时代，企业信用、企业员工的个人信用和声誉，都和产品质量一样，与企业的品牌息息相关。企业不仅要做好产品，更要尚德守法，成为负责任的社会公民。政府和行业协会充分发挥其公信力作用，加强婴幼儿配方食品的科普宣传，正确引导消费，及时回应社会关切。

（四）提升供应保障能力

按照《国产婴幼儿配方乳粉提升行动方案》目标要求，国产婴幼儿配方乳粉产量要稳步增加，力争婴幼儿配方乳粉自给水平稳定在60%以上。

我国是人口大国，即便每年出生人口在 1000 万左右，也相当于新增了葡萄牙全国的人口。婴幼儿配方食品是无法享受母乳的婴幼儿的口粮，婴幼儿是祖国的未来，确保婴幼儿口粮的供应是所有婴幼儿配方食品行业从业人员肩上沉甸甸的责任。母乳是婴幼儿最好的食物，其他任何食物都无法完全替代母乳所给予婴幼儿的营养和情感，无法享受母乳的婴幼儿本身就留有人生缺憾，因此更应该给予他们以呵护，提供足量的、安全的、高品质的婴幼儿配方食品。

婴幼儿配方食品产业是永远不可或缺的产业，从责任担当出发，婴幼儿配方乳粉自给水平稳定在 60% 以上只是最低目标和要求。婴幼儿配方食品生产企业要进一步练内功，提高生产管理水平，提高产品质量水平，满足广大消费者对婴幼儿配方食品数量和质量的需求。

经过社会各方的共同努力，目前国内婴幼儿配方食品的产品质量、品牌形象得到了广大消费者的认可，市场占有率逐步提升，婴幼儿配方食品产业发展持续向好。

（编写人员：姜毓君、张微、陈福泉、李翠霞、崔力航、张晨曦、刘彪、方如雪）

特殊医学用途配方食品篇

◎ 产业发展历程

◎ 管理制度

◎ 产业现状

◎ 产业发展趋势

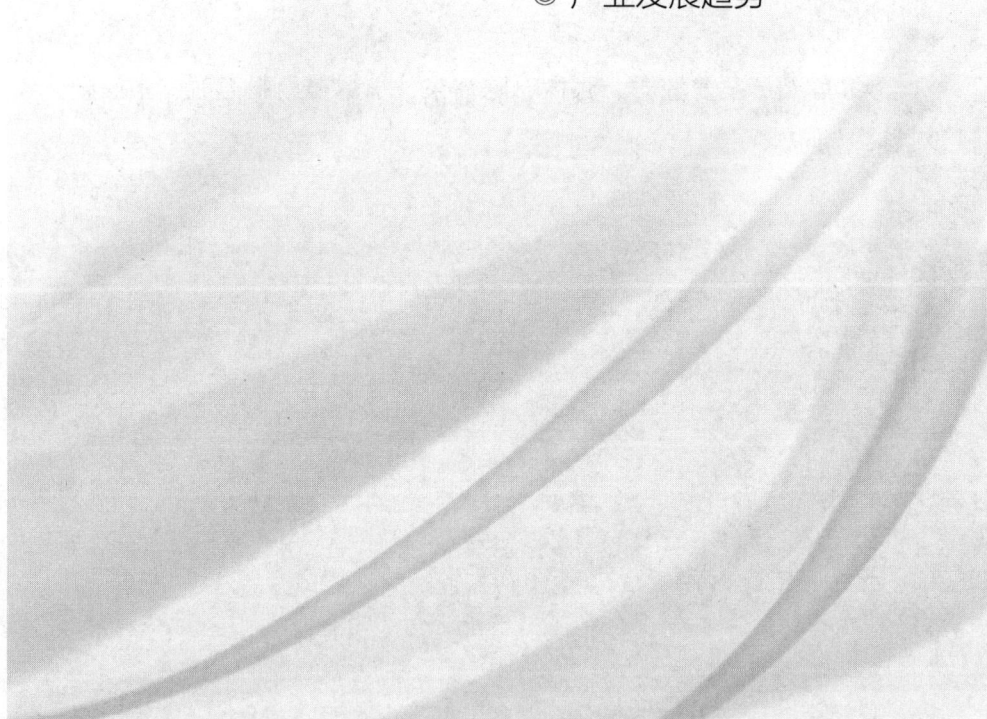

近年来，随着我国居民生活水平显著改善和健康意识的提高，人们的生活方式和观念也在不断改变，从过去满足基本生理需要和预防营养缺乏病，向平衡膳食与合理营养、有利于身体健康状况改善方面转变；从有病治病的被动重视临床的对症治疗，向无病早预防、提高健康和生存质量方面零级预防转变。部分婴幼儿、老年人、慢性病患者在生理功能、代谢机制和营养需求上与普通人存在明显差异，普通的食品无法满足这些人群的营养需求，需要使用特殊医学用途配方食品来保障这些疾病患者或者特殊医学状况人群的营养需求。

我国特殊医学用途配方食品是随着时代的进步、临床医学与营养学的发展、社会的需求而逐步发展起来的一类健康相关产品。目的在于增进或改善机体的健康状况，配合临床治疗或作为临床治疗的组成部分，在降低并发症、死亡率、增强治疗效果、降低治疗成本、改善患者生活质量、延长疾病患者生存期等方面均具有重大的社会价值和经济效益。

由于我国人口基数庞大，人口老龄化进程加速，与营养相关慢性病患者人数不断增长，特殊医学状况人群对特殊医学用途配方食品的需求日益攀升，特殊医学用途配方食品产业迎来前所未有的发展机遇。本篇概括总结了我国近年特殊医学用途配方食品的产业发展状况，并深入研究分析行业发展中带有战略性、前瞻性、全局性的问题，期待可为企业及政府相关部门提供参考意见和政策性建议。

第十章
特殊医学用途配方食品行业概况

在我国，基于现行食品安全国家标准，按人群年龄段划分，可将特殊医学用途配方食品分为适用于 0 ～ 1 岁的特殊医学用途婴儿配方食品和适用于 1 岁以上的特殊医学用途配方食品。

依据食品安全国家标准的定义，特殊医学用途婴儿配方食品是：针对患有特殊紊乱、疾病或医疗状况等特殊医学状况婴儿的营养需求而设计制成的粉状或液态配方食品。在医生或临床营养师的指导下，单独食用或与其他食物配合食用时，其能量和营养成分能够满足 0 ～ 6 月龄特殊医学状况婴儿的生长发育需求。

特殊医学用途配方食品的定义是：为了满足进食受限、消化吸收障碍、代谢紊乱或特定疾病状态人群对营养素或膳食的特殊需要，专门加工配制而成的配方食品。该类产品必须在医生或临床营养师指导下，单独食用或与其他食品配合食用。

一、我国特殊医学用途配方食品历史发展沿革

受人们认知水平、经济承受能力和产业导向等诸多因素的影响，特殊医学用途配方食品产业在我国的起步较晚，且发展缓慢，该产业从萌发到实行产品注册管理的历程较为曲折。整体上我国特殊医学用途配方食品的发展经历了肠内营养制剂、特殊医学用途配方食品相关法规标准制订、开启注册审批规范发展 3 个阶段。

（一）以肠内营养制剂进入中国的特殊医学用途配方食品

在 20 世纪 80 年代末，伴随着中国临床医学和营养学的发展，医疗部门对于临床营养的需求逐渐突显。肠内营养系指经口服或管饲途径，通过胃肠道提供营养物质的一种营养支持治疗方式[①]。很多研究发现，肠内营养制剂可以维护和改善患者的营养状态，有效地降低患者的医疗成本，提高康复速率，减少由于营养不良导致的并发症发生率和住院天数。与肠外营养相比还具有操作技术简单、易掌握，并可改善和维持患者的肠道功能、刺激消化液分泌等优点。1974 年，肠内营养制剂就已经在北京应用于临床，并取得了良好效果。2002 年，中华医学会首先对肠内营养制剂进行分类。2006 年，中华医学会发布了《肠外肠内营养学临床"指南"系列》，制定了系统性的肠外肠内营养学指导方案，帮助医师根据患者的临床情况，考虑适合的营养支持方案及其使用相应肠外肠内制剂的操作规范。自此，国外首批肠内营养产品逐渐以肠内营养制剂的形式进入中国[②]。

由于当时我国尚处于改革开放的初期，医疗体系与美国、欧盟等发达国家的成熟市场相比还很不完善，当时是以肠内营养制剂形式经国家药品管理部门药品注册批准后方可上市销售，按照化学药品进行监管的方式进行管理。根据剂型可将肠内营养制剂分成粉剂、乳剂和混悬剂 3 种，各种剂型的给药方式不同。但按照产品所发挥的作用分类，肠内营养制剂更应归属为为患者提供营养支持而非药物治疗用途的产品，其实质是食品。

随着学科的发展，我国药品注册审批相关法规进行了修改完善，一些已经在国外有很长的使用历史与良好应用效果的产品，由于无法满足

---

① 曹相原. 合理选择肠内营养配方 [J]. 中华重症医学电子杂志, 2018, 4（1）: 11-16.

② 栾晶晶, 纪强, 刘珊珊, 等. 肠内营养制剂临床应用进展 [J]. 中国新药与临床杂志, 2018, 37（12）: 665-670.

药物注册审批需求而无法进入中国市场。各方均呼吁从产品实际和临床需求出发，改变既往管理模式，参考其他国家经验，重新梳理审视肠内营养制剂的合理定位问题，出台相应的法规、标准，为这类产品的生产、销售、监管提供相应的法律依据。

（二）特殊医学用途配方食品标准的发布与完善

随着我国医疗体系的逐渐成熟，为了满足市场与监管需求，我国开始引入国际食品法典委员会以及发达国家特殊医学用途配方食品的概念。2010 年，原卫生部发布《特殊医学用途婴儿配方食品通则》（GB 25596—2010），界定了 0 ~ 1 岁婴儿特殊医学用途配方食品的概念与分类。2013 年，原国家卫生和计划生育委员会发布《特殊医学用途配方食品通则》（GB 29922—2013）界定了 1 岁以上人群特殊医学用途配方食品的概念与分类，同年还发布了《特殊医学用途配方食品良好生产规范》（GB 29923—2013），规定了特殊医学用途配方食品的生产过程要求。

（三）特殊医学用途配方食品开启注册审批管理

2015 年，新修订的《食品安全法》正式将特殊医学用途配方食品明确纳入特殊食品，实行注册管理。2016 年 7 月，原国家食品药品监督管理总局发布《特殊医学用途配方食品注册管理办法》及配套文件，标志着我国特殊医学用途配方食品开始了注册管理，随后又陆续出台了《特殊医学用途配方食品临床试验质量管理规范（试行）》《特殊医学用途配方食品生产许可审查细则》以及临床试验、经营使用、广告等各方面的法律法规，逐渐完善产品上市前、上市后的各方面法规要求，特殊医学用途配方食品进入了注册审批管理的规范发展阶段。截至 2021 年 6 月 30 日，已获批特殊医学用途配方食品产品 72 款。

目前我国特殊医学用途配方食品与肠内营养制剂药品处于并行流通使用阶段，临床上既有作为药品的肠内营养制剂在使用，也有作为食品的特殊医学用途配方食品在使用。

二、我国特殊医学用途配方食品法规和标准

2015 年新修订的《食品安全法》首次将特殊医学用途配方食品纳入特殊食品范围，并提出注册制的准入管理制度。因此不同于其他国家或地区，我国特殊医学用途配方食品除了必须按相应国家标准进行产品研发外，还同时实行上市前的审批注册。

（一）主要法规

1.《食品安全法》和《食品安全法实施条例》

《食品安全法》第七十四条和八十条规定，国家对保健食品、特殊医学用途配方食品和婴幼儿配方食品等特殊食品实行严格监督管理，特殊医学用途配方食品应当经国务院食品安全监督管理部门注册，注册时应当提交产品配方、生产工艺、标签、说明书以及表明产品安全性、营养充足性和特殊医学用途临床效果的材料。《食品安全法》第八十二条规定，保健食品、特殊医学用途配方食品、婴幼儿配方食品的注册人或者备案人应当对其提交材料的真实性负责。省级以上人民政府食品药品安全管理部门应当及时公布注册或者备案的保健食品、特殊医学用途配方食品、婴幼儿配方食品目录，并对注册或者备案中获知的企业商业秘密予以保密。保健食品、特殊医学用途配方食品、婴幼儿配方食品生产企业应当按照注册或者备案的产品配方、生产工艺等技术要求组织生产。第八十三条规定，生产保健食品、特殊医学用途配方食品、婴幼儿配方食品和其他专供特定人群的主辅食品的企业，应当按照良好生产规范的要求建立与所生产食品相适应的生产质量管理体系，定期对该体系的运行情况进行自查，保证其有效运行，并向所在地县级人民政府食品安全监督管理部门提交自查报告。这两条规定表明，特殊医学用途配方食品生产企业在食品生产过程中需按照已经提交的配方注册申请材料，

对企业生产承担主体责任。

《食品安全法实施条例》中第三十六条规定，特殊医学用途配方食品生产企业应当按照食品安全国家标准规定的检验项目对出厂产品实施逐批检验。其中的特定全营养配方食品应当通过医疗机构或者药品零售企业向消费者销售。医疗机构、药品零售企业销售特定全营养配方食品的，不需要取得食品经营许可。第三十七条规定，特殊医学用途配方食品中的特定全营养配方食品广告按照处方药广告管理，其他类别的特殊医学用途配方食品广告按照非处方药广告管理。

2. 注册与监管法规

根据 2015 年新修订的《食品安全法》第八十条的规定，特殊医学用途配方食品应当经国务院食品安全监督管理部门注册，之后围绕该类产品注册许可，主管部门陆续出台相关规定或 / 和管理办法，如表 10-1 所示。

（1）特殊医学用途配方食品注册管理办法：2016 年为贯彻落实《食品安全法》，保障特定疾病状态人群的膳食安全，进一步规范特殊医学用途配方食品监管，原国家食品药品监督管理总局按照依法严格注册、简化许可审批程序、产品注册与生产许可相衔接的思路和原则，制定发布《特殊医学用途配方食品注册管理办法》，规定了特殊医学用途配方食品申请与注册条件和程序、产品研制、临床试验、标签和说明书的要求，以及监督管理和法律责任等方面内容。《办法》适用于在中华人民共和国境内生产销售和进口的特殊医学用途配方食品的注册管理，要求申请人应具备相应的研发、生产和检验能力，设立研发机构，配备研发人员，具备按照良好生产规范要求建立与所生产食品相适应的生产质量管理体系，以及按照特殊医学用途配方食品国家标准进行全部项目逐批检验的能力。拟在我国境内生产并销售特殊医学用途配方食品的生产企业，和拟向我国境内出口特殊医学用途配方食品的境外生产企业，通过注册才能获得市场准入机会。境内生产企业和境外生产企业还分别需要进一步通过生产许可审核或进出口检验检疫才能完成市场准入。

表 10-1　我国特殊医学用途配方食品管理相关法规

序号	名称	类别	实施时间	发布部门	主要内容
1	《中华人民共和国食品安全法》	法规	2015.10.01	全国人民代表大会常务委员会通过	明确了特殊食品的管理要求，特殊医学用途配方食品应当经国务院食品安全监督管理部门注册，注册时应当提交产品配方、生产工艺、标签、说明书以及表明产品安全性、营养充足性和特殊医学用途临床效果的材料
2	《中华人民共和国食品安全法实施条例》	法规	2019.12.01	国务院	规定了特殊医学用途配方食品的检验要求，以及特定全营养配方食品的经营、发布广告要求
3	《特殊医学用途配方食品注册管理办法》	法规	2016.07.01	原国家食品药品监督管理总局	规范在中华人民共和国境内生产销售和进口的特殊医学用途配方食品的注册行为
4	《特殊医学用途配方食品注册申请材料项目与要求（试行）（2017 修订版）》	法规	2017.09.05	原国家食品药品监督管理总局	规定了特殊医学用途配方食品注册申请材料应符合的要求
5	《特殊医学用途配方食品稳定性研究要求（试行）（2017 修订版）》	法规	2017.09.05	原国家食品药品监督管理总局	指导在中华人民共和国境内申请注册的特殊医学用途配方食品稳定性研究工作
6	《特殊医学用途配方食品注册生产企业现场核查要点及判断原则（试行）》	法规	2016.07.14	原国家食品药品监督管理总局	规定了特殊医学用途配方食品注册生产企业现场核查时的要点及判断原则
7	《特殊医学用途配方食品标签、说明书样稿要求（试行）》	法规	2016.07.14	原国家食品药品监督管理总局	规定了特殊医学用途配方食品标签、说明书样稿应符合的要求
8	《特殊医学用途配方食品临床试验质量管理规范（试行）》	法规	2016.10.13	原国家食品药品监督管理总局	对特殊医学用途配方食品临床试验研究全过程进行规定

续表

序号	名称	类别	实施时间	发布部门	主要内容
9	《市场监管总局办公厅关于特殊医学用途配方食品变更注册后产品配方和标签更替问题的复函》	文函	2020.03.16	市场监管总局	明确了特殊医学用途配方食品变更注册后产品配方和标签更替的相关要求
10	《糖尿病、肾病、肿瘤特定全营养配方食品临床试验技术指导原则》	法规	2019.10.11	市场监管总局	明确了糖尿病、肾病、肿瘤特定全营养配方食品临床试验相关要求
11	《特殊医学用途配方食品生产许可审查细则》	法规	2019.02.01	市场监管总局	明确了特殊医学用途配方食品生产许可审查相关要求
12	《药品、医疗器械、保健食品、特殊医学用途配方食品广告审查管理暂行办法》	法规	2020.03.01	市场监管总局	规定了特殊医学用途配方食品广告审查相关要求

为保障特殊医学用途配方食品注册工作顺利开展，还发布了《办法》相关配套文件，包括《特殊医学用途配方食品注册申请材料项目与要求》《特殊医学用途配方食品标签、说明书样稿要求》《特殊医学用途配方食品稳定性研究要求》《特殊医学用途配方食品注册生产企业现场核查要点及判断原则》《特殊医学用途配方食品临床试验质量管理规范》等。

（2）特定全营养配方食品临床试验技术指导：《办法》第二十九条规定，特定全营养配方食品需要进行临床试验。为规范特殊医学用途配方食品临床试验工作，指导申请人科学有效地开展相关产品临床试验，根据《中华人民共和国食品安全法》和《特殊医学用途配方食品注册管理办法》，有关部门出台了《特殊医学用途配方食品临床试验质量管理规范（试行）》。随后，针对糖尿病、肾病、肿瘤患者的营养需求，有关部门组织制定了《特定全营养配方食品临床试验技术指导原则 糖尿病》《特定全营养配方食品临床试验技术指导原则 肾病》及《特定全营养配方食品临床试验技术指导原则 肿瘤》。其他类的特定全营养配方食品临床试验技术指导原则也正在制定过程中。

（3）生产许可审查细则：为指导和规范特殊医学用途配方食品生产许可审查工作，根据《食品生产许可管理办法》及《食品生产许可审查通则》，市场监管总局于 2019 年发布《特殊医学用途配方食品生产许可审查细则》，规定了特殊医学用途配方食品的生产场所、设备设施、设备布局、工艺流程、人员管理、企业相关管理制度等。

（4）经营使用管理及广告审查等上市后监管：此外，对于特殊医学用途配方食品的上市后监管也是全方位多角度的。2016 年发布的《网络食品安全违法行为查处办法》明确规定，特殊医学用途配方食品中特定全营养配方食品不得进行网络交易。对于其他可通过零售和网络渠道销售的特殊医学用途配方食品，2015 年颁布《食品经营许可管理办法》也提出了明确要求：经营特殊医学用途配方食品需要申请办理食品经营许可证，同时在具体经营场所，需要有销售专区，并设立绿底白字的单独提示牌。

不同于普通食品，特殊医学用途配方食品的广告监管也需要进行审批。2019 年发布的《药品、医疗器械、保健食品、特殊医学用途配方食品广告审查管理暂行办法》也对该类产品广告的审查审批提出了具体要求。

为了促进、规范各地特殊医学用途配方食品流通经营和医疗机构经营使用方面的行为，各省（市）陆续出台相应的管理办法，一般是省级卫生健康委与市场监管局、医疗保障局联合发布。截至 2021 年 5 月，已经有江苏、上海、湖北、广西、浙江等 10 个省（市）发布了相应文件，部分地区的管理具体情况如表 10-2 所示。

3. 医疗保障管理

目前，已有江苏、山东等部分省份开始试点将特殊医学用途配方食品纳入地方医保报销范畴。但由于目前获批产品数量少，且多为婴儿特殊医学用途配方食品，如浙江，为提高苯丙酮尿症患者的医保待遇，对于患者所需的特殊医学用途配方食品实行每年 0.8 万～1.2 万元的定额支付；山西也将苯丙酮尿症纳入新农合大病救助和城镇居民医保补偿范围，按每人每年 1.2 万元费用的 70% 予以补偿医疗费用和特殊食品费用。

表 10-2　特殊医学用途配方食品经营

发布部门	天津市卫生和计划生育委员会	四川省临床营养质量控制中心	河北省卫生和计划生育委员会办公室	济南市卫生健康委员会、济南市市场监督管理局、济南市医疗保障局	湖北省卫生健康委员会
发布时间	2016.05.20	2018.04.01	2018.10.11	2020.10.14	2020.12.09
名称	天津市医疗机构使用特殊医学用途配方食品处方应用指南	四川省医疗机构应用特殊医学用途配方食品管理办法（试行）	河北省医疗机构特殊医学用途配方食品临床应用管理规范（试行）	关于加强医疗机构临床营养科建设，促进特殊医学用途配方食品合理使用的通知	湖北省医疗机构特殊医学用途配方食品临床应用管理规范（试行）
组织机构/主要亮点	无	省临床营养质量控制中心负责成立四川省特殊医学用途配方食品专家委员会（简称省 FSMP 专家委员会）	省营养质量管理与控制中心负责全省医疗机构特殊医学用途配方食品临床应用的技术指导和质量监控	成立济南市营养质量控制中心（简称质控中心）	湖北省临床营养质量控制中心负责筹建湖北省特殊医学用途配方食品专家委员会

使用管理情况汇总表（截至2021年5月）

江苏省市场监督管理局、江苏省卫生健康委员会和江苏省医疗保障局	上海市市场监督管理局、上海市卫生健康委员会	国家卫生健康委医院管理研究所	黑龙江省卫生健康委员会、黑龙江省市场监督管理局	海南省卫生健康委员会	吉林省市场监督管理厅，吉林省卫生健康委员会和吉林省医疗保障局
2020.12.29	2021.01.14	2021.01.29	2021.03.26	2021.05.06	2021.05.12
江苏省特殊医学用途配方食品经营使用管理办法	关于进一步规范医疗机构经营特殊医学用途配方食品管理的通知	特殊医学用途配方食品临床管理专家共识（征求意见稿）	黑龙江省加强医疗机构临床营养工作，促进特殊医学用途配方食品合理使用的通知	海南省医疗机构特殊医学用途配方食品临床应用管理规范（试行）	关于进一步加强医疗机构经营特殊医学用途配方食品管理的通知
目前各省发布的特殊医学用途配方食品管理文件中，唯一一个对从事特殊医学用途配方食品经营、流通以及网络经营主体、医疗机构使用、贮存、运输等相关要求加以明确	市场监管部门负责医疗机构经营特殊医学用途配方食品质量安全的监管，卫生健康行政部门负责医疗机构经营特殊医学用途配方食品的行业管理和医疗机构特殊医学用途配方食品调配、临床应用的管理	省级临床营养质量控制中心，负责指导组建各省市特殊医学用途配方食品专家委员会（简称FSMP专家委员会）	黑龙江省临床营养专业医疗质量管理与控制中心负责制定全省营养专业临床质控标准和年度工作计划，筹建黑龙江省特殊医学用途配方食品专家委员会	海南省临床营养质量控制中心负责全省医疗机构特殊医学用途配方食品临床应用的技术指导和质量监控。委托海南省药物安全性评价中心开展特殊医学用途配方食品安全性评价工作	医疗机构对本机构特殊医学用途配方食品经营管理和临床使用管理承担主体责任，市场监管部门负责医疗机构经营特殊医学用途配方食品质量安全的监管，卫生健康部门负责医疗机构特殊医学用途配方食品调配、临床使用的管理，医疗保障部门负责医疗机构与特殊医学用途配方食品有关的医疗服务价格项目管理

发布部门	天津市卫生和计划生育委员会	四川省临床营养质量控制中心	河北省卫生和计划生育委员会办公室	济南市卫生健康委员会、济南市市场监督管理局、济南市医疗保障局	湖北省卫生健康委员会
经营 / 医疗机构组织机构	无	无	二级以上医院应当设置营养科，配备临床营养师，医院营养科应设立特殊医学用途配方食品配制室	推动二级以上公立医疗机构临床营养诊疗科纳入临床一级科室管理	二级以上医院应当设置临床营养科，配备医师和临床营养师
日常管理	无	无	①建立特殊医学用途配方食品管理工作制度，以及特殊医学用途配方食品遴选和定期评估制度②应按规定设立特殊医学用途配方食品配制室和相应的仓储管理制度	①医疗机构应设立专门机构实施特殊医学用途配方食品规范化管理②从医师或临床营养师的营养诊疗行为、产品采购、临床效果评价、储存、处方、审核、不良事件登记和退出机制、统计和监测以及电子化存档记录进行全流程管理	①建立本机构临床营养管理委员会工作制度，下设特殊医学用途配方食品管理工作小组②建立本机构的《基本特殊医学用途配方食品供应目录》③建立特殊医学用途配方食品遴选制度和定期评估制度

江苏省市场监督管理局、江苏省卫生健康委员会和江苏省医疗保障局	上海市市场监督管理局、上海市卫生健康委员会	国家卫生健康委医院管理研究所	黑龙江省卫生健康委员会、黑龙江省市场监督管理局	海南省卫生健康委员会	吉林省市场监督管理厅，吉林省卫生健康委员会和吉林省医疗保障局
特殊医学用途配方食品经营者在特殊医学用途配方食品采购、贮存、销售及使用等环节应当采取有效的质量控制措施，保证食品安全	临床营养等专业质量控制中心	无	三级医院和具备条件的二级医院应设立临床营养科	在海南省卫生健康委员会的领导下，海南省临床营养质量控制中心负责筹建海南省特殊医学用途配方食品专家委员会	无
①当按照本办法加强进货审核查验②应当在具备卫生和消毒条件的调配操作间完成调配，对特殊医学用途配方食品进行二次灌装的，应当在独立的肠内营养配置室完成③建立相应操作规程和卫生管理制度④建立岗位人员健康管理制度	①应当认真落实食品安全主体责任，依据相关法律法规和技术规范，建立和完善特殊医学用途配方食品供应商评价、进货查验、贮存、销售使用档案、从业人员健康管理、食品安全自查、应急处置等管理制度②应当配备专职或者兼职的食品安全管理人员	二级及以上医疗机构应当设立特殊医学用途配方食品管理委员会，由分管院长、医务处、营养科及相关临床科室等密切联系部门的专业人员组成	①设立专门机构实施特殊医学用途配方食品规范化管理②建立产品采购、临床效果评价、储存、处方、审核、不良事件登记和退出机制、统计和监测以及电子化存档记录进行全流程管理③掌握适应证及禁忌证，按照营养诊疗流程规范应用特殊医学用途配方食品	①建立本机构临床营养管理委员会工作制度②建立本机构的《基本特殊医学用途配方食品供应目录》③建立特殊医学用途配方食品遴选制度和定期评估制度	①建立和完善特殊医学用途配方食品供应商评价、进货查验贮存、销售使用档案、从业人员健康管理、食品安全自查、应急处置等管理制度②建立和完善特殊医学用途配方食品供应商评价、进货查验、贮存③销售使用档案、从业人员健康管理、食品安全自查、应急处置等管理制度

发布部门	天津市卫生和计划生育委员会	四川省临床营养质量控制中心	河北省卫生和计划生育委员会办公室	济南市卫生健康委员会、济南市市场监督管理局、济南市医疗保障局	湖北省卫生健康委员会
日常管理			③医疗机构应当设立临床营养支持管理小组，管理小组由医务、营养、护理等部门负责人和相关专业人员组成，营养科负责日常管理工作 ④制定本机构特殊医学用途配方食品管理制度和特殊医学用途配方食品供应目录 ⑤制定特殊医学用途配方食品临床应用相关技术性文件 ⑥组织对患者合理使用特殊医学用途配方食品的宣传教育 ⑦定期监测和评估医院特殊医学用途配方食品临床应用，以及不良事件的收集处理	③要掌握适应证及禁忌证，按照营养诊疗流程规范应用特殊医学用途配方食品	④建立特殊医学用途配方食品供应商及价格确定管理制度、特殊医学用途配方食品退出制度、采购变更处理制度以及自带特殊医学用途配方食品管理制度 ⑤建设标准的特殊医学用途配方食品配制室 ⑥建立本机构特殊医学用途配方食品配制、配送和存储保管制度 ⑦开展特殊医学用途配方食品临床应用监测工作 ⑧建立特殊医学用途配方食品的领取、使用和收费等管理流程

江苏省市场监督管理局、江苏省卫生健康委员会和江苏省医疗保障局	上海市市场监督管理局、上海市卫生健康委员会	国家卫生健康委医院管理研究所	黑龙江省卫生健康委员会、黑龙江省市场监督管理局	海南省卫生健康委员会	吉林省市场监督管理厅，吉林省卫生健康委员会和吉林省医疗保障局
⑤应当为通过医疗机构购买特殊医学用途配方食品的住院患者建立营养病历，有条件的纳入电子病历管理 ⑥应当建立不良反应记录制度			④鼓励二级以上医疗机构将营养科纳入临床一级科室，肠内营养制剂由营养科统一管理	④建立特殊医学用途配方食品供应商及价格确定管理制度、特殊医学用途配方食品退出制度、采购变更处理制度以及自带特殊医学用途配方食品管理制度 ⑤建设标准的特殊医学用途配方食品配制室 ⑥建立本机构特殊医学用途配方食品配制、配送和存储保管制度	④重点检查医疗机构特殊医学用途配方食品进货和贮存等是否符合法律法规和食品安全标准要求 ⑤应当配备专职或者兼职的食品安全管理人

发布部门	天津市卫生和计划生育委员会	四川省临床营养质量控制中心	河北省卫生和计划生育委员会办公室	济南市卫生健康委员会、济南市市场监督管理局、济南市医疗保障局	湖北省卫生健康委员会
管理机构职责	无	省临床营养质量控制中心负责省内所有医疗机构特殊医学用途配方食品临床应用情况的日常监督检查；定期组织相关专业技术人员对特殊医学用途配方食品处方、医嘱实施点评，并将点评结果作为对临床医师、临床营养医（技）师考核依据；对不合理使用及不良事件做好记录。被检查医疗机构应予以配合，提供必要资料，不得拒绝、阻碍和隐瞒	①河北省原卫生和计划生育委员会委托省营养质量管理与控制中心负责全省医疗机构特殊医学用途配方食品临床应用的技术指导和质量监控②医疗机构应当设立临床营养支持管理小组，小组负责：制定本机构特殊医学用途配方食品管理制度并组织实施，审议本机构特殊医学用途配方食品供应目录，对医务人员进行特殊医学用途配方食品管理相关法律、法规、规章制度和技术规范培训，定期监测和评估医院特殊医学用途配方食品临床应用	①卫生健康行政部门加强省临床营养专业医疗质量管理与控制中心的管理②市场监管部门加强特殊医学用途配方食品生产经营质量安全监管③医保部门加强医疗机构与特殊医学用途配方食品有关的临床诊疗收费项目管理④省临床营养专业医疗质量管理与控制中心具体负责推动临床营养科建设和特殊医学用途配方食品规范使用	①湖北省卫生健康委统一领导②湖北省临床营养质量控制中心（筹建湖北省 FSMP 专家委员会）负责全省医疗机构特殊医学用途配方食品临床应用的技术指导和质量监控

江苏省市场监督管理局、江苏省卫生健康委员会和江苏省医疗保障局	上海市市场监督管理局、上海市卫生健康委员会	国家卫生健康委医院管理研究所	黑龙江省卫生健康委员会、黑龙江省市场监督管理局	海南省卫生健康委员会	吉林省市场监督管理厅，吉林省卫生健康委员会和吉林省医疗保障局
①市场监管部门负责对特殊医学用途配方食品经营者经营环节的监督管理 ②卫生健康行政部门应当指导医疗机构做好特殊医学用途配方食品的调配、使用监管 ③医疗保障部门应当规范定点医疗机构做好由基本医疗保险基金支付的特殊医学用途配方食品的采购及费用结算等工作的管理	①卫生健康行政部门加强医疗机构经营特殊医学用途配方食品的管理，严格医疗机构采购、贮存、销售特殊医学用途配方食品的管理，禁止以普通食品冒充特殊医学用途配方食品向病患推荐使用 ②市场监管部门加强医疗机构特殊医学用途配方食品经营环节质量安全监管 ③省原卫生和计划生育委员会委托省营养质量管理与控制中心负责全省医疗机构特殊医学用途配方食品临床应用的技术指导和质量监控	医疗机构FSMP专家委员会制定本医疗机构的《医院特殊医学用途配方食品目录》，建立特殊医学用途配方食品准入、遴选、审核和定期评估、退出制度，并定期编写和修订医院FSMP使用手册；建立FSMP进出库管理及相应财务制度；对医务人员进行FSMP管理的相关法律、法规、规章制度和技术规范培训；定期监测和评估本机构FSMP的临床应用，以及不良反应的事件收集记录处理	①卫生健康行政部门加强省临床营养专业医疗质量管理与控制的管理 ②市场监管部门加强特殊医学用途配方食品生产经营质量安全监管 ③省临床营养专业医疗质量管理与控制中心具体负责推动临床营养科建设和特殊医学用途配方食品规范使用 ④医疗机构应依据《临床营养诊断治疗应用规范》开展营养筛查及评价、诊断、治疗、监测等，明确应用特殊医学用途配方食品的标准化工作流程	①海南省卫生健康委统一领导 ②海南省临床营养质量控制中心（筹建海南省FSMP专家委员会）负责全省医疗机构特殊医学用途配方食品临床应用的技术指导和质量监控 ③医疗机构临床营养管理委员会，下设特殊医学用途配方食品管理工作小组 ④省卫生健康委委托省营养质量管理与控制中心负责全省医疗机构特殊医学用途配方食品临床应用的技术指导和质量监控	①市场监管部门负责对特殊医学用途配方食品经营者经营环节的监督管理 ②卫生健康行政部门应当指导医疗机构做好特殊医学用途配方食品的调配、使用监管 ③医疗保障部门应当规范定点医疗机构做好由基本医疗保险基金支付的特殊医学用途配方食品的采购及费用结算等工作的管理 ④市场监管总局注册，由县级以上人民政府市场监督管理部门履行食品安全监督管理职责 ⑤根据有关规定，医疗机构对本机构特殊医学用途配方食品经营管理和临床使用管理承担主体责任

发布部门	天津市卫生和计划生育委员会	四川省临床营养质量控制中心	河北省卫生和计划生育委员会办公室	济南市卫生健康委员会、济南市市场监督管理局、济南市医疗保障局	湖北省卫生健康委员会
管理机构职责			③临床营养质量控制中心负责全省医疗机构特殊医学用途配方食品临床应用的技术指导和质量监控 ④市场监管部门加强医疗机构特殊医学用途配方食品经营环节质量安全监管		③医疗机构临床营养管理委员会，下设特殊医学用途配方食品管理工作小组。FSMP管理工作小组职责：贯彻执行特殊医学用途配方食品管理相关法律、法规、规章制度、制定本机构特殊医学用途配方食品管理制度并组织实施；对医务人员进行特殊医学用途配方食品管理相关法律、法规、规章制度和技术规范培训；定期监测和评估本机构特殊医学用途配方食品临床应用 ④市场监管部门加强医疗机构特殊医学用途配方食品经营环节质量安全监管

江苏省市场监督管理局、江苏省卫生健康委员会和江苏省医疗保障局	上海市市场监督管理局、上海市卫生健康委员会	国家卫生健康委医院管理研究所	黑龙江省卫生健康委员会、黑龙江省市场监督管理局	海南省卫生健康委员会	吉林省市场监督管理厅，吉林省卫生健康委员会和吉林省医疗保障局
④市场监管总局注册，由县级以上人民政府市场监督管理部门履行食品安全监督管理职责 ⑤根据有关规定，医疗机构对本机构特殊医学用途配方食品经营管理和临床使用管理承担主体责任	④医疗机构应当设立临床营养支持管理小组 ⑤临床营养质量控制中心负责全省医疗机构特殊医学用途配方食品临床应用的技术指导和质量监控		⑤医保部门加强医疗机构与特殊医学用途配方食品有关的临床诊疗收费项目管理	⑤市场监管部门加强医疗机构特殊医学用途配方食品经营环节质量安全监管	

发布部门	天津市卫生和计划生育委员会	四川省临床营养质量控制中心	河北省卫生和计划生育委员会办公室	济南市卫生健康委员会、济南市市场监督管理局、济南市医疗保障局	湖北省卫生健康委员会
采购	无	医疗机构应当建立特殊医学用途配方食品遴选制度。由临床营养科根据临床需求向 FSMP 专家委员会提出书面申请，对符合资质的特殊医学用途配方食品经本机构 FSMP 专家委员会讨论审核通过后，由医院采购部门审批采购	由营养科综合临床建议提出申请，经营养支持管理小组讨论审核后交由医院有关部门审批采购	无	医疗机构应当建立特殊医学用途配方食品遴选制度和定期评估制度。由临床营养科根据临床需求向 FSMP 管理工作小组提出书面申请，对符合资质的特殊医学用途配方食品经 FSMP 管理工作小组讨论审核通过后，由医院采购部门审批采购 医疗机构应建立特殊医学用途配方食品供应商及价格确定管理制度、特殊医学用途配方食品退出制度、采购变更处理制度以及自带特殊医学用途配方食品管理制度

江苏省市场监督管理局、江苏省卫生健康委员会和江苏省医疗保障局	上海市市场监督管理局、上海市卫生健康委员会	国家卫生健康委医院管理研究所	黑龙江省卫生健康委员会、黑龙江省市场监督管理局	海南省卫生健康委员会	吉林省市场监督管理厅，吉林省卫生健康委员会和吉林省医疗保障局
特殊医学用途配方食品经营者应当查验特殊医学用途配方食品供货商和生产商的许可资质、产品注册证书、产品全项目合格检验报告、进口产品检验检疫证明等证明文件，核对食品标签、说明书内容是否与注册的标签、说明书一致，如实记录产品名称、规格、数量、生产日期或者批号、保质期、进货日期以及供货者名称、地址、联系方式等内容，并保存相关凭证记录。记录和凭证保存期限不得少于产品保质期满后6个月	严格医疗机构采购、贮存、销售特殊医学用途配方食品的管理，禁止以普通食品冒充特殊医学用途配方食品向病患推荐使用	医疗机构FSMP专家委员会应建立医疗机构的准入和定期评估制度，包括遴选、采购、定期评估和退出等；医疗机构应当建立本机构的《医院特殊医学用途配方食品目录》并实施管理	医疗机构应设立专门机构实施特殊医学用途配方食品规范化管理，从营养诊疗行为、产品采购、临床效果评价、储存、处方、审核、不良事件登记和退出机制、电子化存档记录进行全流程管理；应建立特殊医学用途配方食品遴选制度，制定本机构的《基本特殊医学用途配方食品供应目录》，建立特殊医学用途配方食品产品准入、遴选、审核和定期评估、退出制度	医疗机构临床营养科应按规定建设标准的特殊医学用途配方食品配制室，并根据实际情况建立本机构特殊医学用途配方食品配制、配送和存储保管制度	无

发布部门	天津市卫生和计划生育委员会	四川省临床营养质量控制中心	河北省卫生和计划生育委员会办公室	济南市卫生健康委员会、济南市市场监督管理局、济南市医疗保障局	湖北省卫生健康委员会
配制管理	①取得营养专业技术职务任职资格的人员方可从事处方调剂工作。签名或者专用签章式样应当在本机构留样备查 ②具有营养专业技术职务任职资格的人员负责处方审核、评估、核对、发放以及安全指导 ③应当按照操作规程调剂处方：认真审核处方，正确书写和粘贴标签，注明患者姓名和特殊医学用途配方食品名称、用法、用量、包装；向患者交付时，按照处方用法，进行交代与指导，包括每种特殊医学用途配方食品的用法、用量、注意事项等	医疗机构临床营养科应按规定建设标准的特殊医学用途配方食品配制室。取得特殊医学用途配方食品医嘱资质临床营养医（技）师或临床医师应根据患者病情制定个体化特殊医学用途配方食品配方，交由特殊医学用途配方食品配制室配制，送至病房使用。根据实际情况建立本机构特殊医学用途配方食品配制、配送和存储管制度	无	医疗机构做好特殊医学用途配方食品的调配、临床应用和肠内营养配制室的设置与卫生规范。特殊医学用途配方食品需要进行临床配制使用的，应当设立专门的肠内营养配制室，并建立相应的配制操作规范。配制室的布局、设备等应符合要求，确保配制产品的安全性	医疗机构临床营养科应按规定建设标准的特殊医学用途配方食品配制室，并根据实际情况建立本机构特殊医学用途配方食品配制、配送和存储保管制度

江苏省市场监督管理局、江苏省卫生健康委员会和江苏省医疗保障局	上海市市场监督管理局、上海市卫生健康委员会	国家卫生健康委医院管理研究所	黑龙江省卫生健康委员会、黑龙江省市场监督管理局	海南省卫生健康委员会	吉林省市场监督管理厅，吉林省卫生健康委员会和吉林省医疗保障局
对特殊医学用途配方食品进行二次灌装的，应当在独立的肠内营养配置室完成	医疗机构配制供病人食用的营养餐应当符合特殊医学用途配方食品临床应用质量控制的有关管理要求	医疗机构营养科应按规定建设标准的 FSMP 配制室（标准同肠内营养配制室）或与肠内营养配制室合用	临床营养科应设置医疗区和营养治疗制备区。应按规定建设标准的特殊医学用途配方食品配制室，并建立配制、配送和存储管理制度	无	无

发布部门	天津市卫生和计划生育委员会	四川省临床营养质量控制中心	河北省卫生和计划生育委员会办公室	济南市卫生健康委员会、济南市市场监督管理局、济南市医疗保障局	湖北省卫生健康委员会
配制管理	④营养专业技术人员应对处方适宜性进行审核，审核内容包括：处方用特殊医学用途配方食品与营养诊断的相符性；剂量、用法的正确性；选用剂型与给特殊医学用途配方食品途径的合理性；是否有重复使用现象；其他不适宜情况				

江苏省市场监督管理局、江苏省卫生健康委员会和江苏省医疗保障局	上海市市场监督管理局、上海市卫生健康委员会	国家卫生健康委医院管理研究所	黑龙江省卫生健康委员会、黑龙江省市场监督管理局	海南省卫生健康委员会	吉林省市场监督管理厅，吉林省卫生健康委员会和吉林省医疗保障局

发布部门	天津市卫生和计划生育委员会	四川省临床营养质量控制中心	河北省卫生和计划生育委员会办公室	济南市卫生健康委员会、济南市市场监督管理局、济南市医疗保障局	湖北省卫生健康委员会
收费管理/信息化管理	无	医疗机构在使用特殊医学用途配方食品时，应规范收费管理，以医疗膳食费或其他经物价部门批准的收费项目进行收费。医疗机构应当建立特殊医学用途配方食品的领取、使用和收费等管理流程，充分利用信息化手段促进特殊医学用途配方食品的规范应用	收费：以伙食费记账或其他经物价部门批准的收费项目收费。信息化：医疗机构应当充分利用信息化手段促进特殊医学用途配方食品合理应用	建立便捷高效的营养诊疗信息模块。以营养治疗标准化流程为基础，建立健全营养诊断治疗信息模块和营养治疗专业数据库，将经过注册批准的特殊医学用途配方食品经营和使用，嵌入医疗机构医院信息系统（HIS、LIS、EMR）。自选编码在门诊收费，不计入医保费用。并对接处方、医嘱、收费和库房管理等子系统，实现集中统一规范管理。对经过注册批准的特殊医学用途配方食品进行编码收费，医疗机构根据特殊医学用途配方食品成本费用自主定价，进行价格公示	医疗机构应当建立特殊医学用途配方食品的领取、使用和收费等管理流程，以经物价部门批准的收费项目（如特殊疾病营养治疗）进行收费。充分利用信息化手段促进特殊医学用途配方食品的规范应用

江苏省市场监督管理局、江苏省卫生健康委员会和江苏省医疗保障局	上海市市场监督管理局、上海市卫生健康委员会	国家卫生健康委医院管理研究所	黑龙江省卫生健康委员会、黑龙江省市场监督管理局	海南省卫生健康委员会	吉林省市场监督管理厅，吉林省卫生健康委员会和吉林省医疗保障局
鼓励医疗机构将特殊医学用途配方食品使用纳入医疗机构信息系统，并对接处方、医嘱、收费和库房管理等子系统，实现使用全过程规范管理。医疗机构应当规范特殊医学用途配方食品的收费管理，可以参照药品的管理模式，对经过注册批准的特殊医学用途配方食品进行编码收费，方便特殊医学用途配方食品的采购、入库、开具和出库销售等收费相关环节的集中规范管理	各医疗机构应当认真落实食品安全主体责任，依据相关法律法规和技术规范，建立和完善特殊医学用途配方食品供应商评价、进货查验、贮存、销售使用档案、从业人员健康管理、食品安全自查、应急处置等管理制度	建立信息化管理可提高管理效率，实现 FSMP 全流程和规范化的闭环管理，FSMP 的信息化管理应嵌入医疗机构医院信息系统（如 HIS），对接处方、医嘱、仓储场所管理等子系统，并自动纳入相应计费名录，实现集中统一规范管理	①建立便捷高效的营养诊疗信息模块。以营养治疗标准化流程为基础，建立健全营养诊断治疗信息模块和营养治疗专业数据库②临床营养科收费途径可根据各自医院规定自行管理。建议通过单独系统对处方、医嘱、收费和库房仓储进行规范化管理，若与 HIS 等系统对接处方权应由临床营养科独立完成③对经批准注册的特殊医学用途配方食品进行编码收费，医院自主定价，价格公示	以经物价部门批准的收费项目（如特殊疾病营养治疗）进行收费。医疗机构应当充分利用信息化手段促进特殊医学用途配方食品合理应用。医疗机构应建立特殊医学用途配方食品供应商及价格确定管理制度、特殊医学用途配方食品退出制度、采购变更处理制度以及自带特殊医学用途配方食品管理制度。医疗机构在使用特殊医学用途配方食品时，应规范收费管理。鼓励医疗机构对临床营养诊疗和经过批准上市销售	医疗机构建立便捷高效的营养诊疗信息模块。以营养治疗标准化流程为基础，建立健全营养诊断治疗信息模块和营养治疗专业数据库，将经过注册批准的特殊医学用途配方食品经营和使用，嵌入医疗机构医院信息系统（HIS、LIS、EMR）。自选编码收费，并对接处方、医嘱、收费和库房管理等子系统，实现集中统一规范管理

发布部门	天津市卫生和计划生育委员会	四川省临床营养质量控制中心	河北省卫生和计划生育委员会办公室	济南市卫生健康委员会、济南市市场监督管理局、济南市医疗保障局	湖北省卫生健康委员会
收费管理 / 信息化管理					

江苏省市场监督管理局、江苏省卫生健康委员会和江苏省医疗保障局	上海市市场监督管理局、上海市卫生健康委员会	国家卫生健康委医院管理研究所	黑龙江省卫生健康委员会、黑龙江省市场监督管理局	海南省卫生健康委员会	吉林省市场监督管理厅，吉林省卫生健康委员会和吉林省医疗保障局
			④鼓励医疗机构将特殊医学用途配方食品使用纳入医疗机构信息系统，并对接处方、医嘱、收费和库房管理等子系统，实现使用全过程规范管理	的特殊医学用途配方食品，进行价格公示，或以经物价部门批准的收费项目（如医疗膳食费、特殊疾病营养治疗等）进行收费，将特殊医学用途配方食品经营使用项目纳入收费系统在门诊收费	

发布部门	天津市卫生和计划生育委员会	四川省临床营养质量控制中心	河北省卫生和计划生育委员会办公室	济南市卫生健康委员会、济南市市场监督管理局、济南市医疗保障局	湖北省卫生健康委员会
经营/医务人员和临床营养师资质及培训要求	本规定所称特殊医学用途配方食品处方,是指由注册的执业医师、执业助理医师、营养医师和营养师在诊疗活动中为患者开具的、由取得营养专业技术职务任职资格的营养专业技术人员审核、调配、核对,并作为患者使用凭证的医疗文书。处方包括医疗机构病区使用医嘱单。本规定适用于与处方开具、调剂、保管相关的医疗机构及其人员。	无	①医疗机构医师和临床营养师经特殊医学用途配方食品临床应用知识和规范化管理培训并考核合格后方可获得相应的特殊医学用途配方食品医嘱资质,特殊医学用途配方食品由取得资质者开具 ②医疗机构应当对使用特殊医学用途配方食品的执业医师、营养师进行培训并考核,考核合格后方可以开具特殊医学用途配方食品处方	合理配备医生和临床营养医师。从明年开始,将临床营养诊疗工作纳入公立医院绩效评价体系,考核结果与医务人员岗位聘用、职称评聘、薪酬待遇等挂钩	①湖北省临床营养质控中心定期组织开展特殊医学用途配方食品临床应用知识和规范化管理培训。经培训合格的临床营养师或临床医师应根据患者病情开具特殊医学用途配方食品配方,交由特殊医学用途配方食品配制室配制,送至病房使用 ②医疗机构应当对使用特殊医学用途配方食品的执业医师、营养师进行培训并考核,考核合格后方可以开具特殊医学用途配方食品处方

续表

江苏省市场监督管理局、江苏省卫生健康委员会和江苏省医疗保障局	上海市市场监督管理局、上海市卫生健康委员会	国家卫生健康委医院管理研究所	黑龙江省卫生健康委员会、黑龙江省市场监督管理局	海南省卫生健康委员会	吉林省市场监督管理厅，吉林省卫生健康委员会和吉林省医疗保障局
医疗机构应当对使用特殊医学用途配方食品的执业医师、营养师进行培训并考核，考核合格后方可以开具特殊医学用途配方食品处方。特殊医学用途配方食品经营者应当配备专职或者兼职的食品安全管理人员。食品安全管理人员应当经过食品安全法律、法规、标准及营养学、药学等相关专业知识的培训，并通过考核	患者在医生或临床营养师指导下使用特殊医学用途配方食品。各医疗机构应当配备专职或者兼职的食品安全管理人员，食品安全管理人员应当经过食品安全法律、法规等相关知识的培训，经考核合格后上岗	涉及 FSMP 应用的相关医务人员，需经过各省市 FSMP 专家委员会进行 FSMP 相关知识、规范应用和管理方面的培训并考核合格。医师和临床营养师等相关人员应每年参加不少于 2 次的临床营养相关的继续教育培训和学术交流等活动，了解临床营养发展的前沿信息，掌握 FSMP 适应证、禁忌证、不良反应及处理	由医生或临床营养师对特殊医学用途配方食品的临床应用进行指导	医疗机构医师和临床营养师经特殊医学用途配方食品临床应用知识和规范化管理培训并考核合格后方可开具特殊医学用途配方食品处方	医疗机构应当对使用特殊医学用途配方食品的执业医师、营养师进行培训并考核，考核合格后方可以开具特殊医学用途配方食品处方

发布部门	天津市卫生和计划生育委员会	四川省临床营养质量控制中心	河北省卫生和计划生育委员会办公室	济南市卫生健康委员会、济南市市场监督管理局、济南市医疗保障局	湖北省卫生健康委员会
定期评估	无	医疗机构临床营养医（技）师和临床医师参加省临床营养质量控制中心组织的特殊医学用途配方食品临床应用知识和规范化管理培训，经过考核合格后方可获得相应的特殊医学用途配方食品医嘱资质	医疗机构应当建立特殊医学用途配方食品遴选和定期评估制度	无	医疗机构应当开展特殊医学用途配方食品临床应用监测工作，分析本机构特殊医学用途配方食品使用情况，评估特殊医学用途配方食品使用合理性

江苏省市场监督管理局、江苏省卫生健康委员会和江苏省医疗保障局	上海市市场监督管理局、上海市卫生健康委员会	国家卫生健康委医院管理研究所	黑龙江省卫生健康委员会、黑龙江省市场监督管理局	海南省卫生健康委员会	吉林省市场监督管理厅，吉林省卫生健康委员会和吉林省医疗保障局
特殊医学用途配方食品经营者应当建立不合格食品处置制度，定期检查库存和货架陈列的特殊医学用途配方食品，及时清理破损、变质或者超过保质期等不能保证产品安全性和营养充足性的产品。还应建立产品召回记录制度	卫生健康行政部门强化特殊医学用途配方食品的营养和食品安全风险监测与评估，不断完善行业管理相关制度	FSMP应用过程中，除了监测营养治疗效果之外，还需密切关注不良反应，并且科学评估临床获益。临床结局指标包括：患者营养状况、并发症、住院时间、住院费用（经济学获益）、再入院率、患者生活质量和生存状况（质量生命年、死亡风险）等	无	二级以上综合医疗机构应当设置临床营养科，配备医师和临床营养师，由医师和临床营养师负责对特殊医学用途配方食品的使用进行审核、评估及指导	无

发布部门	天津市卫生和计划生育委员会	四川省临床营养质量控制中心	河北省卫生和计划生育委员会办公室	济南市卫生健康委员会、济南市市场监督管理局、济南市医疗保障局	湖北省卫生健康委员会
经营机构／医疗机构经营管理	市卫生计生行政部门负责三级医疗机构特殊医学用途配方食品处方的监督管理；区、县卫生计生行政部门负责辖区内所有医疗机构特殊医学用途配方食品处方的监督管理	特殊医学用途配方食品临床应用知识和规范化管理培训和考核内容应当包括：《中华人民共和国食品安全法》、《特殊医学用途配方食品通则》等相关法律、法规、规章制度和技术规范；特殊医学用途配方食品临床应用及管理制度；常用特殊医学用途配方食品的营养特点与使用注意事项；营养不良反应的防治	无	无	无

江苏省市场监督管理局、江苏省卫生健康委员会和江苏省医疗保障局	上海市市场监督管理局、上海市卫生健康委员会	国家卫生健康委医院管理研究所	黑龙江省卫生健康委员会、黑龙江省市场监督管理局	海南省卫生健康委员会	吉林省市场监督管理厅,吉林省卫生健康委员会和吉林省医疗保障局
特殊医学用途配方食品经营者应当设定专门的区域或者柜台(货架)用于贮存、陈列和销售特殊医学用途配方食品,不得与普通食品、药品等其他商品混放销售。销售区域或者柜台(货架)所处显著位置应当设立提示牌,注明:"特殊医学用途配方食品销售专区(或者专柜)"字样,提示牌为绿底白字(黑体),大小应当能使消费者醒目辨识。对有温湿度控制要求的特殊医学用途配方食品,特殊医学用途配方食品经营者应当能够满足产品贮存和销售所需的温湿度要求	市场监管部门加强医疗机构特殊医学用途配方食品经营环节质量安全监管,开展对辖区内医疗机构经营特殊医学用途配方食品的监督检查,重点检查医疗机构特殊医学用途配方食品进货和贮存等是否符合法律法规和食品安全标准要求,是否存在违规经营、违规宣传疾病预防治疗功能等行为	无	陈列贮存特殊医学用途配方食品应设立专区或专柜,不得与药品混放销售,并在显著位置设立提示牌,标明"特殊医学用途配方食品专区(或专柜)"	①医疗机构应当成立临床营养管理委员会,下设特殊医学用途配方食品管理工作小组。临床营养管理委员会由分管领导负责,临床营养科、临床科室、医务和护理等部门负责人组成。管理小组由医务、营养、护理等部门负责人和相关专业人员组成,营养科负责日常管理工作 ②医疗机构临床营养管理委员会主要职责:领导、组织、协调本单位临床营养工作规范有序开展,执行省临床营养质量控制中心制定的临	无

发布部门	天津市卫生和计划生育委员会	四川省临床营养质量控制中心	河北省卫生和计划生育委员会办公室	济南市卫生健康委员会、济南市市场监督管理局、济南市医疗保障局	湖北省卫生健康委员会
经营机构/医疗机构经营管理					

江苏省市场监督管理局、江苏省卫生健康委员会和江苏省医疗保障局	上海市市场监督管理局、上海市卫生健康委员会	国家卫生健康委医院管理研究所	黑龙江省卫生健康委员会、黑龙江省市场监督管理局	海南省卫生健康委员会	吉林省市场监督管理厅，吉林省卫生健康委员会和吉林省医疗保障局
				床营养质控标准；定期听取临床营养工作和特殊医学用途配方食品管理工作汇报，讨论分析存在的主要问题，制定持续改进工作措施和临床营养工作目标 ③特殊医学用途配方食品管理工作小组主要职责：贯彻执行特殊医学用途配方食品管理相关的法律、法规、规章，制定本机构特殊医学用途配方食品管理制度并组织实施；审议本机构特殊医学用途配方食品供应目录，制定特殊医学用途配方食品临床应	

发布部门	天津市卫生和计划生育委员会	四川省临床营养质量控制中心	河北省卫生和计划生育委员会办公室	济南市卫生健康委员会、济南市市场监督管理局、济南市医疗保障局	湖北省卫生健康委员会
经营机构/医疗机构经营管理					

江苏省市场监督管理局、江苏省卫生健康委员会和江苏省医疗保障局	上海市市场监督管理局、上海市卫生健康委员会	国家卫生健康委医院管理研究所	黑龙江省卫生健康委员会、黑龙江省市场监督管理局	海南省卫生健康委员会	吉林省市场监督管理厅，吉林省卫生健康委员会和吉林省医疗保障局
				用相关技术性文件，并组织实施；对临床营养科根据临床需求提出的特殊医学用途配方食品采购进行审核，由医疗机构采购部门统一采购；定期监测和评估医疗机构 ④特殊医学用途配方食品临床应用，以及不良事件的收集和处理；对医务人员进行特殊医学用途配方食品管理相关法律、法规、规章制度和技术规范培训，组织对患者合理使用特殊医学用途配方食品的宣传教育	

（二）相关标准

我国第一部特殊医学用途配方食品标准的制订开始于 2003 年修订《食品安全国家标准　婴儿配方食品》（GB 10765）的工作，当时国际食品法典委员会正在修订《婴儿配方食品标准》（Codex Stan 72–1981），该标准修订版本《婴儿配方及特殊医用婴儿配方食品标准》（Codex Stan 72–1981，Rev.1 2007）于 2007 年发布，其 B 部分为特殊医学用途婴儿配方食品。

1. 产品通则标准

基于国际食品法典委员会修订的标准，在修订我国《食品安全国家标准 婴儿配方食品》（GB 10765—2010）的同时，编写组也完成了《食品安全国家标准　特殊医学用途婴儿配方食品通则》（GB 25596—2010）的制订工作。原卫生部于 2010 年正式发布该标准，2013 年发布了《食品安全国家标准　特殊医学用途配方食品通则》（GB 29922—2013），并制订发布了《食品安全国家标准 特殊医学用途配方食品良好生产规范》（GB 29923—2013），规范了特殊医学用途配方食品的生产。特殊医学用途配方食品主要执行的标准情况详见表 10–3。

生产特殊医学用途配方食品的原料除了需要满足《食品安全法》的一般要求外，还需要满足食品安全标准方面的要求："特殊医学用途配方食品中所使用的原料应符合相应的标准和（或）相关规定，禁止使用危害食用者健康的物质"。

国家标准 GB 25596—2010 规定使用的食品添加剂质量应符合相应的安全标准和有关规定。国家标准 GB 29922—2013 规定，针对 1 ～ 10 岁人群的特殊医学用途配方食品中食品添加剂的使用可参照《食品添加剂使用标准》（GB 2760）婴幼儿配方食品中允许的添加剂种类和使用量，对于 10 岁以上人群的产品中添加剂的使用可参照《食品添加剂使用标准》中相同或相近产品中允许使用的添加剂种类和使用量。添加剂的质量规格需要符合相应质量规格标准和有关规定。特殊医学用途配方食品使用的营养强化剂应符合《食品安全国家标准 食品营养强化剂使用标准》（GB 14880）的规定，营养强化剂的质量规格需要符合相应质量规格标准和有关规定。

2. 包装和标签

特殊医学用途配方食品的标签需要符合《预包装特殊膳食用食品标签》（GB 13432）要求，而且针对标签的一般要求，也应符合《预包装食品标签通则》（GB 7718）等标准的规定。

标签中需要对产品的配方特点或营养学特征进行描述，并应标示产品的类别和适用人群，同时还应标示"不适用于非目标人群使用"内容。要求标签中应在醒目位置标示"请在医生或临床营养师指导下使用"，以及应标示"本品禁止用于肠外营养支持和静脉注射"，并要求标注"使用说明"等内容。使用说明内容包括：有关产品使用、配制指导说明及图解、贮存条件，以及应对配制不当和使用不当可能引起的健康危害给予警示说明等内容。包装要求方面，可以使用食品级和（或）纯度 ≥ 99.9% 的二氧化碳和（或）氮气作为包装介质（目前相关标准已经修订，按照新标准规定执行）。

当前，我国的特殊医学用途配方食品已经建立了初步的法规标准体系，并且进行了严格的监管，保障了这类食品的安全、营养以及临床效果。我国是人口大国，人口老龄化严重，2017 年国务院办公厅印发的《国民营养计划（2017—2030 年）》开展的 6 项重大行动之一就是临床营养行动，提出要推动特殊医学用途配方食品和治疗膳食的规范化应用；进一步研究完善特殊医学用途配方食品标准，细化产品分类，促进特殊医学用途配方食品的研发和生产；加强医护人员相关知识培训。由此可见，国家高度重视疾病状况人群的营养改善工作。随着临床医生和患者对这类食品的认识越来越广泛、深入，对特殊医学用途配方食品的使用需求将日益增加，未来特殊医学用途配方食品产业将有很大发展空间。

表10-3 我国特殊医学用途配方食品主要标准

名称	实施时间	发布部门	主要内容
食品安全国家标准 特殊医学用途配方食品良好生产规范（GB 29923—2013）	2015.01.01	原国家卫生和计划生育委员会	规定了特殊医学用途配方食品良好生产相关要求
食品安全国家标准 特殊医学用途配方食品通则（GB 29922—2013）	2014.07.01	原国家卫生和计划生育委员会	规定了适用于1岁以上人群的特殊医学用途配方食品的技术要求，包括全营养配方食品、特定全营养配方食品和非全营养配方食品
食品安全国家标准 特殊医学用途婴儿配方食品通则（GB 25596—2010）	2012.01.01	原卫生部	规定了适用于1岁以下人群的特殊医学用途配方食品的技术要求
食品安全国家标准 食品营养强化剂使用标准（GB 14880—2012）	2013.01.01	原卫生部	规定了食品营养强化的主要目的、使用营养强化剂的要求，可强化食品类别的选择要求以及营养强化剂的使用规定
食品安全国家标准 食品添加剂使用标准（GB 2760—2014）	2015.05.24	原国家卫生和计划生育委员会	规定了食品添加剂的使用原则、允许使用的食品添加剂品种、适用范围及最大使用量或残留量
食品安全国家标准 食品中真菌毒素限量（GB 2761—2017）	2017.09.17	原国家卫生和计划生育委员会	规定了食品中黄曲霉毒素 B_1、黄曲霉毒素 M_1、脱氧雪腐镰刀菌烯醇、展青霉素、赭曲霉毒素 A、玉米赤霉烯酮的限量指标
食品安全国家标准 食品中污染物限量（GB 2762—2017）	2017.09.17	原国家卫生和计划生育委员会	规定了食品中铅、镉、亚硝酸盐等污染物的限量指标
食品安全国家标准 预包装食品标签通则（GB 7718—2011）	2012.04.20	原卫生部	规定了预包装食品标签标识应符合的要求
食品安全国家标准 预包装特殊膳食用食品标签（GB 13432—2013）	2015.07.01	原国家卫生和计划生育委员会	规定了预包装特殊膳食用食品标签标识应符合的要求

三、国外主要国家和地区特殊医学用途配方食品概况

特殊医学用途配方食品在国外有着几十年的使用历史，欧美国家使用较早，产品成熟且种类丰富，例如美国、欧盟、澳大利亚、新西兰、日本等发达国家或地区对特殊医学用途配方食品均给予了明确法律地位，相关的法律法规和监管措施相对完善。目前大多数亚洲国家特殊医学用途配方食品产业与市场仍处于发展的初级阶段，政府方面的上市许可与监督管理，以及企业的研发投入和能力、市场销售和推广的经验尚显不足。

特殊医学用途配方食品最早起源于美国。由于普通食品不能够满足慢性病患者、老年人群的特殊营养需求，特殊医学用途配方食品应运而生。全球首例特殊医学用途配方食品诞生于1957年，经美国食品药品管理局批准作为孤儿药上市，用于苯丙酮尿症患儿的膳食治疗。1973年诞生了第一个成人全营养配方食品，1988年诞生了第一个成人疾病配方食品，1988年美国《孤儿药品法》首次对医用食品进行定义。不同国家/地区/国际组织对特殊医学用途配方食品的定义名称如表10-4所示。

表10-4 不同国家/地区/国际组织特殊医学用途配方食品名称

国家/地区/组织	发布时间	法规/标准文号	英文名称	中文名称
国际食品法典委员会	1991年	CODEX STAN 180—1991	Foods for Special Medical Purpose	特殊医学用途配方食品
欧盟	1999年	1999/21/EC	Dietary Foods for Special Medical Purpose	特殊医学用途膳食食品
美国	1988年	PUBLICLAW 100–290—APR.18, 1988	Medical Foods	医用食品

续表

国家/地区/组织	发布时间	法规/标准文号	英文名称	中文名称
日本	2002 年	日本健康增进法 2002 年 103 号	Food for Sick	病人用特殊用途食品
澳新	2012 年	Standard 2.9.5–Foods for Special Medical Purpose	Foods for Special Medical Purpose	特殊医疗食品
中国	2010 年	GB 25596—2010	Foods for Special Medical Purpose	特殊医学用途婴儿配方食品
	2013 年	GB 29922—2013		特殊医学用途配方食品

（一）国际食品法典委员会

1991 年，国际食品法典委员会发布了《特殊医学用途配方食品标签和声称法典标准》（Codex Stan 180—1991），详细规定了特殊医学用途配方食品的定义和标签标识，最早对"特殊医学用途配方食品"给出了明确定义。2007 年发布了新修订的《婴儿配方及特殊医用婴儿配方食品标准》（Codex Stan 72—1981，Rev.1 2007），该标准的 B 部分明确规定了特殊医学用途婴儿配方食品的营养成分应以正常婴儿配方食品的要求为基础，其配方组成和用量可根据疾病状况进行适当调整。

国际食品法典委员会关于特殊医学用途配方食品的定义：为患者进行膳食管理并仅能在医生监督下使用，是经特殊加工或配制的用于特殊膳食的一类食品。这种食品是为那些对普通食品或其中的某些营养素在进食、消化、吸收或代谢方面受限或有障碍的患者，或因病情有其他特殊营养需求的人，或者其膳食不能仅通过改善正常膳食而必须使用特殊膳食或与两者结合而进行管理的人，而使用的一类食品。定义明确了该产品的属性是一类食品，以及其目标人群、作用和使用方法。

（二）欧盟

1999 年，欧盟正式颁布了《特殊医学用途膳食食品指令》（1999/21/EC），在产品定义和标签方面直接采纳了国际食品法典委员会的规定，将特殊医学用途膳食食品定义为：用于患者膳食管理有特殊营养用途的加工或配方食品，需在医生监护下使用。将该类产品分为三类：全营养标准配方食品、针对某种疾病或临床要求的全营养配方食品、非全营养配方食品和特定全营养配方食品。除此之外，欧盟还出台了一系列文件规定了特殊医学用途膳食食品中食品添加剂标准、微生物限量和相应标签标识规范。

（三）美国

1988 年，美国首次在药品法修订版中对医用食品给予明确定义。医用食品是：用于特殊疾病或状态下的膳食管理，为满足特定营养需求，且基于公认的科学原则并建立在医学评估基础上的用于肠内的配方食物，强调了其使用需要在医生的指导下进行[①]。同时将医用食品分为四类：全营养配方、非全营养配方（包括组件类产品）、1 岁以上代谢紊乱患者的配方食品和口服的补水产品。同年，美国食品药品管理局首次出台了对医用食品生产和进口的指导原则，包括生产、抽样、检验和判定等多项内容，规定在医用食品中添加新成分和新原料需要进行 GRAS 评估，但是新产品不需要上市前的注册和批准。

（四）澳大利亚和新西兰

2012 年 6 月，澳新食品标准局发布了特殊医疗食品相关标准（Standard 2.9.5–Foods for Special Medical Purpose），与国际食品法典委员会的较为相近，并于 2014 年 6 月起正式实施。该标准主要规定了特

---

① 黄龙. 特殊医学用途配方食品的开发与精益制造［M］. 上海：华东理工大学出版社，2019.

殊医疗食品的定义、销售、营养素含量以及标签标识等四部分内容，其产品定义基本上等同采用了国际食品法典委员会标准中的定义，标签标识中也强调了要标识产品的营养成分及含量、渗透压，在医生或营养师指导下使用等信息。

（五）日本

2002 年，日本健康增进法（第 103 号法律）第 26 条确定了患者用特殊用途食品的法律地位，该类食品上市前需要通过日本厚生省批准。对于患者用标准配方食品，日本厚生省根据每类患者用特殊用途食品的许可标准对所申报产品配方进行审核批准，许可标准中对于各种营养素的限量有明确规定，而且许可所需时间短，程序简单。需要个别审批的食品，厚生省对于所申报产品进行全面的技术审评和批准，所需时间长，审批流程复杂。

各国和地区对这类食品的监管模式、广告监管、销售渠道、医保报销等情况具体见表 10-5。

表10-5 部分国家/地区特殊医学用途配方食品的监管模式

国家/地区	监管机构	管理模式	广告监管	销售渠道监管	医保报销
美国	美国食品药品管理局（FDA）及其下属的法规/科学数据办公室（ORA）、食品安全与应用营养中心（CFSAN）	没有适用于医用食品的上市前审核要求，即没有批准上市、标签、提交注册或临床试验/科学数据方面的要求。但FDA有权在医用食品上市后对其进行监管。FDA采用上市后监管方式包括警告函、召回、没收、禁制令、刑事检控或其他必要措施。FDA还可以实施随机市场监管。	符合通用的广告要求即可	销售渠道一般不受限制，方便病患使用。但婴儿配方食品需要由医生推荐并通过药房或电子商务等方式购买，或者直接分销至医院（诊所）或者州或者联邦机构等单位	在美国，专用营养品的报销各有不同，且取决于付款人（政府或商业付款人）、服用方法（口服或喂管）以及疾病患者的诊断与护理计划
加拿大	加拿大卫生部（HC）、加拿大大食品检验局（CFIA）、加拿大大边境服务局（CBSA）	没有关于特殊膳食用途食品的注册要求。加拿大食品检验局根据召回食品产品有关的健康风险等级对召回进行分类	没有专门针对特殊膳食食品的广告要求	没有专门针对特殊膳食食品销售渠道的限制	没有相关规定
欧盟	欧洲议会、欧盟委员会及其下属的健康与食品安全总司（DG SANTE）	成员国首次上市特殊医学用途膳食食品，其生产商或进口商应当向主管机构提交产品标签样稿，以在欧盟境内进行通报	不允许该类食品进行声称	没有专门针对特殊医学用途膳食食品销售渠道的限制	没有相关规定

续表

国家/地区	监管机构	管理模式	广告监管	销售渠道监管	医保报销
荷兰	荷兰公共健康、福利和体育部、荷兰食品和消费产品安全管理局（NVWA）、荷兰乳及乳制品管理局（COKZ）	遵照欧盟的管理模式下，由国内监管部门实施监督检查 ①所有生产特殊医学用途膳食品的企业必须得到认可注册 ②COKZ对乳品行业执行欧盟5个食品卫生相关指令的合规情况进行监督检查。对乳品公司进行EC认证检查 ③制造商或者进口商在首次销售特殊医学用途膳食品时，必须将标签样本送交荷兰食品和消费产品安全管理局（NVWA）。提交标签并不意味着NVWA当即对其进行预防性检测。当产品在市场上的检验过程中被发现时也可能进行检测 ④NVWA负责检查判定某个产品是否具特殊医学用途膳食品	遵照欧盟法规，不允许对特殊医学用途膳食品进行声称	对于荷兰国内销售的特殊医学用途膳食品，需要符合《852/2004条例》等规定	特殊医学用途膳食品被纳入到荷兰医保报销系统中，公共健康、福利和体育部主要负责医院及报销体系等相关事宜，下设的卫生和青年保健监察局是主要的管控部门。其报销主要符合《卫生保健法》中总人口的医疗社会保险制度

续表

国家/地区	监管机构	管理模式	广告监管	销售渠道监管	医保报销
英国	英国的食品安全监管由联邦（国家）政府、地方主管机构及多个组织共同承担	延续欧盟的通报制度，并有更详细的规定 ①通报的主体是医学食品的生产商和进口商，通报时需要提交标签样稿并填写申请书 ②所有类别的医学食品，首次在英国全境上市时，都需要告知主管机构；相同配方不同包装规格的医学食品首次上市时，除了标签有重大变化，不需要再次通报。而对于不同口味的系列医学食品首次上市时，或者已上市的医学食品修改配方后再次上市时，则需要分别通报 ③主管机构可以要求申报人提供很多依据，如产品特殊成分质量和含量的确定依据，生产工艺等 ④非全营养配方食品应提供相关资料，说明其超出欧盟法规的依据 ⑤主管机构收到通报后，会告知地方主管机构	没有专门的广告要求	没有专门针对特殊医学用途膳食食品销售渠道的限制	所有类别的医学食品需经过批准，才可以通过国家医疗服务体系（NHS）进行报销。英国健康与社会保障部下的边开物质顾问委员会负责对医用食品进行评估，并向NHS建议是否需要给处于医学状况的人群开医学食品的处方，并获得100%的报销

续表

国家/地区	监管机构	管理模式	广告监管	销售渠道监管	医保报销
澳大利亚和新西兰	澳大利亚新西兰食品标准局、澳大利亚农业和水资源部（澳大利亚）、新西兰初级产业部（新西兰）	在新西兰，相应的法规标准要求食品供应商应该有审计食品控制计划，即建立在HACCP和GMP基础上并与食品生产加工条件相匹配。同时相关的标准中对特殊医疗食品的原料、营养素范围、标签标识和销售条件进行了规定。这些程序由核准的第三方审计贝按规定计划进行检查。根据食品类型，最少每年一次至平均3个月一次	没有专门的广告要求	澳新对特殊医疗食品产品的销售进行了限制，仅允许在医生或营养师指导（医学监督）下，在医院、养老机构、康复中心、寄宿学校，或者类似机构，或者是由主要经营特殊医疗食品，并供货满2年的经销商售卖，不对外出售	澳新只有部分特殊医疗食品产品能够得到医疗保险的补偿，并与医保政策类型相关，要求该产品是"真正被患者所需要的"。新西兰政府有一项PHARMAC的基金体系，对其具体的产品提供补助。只有列入相应药品清单的产品才能提供补助，并设置一定的限制条件

续表

国家/地区	监管机构	管理模式	广告监管	销售渠道监管	医保报销
日本	食品安全监管机构从级别上分为国家和地方两个层面。国家层面包括食品安全委员会、厚生劳动省、农林水产省;地方层面主要为地方都道府县中的食品安全行政机构	产品申请和批准由部门主管,且有严格的管理程序。申请人向所在地的保健所提交申请必要的文件资料,从申请到获批最快6个月时间,对应消费者厅提出的照会事项,也有可能需要1～2年。审核通过后,消费者厅食品标签部通过申请人所在保健所道府县取令市特别区授予许可证书的发放关于获批产品的维护,自获批年度起,申请方有义务每年向消费者厅提交一次能够满足获批标准要求的证明数据。此外,获批产品发生原料或包装变更,如产品没有实质变化,则提交变更备案即可。如产品有实质变化,则需要再次提出注册申请	没有专门的广告要求	没有专门针对销售渠道的规定	没有专门的规定

第十一章
特殊医学用途配方食品的作用与需求

特殊医学用途配方食品的广泛应用，可有效改善患者营养不良状态，降低住院患者发生并发症和感染的风险，改善医疗质量和减少家庭负担。2020 年国家卫生健康委发布的《新型冠状病毒肺炎重型、危重型病例诊疗方案（试行第二版）》《新型冠状病毒感染的肺炎防治营养膳食指导》中均提到肠内营养制剂（特殊医学用途配方食品）的使用，尤其对重型患者的营养支持治疗应尽早启动肠内营养。临床实践结果表明，特殊医学用途食品对老年、婴幼儿及孕妇等特殊人群在疾病治疗中能提供营养支持，可起到显著支持治疗效果的作用。许多研究均证实，医院和社区医疗下营养不良人群普遍可以从营养补充中获得包括营养、功能、卫生和经济学方面的好处[1]。

一、婴儿与特殊医学用途婴儿配方食品

我国每年新出生婴儿约 1000 万以上，其中部分婴儿由于各种疾病影响不能用母乳喂养或普通婴儿配方食品，特殊医学用途婴儿配方食品是这些婴儿生命早期或相当长时间内赖以生存的主要食物来源。

按患病率测算估计，我国每年至少出生约 100 万以上的特殊医学状况或特殊营养需求的婴儿，需要使用特殊医学用途婴儿配方食品（表 11–1）。

---

① 吴国豪，谈善军. 成人口服营养补充专家共识［J］. 中华胃肠外科杂志，2017，20（04）：361–365.

表 11-1　特殊医学状况或特殊营养需求婴儿数量估计

特殊营养需求婴儿		患病率 %	估算实际患病人数（以 2020 年新生儿 1200 万为基数）人 / 年
特殊医学用途婴儿配方食品（适用于 0 ～ 12 月龄）	早产 / 低出生体重婴儿配方[①]	7%	84 万
	牛奶蛋白过敏[②]	2.69%	32 万
	无乳糖配方	NA	NA
	氨基酸代谢障碍配方		
	苯丙酮尿症[③]	1/11800	1017
	枫糖尿症[③]	1/139000	86
	高胱氨酸尿症	1/200000 ～ 1/335000	36 ～ 60
	酪氨酸血症[③]	1/120000 ～ 1/100000	100 ～ 120
	甲基丙二酸血症[③]	1/28000–1/10000	429 ～ 1200
	丙酸血症[③]	0.6/100000–0.7/100000	72 ～ 84
	戊二酸血症 I 型[③]	1/60000	200
	异戊酸血症[③]	1/160000	75
	尿素循环障碍	1/30000	400

注：NA 指尚无参考数据。

随着我国全面放开三孩，在提升人口出生率的同时，由于高龄妊娠比例增加，不良妊娠结局的风险有可能升高（如早产儿、低出生体重儿等），可能将会加大对特殊医学用途配方食品的需求。特殊医学状况婴儿的营养需求主要分为以下几种类型（表 11-2）。

---

① 国家卫生健康委网站：http://www.nhc.gov.cn/fys/s3586/201703/0816ecd330c04c338c3fd468f1baf29f.shtml.

② Yang M，Tan MZ，Wu JL，et al. Prevalence，Characteristics，and Outcome of Cow's Milk Protein Allergy in Chinese Infants：A Population-Based Survey［J］. Journal of Parenteral and Enteral Nutrition，2019，43（6）：803.

③ 国家卫生健康委，罕见病诊疗指南（2019 年版）。

表 11-2　常见特殊医学用途婴儿配方食品的适用人群及技术要求

产品类别	适用的特殊医学状况	配方主要技术要求
无乳糖配方或低乳糖配方	乳糖不耐受婴儿	①配方中以其他碳水化合物完全或部分代替乳糖 ②配方中蛋白质由乳蛋白提供
乳蛋白部分水解配方	乳蛋白过敏高风险婴儿	乳蛋白经加工分解成小分子乳蛋白、肽段和氨基酸 配方中可用其他碳水化合物完全或部分代替乳糖
乳蛋白深度水解配方或氨基酸配方	食物蛋白过敏婴儿	①配方中不含食物蛋白 ②所使用的氨基酸来源应符合 GB14880 或标准规定 ③可适当调整某些矿物质和维生素的含量
早产 / 低出生体重婴儿配方	早产 / 低出生体重儿	①能量、蛋白质及某些矿物质和维生素的含量应高于标准的规定 ②早产 / 低体重婴儿配方应采用容易消化吸收的中链脂肪酸作为脂肪的部分来源，但中链脂肪酸不应超过总脂肪的40%
母乳营养补充剂	早产 / 低出生体重儿	可选择性地添加必需成分和可选择性成分，其含量可依据早产 / 低出生体重儿的营养需求及公认的母乳数据进行适当调整，与母乳配合使用可满足早产 / 低出生体重儿的生长发育需求
氨基酸代谢障碍配方	氨基酸代谢障碍婴儿	①不含或仅含有少量与代谢障碍有关的氨基酸，其他的氨基酸组成和含量可根据氨基酸代谢障碍做适当调整 ②所使用的氨基酸来源应符合 GB14880 或标准规定 ③可适当调整某些矿物质和维生素的含量

（一）乳糖不耐受

无乳糖或低乳糖配方食品适用于原发或继发乳糖不耐受的婴儿，配方中的乳糖由其他碳水化合物完全或部分代替。《食品安全国家标准 特殊医学用途婴儿配方食品》（GB 25596—2010）对粉状无乳糖配方食品和粉状低乳糖配方食品中乳糖含量做出了明确规定，并且其他营养成分也应符合相关国家标准的规定。

（二）早产 / 低出生体重

早产 / 低出生体重儿与足月儿在生理状况、营养需求以及营养物质的消化吸收方面有较大差异，此类婴儿配方食品中能量、蛋白质以及一些维生素和矿物质的含量应明显高于足月儿配方食品。

（三）乳蛋白／食物蛋白过敏

对乳蛋白过敏高风险的婴儿，需要食用乳蛋白部分水解配方食品，以降低大分子牛奶蛋白的致敏性。食物蛋白过敏婴儿需要食用乳蛋白深度水解配方或氨基酸配方食品。食物蛋白过敏是婴儿对食物中蛋白质不恰当的免疫应答引起的不良反应。婴儿早期食物以乳类为主，因此乳蛋白过敏是婴儿出生后最常见的食物蛋白过敏。乳蛋白深度水解配方食品是通过一定工艺将易引起过敏反应的大分子乳蛋白水解成短肽及游离氨基酸。氨基酸配方食品是由单体氨基酸代替蛋白质。上述配方食品将过敏原去除或不含过敏原，适用于食物蛋白过敏婴儿。

婴儿对食物蛋白过敏时通常伴有腹泻等症状，因此乳蛋白深度水解配方食品或氨基酸配方食品不应含有食物蛋白，以减少对婴儿胃肠道刺激。同时，应当根据婴儿代谢状况调整部分维生素、矿物质等营养素。

（四）母乳营养补充剂

母乳营养补充剂是为了补充早产／低出生体重儿母乳中能量、蛋白质、维生素和矿物质不足而特别设计的，需加入到母乳中使用的液态或粉状特殊医学用途婴儿配方食品。在提倡母乳喂养的同时，为早产／低出生体重儿提供充足的能量和营养素。

母乳营养补充剂不是全营养配方食品，是对早产／低出生体重儿母乳喂养的补充。与母乳配合使用时的能量和营养素含量应能满足早产／低出生体重婴儿配方能量和营养素上限、下限值的要求。这类产品也得到世界卫生组织的推荐。

在设计母乳营养补充剂配方时，对于母乳中含量水平已能够满足早产／低出生体重儿需求的营养成分，无需另外补充；对于母乳中含量水平尚不足以满足早产／低出生体重儿快速生长需求的营养成分，则需要额外添加，主要体现在能量、蛋白质、部分维生素和矿物质等方面。

（五）氨基酸代谢障碍

氨基酸代谢障碍是指由于遗传因素造成某些酶的缺陷，使一种或几种氨基酸在婴儿体内代谢发生障碍，导致患儿体格生长发育迟滞，智力发育障碍，严重时可导致不可逆的损害。氨基酸代谢障碍配方食品是指不含或仅含少量代谢障碍氨基酸的特殊配方食品。用于代替普通婴儿配方食品，以改善患儿症状，减轻智力损害，同时为患儿提供必要的、充足的营养素以维持其正常生长发育的需求。

常见的氨基酸代谢障碍有苯丙酮尿症、枫糖尿症、丙酸血症/甲基丙二酸血症、酪氨酸血症、高胱氨酸尿症、戊二酸血症Ⅰ型、异戊酸血症、尿素循环障碍等，其配方食品中应限制的氨基酸种类见下表（表11-3）。

表11-3 氨基酸代谢障碍人群的配方食品中应限制的氨基酸种类

常见的氨基酸代谢障碍	应限制的氨基酸种类
苯丙酮尿症	苯丙氨酸
枫糖尿症	亮氨酸、异亮氨酸、缬氨酸
丙酸血症/甲基丙二酸血症	异亮氨酸、蛋氨酸、苏氨酸、缬氨酸
酪氨酸血症	苯丙氨酸、酪氨酸
高胱氨酸尿症	蛋氨酸
戊二酸血症Ⅰ型	赖氨酸、色氨酸
异戊酸血症	亮氨酸
尿素循环障碍	非必需氨基酸（丙氨酸、精氨酸、天冬氨酸、天冬酰胺、谷氨酸、谷氨酰胺、甘氨酸、脯氨酸、丝氨酸）

二、特殊医学状况人群的特殊营养支持

中国人口基数巨大，对健康的需求和消费也是巨大的。自2000年我国迈入老龄化社会之后，老龄化程度持续加快。同时，近年来心脑血管疾病、癌症、糖尿病等慢性病发病率在我国呈快速上升态势，预计已近3亿人。据国家卫生健康委发布的统计数据，因慢性病而引起的疾病负担占整个疾病负担的70%，慢病死亡占疾病死亡率的86.6%，而且慢病年轻化趋势显现，甚至越来越多的少年儿童患有慢病，公众对特殊医学用途配方食品的需求增加。第七次人口普查统计数据显示，截至2019年中国60岁及以上老年人口为2.65亿。《肌肉减少症营养支持指南》[①]指出，在60～70岁年龄段的老龄人口中，肌肉减少症发病率为5%～13%；在80岁以上的老龄人口中，其发病率更高（11%～50%）。据2014年中国疾病预防控制中心的数据，我国2005—2014年间炎症性肠病（IBD）总病例约为35万。

已有越来越多的调查结果显示，上述疾病将会使病患人群发生营养不良的风险显著增加，其结果不仅危及患者个体的健康状况，严重影响疾病的治疗和康复，儿童患病还会影响其生长发育。在我国，营养不良普遍存在于各年龄段、各类医疗机构的不同患病人群，我国住院患者的营养不良占比较高。有机构做的一项涵盖9家医院、8个科室的营养调查结果提示，住院患者营养不良的比例为29.6%，其中接近70%的患者没有得到营养支持治疗。据国家卫生健康委《2020年我国卫生健康事业发展统计公报》显示，2020年中国总住院人数23013万人次，呈持续增长趋势。营养不良可对机体的各个器官产生不良影响，进而可能对生理和社会心理产生不良影响，导致不良的临床结局，如免疫反应受损、伤口愈合受损、肌肉力量减弱和疲劳、身体功能下降、活动能力下降、生活自理能力丧失和抑郁等，

---

① 中国抗癌协会肿瘤营养与支持治疗专业委员会. 肌肉减少症营养治疗指南 [J]. 肿瘤代谢与营养电子杂志，2015，2（3）：32-36.

从而影响患者的生活质量，增加并发症发生率，延长住院时间，增加死亡风险。病患人群在疾病治疗的同时辅以特殊医学用途配方食品等营养支持，可降低药物使用量、减少持续时间、提高治疗效率、缩短住院时间。一项长达 11 年的回顾性研究结果显示，口服营养补充可降低 21.0% 的住院日、21.6% 的住院花费和 6.7% 的 30 天再入院率[1]。

据国家癌症中心发布的《2019 年全国癌症报告》数据统计显示，恶性肿瘤死亡占居民全部死因的 23.91%，2015 年新发恶性肿瘤人数约为392.9 万人，恶性肿瘤死亡病例约为 233.8 万人。肿瘤患者重度营养不良发生率高达 57%，仅有 29% 的肿瘤患者得到营养支持治疗，20% 的恶性肿瘤患者直接死亡原因是营养不良而非肿瘤本身，而在美国，78% 的肿瘤患者在医院得到了营养支持。肿瘤患者生存率与营养支持治疗密切相关，据国家肿瘤专业质控中心发布的《2018 年国家医疗服务与质量安全报告》显示，随着我国医疗质量和诊疗能力的提升，恶性肿瘤 5 年生存率已从 10 年前的 30.9% 提升到 40.5%，而美国的此项数据高达 66%。还有数据显示，我国肾病患者营养不良率为 11.7%～66.7%[2][3][4]；在住院的克罗恩病患者中，营养不良发生率高达 75%[5]。营养不良可导致患者对治疗的耐受力下降、治疗效果下降、生活质量下降、生存时间缩短、并发症增加。营养不良的住院患者康复速度较慢，且容易再次入院，不仅对疾病临床结局造成不良影响，而且给患者家庭、社会带来了巨大的经

---

[1]　Philipson TJ, Snider JT, Lakdawalla DN, et al. Impact of oral nutritional supplementation on hospital outcomes [J]. Am J Manag Care, 2013, 19（2）：121-128.

[2]　Miao J, Liang R, Tian X, et al. Contributors to nutritional status in continuous ambulatory peritoneal dialysis as practised in Henan Province, China [J]. Asia Pac J Clin Nutr, 2018, 27（2）：318 - 321.

[3]　程改平，秦伟，刘婧，等.《KDOQI 慢性肾脏病营养临床实践指南 2020 更新版》解读 [J]. 中国全科医学，2021，24（11）：1325-1332.

[4]　董捷，范敏华，齐惠敏，等. 腹膜透析患者营养不良和蛋白质能量摄入不足的临床影响因素分析 [J]. 中华医学杂志，2002，82（1）：61-65.

[5]　王革非. 中国克罗恩病并发肠瘘诊治的专家共识意见 [J]. 中华胃肠外科杂志，2018，21（12）：1337-1346.

济负担。

造成营养不良的原因多种多样，一些慢性消耗性疾病会造成继发性营养不良，包括摄入不足或吸收障碍（例如长期腹泻、肠结核、幽门痉挛或梗阻、胰蛋白酶缺乏等疾病，妨碍了蛋白质等营养素的吸收与利用），机体消耗、丢失过多（许多疾病如先天性心脏病、消化道畸形及炎症、恶性肿瘤、遗传代谢障碍/缺陷等在抑制食欲的同时增加了机体的能量与蛋白质的消耗；手术、大面积烧伤、多发性损伤、严重感染等原因使机体处于高代谢状态造成营养不良），而老年人常因为年老体弱或合并多种基础疾病以及同时伴有咀嚼或（和）吞咽困难等状况，比其他人更易发生营养不良。

根据不同临床需求和适用人群，《特殊医学用途配方食品通则》（GB 29922—2013）将该类产品分为三类，即全营养配方食品、特定全营养配方食品和非全营养配方食品。在疾病状况下，患者无法进食普通食物或无法通过日常膳食满足患者的营养需求时，可使用特殊医学用途配方食品提供营养支持，具体不同疾病状况人群适用的特殊医学用途配方食品种类见表11-4所示。

表11-4　我国1岁以上特殊医学用途配方食品适用的疾病患者数量估计

产品类别	适用人群	估算实际患病人数
全营养配方食品 （适用于1岁以上）	进食受限、消化吸收障碍、代谢紊乱等需要补充营养的人群	NA
	因腹泻或术前禁食需要补充水及钠、钾、氯、镁、磷的10岁以上人群	
	营养不良高龄老人	
特定全营养配方食品	肿瘤[1]	390万
	肝病[2]	2000万

[1] 国家癌症中心数据统计，《2019年全国癌症报告》。

[2] 张敏娜，袁月，貌盼勇，等. 中国2004—2013年病毒性肝炎发病与死亡趋势分析［J］. Chinese journal of Epidemiology，2015，36（2）：144-147.

续表

产品类别	适用人群	估算实际患病人数
特定全营养配方食品	肾病 [1][2]	1.2 亿
	糖尿病 [3][4]	1.3 亿
	慢性阻塞性肺疾病 [5]	3000 万
	创伤危重症	NA
	肥胖和减重手术患者 [6]	1 万
	炎性肠病 [7]	32 万
	急慢性胰腺炎 [8][9]	10 万
	肌肉减少症 [10]	1000 万

---

[1]　康阳阳，刘章锁，刘东伟. 中国成人慢性肾脏病患病率荟萃分析［J］. 中国实用内科杂志，2016，36：789.

[2]　王善志，朱永俊，唐文庄，等. 中国成人及老年人群慢性肾脏病患病率 Meta 分析［J］. 中国老年学杂志，2017，21：5384–5388.

[3]　刘子琪，刘爱萍，王培玉. 中国糖尿病患病率的流行病学调查研究状况［J］. 中华老年多器官疾病杂志，2015，14（7）：547–550.

[4]　Li Y, Teng D, Shi X, et al. Prevalence of diabetes recorded in mainland China using 2018 diagnostic criteria from the American Diabetes Association：national cross sectional study［J］. BMJ, 2020, 369：m997.

[5]　中国县域慢性阻塞性肺疾病筛查专家共识编写专家组，中国医师协会呼吸医师分会基层工作委员会. 中国县域慢性阻塞性肺疾病筛查专家共识（2020 年）［J］. 中华医学杂志，2021，101（14）：989–994.

[6]　中华人民共和国卫生部疾病控制司. 中国成人超重和肥胖症预防控制指南［M］. 北京：人民卫生出版社，2006.

[7]　王玉芳，欧阳钦，胡仁伟，等. 炎症性肠病流行病学研究进展［J］. 胃肠病学，2013，18（1）：48–51.

[8]　Wang LW, Li ZS, Li SD, et al. Prevalence and clinical features of chronic pancreatitis in China：a retrospective multicenter analysis over 10 years［J］. Pancreas, 2009, 38（3）：248–254.

[9]　Yadav D, Vege S S, Chari S T. Epidemiology of Pancreatitis. In GI Epidemiology：Diseases and Clinical Methodology：Second Edition（pp. 306–312）. Wiley–Blackwell, 2014.

[10]　中国抗癌协会肿瘤营养与支持治疗专业委员会. 肌肉减少症营养治疗指南［J］. 肿瘤代谢与营养电子杂志，2015，2（3）：32–36.

续表

产品类别	适用人群	估算实际患病人数
特定全营养配方食品	难治性癫痫 ①	130 万～ 200 万
	食物蛋白过敏 ②③	23 万～ 120 万
	脂肪酸代谢异常	NA

注：NA 指尚无参考数据。

（一）临床上应用于营养支持作用

根据 ESPEN 指南 ④ 的定义，医学治疗中采用的营养支持方式包括口服营养补充、肠内管饲喂养（肠内营养）和肠外营养。20 世纪 70 年代，商品化的肠内营养制剂开始应用于临床营养支持 ⑤。自 20 世纪 80 年代以来，国际食品法典委员会等组织及欧盟、美国、澳大利亚等国家先后对特殊医学用途配方食品的定义、标签、应用进行了规定。我国经历了从肠内营养制剂至 2016 年发布特殊医学用途配方食品注册管理办法，并于 2017 年批准第一个产品的过程，目前在我国市场上肠内营养制剂（药品文号）和特殊医学用途配方食品（食品文号）两种产品并存。使用方法可分为口服和（或）管饲，产品形态主要包括液态、半固体或粉状，能提供完整或部分营养素的需求，既可以作为三餐以外的营养补充，也可作为唯一营养来源满足机体的营养需要。

---

① 中国抗癫痫协会. 临床诊疗指南——癫痫病分册（2015 修订版）[M]. 北京：人民卫生出版社，2015.

② 中华医学会儿科分会免疫学组，中华医学会儿科分会儿童保健学组，中华医学会儿科分会消化学组，等. 中国婴幼儿牛奶蛋白过敏诊治循证建议 [J]. 中华儿科杂志，2013，51（3）：183–186.

③ 陈静，廖艳，张红忠，等. 三城市两岁以下儿童食物过敏现状调查 [J]. 中华儿科杂志，2012，（1）：5–9.

④ ESPEN guidelines on definitions and terminology of clinical nutrition [J]. Clin Nutr，2017，36（1）：49–64.

⑤ 石汉平，曹伟新，江志伟，等. 口服营养补充的临床应用 [J]. 肿瘤代谢与营养电子杂志，2016，3（04）：229–233.

1. 全营养配方食品的应用

全营养配方食品适用于需对营养素进行全面补充且对特定营养素没有特别要求的人群，单独食用时即可满足目标人群的营养需求。

大量临床研究结果证实，对于能够摄入一些普通食物但是摄入量不足以满足机体全部营养需求的患者，口服补充全营养配方食品是一种有效的、无创的营养不良解决方案。其适用人群十分广泛，包括存在营养不良或发生营养不良风险较高的各类住院患者，能量和营养素摄入不均衡的患者，一些患有慢性疾病的患者，需要高能量饮食的患者，有咀嚼和吞咽障碍的患者，虚弱或食欲不振的老年人，部分接受手术或放、化疗的恶性肿瘤患者。全营养配方食品是医生或临床营养师常用的一种营养管理手段，可发挥辅助治疗的营养支持作用。

2. 非全营养配方食品的应用

非全营养配方食品适用于需要补充单一或部分营养素的人群，或对某种物质代谢障碍，或有特殊营养要求的人群。目前，特殊医学用途配方食品标准中给出了常见的非全营养配方食品，包括蛋白质（氨基酸）组件、脂肪（脂肪酸）组件、碳水化合物组件、电解质组件、增稠组件、流质配方、氨基酸代谢障碍配方。

临床营养支持涉及多种疾病，在不同的疾病状态下甚至是随着临床疾病的不断进展阶段，患者的代谢变化也会千变万化，对营养的需求不尽相同。因此，需要针对不同疾病状态、不同阶段的营养需求，及时调整营养治疗方案，以达到最优的治疗效果。通过应用非全营养配方的组件产品，可以弥补全营养配方食品在适应个体差异方面的不足，为实现临床个性化肠内营养支持的理念提供了有力工具。

（1）蛋白质（氨基酸）组件：该类产品主要适用于需要增加蛋白质摄入量的人群，如创（烧）伤、手术患者等。有研究结果显示，肿瘤患者化疗期间肠内营养联合应用乳清蛋白，有利于改善机体营养状况和免疫功能的维持。

（2）脂肪（脂肪酸）组件：该类产品适用于对脂肪有特殊需求的疾

病状态人群，如对部分脂肪不耐受、脂肪吸收代谢障碍患者等。长链甘油三酯（LCT）适用于必需脂肪酸缺乏的患者，中链甘油三酯（MCT）适用于脂肪消化或吸收障碍的患者，因不含必需脂肪酸，不可单独使用。此外 MCT 的生酮作用较强，糖尿病酮症酸中毒期不宜使用。

（3）碳水化合物组件：该类产品主要适用于对碳水化合物有特别需求的人群，或者作为基质与其他类别产品配合使用等，临床上常用于能量不足、营养代谢失调、消化功能障碍等疾病状态的患者。

（4）电解质配方：该类产品是以碳水化合物为基础并添加适量电解质的非全营养配方食品。呕吐、腹泻等存在脱水症状的患者服用含有电解质的碳水化合物配方可迅速补充水分的同时提供需要的电解质，维持身体电解质平衡。一般手术患者在术前禁食状态下需要口服电解质配方食品，并且能够一直用到手术前 2 小时。研究结果表明，该类产品的使用在降低术后患者胰岛素抵抗、术后恶心呕吐、体重丢失、改善围手术期患者临床状况及减少术后住院时间等方面有很好的效果。

（5）增稠组件：该类产品以碳水化合物为基础，添加一种或多种增稠剂以帮助增加液态食物的黏稠度，以延迟气道保护机制的启动时间，防止或减少吞咽过程中发生误吸的风险，适用于吞咽障碍或（和）有误吸风险的患者。该类产品可适量添加膳食纤维。

（6）流质配方：该类产品是以碳水化合物和蛋白质为基础，可以添加多种维生素、矿物质和适量膳食纤维的非全营养配方食品，由于不含脂肪，适用于需要限制脂肪摄入、神经性厌食、吞咽困难、肠道功能紊乱和围手术期等患者。

（7）氨基酸代谢障碍配方：该类产品适用于氨基酸代谢障碍的人群。氨基酸代谢障碍患者由于不能代谢某一种或多种氨基酸，使日常膳食蛋白质的摄入受限，同时由于食物不能满足患者的某种或某些氨基酸需要，常常伴有某些维生素和矿物质摄入不足。使用该类产品仅能满足部分蛋白质需求，在使用的同时应补充适量的维生素和矿物质，以及其他营养成分，以满足患者需求。此类配方食品在临床上通常由医生通过监测患者血液中与代谢障碍有关的氨基酸浓度，指导患者食用该类配方食品，并同时给予低蛋白膳食。

3. 特定全营养配方食品的应用

特定全营养配方食品适用于特定疾病或医学状况下需对营养素进行全面补充的人群，并可满足该类人群对营养素的特殊需求。在相应年龄段全营养配方食品的基础上，依据特定疾病的病理生理变化而对部分营养素含量进行适当调整，可有针对性地适应不同疾病的特异性代谢状态，更好地发挥营养支持作用。对于那些伴随其他疾病或并发症的患者，均应由医生或临床营养师根据患者的情况决定是否可以选用该类食品。目前有关部门正在就8种科学证据充分、应用历史长的特定全营养配方食品起草制订食品安全国家标准，包括糖尿病患者用全营养配方食品、慢性阻塞性肺疾病（COPD）患者用全营养配方食品、肾病患者用全营养配方食品、恶性肿瘤（恶病质状态）患者用全营养配方食品、炎性肠病患者用全营养配方食品、食物蛋白过敏患者用全营养配方食品、难治性癫痫患者用全营养配方食品、肥胖和减脂手术患者用全营养配方食品。

（1）在糖尿病患者中的应用：根据国家卫生健康委发布的《中国居民营养与慢性病状况报告（2015年）》显示，2012年中国18岁及以上居民糖尿病患病率为9.7%，其中城市为12.3%，农村为8.4%，患者人数约1亿。肥胖与Ⅱ型糖尿病关系密切，在糖尿病患者中超重比例为41%、肥胖比例为24.3%、腹型肥胖患者高达45.4%。糖尿病本身是营养不良的一个危险因素，同时，营养不足亦构成糖尿病患者不良结局的影响因素。对于住院糖尿病患者，应常规进行营养筛查，经筛查发现存在营养不良或重度营养风险的患者，即应制定营养支持计划。营养均衡的膳食、糖尿病专用配方食品的肠内营养、特殊医学用途配方食品以及合理的肠外营养均有助于降低胰岛素用量，减少51%的感染并发症发生，缩短总住院时间9.7天[①]。

---

① 中华医学会糖尿病学分会，中国医师协会营养医师专业委员会. 中国糖尿病医学营养治疗指南（2013）［J］. 中华糖尿病杂志，2015，7（2）：73-88.

与肠外营养相比，肠内营养对血糖代谢的影响较轻，因此肠内营养可作为糖尿病患者营养支持的首选方法，便于患者的长期营养支持和综合管理。其中，口服营养补充具有良好的操作性和可执行性，可作为糖尿病患者营养干预的首选方法之一，便于患者的长期营养支持和综合管理。口服营养补充能够改善患者营养素摄入量，增加或减缓体重减少并改善患者的日常活动能力，减少并发症并降低再入院率及死亡率，是经济有益的营养支持方式，可降低整体治疗费用[①]。现有的研究结果显示，糖尿病专用型口服营养补充在改善机体营养状态的同时，能较好地维持血糖水平的稳定。

（2）在肾病患者中的应用：流行病学调查结果显示，全球慢性肾脏病（chronic kidney disease，CKD）患病率约为14.3%，中国CKD患病率约为10.8%[②]。CKD患病率高、预后差、医疗费用昂贵，已成为严重影响国人健康的重要公共卫生问题。营养不良是CKD的常见并发症，是CKD发生、进展以及心血管事件与死亡的危险因素。CKD进展中发生的蛋白代谢异常，尤其是肌肉蛋白质合成和分解异常是导致患者营养不良的重要因素[③]。我国CKD患者营养不良的患病率为22.5% ~ 58.5%；血液透析患者营养不良的患病率为30.0% ~ 66.7%，腹膜透析患者营养不良的患病率11.7% ~ 47.8%。

《KDOQI慢性肾脏病营养临床实践指南2020》建议，CKD 1 ~ 5D期或肾移植后的患者，应根据个人的需要、营养状况和合并疾病情况等

---

① Randolph S，Mustad VA，Lee J，et al. Economic analysis of a diabetes- specific nutritional mealreplacement for patients with type 2 diabetes［J］. Asia Pac J Clin Nutr, 2010，19（1）：1–7.

② Ene–Iordache B，Perico N，Bikbov B，et al. Chronic kidney disease and cardiovascular risk in six regions of the world（ISN–KDDC）：a cross–sectional study ［J］. Lancet Glob Health，2016，4（5）：e307–e319.

③ 中国医师协会肾脏内科医师分会，中国中西医结合学会肾脏疾病专业委员会营养治疗指南专家协作组. 中国慢性肾脏病营养治疗临床实践指南（2021版）［J］. 中华医学杂志，2021，101（8）：539–559.

为其量身定做方案。CKD 3 ～ 5D 期或肾移植后患者，由注册营养师或同等机构监测评估食欲、饮食摄入量和营养状况、体质变化、生化数据、体检结果来评估 MNT 的有效性。患者的营养状况与预后直接相关，因此准确评估患者营养状况和进行有效的营养干预，是营养支持的核心内容，尤其是能量、蛋白质等营养供给标准的制定和实施。Afaghi 等研究结果显示，血液透析患者使用高蛋白型口服营养补充持续 2 个月，透析的充分性较对照组明显提高[①]。Sezer 等研究结果也显示，正在透析的CKD 患者使用肾病专用型口服营养补充 6 个月后，血清白蛋白含量明显升高，营养状态明显改善，红细胞生成素的使用也明显减少[②]。

关注 CKD 患者的营养问题，应根据患者需要选择合适的营养补充，将营养支持贯穿于整个 CKD 治疗过程，对于提高 CKD 整体诊治水平、延缓疾病进展、改善患者预后以及减少医疗费用支出均具有非常重要的意义。

（3）在肿瘤患者中的应用：比较 2013 年和 2015 年国家癌症中心开展的肿瘤患病情况调查数据显示，我国肿瘤发病率及死亡率均在升高[③]。根据世界卫生组织国际癌症研究机构（IARC）的最新数据，2040年全球将出现 2840 万新癌症病例，比 2020 年估计的 1930 万例增加47%，2020 年我国癌症新发病例数及死亡病例数均位居全球第一[④]。肿瘤患者营养不良和恶液质的发生率极高，我国 79.4% 住院肿瘤患者中存

① Snider JT, Jena AB, Linthicum MT, et al. Effect of hospital use of oral nutritional supplementation on length of stay, hospital cost, and 30-day readmissions among Medicare patients with COPD [J]. Chest, 2015, 147（6）: 1477-1484.

② Sezer S, Bal Z, Tutal E, et al. Long-term oral nutrition supplementation improves outcomes in malnourished patients with chronic kidney disease on hemodialysis [J]. JPEN J Parenter Enteral Nutr, 2014, 38（8）: 960-965.

③ 李增宁，陈伟，齐玉梅，等. 肿瘤患者特殊医学用途配方食品应用专家共识 [J]. 肿瘤代谢与营养电子杂志，2016，3（02）：95-99.

④ Sung H, Ferlay J, Siegel RL, et al. Global cancer statistics 2020: GLOBOCAN estimates of incidence and mortality worldwide for 36 cancers in 185 countries [J]. CA Cancer J Clin. 2021 Feb 4. doi: 10.3322/caac.21660.

在不同程度的营养不良，其中轻度、中度、重度营养不良发生率分别为21.6%、31.3% 和 26.6%。在肿瘤的不同阶段，患者体重丢失和营养不良的发生率高达 31%～ 87%，20% 的肿瘤患者直接死于营养不良。营养不良及机体消耗增加是恶性肿瘤患者常见的致死原因，营养不良影响抗肿瘤治疗的实施及疗效，增加并发症发生率，降低患者生活质量甚至影响预后。

首都医科大学世纪坛医院的石汉平教授研究团队经多年临床研究，发现恶性肿瘤是人类主要的健康问题、头号死亡原因，严重威胁人民身心健康、经济发展、社会稳定及国家安全。营养不良是肿瘤患者最常见的并发症，是肿瘤患者独立的死亡风险因素，不仅导致不良临床结局（生存时间缩短、生活质量下降），而且造成巨大的社会经济负担。多数临床研究结果显示，与日常饮食相比，特殊医学用途配方食品具有一些特殊的优势，口服营养补充能改善肿瘤患者的营养状态，提高肿瘤患者对放化疗等治疗的耐受性，甚至延长肿瘤患者的生存期，改善生活质量，显著改善肿瘤患者的体重丢失并减少并发症，增加肿瘤患者营养素摄入量并改善生活质量，是最便捷、最便宜的方法，具有促进疾病康复、缩短住院时间、节约医疗费用的显著作用[1]。

有资料显示，与标准营养疗法相比，放疗中单独使用营养咨询疗法或口服营养补充均能增加患者的能量和蛋白质摄入量，改善生活质量；结直肠癌或非小细胞肺癌患者使用含有鱼油等营养成分的口服营养补充，与对照组相比，该类口服营养补充不仅能改善肿瘤患者的营养状态，对降低机体的炎性反应，提高机体的功能和改善生活质量也具有积极的效果。

鉴于营养不良在肿瘤患者中普遍存在且会产生的严重后果，营养支持应该成为肿瘤患者治疗的基础措施与常规手段，用于肿瘤患者的全程治疗。美国肠外肠内营养学会、欧洲肠外肠内营养学会、中华医学会肠

---

[1]　于恺英，王晓琳，石汉平. 肿瘤营养治疗的发展与进步［J］. 首都医科大学学报，2021，42（3）：499-502.

外肠内营养学分会及中国抗癌协会肿瘤营养与支持治疗专业委员会等权威机构均强调了营养支持在肿瘤患者综合治疗中的重要性。

（4）在炎性肠病患者中的应用：炎症性肠病（inflammatory bowel disease，IBD）主要包括溃疡性结肠炎（ulcerative colitis，UC）和克罗恩病（Crohn disease，CD），是一种主要累及胃肠道的非特异性、慢性、复发性、炎症性疾病。IBD 既往在中国罕见，但近 20 年来，由于国人的膳食习惯、生活节奏以及环境等均发生了明显改变，中国 IBD 的发病率快速增长，以珠江三角洲地区和长江三角洲地区增长最快，目前已经成为我国消化系统常见疑难疾病之一，是消化系统疾病基础研究和临床诊疗的重点、热点和难点。受疾病本身所致的肠道吸收功能障碍、营养素摄入量不足、能量消耗增加、药物与营养物质之间的相互作用等多种因素的影响，绝大多数患者存在营养不良的问题，而且部分患者的营养障碍复杂且严重，并会因此而产生严重的不良后果。同时，IBD 的营养支持目的和作用远远超出了纠正营养障碍的范畴，具有诸多功能性的治疗作用，尤其是能够诱导和维持 CD 缓解。因此，营养诊疗是 IBD 临床诊疗的重要内容，甚至可作为部分 CD 患者的一线治疗[①]。对于 IBD 患者来说，营养支持能够诱导和维持 CD 缓解。第一，营养支持本身可以诱导和维持 CD 的缓解。在儿童 CD 中，营养支持是第一选择，可以促进儿童生长发育。第二，营养支持具有维持治疗效果的作用。IBD 是一个终身性疾病，大部分时间是在院外治疗，所以其营养支持不仅局限于院内，更主要的还需要在院外继续实施[②]。

（5）在慢性疾病中的应用：慢性疾病患者群发生营养不良或营养不良风险较高。减少慢性疾病患者瘦组织和脂肪组织的丢失，改善患者的

---

① 中华医学会肠内肠外营养学分会，中国医药教育协会炎症性肠病专业委员会. 中国炎症性肠病营养诊疗共识［J］. 中华消化病与影像杂志（电子版），2021，11（1）：8–15.

② Snider JT, Jena AB, Linthicum MT, et al. Effect of hospital use of oral nutritional supplementation on length of stay, hospital cost, and 30–day readmissions among Medicare patients with COPD［J］. Chest，2015，147（6）：1477–1484.

营养状态，对慢性疾病的原发病治疗以及改善患者的疾病结局具有积极作用。

有资料显示，与未使用口服营养补充的慢性阻塞性肺疾病的患者相比，使用了口服营养补充的患者住院时间明显缩短，住院费用明显减少，30天再住院率明显降低。对于慢性肝病、炎性肠病以及慢性非传染性疾病等其他慢性疾病患者，许多研究结果显示，合理应用口服营养补充均能有效增加患者体重、改善营养状态和组织器官功能，甚至减少并发症发生率和再住院率、缩短住院时间、改善患者的机体功能和生活质量。

（二）围手术期的应用

特殊医学用途配方食品有助于帮助患者术前维持身体处于良好的营养状态、保持肠道清洁，也有助于帮助患者加速术后伤口愈合、减少体重丢失、降低并发症、促进术后肠道功能恢复。

由于疾病、手术创伤应激以及围手术期禁食等造成较长时间无法正常进食或进食不足，因此外科手术患者营养不良发生率一般较高。而能量及蛋白质的摄入不足可引起机体分解代谢增加，自身组织消耗增加，体重丢失，术后并发症增加，器官功能降低，病死率增加。营养不良是导致患者术后预后不良的独立危险因素。围手术期营养支持可以改善外科患者的临床结局，减少感染性并发症发生率及病死率。

口服营养补充是围手术期营养支持疗法的重要方式，大量临床研究结果显示，口服营养补充对于加速伤口愈合、恢复体成分、减少体重丢失、降低术后并发症发生率和再入院率、缩短住院时间、改善生活质量均有积极作用。Smedley 等研究结果显示，术前即开始给予口服营养补充的患者较术后才开始口服营养补充的患者体重丢失程度更小，并发症更少[①]。Cawood 等对高蛋白质口服营养补充围手术期作用的分析结果显

---

① Smedley F, Bowling T, James M, et al. Randomized clinical trial of the effects of preoperative and postoperative oral nutritional supplements on clinical course and cost of care［J］. Br J Surg, 2004, 91（8）: 983-990.

示，高蛋白质口服营养补充营养支持疗法能减少患者并发症发生率和再入院率，提高握力，增加体重。而且对于那些术前需要肠道准备且伴有营养不良的患者，可以采用无渣的标准全营养配方食品替代传统的机械肠道准备，既有助于维持患者的营养状况又可以保持术中的肠道清洁，亦不增加手术风险，并能有效促进术后肠道功能恢复，改善患者术后营养状况[①]。因此许多国家的营养学会在指南中均指出，对于存在营养风险或营养不良且能够经口进食的手术患者，如果预计围手术期不能正常进食超过 5 ～ 7 天，或口服进食少且能量和蛋白质摄入量低于推荐摄入量的 60% 时，推荐使用口服营养补充。

患者营养状况的差异对加速康复外科（ERAS）的效果和结局也同样有重要影响，术前口服营养补充是 ERAS 中最主要的营养支持方式。在胃、胰腺及肝脏等手术的 ERAS 指南中均明确推荐，对于存在明显营养不良的患者，给予口服营养补充作为术前营养支持，可以减少电解质丢失、维护肠道菌群稳定；术后早期进食可以保护肠道黏膜，促进肠道功能恢复，从而减少全身性感染的发生；术后早期给予口服营养补充还可以弥补摄入量不足，也是减少术后胰岛素抵抗的重要手段。ERAS 鼓励患者术后早期下床活动，这需要能量支持，而口服营养补充正是补充能量的理想方式之一，早期下床活动也可以促进肠功能尽快恢复。

总之，特殊医学用途配方食品有助于改善患者术前营养不良导致的感染性并发症增加和住院时间延长等不良临床结局，改善患者术后营养状况、加速康复，减少再入院率等。

（三）家庭 / 出院后的应用

研究结果显示，外科患者出院时的营养不良发生率高于入院期间。对于接受大手术后出院的患者，在手术后一个相当长的时间内机体仍处

---

① Cawood AL, Elia M, Stratton RJ. Systematic review and meta-analysis of the effects of high protein oral nutritional supplements ［J］. Ageing Res Rev, 2012, 11（2）: 278-296.

于分解代谢状态，日常膳食常无法满足机体代谢所需，体重进行性下降，机体组织、细胞和器官功能受损，此时常需要出院后继续通过口服营养补充改善营养状况。多数胃肠手术患者术后经口摄入量都不充足，该问题在出院后更加凸显，对于多数手术患者，出院后应长期重视营养支持，从而有利于患者恢复。食欲减退、持续恶心、阿片类药物引起的便秘以及缺乏膳食恢复指导是手术患者术后恢复的障碍，老年患者尤其明显。家庭口服营养补充是医院内营养支持或口服营养补充的延续，应用的时间为 2 周至数月，对于加速伤口愈合、恢复机体成分、减少术后并发症发生率和再入院率、改善生活质量等均有积极作用。

给予出院患者口服营养补充可以改善术后体重减少，降低并发症发生率，提高患者生活质量。因此对于出院时仍存在营养不良的患者，口服营养补充的使用应延续至患者回家后，通过口服营养补充的连续应用可以改善患者的预后。ERAS 专家共识推荐对于营养不良的患者出院后仍应给予数周的口服营养补充支持。

三、特殊医学用途配方食品的卫生经济学意义

卫生经济学是经济学的一门分支学科，是应用经济学的基本理论和方法研究卫生服务过程中的经济活动和经济关系，以达到最优地筹集、开发、配置和利用公共卫生资源，提高公共卫生服务的社会效益和经济效益的学科。卫生经济学其研究的主要领域包括了卫生总费用研究、健康保险制度、卫生服务内部市场、投入与产出研究、服务需求与自愿分配等内容。以卫生经济学的研究方式进行研究分析，可以从经济学的角度来认识特殊医学用途配方食品所发挥的社会效益和经济效益。

（一）特殊医学状况人群普遍存在疾病相关营养不良，卫生费用支出较大

营养是生命的基础，在维持正常的生理功能、新陈代谢和组织修复

中发挥重要作用。疾病所导致的炎性反应、代谢改变以及疾病恢复、组织修复等生理病理过程均需要额外的能量、蛋白质及其他营养素的供给。同时，由于疾病所导致的食欲改变、消化进食能力下降，代谢改变、食物选择受限等又限制了营养物质的摄入。疾病和康复过程中的营养收支不平衡，显著增加患者发生营养不良的风险。营养不良表现为营养不足和营养过剩两方面。营养过剩在增加慢性非传染性疾病风险的同时，又会因慢性非传染性疾病的"忌口"而导致很多患者对于食物选择受限，增加营养摄入不足的风险。同时，营养摄入不足、非意愿性体重减轻，又是导致机体代谢能力改变、对抗疾病打击和治疗介入的耐受力下降，进而增加疾病的治疗、看护和康复费用，延长疾病康复时间、增加疾病迁延反复的风险和再次入院率。

1. 老年患者伴有营养不良的经济负担

老年人营养不良带来的经济负担规模巨大。中国发展研究基金会主持的中国老年人营养与健康研究报告指出，从 1992 年、2002 年、2010 年 3 个时间点来看，尽管传统意义的低体重营养不良率与一般成人相差不大且在不断地改善中，但营养问题依然存在，在住院患者中尤为普遍[①]。中华医学会对 30 家三级甲等医院的住院老年患者的营养筛查中发现，65% 的老年住院患者处于营养不良或存在营养不良风险。结合卫生费用核算方法对 2012 年全国卫生费用进行了分析，估算得到老年营养不良疾病经济负担总额为 841.4 亿元，其中直接负担 639.3 亿元。2012 年中国 60 岁以上老年人治疗服务费用为 6390.7 亿元，占全国卫生费用总量的 79.7%，即老年营养不良直接消耗了 10% 的老年人治疗资金，约占 8% 的全国卫生总费用。同时，因疾病带来的生产力损失达到 202.1 亿元。

北京大学主持的中国健康与养老追踪调查（CHARLS）覆盖了 150 个县级单位，450 个村级单位，1.7 万名 45 岁以上中老年人家庭和个人

---

① 中国发展研究基金会. 中国老年人营养与健康报告［M］. 北京：中国发展出版社，2015.

的微观数据，是研究中国中老年退休人群的健康状况、医疗保健、保险及收入状况的数据库。张毓辉等筛选了其中收载的 2013 年的 60 岁以上 7625 人的数据，发现 29.93% 的老年人存在营养不良问题。营养不良导致老年人月人均门诊次数增加 17%，月人均门诊费用上升 9%，年人均住院次数增加 32%，年人均住院费用上升 31%[①]。总体上，老年营养不良导致我国治疗费激增，至 2015 年治疗费用已增至 458.4 亿元（其中门诊增加 134.7 亿元，住院增加 323.7 亿元）。

2. 我国卫生总费用及财政投入增长较快

我国卫生总费用及财政投入长期保持较快增长速度。根据国家卫生健康委数据，过去二十多年间，我国卫生总费用增长至原来的 14 倍，由 2200 亿元升至 3.17 万亿元（2013 年），增长速度高于经合组织和其他金砖国家[②]。2020 年全国卫生总费用预计达 72306.4 亿元，其中政府卫生支出 21998.3 亿元（占 30.4%），社会卫生支出 30252.8 亿元（占 41.8%），个人卫生支出 20055.3 亿元（占 27.7%）。人均卫生总费用 5146.4 元，卫生总费用占 GDP 百分比为 7.12%[③]。全年居民寿险原保险收入 2.28 万亿元，健康险和意外伤害险原保险收入 0.82 万亿元，寿险业务给付 0.37 万亿元，健康险和意外伤害险业务赔款及给付 0.26 万亿元[④]。

3. 生命早期的营养支持

由于整个生命过程中的影响因素过于复杂，目前关于儿童和生命早期营养支持的卫生经济学研究尚缺乏足够的直接证据。Linthicum 等应用开源 2009 年中国营养与健康调查（CNHS）数据，结合世界卫生

---

① 张毓辉，樊琳琳，柴培培，等. 我国老年营养不良对治疗服务利用和费用的影响分析［J］. 中国卫生经济，2017，36（12）：91-94.

② 中国发展研究基金会. 中国商业健康保险研究［M］. 北京：中国发展出版社，2017.

③ 国家卫生健康委员会官网，2020 年我国卫生健康事业发展统计公报（nhc.gov.cn）.

④ 中华人民共和国 2019 年国民经济和社会发展统计公报，国家统计局，2020，http://www.stats.gov.cn/tjsj/zxfb/202002/t20200228_1728913.html.

组织的数据，估算每年因疾病相关营养不良所致死亡或失能的约有 610 万人，折合约 664 亿美元。其中，0～14 岁儿童约有 153 万人，折合 1670 万美元 [①]。

（二）特殊医学状况人群应用营养支持后的卫生经济学分析

特殊医学用途配方食品在实践中作为营养支持的重要工具，在临床医生或营养师的指导下，单独食用或与其他食品配合食用，可满足进食受限、消化吸收障碍、代谢紊乱或特定疾病状态人群对营养素或膳食的特定需要，减少临床患者的营养不良或营养不良风险的发生，增加临床治疗的效应和耐受。同时具有促进免疫调控、减轻应激反应、维护胃肠功能与结构、降低炎性反应、促进伤口愈合等营养作用，有益于疾病的临床转归。在临床实践中，采用卫生经济学的方法，研究特殊医学用途配方食品在临床治疗中的营养支持作用，常常关注对住院患者的医疗费用、住院时间以及再次入院率等方面的指标。

1. 促进疾病恢复，降低医药费用开支

包括特殊医学用途配方食品、肠内营养制剂等使用在内的临床营养支持治疗为患者提供疾病康复所需物质基础的同时，有助于调节患者的代谢失衡，进而促进疾病的恢复。相对于肠外营养支持，肠内营养支持具有简便易行、创伤较小、并发症和医源性感染低等优势，同时亦有助于维持消化道功能。

在中华医学会肠外肠内营养学分会老年营养支持学组发布的《中国老年患者肠外肠内营养应用指南（2020）》中指出，存在营养不良或者营养风险，且胃肠道功能正常或基本正常的老年患者应首选肠内营养；应根据其特点制定合理的肠内营养支持计划，以期改善营养状况，维护

---

① Linthicum MT, Snider JT, Vaithianathan R, et al. Economic Burden of Disease-Associated Malnutrition in China [J]. Asia-Pacific Journal of Public Health, 2015, 27 (4): 407-417.

脏器功能，改善临床结局[①]。

Philipson 等利用美国医疗 Premier Perspectives Database 数据，筛选了 2000—2010 年期间 4400 万住院成年人数据，其中按照疾病种类和年龄性别进行 1 ：1 匹配了使用口服营养补充作为营养支持与未使用口服营养补充营养支持的各约 58 万人。结果显示，经匹配后的样本人群住院时间减少了 2.3 天（由 10.9 天降至 8.6 天，降低了 21.0%），医疗费用降低了 4734 美元（由 21950 美元降至 17216 美元，降低了 21.6%）。口服营养补充患者在 30 天内再次因同一疾病入院的概率也降低了 2.3 个百分点。在使用口服营养补充患者中平均口服营养补充开销约为 88.26 美元，平均营养补充开销的回报率为 52.63 倍[②]。

2. 显著缩短病程，加快出院时间

在不同的特殊医学用途配方食品或肠内营养制剂的临床营养支持研究中，特殊医学用途配方食品和肠内营养制剂表现出各自在疾病治疗和（或）辅助治疗中的改善作用。

（1）营养支持的整体效果：英国的一项研究结果显示，每年与营养不良相关的医疗费用估计高达 130 亿英镑。使用口服营养产品能够节省费用并且提升患者的满意度。研究显示肠道喂养最少节省 220 欧元：为期 6 天的肠胃外营养总费用（包括输液和一次性用品）总计 314.44 欧元（不包括额外检查费用，例如，在放置中心静脉导管后进行常规胸部 X 线检查或在肠胃外营养期间进行必要的实验室检查）；包括所有一次性用品在内的肠内营养方案的成本为 95.22 欧元。中华医学会肠外肠内营养学分会（CSPEN）协作组成员王艳等基于北京某三级甲等医院消化内科住院患者开展了一项前瞻性队列研究，从费用支付者视角进行成

---

① 中华医学会肠外肠内营养学分会老年营养支持学组. 中国老年患者肠外肠内营养应用指南（2020）[J]. 中华老年医学杂志, 2020, 39（2）: 119-132.

② Philipson TJ, Snider JT, Lakdawalla DN, et al. Impact of oral nutritional supplementation on hospital outcomes [J]. American Journal of Managed Care, 2013, 19（2）: 121-128.

本—效果分析，结果显示，对有营养风险的患者，接受营养支持群体与未接受营养支持群体相比，感染性并发症发病率显著降低，但住院总费用增高。肠外营养—肠内营养、肠外营养-肠内营养联合应用以及未使用营养支持队列，经多因素调整后的成本分别是 5635、1212、5220 和 1339 元。该研究结果提示，对有营养风险的胃肠病患者接受营养支持有助于改善患者结局。协作组成员 Zhang 等基于重庆某三级甲等医院消化内科及胃肠外科住院患者进行了另一项前瞻性队列研究。该研究分为合理营养支持、不合理营养支持、极不合理营养支持及糖电解质输液 4 个队列。为了提高检验效能，最终仅将合理营养支持队列和糖电解质输液队列纳入分析。结果显示，合理营养支持在降低感染性并发症发生率的同时，可能伴随费用降低或少量（可接受的）费用增加。高质量的随机对照研究或队列研究均可作为基于临床实际数据的卫生经济学分析的基础。

（2）在呼吸科的应用效果：以高脂配方为基础、以降低呼吸熵为目标的呼吸系统疾病特殊配方食品临床应用效果显示，对慢性阻塞性肺炎（COPD）患者表现出改善通气功能（1 秒末通气量和最大通气量），有利于患者早日摆脱辅助通气，降低医疗费用[1]。在老年重症肺炎患者中使用含（-3 多不饱和脂肪酸的肠内营养支持，观察组机械通气时间和 ICU 住院时间均短于对照组，两组脱离机械通气的成功率和多脏器功能障碍（MODS）的发生率差异无统计学差异。治疗后，观察组血红蛋白、血浆白蛋白、前白蛋白水平均高于对照组，观察组血清 IL-6、IL-1、TNF-α 及 CRP 水平均低于对照组，观察组 CD3+、CD4+、CD4+/CD8+ 均显著高于对照组[2]。

---

① Hsieh MJ, Yang TM, Tsai YH. Nutritional supplementation in patients with chronic obstructive pulmonary disease［J］. Journal of the Formosan Medical Association, 2016, 115（8）: 595-601.

② 刘端绘，莫毅，陈泽宇，等. 含 ω-3 多不饱和脂肪酸早期肠内营养对老年重症肺炎患者机械通气时间与炎性因子及免疫功能的影［J］. 中国临床保健杂志，2021，24（1）: 80-84.

（3）对糖尿病患者的改善效果：糖尿病特异性肠内营养制剂在临床应用中，对于糖尿病患者平稳餐后血糖、降低餐后内源性胰岛素分泌、降低胰岛素注射、平缓血糖波动及减少低血糖事件等方面影响均有大量文献报道。中国台湾地区一项对重症监护病房住院的 2 型糖尿病患者的研究中，糖尿病特异性肠内营养制剂的应用不仅显著降低了患者胰岛素使用，降低了患者的死亡率（由 12.3% 降至 5.1%），同时也明显降低 ICU 住院时间（由 15.1 天降至 13.0 天），显著降低了 ICU 总费用（由 9200 美元降至 6700 美元）。与标准营养相比，糖尿病患者使用具有针对性的专门营养配方（特殊医学用途配方食品和肠内营养制剂）与降低住院时间和住院费用相关，住院时间约减少 1 或 0.17 天，费用约降低 2586 美元或 1356 美元[①]。

（4）肿瘤患者的营养支持效果：外科尤其是肿瘤外科是应用肠内营养支持较早也相对较多的科室。我国某三级甲等医院的数据显示，在胃肠道恶性肿瘤住院手术的患者中，采用肠内营养支持的患者并发症发生率显著下降（57.89% 降至 31.94%），住院时间缩短。尽管与无营养支持的患者相比，存在营养风险且接受营养支持的患者其营养支持和并发症处理费用相对增加，但是换来的结局是使非感染性并发症发生率显著下降，而且避免了并发症治疗的费用支出。广州市第八医院的研究比较了70 例进行肠道恶性肿瘤手术治疗后的患者，根据营养支持方案的不同将患者分为肠内营养支持组和完全胃肠外营养支持组。结果显示，肠内营养支持组患者治疗费用（965.4 ± 18.9 元）显著低于胃肠外营养支持组（2164.5 ± 56.3 元），患者术后并发症发生率（5.71%）显著低于胃肠外营养支持组的（25.71%）[②]。

---

① Han YY, Lai SR, Partridge JS, et al. The clinical and economic impact of the use of diabetes-specific enteral formula on ICU patients with type 2 diabetes [J]. Clinical Nutrition, 2017, 36（6）: 1567-1572.

② 但操，廖坚松．肠道恶性肿瘤术后早期肠内营养的临床应用 [J]. 中国实用医药，2020, 15（18）: 58-60.

（5）在其他疾病中的应用效果：老年科、骨科、神经科以及外科住院患者中常见感染、压疮、胃肠道穿孔、贫血、心血管疾病等并发症。这些并发症的发生常常导致患者的住院时间延长、治疗费用增加。营养不良或具有营养不良风险的患者中发展这类并发症的风险明显高于营养状况良好的患者。Meta 分析显示，老年住院患者中使用口服营养支持可以降低并发症的发生，使用口服营养补充可以显著降低住院及出院患者的入院时间 3.77 天，而同时，就单次入院而言，全置管肠内营养患者则无显著缩短①。在波兰的一项多中心研究中，在 1 年的回顾中，使用全肠内营养制剂支持的患者比经常使用家庭自制匀浆膳的患者在 1 年中总计入院时间减少了 27 天②。同样，营养支持改善患者的营养状况也明显减少了患者因同一疾病反复入院的风险，降低了患者的医疗负担。

国际医学营养企业联盟（MNI）所组织的回顾研究报告显示，口服营养补充在不影响患者的日常膳食基础上，增加了患者蛋白质和能量摄入，并可能有助于刺激食欲。在住院和社区居住的患者群体中都显示出其营养性、功能性、临床适用性以及经济学方面的优势。大量的临床研究和系统研究均证实了使用口服营养补充进行临床营养支持有益于改善临床结局，节省卫生医疗资源。我国尚处于经济发展的快速时期，特殊医学状况人群日益增长的背景下，营养不良导致的卫生开销巨大。在临床和社区推广特殊医学用途配方食品，对于节约社会保障基金、服务更广泛的人群具有重要意义，有助于促进疾病恢复，降低医药费用开支；可以显著缩短患者住院时间，加速病床周转，降低再次住院率，提高生存率和生活质量，具有显著的社会效益和经济效益。

已有多个科学共识和实践证明，早期识别营养不良和给予营养支

---

① Medical Nutrition International Industry. Better care through better nutrition: Value and effects of medical nutrition, A summary of the evidence base, 4th Ed, 2018.

② Klek S, Hermanowicz A, Dziwiszek G, et al. Home enteral nutrition reduces complications, length of stay, and health care costs: results from a multicenter study [J]. Am J Clin Nutr, 2014; 100（2）: 609–615.

持可有效加快疾病恢复速度，减少住院天数。基于合理应用特殊医学用途配方食品在改善患者营养状况、促进疾病转归、缩短住院时间、节省医疗费用支出等方面都发挥了非常重要的作用，已有不少国家将特殊医学用途配方食品作为临床治疗的组成部分，并将这类产品列入医保报销范围。

第十二章
特殊医学用途配方食品产业现状

特殊医学用途配方食品是随着时代的进步、医学科学的发展、社会的需求而逐步发展起来的。进入 21 世纪，特殊医学用途配方食品已经引起医学领域的高度关注，全球特殊医学用途配方食品产业进入了高速发展时期。随着我国对特殊医学用途配方食品的认知日益提高，以及各项法规标准的逐渐完善，我国特殊医学用途配方食品产业发展也日渐蓬勃旺盛。

一、我国特殊医学用途配方食品市场供应情况

整体上，我国特殊医学用途配方食品市场仍处于发展的初级阶段，还没有形成一定的产业规模。另外，由于特殊医学用途配方食品相对于普通食品来说具有较高的技术研发水平要求，对企业整体实力有一定要求，目前涉足这个领域的企业数量相对来说还较少。

（一）生产企业

据国家市场总局公布的审批数据统计结果显示，截至 2021 年 6 月 30 日，共有 72 款特殊医学用途配方食品产品获批。共涉及 24 家国内生产企业，6 家境外生产企业。其中 24 家国内生产企业共获批 43 个产品，具体产品情况见表 12-1、图 12-1。

表12-1 国内生产企业特殊医学用途配方食品获批产品情况

序号	获批生产企业名称	获批数量（个）
1	杭州贝因美母婴营养品有限公司	4
2	苏州恒瑞健康科技有限公司	5
3	圣元营养食品有限公司	5
4	雀巢健康科学（中国）有限公司	1
5	杜尔伯特伊利乳业有限责任公司	1
6	天津澳斯乳业有限公司	1
7	南通励成生物工程有限公司	1
8	吉林麦孚营养科技有限公司长春分公司	3
9	爱优诺营养品有限公司	2
10	哈尔滨拜仑斯特临床营养有限公司	1
11	广东君悦营养医学有限公司	3
12	亚宝药业集团股份有限公司	1
13	西藏多欣健康科技有限公司	2
14	浙江海正甦力康生物科技有限公司	1
15	广州纽健生物科技有限公司	1
16	明一国际营养品集团有限公司	1
17	江苏正大丰海制药有限公司	2
18	北安宜品努卡乳业有限公司	2
19	海南东联长富制药有限公司	1
20	河北艾圣科技有限公司	1
21	澳优乳业（中国）有限公司	1
22	江苏冬泽特医食品有限公司	1
23	黑龙江飞鹤乳业有限公司	1
24	鲲鱼健康药业江苏有限公司	1
总计		43

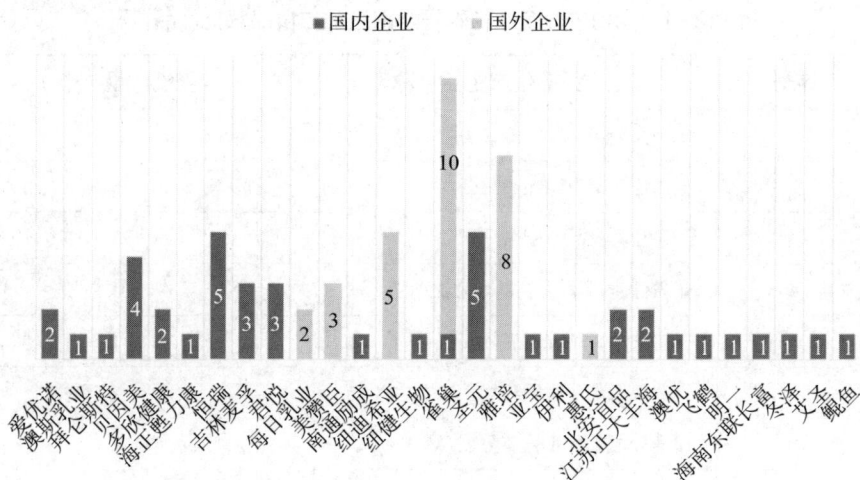

图 12-1　特殊医学用途配方食品获批情况

　　涉及的 24 家国内生产企业分布在我国 12 个省、1 个直辖市、1 个自治区。其中，河北 1 家，海南 1 家，湖南 1 家，福建 1 家，浙江 2 家，江苏 6 家，山东 1 家，黑龙江 4 家，吉林 1 家，江西 1 家，广东 2 家，山西 1 家，天津市 1 家，西藏自治区 1 家（图 12-2）。

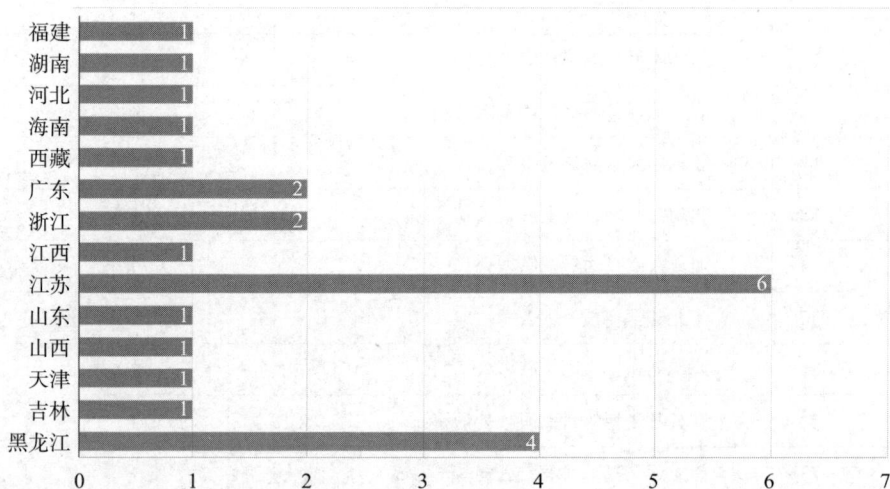

图 12-2　国内特殊医学用途配方食品获批生产企业地域分布情况

获批的进口产品生产企业共 6 家，分布在 9 个国家。其中，荷兰有 1 家雀巢和 1 家美赞臣的企业，英国有纽迪希亚的 1 家企业，德国有 1 家雀巢和 1 家纽迪希亚的企业，瑞士有 1 家雀巢的企业，西班牙、新加坡、美国分别有 1 家雅培的企业，韩国有 1 家每日乳业的企业，爱尔兰有 1 家惠氏的企业，共获批 29 个产品（表 12-2）。

表 12-2　进口特殊医学用途配方食品获批生产企业情况

序号	获批厂家名称	获批数量（个）
1	SHS International Ltd	4
2	ABBOTT LABORATORIES S.A.	3
3	ABBOTT NUTRITION，ABBOTT LABORATORIES	2
4	ABBOTT MANUFACTURING SINGAPORE PRIVATE LIMITED	2
5	ABBOTT NUTRITION	1
6	美赞臣荷兰有限责任公司	3
7	NESTLE NEDERLAND B.V.	5
8	Nestlé Deutschland AG	2
9	Nestlé Suisse SA，factory Konolfingen	3
10	Milupa GmbH	1
11	每日乳业平泽工厂	2
12	Wyeth Nutritionals Ireland Ltd.	1
总计		29

（二）产品供应情况

从表 12-3 可知，截至 2021 年 6 月 30 日，获批的 72 款产品中，针对 0 ～ 12 月龄婴儿的特殊医学用途婴儿配方食品 36 款，全营养配方食品 19 款（1 ～ 10 岁 4 个，10 岁以上 15 个），非全营养配方食品 17 款。目前，尚无特定全营养配方食品获批。

表 12-3　已批准产品种类分布

序号	产品分类	产品类型	获批数量（个）	总数（个）
1	特殊医学用途婴儿配方食品（适用于 0～12 月龄）	无乳糖配方	10	36
2		乳蛋白部分水解配方	6	
3		乳蛋白深度水解或氨基酸配方	4	
4		早产 / 低出生体重婴儿配方	12	
5		母乳营养补充剂	3	
6		氨基酸代谢障碍配方	1	
7	全营养配方食品	适用于 1～10 岁人群的全营养配方食品	4	19
8		适用于 10 岁以上人群的全营养配方食品	15	
9	非全营养配方食品	蛋白质组件	4	17
10		碳水化合物组件	5	
11		电解质配方	6	
12		氨基酸代谢障碍配方	2	
总计			72	

　　2017 年有 3 个产品获得审批，2018 年获批 18 个，2019 年获批 22 个，2020 年获批 14 个，2021 年截至 6 月 30 日获批 15 个（图 12-3）。

　　据中国营养保健食品协会 2020 年 7 月开展的一项不完全统计结果显示，2019 年婴儿特殊医学用途配方食品供应共计 10147.2 吨，其中进口 8248.4 吨，国产 1898.8 吨；1 岁以上特殊医学用途配方食品供应共计 3467 吨，其中进口 3291 吨，国产 176 吨。可见，无论是婴儿还是 1 岁以上特殊医学用途配方食品，进口产品都占总供应量的 74.5% 以上。

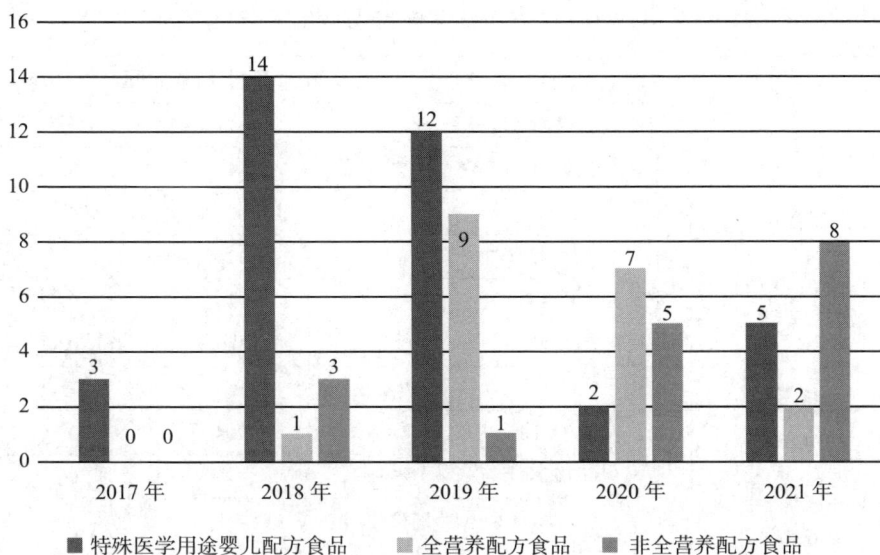

图 12-3　2017—2021 年 6 月 30 日获批产品数量情况

由表 12-4 可见，进口特殊医学用途配方食品的种类比较丰富，几乎能覆盖各类特殊营养需求的不同年龄段人群。国产特殊医学用途配方食品主要集中在 1 岁以上人群的全营养配方食品，乳蛋白深度水解或氨基酸配方、氨基酸代谢障碍配方没有产品上市，相应营养需求人群主要依赖进口产品提供营养支持。对于特定全营养配方食品，由于目前大部分临床试验指导原则和产品标准尚未出台，国产和进口产品均未获批。

据中国营养保健食品协会不完全统计结果，2019 年特殊医学用途配方食品销售总额约 60 亿元，其中进口产品销售总额约 50 亿元；国产产品销售总额约 10 亿元。在已经投产的十几家国内企业中，实际产能占设计产能比例为 17.6% ～ 45% 不等，且大部分生产线不再生产其他类型的产品。

表12-4 2019年特殊医学用途配方食品产品供应量

产品类别		进口量（吨）	国产量（吨）
特殊医学用途婴儿配方食品（适用于0～12月龄）	早产/低出生体重婴儿配方	1879.8	684
	乳蛋白深度水解或氨基酸配方	1913	0
	无乳糖配方	1007.6	404
	乳蛋白部分水解配方	3124	810
	氨基酸代谢障碍配方	24	0
	母乳营养补充剂	300	0.8
	小计	10147.2	
特殊医学用途配方食品（适用于1岁以上人群）	全营养配方食品	3204	172
	特定全营养配方食品	0	0
	非全营养配方食品 / 氨基酸代谢障碍配方食品（苯丙酮尿症等）	87	0
	电解质配方食品	0	4
	小计	3467	
合计		11539.4	2074.8

注：数据来源自中国营养保健食品协会2020年7月开展的一项不完全统计。

二、我国按药品批准的肠内营养制剂产品情况

现阶段我国市场及临床应用上，肠内营养制剂（药品文号）与特殊医学用途配方食品（特殊食品文号）并存。按国产药品批准的，有口服乳剂、口服混悬剂、混悬剂和干混悬剂4种剂型，涉及6家国产企业的19个国产药品批准文号；按进口药品批准的，有5个国家8家进口企业的散剂、粉剂、口服溶液剂、混悬剂和乳剂4种剂型，共有43个药品批准文号，其中，35个进口药品批准文号，8个进口药品分包装批准文号（表12-5）。

表 12-5 按药品批准的国产肠内营养制剂

序号	剂型	生产单位	产品名称	商品名	规格	批准文号	批准日期
1	口服乳剂	费森尤斯卡比华瑞制药有限公司	肠内营养乳剂（TPF）	瑞先	500mL/瓶	国药准字 H20040188	2015.06.10
2			肠内营养乳剂（TP）	瑞素	500mL/瓶	国药准字 H20020588	2015.06.10
3			肠内营养乳剂（TPF-T）	瑞能	500mL/瓶（水果味）	国药准字 H20040723	2015.06.10
4					200mL/瓶（水果味）	国药准字 H20040722	2015.06.10
5					500mL/瓶	国药准字 H20020589	2015.07.29
6			肠内营养乳剂（TP-HE）	瑞高	500mL/瓶	国药准字 H20056603	2015.06.10
7			肠内营养混悬液（TPSPA）	土强	袋装：500mL（1.25kcal/mL）	国药准字 H20030038	2015.06.29
8					玻璃瓶装：500mL（1.25kcal/mL）	国药准字 H20030039	2015.06.29
9	口服混悬剂	纽迪希亚制药（无锡）有限公司	肠内营养混悬液（TPF-DM）	/	0.75kcal/mL	国药准字 H20103536	2015.06.29
10			肠内营养混悬液（TPF）	能全力	1kcal/mL	国药准字 H20010284	2015.06.29
11					1.5kcal/mL	国药准字 H20030011	2015.06.29
12					0.75kcal/mL	国药准字 H20030012	2015.06.29
13			肠内营养混悬液（TP-MCT）	/	1kcal/mL	国药准字 H20093283	2014.03.15
14			肠内营养混悬液（TP）	纽荃历	500mL	国药准字 H20051444	2015.06.29
15			肠内营养混悬液（SP）	百普力	500ml	国药准字 H20010285	2015.06.29

续表

序号	剂型	生产单位	产品名称	商品名	规格	批准文号	批准日期
16	混悬剂	上海世康特制药有限公司	复方营养混悬剂	/	复方	国药准字 H31022967	2015.09.06
17	口服混悬剂	上海宝龙药业有限公司	复方营养混悬剂	/	复方	国药准字 H31022539	2015.07.13
18	干混悬剂	青岛海汇生物化学制药有限公司	复方营养混悬剂	/	复方	国药准字 H20003562	2015.07.24
19	干混悬剂	华润双鹤药业股份有限公司	复方营养混悬剂	/	复方	国药准字 H20003589	2015.09.23

注：根据国家药品监督管理局官网"数据查询"中公示"国产药品"分类整理。

按药品批准的进口产品，有5个国家8家进口企业的散剂、粉剂、口服溶液剂、混悬剂和乳剂4种剂型，共有43个药品批准文号。其中，涉及35个进口药品批准文号，8个进口药品分包装批准文号。Fresenius Kabi Deutschland GmbH 公司有8个产品的32个注册证号（7个进口药品分包装证和25个进口药品注册证），占主要部分。详见表12-6。

表12-6　按药品批准的进口肠内营养制剂

序号	国家	剂型	公司名称	产品名称	药品批准文号
1	日本	散剂	EA Pharma Co., Ltd	肠内营养粉剂（AA）	H20160478
2					H20160479
3					国药准字J20150122
4	美国	粉剂	Nestle HealthCare Nutrition	肠内营养粉（AA）	H20150409
5		口服溶液剂	Abbott Nutrition	肠内营养混悬液Ⅱ（TP）	H20130723
6	荷兰	混悬剂	N.V.Nutricia	肠内营养混悬液（TPF-DM）	H20130648
7		粉剂	ABBOTT LABORATORIES B.V.	肠内营养粉剂（TP）	H20130320
8		口服混悬剂		肠内营养混悬液（TPF-D）	H20160135
9					H20160134
10				肠内营养混悬液（TPF-FOS）	H20150255
11	英国	粉剂	SHS International Limited	肠内营养粉剂（AA-PA）	H20150394
12	德国	乳剂	Fresenius Kabi Deutschland GmbH	肠内营养乳剂（TP）	国药准字J20140075
13					国药准字J20140074

序号	国家	剂型	公司名称	产品名称	药品批准文号
14					国药准字 J20140112
15				肠内营养乳剂（TPF–D）	国药准字 J20140077
16					国药准字 J20140078
17				肠内营养乳剂（TPF–T）	国药准字 J20130177
18				肠内营养乳剂（TP–HE）	国药准字 J20130178
19					H20140225
20					H20140224
21				肠内营养乳剂（TP）	H20140255
22					H20140223
23	德国	乳剂	Fresenius Kabi Deutschland GmbH		H20140222
24					H20140190
25					H20140192
26				肠内营养乳剂（TPF–D）	H20140191
27					H20140189
28					H20140193
29					H20140494
30					H20130822
31					H20130823
32				肠内营养乳剂（TPF–T）	H20130824
33					H20130820
34					H20130819
35					H20130821

续表

序号	国家	剂型	公司名称	产品名称	药品批准文号
36	德国	乳剂	Fresenius Kabi Deutschland GmbH	肠内营养乳剂（TPF–T）	H20130825
37					H20130826
38					H20130827
39				肠内营养乳剂（TP–HE）	H20130845
40					H20130846
41					H20130847
42		粉剂	Milupa GmbH	整蛋白型肠内营养剂（粉剂）	H20170172
43				短肽型肠内营养剂	H20170170

注：根据国家药品监督管理局官网"数据查询"中公示"进口药品"分类整理。

据中国营养保健食品协会不完全调查结果，2019 年，按照药品批准的肠内营养制剂产品，国内生产量 15800 吨左右，进口量 7600 吨左右，销售总额约 20 亿元。

三、我国特殊医学用途配方食品的产业链

（一）产业链结构

特殊医学用途配方食品的产业链包括上游、中游、下游。产业链上游市场参与者包括特殊医学用途配方食品生产所需原料供应商。产业链中游环节主体为特殊医学用途配方食品生产企业，业务范围涉及特殊医学用途配方食品系统产品研发、生产和销售，企业类型涵盖乳制品企业、药品企业、保健食品企业等。产业链下游涉及特殊医学用途配方食品终端消费场所及消费人群，其中消费场所包括二、三级医院、社区医院、药店、养老机构，以及商超、母婴店、电商（特定全营养类型除

外）等。其中二、三级医院是特殊医学用途配方食品最重要的应用场所，应用总量占特殊医学用途配方食品市场比例超过80%。特殊医学用途配方食品通过医生处方的形式，在医院营养科或临床营养师指导下，广泛应用于肿瘤科室、内分泌、外科、老年科和ICU等临床科室。

（二）原料供应

《食品安全国家标准　特殊医学用途配方食品通则》（GB 29922—2013）中对原料的要求是"特殊医学用途配方食品中所使用的原料应符合相应的标准和（或）相关规定，禁止使用危害食用者健康的物质"。

《特殊医学用途配方食品注册申请材料项目与要求（试行）（2017修订版）》中规定"产品配方中食品原料、食品辅料、营养强化剂、食品添加剂的种类应符合相应食品安全国家标准和（或）有关规定，不得添加标准中规定的营养素和可选择性成分以外的其他生物活性物质""所用食品原料、食品辅料、营养强化剂、食品添加剂的品种、等级和质量要求应当符合相应的食品安全国家标准和（或）相关规定"。

1. 蛋白质

国家标准（GB 29922—2013）中对于蛋白质的规定是优质蛋白质所占比例不少于50%。优质蛋白质，也叫完全蛋白质，是指蛋白质中所含的必需氨基酸种类齐全、数量充足、比例适当，动物来源的蛋白质（如乳类、蛋类、肉类等）和大豆蛋白等一般属于优质蛋白质。特殊医学用途配方食品中常用的蛋白质为乳清蛋白、酪蛋白、大豆蛋白等。

2. 脂肪

国家标准（GB 29922—2013）规定了全营养配方食品中亚油酸和α-亚麻酸供能比的最低限值。一般说来，植物油脂含有更多的亚油酸和亚麻酸，常见的植物油包括玉米油、大豆油、葵花籽油、橄榄油、椰子油、菜籽油等。特殊医学用途配方食品中脂肪组分可选中链甘油三酯、长链甘油三酯、花生四烯酸等其他脂肪（酸）。

3. 碳水化合物

碳水化合物是生物体维持生命活动所需能量的主要来源，分为单糖、多糖、纤维素等。特殊医学用途配方食品常用的碳水化合物来源包括如下。

碳水化合物原料：葡萄糖、乳糖麦芽糊精、玉米淀粉、木薯淀粉等。

膳食纤维原料：大豆纤维、大豆多糖、低聚果糖、低聚半乳糖、低聚异麦芽糖、抗性糊精、聚葡萄糖、大豆低聚糖等。

在国内特殊医学用途配方食品产品生产中，大量使用的原料有植物脂肪粉、分离乳清蛋白粉、中链甘油三酯、酪蛋白、鱼油等，这些原料目前依赖进口的程度也比较高，是比较明显的"卡脖子"问题。

四、国外特殊医学用途配方食品市场现状

从全球来看，特殊医学用途配方食品产业呈现蓬勃发展之势。2013 年，有报道称全球特殊医学用途配方食品的市场规模大概为 560 亿～ 640 亿元（以人民币计）[①]，每年以 6% 的速率在增长。其中，北美的市场规模为 270 亿～ 300 亿元，增速为 3%；欧洲的市场规模为 130 亿～ 150 亿元，增速 5%；日本的市场规模为 100 亿～ 120 亿元，增速为 7%；而中国特殊医学用途配方食品市场仍处于早期发展阶段，当时规模仅 6 亿元左右，仅相当于全球的 1%。

在许多发达国家，特殊医学用途配方食品的应用非常广泛，且有很长的使用历史。经过多年发展，国外相关产品种类繁多，能够满足不同疾病或特定医学状况下人群的治疗 / 辅助治疗和（或）营养需求。按照产品形态，有固态（粉状、棒状）、液态和半固态（啫喱状、奶昔状）产品；按照使用途径，可以分为口服产品和管饲产品；按照是否能够作

---

① 王乃强，刘辉，李国庆，等. 低聚果糖在特殊医学用途食品中的应用［J］. 精细与专用化学品，2013，21（6）：11-14.

为唯一的营养来源，分为全营养和非全营养产品；按照是否针对特定疾病人群，分为普通配方和疾病特异配方（如糖尿病配方、肿瘤配方等）；按照适用人群年龄，分为 0 ～ 12 月龄产品和 1 岁以上产品。据不完全调查，全球产品市场上的特殊医学用途配方食品约有 705 款，分人群来看，0 ～ 1 岁婴儿特膳产品 39 款，1 ～ 10 岁儿童 170 款，10 岁以上 469 款，其中 17 款适用于老年人 ①。

目前欧美市场上特殊医学用途配方食品的种类比较丰富，全球占比也是最高的，某品牌上市的特殊医学用途配方食品种类达 300 多个，而且特殊医学用途配方食品的发展基于临床实践向精准化（个性化）方向发展，提高了特殊医学用途配方食品的临床应用效果。

在产品应用类型方面，国外常规开发的特殊医学配方食品主要包括普通患者、特定疾病患者及非全营养 3 个方面的应用。如针对普通患者开发的产品包括标准型、高能量密度型、添加纤维素型、预消化型等；针对特定疾病患者开发的产品包括糖尿病型、肝病专用型、肾病专用型、肺病专用型、肿瘤专用型、呼吸系统疾病专用型、感染专用型、先天代谢障碍专用型等。

在产品适用特定疾病人群方面，根据患者的特定医学状况，国外也有很多种类丰富的特殊医学用途配方食品，如在早期阿尔茨海默病中的应用。阿尔茨海默病（以下简称 AD）是一种多因素神经退行性疾病，起病隐袭，病程呈慢性进行性，是导致痴呆的主要原因。主要表现为渐进性记忆障碍、认知功能障碍、人格改变及语言障碍等神经精神症状，严重影响社交、职业与生活功能。AD 是一种复杂的多因素疾病，涉及遗传和环境因素。认知障碍可能受到许多因素的影响，营养的作用也日益凸显出来。越来越多的流行病学研究表明，营养与罹患 AD 的风险之间存在重要关联。某些宏量和微量营养素在认知功能下降和罹患 AD 的风险中起重要作用。有研究表明，大量摄入某些营养素，如饱和脂肪和

---

① 李森，张燕，史云杰，等. 特殊医学用途配方食品数据库的建立和分析［J］. 第十二届全国营养科学大会论文汇编，2015.

反式脂肪，会增加患 AD 的风险，而其他营养因素，如摄入更多的维生素 C、维生素 E、不饱和脂肪酸和鱼类，更高水平的维生素 B_{12} 和叶酸，以及更低的总脂肪，与降低 AD 风险或减缓认知能力下降有关。阿尔茨海默病患者的饮食管理旨在根据患者营养素水平降低，营养代谢和吸收变化的科学和临床研究，以及支持形成新突触的需求增加来满足 AD 患者的特定营养需求。通过校正观察到的缺陷，提供营养前体和辅助因子支持突触形成，改善突触功能，对 AD 早期患者的记忆力有积极作用，可提高患者的生活质量。

第十三章
特殊医学用途配方食品发展展望

与欧美发达国家相比，我国特殊医学用途配方食品产业发展尚处于起步阶段，国内获批准注册并上市销售的特殊医学用途配方食品的总量和种类均较少，截至 2021 年 6 月 30 日，有 72 个产品获得注册并上市。但相对于特殊医学状况需求的人群来说，目前可在临床中应用的特殊医学用途配方食品品牌与种类仍有限，一些相关疾病患者的临床营养需求尚未得到满足，特殊医学用途配方食品产业发展尚有很大空间。

一、国内市场尚处于初级阶段

（一）产业规模偏小，需加大产业支持力度

目前我国特殊医学用途配方食品市场规模约为 60 亿元，不到全球的 10%，产品市场供应整体规模不大。占有市场份额较大的是几家跨国大公司的产品，国产产品的上市时间较短，目前只有 24 家企业获批生产特殊医学用途配方食品，市场份额仍较小。

随着对特殊医学用途配方食品临床应用效果和营养必需性的认知，消费者对于特殊医学用途配方食品的需求日趋旺盛，因此需要以产业创新的角度，从政策建设、基础研究和技术开发、经营及其网络构建等多方面做出协同努力，积极推动我国特殊医学用途配方食品产业健康发展，缩短与发达国家的差距，开发出具有中国特色的特殊医学用途配方食品。

（二）产品形态口感单一，种类不丰富

我国特殊医学用途配方食品市场虽然发展较快，但与发达国家相比差距明显。例如在产品形态上，国内产品以粉剂为主，产品单一、口味、质感、形态、品种等方面同质化严重，种类、形态不丰富，不能全面保障特殊医学状况人群的多样化使用需求；液体形态较少，与发达国家粉剂、液体、半固体、固体各品类全面发展的格局差距较大。

液态配方在临床上较普通粉剂配方更有优势：一是使用方便，即开即用，节省医护人员调配的时间和精力，减少了调配的人为错误；二是液体配方更能降低感染风险，更加适用于高危患者。液体配方在制作中需灭菌处理，而且不需要人为配置、混合水和粉剂，减少了污染的可能性。因此，目前在欧美医院，新生儿重症监护室、儿童重症监护室的患者、血液肿瘤患者、免疫低下患者都优先使用液体配方，尽量不使用粉剂配方。

当前我国在特殊医学用途配方食品方面的研发以及积累的科研数据比较缺乏，现有的基础理论、循证研究与工艺技术研究存在不足，产品研发大多采用国外数据或者健康人群数据。国内企业特殊医学用途配方食品的研发多数仍处于学习模仿阶段，缺少特殊医学用途配方食品的基础研究和临床有效性试验方面的积累。而且食品加工领域涉足特殊医学用途配方食品行业缺少特医方面专业科研人员和经验，特殊医学用途配方食品的开发往往仅考虑到了受众的营养需求，加工产品的品质还有待改进（如溶解性、营养成分稳定性以及加工技术等），这些将影响患者对产品的依存度，也一定程度上影响特殊医学用途配方食品的推广与应用。

（三）医疗系统进入渠道不畅通，消费者使用受限

按我国法律规定，特殊医学用途配方食品应在医师和临床营养师指导下使用。但目前一些医生对临床营养的重视不够，规范化营养支持仍

未被纳入标准诊疗路径，对特殊医学用途配方食品的营养支持治疗作用的了解甚少，难以接受"食"字号的产品，临床应用经验也较为缺乏。虽然部分地方的监管层面出台了一些有助于规范特殊医学用途配方食品临床应用的管理办法，但还缺乏从国家统一层面管理的相关规定，对指导该类食品在临床上的合理应用、促进其营养支持价值最大化来说还是力度有限。同时，患者由于缺乏营养科学知识，只注重药物治疗，易忽略营养补充对疾病治疗的支持作用。

目前，特殊医学用途食品不能进入医院 HIS 系统，医生无法开出处方，消费者只能从医院三产零售店或食堂、医院外购买到，医院经营使用管理不够规范，这是目前特殊医学用途配方食品产业在我国发展远远滞后于欧美发达国家的原因，也是特殊医学用途配方食品发展所面临的重要问题之一。

（四）产品经营市场有待规范

目前我国特殊医学用途配方食品经营链条存在不规范的问题，可以指导特殊医学用途配方食品使用的营养师队伍建设不足，当前具有专业知识的临床营养师严重缺乏，与发达国家相比存在着巨大的营养健康专业人才缺口。非医疗机构和药品零售企业经营特殊医学用途配方食品时，经营人员混淆认知，不能正确理解、宣传普通食品和特殊医学用途配方食品的区别和适用人群，时有发生在经营环节以普通食品冒充特殊医学用途配方食品销售的问题，给消费者带来危害。行业从业人员比较缺乏食品相关的法律法规知识和专业基础知识，缺乏诚信的营销行为也阻碍了特殊医学用途配方食品产业的发展。

二、未来发展充满机遇与挑战

近年来，国家高度重视全民营养状况改善，提高人民健康水平，国务院发布的《国民营养计划（2017—2030 年）》开展的 6 个重大行动之一的"临床营养行动"明确提出:"加强患者临床营养筛查诊断,进行营养支持,推动营养相关慢性病的营养防治,推动特殊医学用途配方食品的规范化应用,进一步研究完善特殊医学用途配方食品标准,细化产品分类,促进特殊医学用途配方食品的研发和生产"。由此可见,我国特殊医学用途配方食品产业迎来了良好发展机遇,特殊医学用途配方食品产业正逐步迈向发展的关键期。为了使我国特殊医学用途配方食品产业健康发展,充分满足不同特定医学状况下群体的个性化营养需求,建议在参考国际上成熟管理经验的基础上,加强以下四方面的工作。

(一)逐渐完善特殊医学用途配方食品相关标准

目前我国相关体系标准缺失是制约特殊医学用途配方食品产业发展的瓶颈。由于特殊医学用途配方食品相关产品在我国法规体系中刚刚建立标准和管理办法等,市场秩序仍有待进一步规范。针对我国肿瘤、糖尿病、肾病、肝病、氨基酸代谢障碍、肌肉衰减症等特定医学状况患者对该类食品的旺盛需求,应建立与国际接轨的、完善的相关配套的国家标准体系,规范特殊医学用途配方食品市场,为特殊医学用途配方食品产业的快速发展提供法律保障。

1. 产品标准

《食品安全国家标准 特殊医学用途婴儿配方食品通则》于 2010 年出台,特殊医学状况包括 6 类,尚不能涵盖全部特殊医学状况的婴儿。《食品安全国家标准 特殊医学用途配方食品通则》于 2013 年出台,其中特定全营养配方食品包含了 13 个产品类别,非全营养配方食品包含 5 个产品类别,然而这些还不能涵盖所有特殊医学状况患者的营养支持需求。为满足临床患者对于不同特殊医学用途配方食品种类的需要及企业开发新产品的需求,应逐渐完善现有标准,涵盖更多的特殊医学状况人群,大力鼓励企业技术创新、产品创新,满足消费者需求。

2. 检测相关标准

由于在制定相关标准的过程中未针对特殊医学用途配方食品的复杂

基质进行检测及研究，大多沿用其他类别产品的检测方法标准，有些检测方法可能不适用于特殊医学用途配方食品的检测，因此应进一步开展检测方法适用性的验证，确保营养素等成分的检测结果可靠，提高特殊医学用途配方食品检测的准确性，以保证上市产品的质量安全。

3. 原辅料国家标准

目前常用于特殊医学用途配方食品的原辅料存在标准缺失或不完善的情况，从而影响了原料的生产、采购及在产品中的应用。因此需要对尚无国家标准的原辅料标准进行完善，考虑分批制定标准立项计划，逐步建立完善适用于特殊医学用途配方食品的原辅料国家标准。

（二）进一步细化特定全营养配方食品临床试验规则

我国所有特定全营养配方食品在注册过程中都需按照《特殊医学用途配方食品临床试验管理规范（试行）》要求，严格进行 100 例随机双盲对照临床试验。对于欧美发达国家已经有超过 30 多年安全使用历史的特定疾病型特殊医学用途配方食品成熟产品来说，已积累了很多临床研究数据，但在我国仍需按要求重复进行临床试验，其资金与时间的投入甚为巨大，企业一般会就其风险与收益进行分析评估后再决定是否开展，相当多的研发主体没有积极性开展适用人群量少的特殊医学用途配方食品的研发生产。尤其是对临床试验的安全性、营养充足性、特殊医学用途临床效果的试验结果尚缺乏明确量化的判定指标，需进一步强化临床试验研究路径和判定标准。

由于试验人群年龄和选择标准等伦理问题，导致有些疾病型特殊医学用途配方食品开展大规模临床试验的难度极大，如儿科人群的临床试验在知情同意及执行过程中存在一定的困难。另外，一些危重症或罕见病发病率较低，且患者入组难度较大，脱落率较高，为完成临床试验要求的样本数量，需要较长的临床试验周期，而这类特定全营养配方食品往往是临床患者急需的。建议在确保临床试验科学规范的前提下，为保障特殊医学用途配方食品的安全性、营养充足性、特殊医学用途临床效果，本着风险可控和有效利用国家临床试验资源的原则，对某些特殊情况的临床试验进一步细化、优化，按具体情况分类实施有关临床试验要求，加快有关特定全营养配方食品的上市之路。

（三）加大科普宣传，提高社会认知水平

特殊医学用途配方食品作为一个新兴食品类别，近10年内在中国的发展较为缓慢，且公众认知度低，经常会有人将特殊医学用途配方食品与药品或保健食品的作用混淆，无法分清之间的关系，甚至还会混淆其为保健食品。建议从政府宣传方面编制消费者教育材料，鼓励相关机构，特别是行业组织，面向医生、临床营养师、患者、公众开展基础营养知识教育，提高特殊医学用途配方食品的认知度、接受度和正确使用率。

（四）加强专业人才队伍建设

由于我国从事特殊医学用途配方食品研发的高层次人才匮乏，直接影响我国企业特殊医学用途配方食品的研发水平。故应加强特殊医学用途配方食品研究和开发相关所需的食品、临床营养、公共卫生、检测、装备等领域高层次专业人才的引进和培养，促进该学科在基础前沿、应用领域的人才团队建设；同时还应畅通科研机构、企业高层次人才的双向流动渠道，建立科研专家进企业挂职和企业人才进入科研机构深造的交流互动机制。完善特殊医学用途配方食品专业从业人员在岗培养与评价体系，从行业资质认定、职称评审等多方面完善我国临床营养师的队伍建设，加大临床营养师培训力度。

（编写人员：荫士安、邓少伟、吕燕妮、刘彪、张小微、杨盛、李文军、李媛媛、石丹、黄倩、郭洋、董坤、樊芸、赵显峰、石羽洁、贾鹏举、杨丹、韩军花、王岗、邓立娜、俞海琦、杨振宇、王杰、叶文慧、王洪丽、景智波、梁冉、王静波、罗健、杜丽蓉）

其他营养健康食品篇

◎ 婴幼儿辅助食品

◎ 运动营养食品

◎ 老年人营养食品

◎ 孕妇和乳母营养补充食品

◎ 营养强化食品

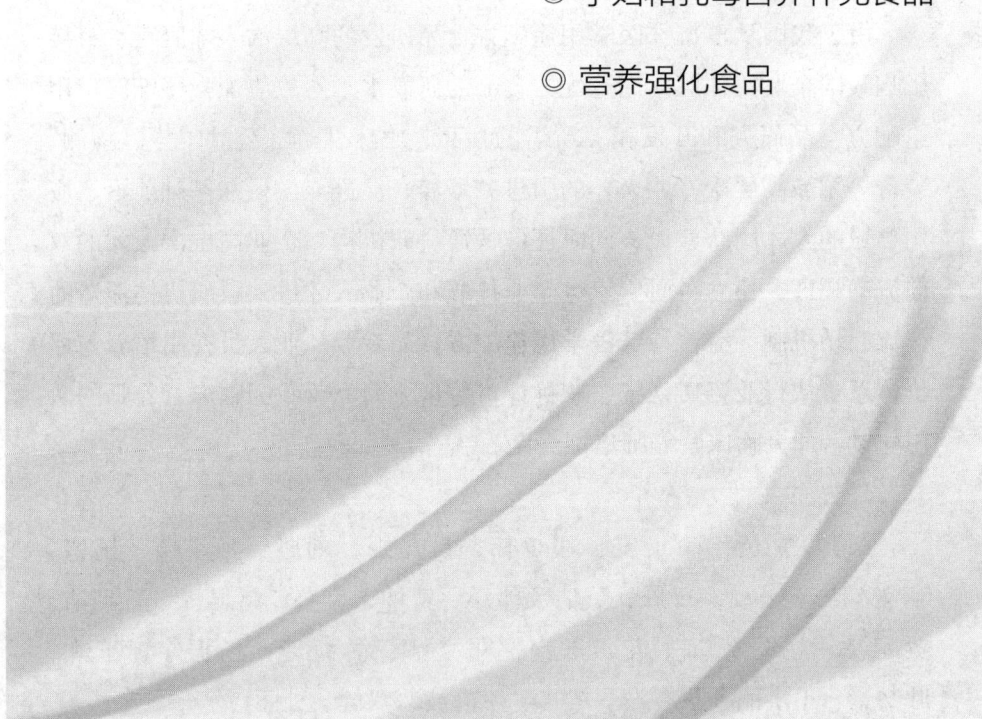

《国民营养计划（2017—2030年）》提出：要规范指导满足不同需求的食物营养健康产业发展。针对不同人群的健康需求，着力发展保健食品、营养强化食品、双蛋白食物等新型营养健康食品。建立满足不同老年人群需求的营养改善措施，开发适合老年人群营养健康需求的食品。并且提出了针对不同人群的六大行动：生命早期1000天营养健康行动、学生营养改善行动、老年人群营养改善行动、临床营养行动、贫困地区营养干预行动、吃动平衡行动。特别提出要持续提升婴幼儿配方食品和辅助食品质量，建立满足不同老年人群需求的营养改善措施，开发适合老年人群营养健康需求的食品产品，提升运动营养食品技术研发能力，推动产业发展。这类食品同样可以发挥改善相关人群营养健康水平的作用，如婴幼儿辅助食品与营养强化辅食（营养包）、运动营养食品、孕产妇营养食品（孕产妇营养包）、适合老年人群营养健康需求的食品、营养强化食品等。

　　在国家政策的引导和社会需求的推动下，近年来这类食品也逐渐发展并形成了一定产业规模，国家有关部门已制订或正在制订相关产品的食品安全国家标准。

第十四章
婴幼儿辅助食品

　　随着我国国民经济的快速持续发展和居民收入的增加，婴幼儿辅助食品（以下简称辅食）已经从传统单一家庭自制向购买市售辅食转变。有越来越多的跨国婴幼儿辅食产品进入我国，同时，一些婴幼儿配方食品企业转型投入婴幼儿辅食产业，助推了我国婴幼儿辅食产业步入蓬勃发展的快车道。

一、基本概念

　　婴儿从 6 月龄开始需要尝试添加一些母乳之外或非乳类食物，包括果蔬汁等液体食物，米粉、果蔬泥等半固体食物或细小颗粒状食物，逐渐过渡到软饭、软面条（片），切成小块的水果和蔬菜等固体食物，这一类食物统称为辅食，过去也称为"断奶食品"或"过渡期食品"。由开始给婴儿添加辅食（从 6 月龄）到喂养儿完全适应家庭食物的过渡期称为辅食添加期，过去也称为"断奶期"。

　　婴幼儿"辅助"食品并不是可有可无的，也不仅仅起辅助作用，对于 6 月龄之后的婴儿，母乳喂养与辅食添加两者是不可分割且互补的统一体。自婴儿 6 月龄开始，提供的辅食可以补充母乳营养之不足。因此辅食必须是富含营养的食物，而且摄取的量应充足，才能保障和促进婴幼儿的健康和生长发育。同时，在辅食添加期间母乳喂养仍然是营养素和某些保护因子的重要来源，所以仍要继续母乳喂养。

　　辅食添加是儿童从液体类食物逐步过渡为普通固体食物的一个特殊重要阶段，这个过程基本在 6 ～ 23 月龄完成。辅食添加不仅为婴幼儿提供营养，还与儿童的咀嚼与吞咽功能发育、牙齿萌出、消化系统对食物的适应性、手眼口动作协调发育、饮食习惯的养成、对食物的感知、心理行为发展等密切相关。

二、产品分类

（一）执行标准和产品分类

　　目前无论从学术界、国家法规还是行业方面均没有统一公认的分类标准。对于工业化产品，在实际运作中，产品分类主要按食品安全国家标准、生产许可分类目录和市场或企业制定的分类来进行划分。目前我国婴幼儿辅食的分类情况可见表 14-1。

　　按照我国婴幼儿食品安全标准体系建设原则，除婴幼儿系列配方食品标准外，我国现行婴幼儿辅助食品标准有 2 个，分别是《食品安全国家标准　婴幼儿谷类辅助食品》（GB 10769—2010）、《食品安全国家标准　婴幼儿罐装辅助食品》（GB 10770—2010），是强制执行标准。这两个标准文本在体例上基本一致，主要对范围、术语和定义、产品分类、原料要求、感官要求、基本营养成分指标、可选择营养成分指标、其他指标、污染物（重金属、真菌毒素、微生物）等内容做了明确规定，对于营养强化剂、添加剂、标签标示引用通用标准。

　　《食品安全国家标准　婴幼儿谷类辅助食品》将谷类辅助食品分为 4 类，分别是婴幼儿谷物辅助食品、婴幼儿高蛋白谷物辅助食品、婴幼儿生制类谷物辅助食品、婴幼儿饼干或其他婴幼儿谷物辅助食品，涵盖了以谷物为主要原料加工制成的婴幼儿辅助食品。将营养成分分为基本营养成分和可选择营养成分，基本营养成分包括能量、宏量营养素、3 种维生素和 4 种矿物质，其他 9 种维生素和 3 种矿物质作为可选择营养成分。同时对添加碳水化合物的种类和添加量、水分指标和不溶性膳食

纤维进行了规定；对污染物、真菌毒素、微生物也进行了明确规定；对
食品添加剂和营养强化剂要求引用通用标准。

《食品安全国家标准　婴幼儿罐装辅助食品》将罐装辅助食品分为
3类，分别是泥（糊）状罐装食品、颗粒状罐装食品、汁类罐装食品。
标准中明确了原料要求等，并规定了原料配料比、蛋白质、脂肪和钠含
量，对污染物、微生物限量也进行了规定。

表 14-1　婴幼儿辅食的分类情况

分类依据	类别	分类依据	存在问题
食品安全国家标准	3	GB 10769—2010 婴幼儿谷类辅助食品 GB 10770—2010 婴幼儿罐装辅助食品 GB 22570—2014 辅食营养补充品（营养包）	不能涵盖所有的婴幼儿辅食品种
生产许可	3	谷类辅助食品（4 种）、罐装辅助食品（3种）、其他特殊膳食食品（1 种辅食营养素补充食品）	同上
市场 / 企业	2～4	谷物辅食、佐餐辅食、辅食营养补充品、零（食）辅食；生产工艺（干类辅食与湿类辅食）；传统食物分类（主食与辅食）；原料来源（谷物类、果蔬类、乳制品类、肉泥类等）	形式多样，易与其他普通食品混淆

（二）辅食添加情况

6～23 月龄婴幼儿处于生长发育的重要阶段，是处在从纯母乳喂养
到家庭食物的过渡期，这一时期是儿童营养不良和疾病的高发期，也是
5 岁以下儿童营养不良发生率较高的年龄段。婴幼儿在 2 岁以内如能获
得最佳的生长发育，将会影响其成年时期的体质状况、认知能力和劳动
能力等方面的发展潜能，而且这个时期进行针对性营养干预被认为投入
产出比是最高的。因此，及时、合理地进行辅食添加对婴幼儿的生长、
发育、健康都具有重要意义。

2010—2013 年的中国居民营养与健康状况监测数据显示，婴幼儿
辅食添加状况存在明显的城乡差异和地区差异。以农村儿童的辅食添加

问题尤为突出，主要表现在辅食添加不及时、种类单一、添加的次数和质量均不能满足婴幼儿的需要；从 6～8 月龄开始添加辅食的农村儿童占 73.0%，而城市儿童已达到 90.4%；辅食种类多样化达到推荐比例的儿童，农村仅有 39.8%，城市 65.5%；给儿童添加辅食次数达到推荐频次的比例，城市、农村分别为 79.1% 和 60.6%；而辅食添加频次和种类同时达到推荐的比例更低，城市、农村分别为 39.5% 和 15.7%。全国 6～23 月龄婴幼儿达到最低膳食多样性、最低进食频次和最低可接受膳食标准的比重分别为 52.5%、69.8% 和 27.4%，而且城乡间的差异明显。母亲的年龄、看护人受教育程度、流动状态（如留守或流动儿童）、食物的可及性以及家庭收入等均不同程度影响 6～23 月龄婴幼儿的辅食添加状况。大于 24 岁、受教育程度较高（本科及以上）、母亲外出打工以及收入较高的家庭，儿童辅食添加比率较高。

我国儿童从开始添加辅食起营养不良发生率就迅速上升，农村的发生率高于城市，贫困农村地区尤为明显。几十年来，我国婴幼儿缺铁性贫血发病率持续处于较高水平，而且还存在一定比例的生长发育迟缓等长期营养缺乏导致的问题，这与开始导入辅食的时机不合理、添加辅食的营养质量不高和喂养量不足、喂养不科学、不合理等密切相关。

三、产业发展

婴幼儿辅食是婴幼儿在满 6 月龄后，继续母乳喂养的同时，为了满足营养需要而添加的其他各种性状的食物，包括家庭配制的和工厂生产的。婴幼儿辅食从家庭配制到工业化生产，迄今已有 150 多年的历史，随着社会经济、营养科学、设备更新和技术进步，婴幼儿辅食产业日益壮大，原料来源更为丰富，配方更为科学营养，品种更为多样化，满足了儿童看护人对辅食的品种和营养多元化的选择需求。

（一）全球婴幼儿辅助食品发展现状和趋势

全球婴幼儿食品行业处于稳步成长期。据中国食品工业协会、前瞻产业研究院测算数据，全球每年有1.3亿新生儿出生，婴幼儿食品市场需求显著增长，2018年全球婴幼儿辅食需求规模为225.7亿美元，2020年全球婴幼儿辅食市场规模为263.9亿美元，预计未来全球婴幼儿辅食市场仍有较大增长空间。

从婴幼儿辅食的销售状况来看，亚洲地区是全球最大的婴幼儿辅食市场，区域销售金额占到总体销量金额的42.86%；美洲市场婴幼儿辅食消费金额约占全球市场总量的30.91%；欧洲市场主要受其低出生率的影响，婴幼儿辅食消费金额约占全球市场总量的11.48%；非洲地区作为全球人口出生率最高的区域，受医疗卫生水平改善以及经济环境转好的影响，近年来婴幼儿辅食市场发展较为迅猛。

（二）我国婴幼儿辅食产业现状与发展趋势

我国婴幼儿辅食的基础研究和发展的历史较短，最早的研制始于1954年，由中国医学科学院提出的"5410"配方，是由大豆粉、米粉、糖调配出来的产品，应该说它是当时国内婴幼儿辅食的一个较理想产品，对婴幼儿辅食的产业化生产起到了很大的作用。但由于受到生产设备、工艺、技术水平和消费水平的限制，生产企业规模不大，产量较小，年产量仅有几百吨。

从20世纪80年代开始，随着改革开放，外资品牌逐渐进入中国市场，我国婴幼儿辅食企业也逐步快速发展，从以小企业生产为主，到现在形成了一些有规模的品牌企业为主的形势。

1. 产品销售概况

随着我国科学技术的进步，居民消费水平提高和消费结构的逐渐优化，以及人口政策的调整，我国婴幼儿辅食市场规模不断扩大，产业逐步进入快速发展时期。据统计，2012年我国婴幼儿辅食市场规模约为

100 亿元，2019 年市场规模已经超过 400 亿元。

2. 发展趋势

随着我国"全面三孩"政策的施行及年轻一代父母（如 85 后甚至 90 后）逐渐成为婴幼儿辅食的购买主力，婴幼儿辅食市场将步入快速增长期。根据解数咨询的数据预测，估计 5 年后，我国婴幼儿辅食市场的规模有望达到 720 亿元，每年的市场增速将保持在 10% 左右。而且随着我国经济持续向好发展，预计今后我国婴幼儿辅食的需求空间很大。

3. 生产企业分布情况

市场监管总局网站数据显示，截至 2020 年 11 月底，全国各省市婴幼儿辅食食品获证生产企业数量为 135 家，集中分布在江西省、广东省、浙江省、山东省、上海市和黑龙江等省（市）。其中婴幼儿谷类辅食获证企业数量最多，为 84 家，占比 54%，辅食营养补充品获证企业数量为 54 家，婴幼儿罐头辅助食品获证企业数量最少，只有 4 家。全国婴幼儿辅食生产企业大型以上的企业较少，大多数为中小型企业。

截至 2020 年 11 月，全国各省市婴幼儿谷类辅助食品获证企业数量为 84 家，主要分布在江西（34 家）、广东（19 家）和上海（6 家），合计占 70.2%。全国各省市其他特殊膳食用食品（辅食营养补充品）获证企业数量为 54 家，主要分布在广东（9 家）、江西（8 家）、浙江（7 家）、湖北（5 家）、陕西（4 家）等。

（三）产品发展方向

1. 婴幼儿辅助食品品种细分化

婴幼儿辅食的品种较多，企业在产品分类方面，按生产许可分类就有 3 个类别 8 个品种明细。每一个品种，按原料、配方、工艺的不同，又可派生出更为细化的品种，满足婴幼儿对添加辅食的不同需求。

（1）谷物类辅食：我国谷物类辅食产品的消费占据了婴幼儿辅食市场的一半以上，也是品种最为繁多的一类产品。以婴幼儿米粉为主的谷物类辅食，在满足婴幼儿基本饱腹需求上，企业在产品配方研究中可以强化针对不同功能作用的营养素，如有侧重生长发育的、补充铁剂预防缺铁性贫血的，或者利于消化吸收的，还有添加不同的蔬菜、鱼肉、其他肉及其制品，细分出品种丰富、口味不同的产品，目前各品牌都有各自不同的配方和主导产品。

（2）零辅食：谷物类辅食在市场销售上细分出一类属于非饱腹需求的产品，主要包括婴幼儿饼干、泡芙、磨牙棒等所谓零辅食类产品。这类产品在我国占婴幼儿辅食市场的25%，相对国际上40%的比例，我国这类辅食的市场还有很大的提升空间。符合食品安全国家标准（GB 10769—2010）的婴幼儿零辅食，安全、健康、营养，在产品研发设计上还考虑了锻炼婴幼儿咀嚼功能、促进牙齿萌出、抓握力、收敛口水等作用，是深受消费者欢迎的一类产品。

（3）罐装辅食：婴幼儿罐装辅助食品主要包括各种品类水果、蔬菜、肉类来源材料精心搭配的果蔬泥、肉泥等。罐头是婴幼儿添加果蔬泥（汁）、肉泥、鱼泥的方便食品，相对家庭制作和普通食品，符合食品安全国家标准（GB 10770）的婴幼儿罐装辅食，其原料质量安全、营养指标、配方比例、感官性状和颗粒大小都有更为严格的控制要求。目前我国只有4家婴幼儿罐装辅食品获证企业，市场尚未得到充分开发。随着科学知识的普及，人们消费理念的不断转变，丰富的产品原料来源，可以预期婴幼儿罐装辅食将日益被年轻父母所接受，未来的市场发展空间广阔。

（4）辅食营养补充品：辅食营养补充品主要包括辅食营养素补充食品、辅食营养素补充片、辅食营养素撒剂。近年来，辅食营养补充品在我国得到了迅速发展，主要是政府和社会团体在贫困农村开展的一些营养改善干预项目中，免费给婴幼儿发放营养包（辅食营养素补充食品）或撒剂（辅食营养素撒剂）。此外，辅食营养补充品在终端消费市场上也有一定的需求。

2. 婴幼儿有机辅食的发展

婴幼儿辅食行业的高端化、有机化已出现明显上升趋势。《中国食品消费及创新趋势白皮书（婴幼儿部分）》显示，婴幼儿食品中有机辅食所占的比例逐年攀升，我国本土品牌也在积极扩大有机产品种类。2013—2018 年，婴幼儿奶粉和婴幼儿辅食品类中有机产品的比例逐年攀升，2017—2018 年比 2013—2014 年同期增长了 122%。在婴儿辅食领域，有机辅食升级更为明显。国际品牌积极地向中国市场推出有机婴幼儿辅食品牌或产品线，推动有机食品的市场占有率从 2015 年的 4.4% 上升到 2018 年的 16.3%。

在消费能力提升、育婴知识渗透、辅食多元化、个性化等多重利好因素的推动下，国内婴幼儿辅食呈现了高速增长，显示市场存在巨大的增量空间。《2020 京东母婴婴幼儿辅食趋势报告》指出，京东平台营养辅食类目消费者呈现明显的年轻化趋势，年轻一代父母成为婴幼儿辅食市场的主要购买人群，且增长的更为明显。他们不再执意购买进口产品与高价产品，而是关注天然成分与产品的营养配方，推动了辅食产品向有机化、高端化快速发展。

3. 国产企业的品牌发展

随着婴幼儿辅食市场的激烈竞争和优胜劣汰，市场销售由最初主要是国外品牌的局面，逐步出现国产品牌企业不断崛起并占据市场一席之地的状况。《中国婴幼儿辅食市场品牌影响力指数排名》的统计数据显示，虽然位于前五名的均是国外品牌，但国内品牌在辅食新政实行后，行业加速优胜劣汰，前十大品牌中的国产企业，通过差异化和品牌化建立起婴幼儿辅食品牌的良好形象，逐渐获得了较高的市场占有率。然而，值得关注的是，传统的婴幼儿辅食生产大省江西省和广东省，并没有产生排名前 10 名的国产品牌企业。

四、质量管理

（一）生产管理和人员素质

婴幼儿辅食在我国生产发展的历史较短，生产企业以中小企业为主，整体人员的素质水平不高。为从生产源头保障婴幼儿食品的质量安全，《婴幼儿辅助食品生产许可审查细则（2017 版）》明确规定，企业获证必须配置技术水平较高的研发、检验、生产和质量管理人员，其中生产管理人员、技术人员应有食品或相关专业专科以上学历，或具有 3 年以上相关工作经历，食品安全管理人员应有食品或相关专业本科以上学历。2017 版审查细则的实施，促进了婴幼儿辅食生产企业技术和管理人员水平的提升，显著提升了企业的生产质量管理水平。通过对婴幼儿辅食市场品牌影响力指数排名前十品牌的 4 家国产品牌的调研，企业平均配有研发人员 22 名，其中硕士及以上学历的占总研发人员的 18.6%，平均配有检验人员 29 名，研发和检验技术人员占企业人员的 5.29%，在产品研发创新和质量安全保障中发挥了重要作用。

质量管理体系方面，2019 年对 15 家广东省婴幼儿辅食生产企业的调研情况显示，有 11 家企业分别获得 1 项或多项质量管理体系认证，包括 ISO9001、ISO22000、FSSC22000、HACCP、GMP、有机食品等，获得质量管理体系认证的企业占总体企业的 73%。

（二）检测能力情况

婴幼儿辅食生产企业均建立了检验室，具备对其产品进行相应检测的能力。一般会配置原子吸收分光光度计、液相色谱、气相色谱、酶标仪等设备，对原料和产品中的污染物、营养成分、微生物等项目进行常规检测。大部分企业具备产品执行标准中全项目的自检能力，个别无法自行检验的项目则送第三方检测机构每批检测，这对原料、生产过程、成品质量安全指标的控制发挥重要作用。特别是大部分企业对生产婴幼儿米粉的大米原料中铅、镉进行批批检测，从源头控制了婴幼儿米粉的质量安全。

（三）质量安全

据中国营养保健食品协会 2020 年开展的一项调查了解，我国消费者购买婴幼儿食品时，关注的因素主要有：食品安全、营养成分、品牌声誉、产品价格、产地、品牌故事、购买的便捷程度等。调查结果表明其中最受关注的因素是食品安全（81.9%）和营养成分（66.4%）。

2015年，国家对婴幼儿辅食监督抽查的结果显示，产品整体合格率较低。为此，有关监管部门分别对个别婴幼儿谷粉企业进行约谈，开展专项整治工作。经过近几年有效的监督管理，以及国家一系列新政的发布和落实，2015—2019年度婴幼儿谷类辅食监督抽检结果显示，婴幼儿辅食的监督抽查合格率逐年增长，从2015年的91.80%提升到2019年的99.11%。

五、产业结构

《婴幼儿辅助食品生产许可审查细则（2017版）》等政策法规发布实施，同时顺应市场多元化的需求，婴幼儿辅助食品在原有婴幼儿配方谷粉的基础上，增加了婴幼儿面条、婴幼儿饼干、婴幼儿罐装辅助食品和辅助营养补充品等相关食品类别，极大丰富了婴幼儿辅食行业的产品种类，婴幼儿辅食产业出现百花争艳的状况。

（一）产业结构调整

新政策法规提高了生产企业进入婴幼儿辅食行业的门槛。如《细则》明确规定婴幼儿辅食不允许分装，且规定婴幼儿米粉需以谷物（如大米、小米）为原料开始生产，杜绝以往个别企业以购买大包粉进行分装的生产行为。同时《细则》规定了滚筒干燥设备、挤压膨化设备、混合设备等生产设备的参数要求，促使企业生产设备向规模化和自动化方向发展等。企业为达到新版生产许可审查细则的要求，需要再投入进行生产工艺、设备设施、厂房车间、实验室以及质量管理体系等方面改进，促使婴幼儿辅食产业高质量发展。

新政策法规的发布实施，促使整个婴幼儿谷类辅食生产行业逐步提高行业集中度，呈现优胜劣汰的态势。2015 年 6 月之前，全国婴幼儿谷粉获证企业 172 家，其中江西省和广东省两个婴幼儿辅食企业大省分别有 68 家和 46 家。截至 2020 年 11 月，全国各省市婴幼儿辅食获证企业数量为 135 家，其中婴幼儿谷类辅食获证企业 84 家，与 2015 年相比，下降了 22%，江西省和广东省分别有 34 家和 19 家，下降了 54% 和 63%。

（二）产业链结构

婴幼儿辅食行业的产业链涉及上、中、下游环节。上游主要为大米、小麦、畜禽肉、水产、果蔬、生鲜乳等食用农产品，以及生产设备、包装材料等原材料供应商。就原料而言，食用农产品产业链延伸到种植、养殖农业环节，重点关注的是农业投入品（农药、肥料、兽药、饲料和饲料添加剂等）的使用，是控制重金属污染物、农药和兽药残留量的关键。中游主体为婴幼儿辅食生产企业，对产品质量起到"承上启下"的作用，承担起产品质量安全的主要责任，通过供应商审核、原材料采购和验收管理，控制上游环节的原材料质量安全，同时把控每道工序的质量关，生产出合格的婴幼儿辅食产品供应下游环节。下游涉及经销商、销售渠道和消费者，销售渠道主要包括母婴店、专卖店和商超等线下渠道，以及淘宝、天猫、京东、考拉等线上渠道，婴幼儿辅食产品通过这些销售渠道流向终端消费者，下游重点关注的是产品的仓储和运输条件。目前，婴幼儿辅食销售仍以线下为主，但随着网络销售的迅猛发展，特别是受新冠肺炎疫情的影响，线上和线下购买渠道的渗透率逐步平分秋色。

（三）品牌运营和代加工管理

婴幼儿辅食生产允许委托代加工，目前国内约有 70% 婴幼儿辅食企业是自有企业生产的方式，约 30% 企业以部分或全部代加工的方式进行生产销售。代加工对于品牌运营商来说，可直接利用生产企业已有的生产线和设备，以更快地进入市场，可有效帮助品牌运营商节约成本、迅速占据市场份额，而代加工企业也可以专注生产和产品质量安全。

但代加工也是一把双刃剑，产品一旦出现问题，生产企业所有的代加工产品可能都会受到波及。因此生产企业必须加强自身的管理，从原材料选择到生产加工的每一个环节都要严格按照标准和生产要求，尽可能地避免产品出现问题，品牌运营商在选择生产企业时更应注重其质量安全控制能力。

六、产品创新

创新是企业生存发展之本，婴幼儿辅食行业的发展离不开行业的不断创新。随着现代科学和生产技术的发展，在行业结合/整合营养学研究成果日益受到重视和普及，婴幼儿辅食正朝着健康、营养、多元化等方面创新发展，以不断满足市场和消费者的需求。

（一）营养成分创新

按 GB 10769—2010 的要求，婴幼儿辅食需具备基本的营养成分，如能量、蛋白质、脂肪、脂肪酸、维生素 A、维生素 D、维生素 B_1、钙、铁、锌和钠等。因此，企业在营养成分方面开发的新产品基本是围绕 GB 10769 和 GB14880 的可选择营养成分，如维生素 E、维生素 C、叶酸、低聚半乳糖、DHA 等。产品创新主要是针对营养功能添加一种或多种营养成分，如添加维生素 C 以促进铁吸收，添加叶酸、DHA 有助于大脑和神经系统的发育，添加低聚果糖、低聚半乳糖有利于婴幼儿的消化吸收功能。

（二）原料的多样性

企业在原料的研发方面，更注重天然、健康、营养的搭配。婴幼儿米粉产品在传统的大米基础上，科学搭配燕麦、玉米、黑米、小米等多种谷物或豆类杂粮，以及中国传统饮食中流行的食材，如山药、莲子、银耳等，特别为中国婴儿设计的差异化定位，也更符合中国父母对营养需求的认知。

辅食的添加也是婴幼儿逐渐适应母乳以外的食物，为过渡到普通家庭膳食做准备的过程。各种肉类、果蔬丰富的搭配，不仅带来食物自身不同的营养，也是对各种食物天然不同的质地、口味的尝试。相对家庭制作的辅食，工业化的生产、管理和配方设计不受原料、地域、季节的限制，为婴幼儿辅食产品的生产带来更为丰富、营养和安全的原料优势；精心的原料配方设计，为家长们提供丰富多样的产品选择，让婴幼儿接触、适应更多口味、质地和不同颜色的食物，避免成长过程中形成偏食的习惯。

婴幼儿胃肠内淀粉酶较少，对淀粉类食品的消化能力较差，容易发生胀气、腹泻等消化不良的问题。将米粉适度酶解，可提升米粉产品的消化吸收性能，较传统米粉具有黏度低、冲调性好、易于消化等优点，降低婴儿食用后产生消化不适的可能，这类产品也是最近几年国内企业热衷研究开发的产品之一。

采用有机原料，遵循有机产品生产、加工、标识与管理体系要求，有机婴幼儿米粉、饼干、泡芙、果泥等辅食的快速发展，促使有机原辅料的需求日益增长。

（三）研发适合婴幼儿生理／生长发育的辅食

婴幼儿辅食适用月龄在 6～36 月龄（3 岁），这个年龄段的婴幼儿生长发育快速，生理变化明显，根据不同月龄婴幼儿生理／生长发育特点赋予辅食产品更多的功能，一直是企业研究开发婴幼儿辅食产品的目标。

在传统米粉中添加一定比例杂粮的辅食，刻意创造出有嚼劲的质地，可以帮助培养婴儿的咀嚼技能和吞咽功能，以及促进牙齿萌出。

各种零辅食，如婴幼儿米饼、磨牙棒，有助于婴儿收敛口水、牙齿萌出，锻炼吞咽、咀嚼所涉及的肌肉和神经反射的协调性，设计成不同形状的泡芙、饼干可以锻炼婴幼儿抓握力、手眼口的动作协调性和培养自主进食的意识，有助于顺利过渡到家庭膳食。

（四）婴幼儿分阶段喂养的创新

婴幼儿不同生长发育阶段对营养的需求有不同的侧重点，企业将婴幼儿营养、感知力和生理三方面的阶段性需求作为产品研发设计的考量，结合营养科学理论和研究成果，研究设计适合相对应年龄段的配方产品，指导家长科学喂养，深受消费者的欢迎。部分企业根据婴幼儿各生长阶段吞咽咀嚼能力的不同，设计出颗粒面、碎碎面、线面、蝴蝶面，以更好地适应不同阶段的婴幼儿食用。

（五）质量安全保障的创新

质量安全的保障不只是生产过程的控制，而是从原料到餐桌全产业链的系统工程。婴幼儿辅食生产的主要原料，如大米、果蔬、禽肉和水产等大多是食用农产品，农药、饲料、肥料等农业投入品的使用，以及种植养殖业的土壤、水等环境因素，都直接影响食用农产品的质量安全。对食用农产品的质量安全控制是婴幼儿辅食生产的重要环节，随着有机、绿色等高端婴幼儿辅食产品需求的增长，生产企业已不满足日常的原材料质量验收的管理手段。部分企业已开始自建自控种植养殖基地，将单一的产品生产链延伸到农业种养殖业，如大米，从种子、种植环境、土壤、水就开始严格控制，建立良好的种植规范和管理体系，从源头控制原料的质量安全。

产品的质量是在生产过程形成的，在一定程度上，与生产设备和生产技术密切相关。尽管国内大部分婴幼儿辅食生产企业与国际品牌企业仍存在较大差距，但是可喜的是国内品牌的企业一直在加大投入，不断改造、提升国产生产设备自动化和生产技术水平，推进工艺设备从半自动化向自动化和数字信息化进行升级改进，逐步实现工厂生产达到智能制造全自动化水平，实时控制各环节的工艺参数，建立自动化清洗系统，提高产品质量的稳定性。

七、发展机遇和挑战

（一）新出生人口稳定增长

据我国统计局人口统计年鉴数据显示，自 2016 年全面开放二孩政策以来，虽然人口出生率有下降趋势，但中国的人口基数庞大，2019 年新生儿人口数为 1465 万，2020 年底登记的新生儿数为 1157.35 万。随着 2021 年国家"三孩"政策的放开，预计将会在 3 年内迎来又一个人口出生高峰，婴幼儿群体对辅食的需求将在未来 5 年内保持持续增长态势。

（二）消费水平提高

据国家统计局有关数据显示，2014—2019 年，我国居民人均可支配收入同比保持 8% 以上的增长速度。

基于巨量引擎和巨量算数的平台数据分析，在 2020 年一季度抖音和头条母婴类视频和内容的搜索量中，"营养辅食"的关注度陡增，从 2019 年四季度在抖音和头条平台各居第三、四位，到 2020 年一季度高居前两位。从用户在资讯和视频的主动搜索行为中可以看出，市场对营养辅食品类产品的兴趣。可以预见，随着消费者生活水平的提高，消费观念的转变以及对科学育儿关注度的逐步提升，我国婴幼儿辅食市场需求潜力很大。

（三）国产婴幼儿辅食发展迎来新契机

虽然我国消费者以往购买进口婴幼儿辅食品牌的倾向较为明显，但随着国产品牌产品的升级迭代和中高端化发展，将日益满足国内消费者的需求。受新冠肺炎疫情的影响，国外品牌生产、进口均受到一定限制与影响，我国消费者也因此减少了海淘频率，这为国产婴幼儿辅食企业迅速抢占市场份额提供了很好的机会，国产婴幼儿品牌将迎来最佳的发展机会。

（编写人员：荫士安、厉梁秋、郝斌、杨振宇、王杰）

第十五章
运动营养食品

　　运动营养食品主要作用是满足运动人群的生理代谢状态、提高运动能力以及对某些营养成分的特殊需要。运动营养食品对运动人群改善体质、补充营养、保持体能与活力、提高运动能力、促进疲劳恢复有明显效果。如补充能量类运动营养食品，以碳水化合物为主要成分，能够快速或持续提供能量，可以满足人体在运动时对能量的快速、大量需求。补充蛋白质类运动营养食品则是以蛋白质或蛋白质水解物为主要成分，为人体提供优质蛋白质，能够满足机体组织生长和修复的需求。

　　随着生活水平的提高和健康意识的提升，人们逐渐认识到规律的运动是实现自身身体健康的一条重要途径，利用业余时间积极参与运动的人数不断增多，运动营养食品也越来越受到人们的关注。在此背景下，运动营养食品的种类越来越多，并得到广大运动人士的青睐，越来越多的人会选择通过运动营养食品来补充能量及增强身体素质。随着运动营养食品消费群体的不断发展壮大，使该产业实现了长足发展，运动营养食品市场也呈现出丰富多样化的特点。大众体育不断发展及人们主动运动观念的提升，进一步扩大了运动营养食品的市场，使运动营养食品产业呈现出良好的发展前景。

一、定义及分类

　　运动营养食品是与运动相关的一类食品，但不同国家和地区对运动营养食品的定义与分类并不完全一致（表 15-1）。

表15-1 国际上关于运动营养食品的分类

国家或地区	分类
欧盟	分3类，运动饮料，增强肌肉和加速运动后恢复、以蛋白质为基础的产品，持续补充能量、提高运动能力的产品
美国	分类较详细，运动或能量饮料占比最大（销售总额的一半），其次是运动营养补充剂、减重代餐、营养棒、减肥品和低碳水化合物食物
加拿大	按照消费人群分为两类，即运动人群和非运动人群、运动人群消费者又细分为健美者、运动员和业余体育爱好者；非运动人群即崇尚健康生活方式的群体
中国	两种方法分类，基于特征营养素将产品分为能量补充类、能量控制类和补充蛋白质类；按照消费者所从事的运动项目分为速度力量类、耐力类和运动后恢复类产品

（一）欧盟

欧盟将运动营养食品定义为市场上投放的、所有为运动人群使用的产品。运动营养食品属于特殊膳食用食品中的一类。其定义是指为满足运动人群（指每周参加体育锻炼3次及以上、每次持续时间30分钟及以上、每次运动强度达到中等及以上的人群）的生理代谢状态、运动能力及对某些营养成分的特殊需求专门加工的食品。

欧盟按产品类别将运动营养食品分为3类，分别为运动饮料、增强肌肉和加速运动后恢复、以蛋白质为基础的产品以及持续补充能量、提高运动能力的产品。

（二）美国和加拿大

美国运动营养食品有较为详细的分类。其中运动或能量饮料占比最大，接近销售总额的一半。其次是运动营养补充剂、减重代餐、营养棒、减肥食品和低碳水化合物食物。

加拿大国际市场局将运动营养食品按照消费群分为两类，即运动人群和非运动人群。其中运动人群细分为健美者、运动员和业余体育爱好者；非运动人群即崇尚健康生活方式的用户。

（三）中国

我国最新发布的《食品安全国家标准　运动营养食品通则》（GB 24154—2015）中明确，运动营养食品属于特殊膳食用食品，即为满足运动人群（指每周参加体育锻炼 3 次及以上、每次持续时间 30 分钟及以上、每次运动强度达到中等及以上的人群）的生理代谢状态、运动能力及对某些营养成分的特殊需求专门加工的食品。

我国标准中用两种方法对运动营养食品进行分类，按照特征营养素将产品分为能量补充类、能量控制类和补充蛋白质类；按照消费者所从事的运动项目将其分为速度力量类、耐力类和运动后恢复类产品。

通常运动营养食品是为了满足运动人群（包括健身运动和参加体育锻炼）或体力劳动者的生理、代谢需要和某些特殊营养素需求，按特殊配方专门加工或调制的食品或营养素补充品。近年来，运动营养食品除了可以提高运动效果、降低运动风险、改善运动人群的营养状况，还有助于降低慢性病发生风险和促进患者的运动康复。《国民营养计划（2017—2030 年）》专门提出"要推进体医融合发展。调查糖尿病、肥胖、骨骼疾病等营养相关慢性病人群的营养状况和运动行为，构建以预防为主、防治结合的营养运动健康管理模式。研究建立营养相关慢性病运动干预路径。构建体医融合模式，发挥运动干预在营养相关慢性病预防和康复等方面的积极作用"。可见，与慢性病预防和康复相关的营养食品已经成为未来运动营养食品的重点研发方向。

运动营养食品的受众人群主要是运动人群，随着人们对健康生活方式的重视，目前我国运动人群的数量相当可观，具体可分为参加竞技体育的职业或业余运动员，以及经常参加体育锻炼的人群。运动人群分类如下。

运动员：据估计，目前我国参加国家级大赛的竞技体育的专业或职业运动员约 1 万人，但是缺少业余体校和体育院校的运动员人数。

经常参加体育锻炼人群：2013 年 20～69 岁人群体育健身活动和体质状况抽测调查结果显示，经常参加体育健身的人数比例达到 32.7%，2014 年上升为 33.9%。

我国运动人群的比例远低于美国，美国国家疾病预防控制中心的统计结果显示，2001、2005 年美国 18 岁及以上成年人经常参加锻炼人数比例均接近 50%；美国健身运动委员会统计数据显示，2010—2015 年 6 岁以上参加健身运动人数的比例为 61%。

二、对健康的改善作用

运动营养食品不同于膳食营养，是围绕运动开展的营养补充。运动中，身体发生很多变化，如血液的再分配，导致训练肌肉充血、脏器（如胃肠道、肝脏、肾脏等）缺血，并且伴随有脱水（出汗或者呼吸带出的水分引起的脱水）、大量应激激素的分泌等。经常运动的人群还有运动后快速消除疲劳、提升运动的健康效果等需要。运动营养食品是基于运动人群的这些特点而设计的。

近年来，我国慢性病患者呈现持续增长的趋势。国家卫生健康委 2020 年发布的《中国居民营养与慢性病状况报告（2020 年）》指出，我国慢性病发病人数在 3 亿左右，成年居民超重肥胖率超过 50%。运动成为慢性病康复和健康管理中干预最积极、最有效的手段，具有广泛性、直接性、主动性和投入小、产出大、见效快等特点，是慢性疾病患者治疗疾病、增强体质、减少医疗支出、创造幸福生活的重要方式。规律的身体活动 / 运动是有效促进疾病恢复和身体功能改善的重要方式，而营养食品可明显改善运动人群的营养与健康状况。

慢性疾病患者在运动促进健康过程中遇到诸多问题，最主要、最突出的问题就是患者因为运动而面临着更多的危险。因为运动前、中、后不同阶段，身体状态、各脏器的功能以及体内各营养成分的含量会发生变化，而此时采用普通的水或食物无法对应地补充患者所需要的营养成分。例如，患者运动后如果喝矿泉水，由于缺乏钾、钠而导致患者容易出现肌肉痉挛。常见的运动饮料是运动员或大强度运动量才需要的，具有高盐高糖特点，不适合慢性病患者补充。当前糖尿病患者和高血压患者等并没有可以选择的、市面上有销售的、定向的营养补充产品。患者在运动后身体无法得到良好的恢复，导致本身应该有极大效果的运动锻炼反而影响了患者健康。

科学运动促进健康对于慢性疾病恢复、改善身体功能的关键点，在于需要保证运动对于特定患病人群的安全性和有效性。慢性病患者在运动期间，每一次进行运动的前、中、后都处于增高风险的阶段。如果没有适当的、定向的、规范的运动营养食品，则会与运动促进健康的初衷相悖，反而会对患者造成极大的危害。

正所谓"三分练，七分吃"，慢性疾病患者对于水、糖、蛋白质、脂等营养素的补充需求有特殊性，且不同疾病患者之间对于营养的需求也有差异。

三、产业现状

全国国民体质监测报告显示，目前我国健身人群比例仍低于国外欧美发达国家报告的水平，对于运动膳食补充以及运动营养食物的了解程度也不如国外。近年来社会经济水平不断提高，推动了运动营养健康知识的普及，使人民群众对于运动营养食品的认知程度越来越高，必将推动我国运动营养食品产业的发展。

（一）国际运动营养食品发展现状

国际运动营养食品已由最初的 10 余种发展到了目前的上千种，产品也由服务专业体育到面向大众体育。20 世纪 40 年代，这个年轻的产业崭露头角，开始有专门经营运动营养食品的公司成立。随后的 20 年，

该产业一直稳步发展，更多的人意识到运动营养食品的重要性。到 20
世纪 60 年代中期，运动营养食品迎来了其发展高潮期，产品种类逐渐
丰富，产品认可度大幅提升。进入 21 世纪，运动营养食品的发展逐步
成熟。

1. 运动营养品概况

受新冠肺炎疫情影响，很多人开始重新审视自我的身体状态，当认
识到大流行病与"自身免疫力"的强弱有关时，很多人都开始加入运动
健身这个群体。从益普索《2020 健康快餐研究报告》公布的数据可以看
出，消费者认为有益健康的习惯中，除了作息规律以外就是运动 / 健身
的习惯。运动营养品补充的目的有 3 个：一是提升运动的效果，二是降
低运动的风险，三是促进疲劳的消除。补充运动营养品的目的已经从提
升运动的训练效果、促进疲劳的消除，扩展到提升运动的健康效果、降
低运动的风险。运动营养食品受众人群已经从运动员扩展到普通健身人
群，而且还包括慢性病康复运动人群。这是运动营养食品产业发展和市
场拓展的广阔天地，也是运动营养食品飞速发展的根基。

欧睿数据显示，2019 年我国运动营养市场规模达到 26.85 亿元，预
测到 2024 年，我国的运动营养市场可能达 73 亿元，销售额增速有望超
过欧美市场。

2. 欧盟

运动营养食品在欧盟有近 30 年历史，应用比较普遍，其市场发展
仅次于美国。据分析报道，2002 年市场规模为 5 亿美元，到 2009 年增
长至 8.77 亿美元，年增长率约为 7.5%。2014—2019 年，年增长率约为
4.11%。根据欧洲专业营养联盟的数据分析，2011 年欧盟在运动营养食
品产业的销售额为 36 亿欧元，2014 年运动营养食品的市场销售额突破
了 40 亿欧元，年消费量增长了 17%，越来越多的运动人员使用运动营
养食品来提高运动能力。

（二）中国运动营养食品发展现状

20世纪50年代后期，运动营养作为一个学科在我国诞生，为运动营养食品产业在我国的发展奠定了良好的理论基础。1984年是极具纪念意义的一年，广东省的健力宝公司开创了运动营养食品的先河，一款含碱性电解质的运动饮料被推出，并且风靡一时，这款饮料作为在奥运会中取得优异成绩的中国体育运动员的专供饮料。据报道，健力宝运动型饮料年销售额曾达到近60亿元。此后的十几年，更多品牌的饮料进入市场，至今仍然一直畅销的有"红牛""脉动"等。20世纪90年代，我国的体育系统加入其中，承担起研发和功能评价的工作，自此运动营养食品产业逐步进入规范化的管理，相关国家标准也相继制定。

据报道，除了饮料以外，2005年我国运动营养食品的销售额为1.123亿元，到2010年的2.224亿元，年增长率约为14.6%。近年来随着健康生活方式的普及和推进，运动营养食品也逐渐被非运动消费人群接受。2013年我国运动营养食品的销售额突破3亿元，达到3.46亿元，2013—2018年以9%的增长率持续增长，到2018年销售额达到5.23亿元。其中粉剂仍然是市场的主流产品，占整体份额的91%。有调查结果显示，运动营养食品市场在我国尚不发达，处于成长期。

虽然我国的运动营养食品发展比发达的欧美国家晚10～15年，但在较短的时间内实现了从引进到自主研发的快速发展。我国运动食品市场80%的市场份额集中于行业前十的厂家。

当前，运动食品产业在全球呈增长态势。研究表明，预计到2025年，全球运动营养市场将达到648亿美元。北美、欧洲市场依旧是运动食品的主场，亚太市场尤其是中国市场呈现出巨大的潜力。中国产业信息网预计，中国运动营养食品市场规模在2021年预计会突破6.6亿美元。欧睿国际的市场调查报告显示，中国运动营养食品的市场以9%的年增长速率增长，具有较好的经济效益和市场潜力。

1. 标准

原国家卫生和计划生育委员会于 2015 年 11 月发布了《食品安全国家标准　运动营养食品通则》（GB 24154—2015），其中要求运动营养食品中所使用的原料应符合相应的标准和（或）相关规定，不得添加世界反兴奋剂机构禁用物质。

国家体育总局于 2014 年 7 月发布了《运动营养品功效评价程序和方法》（TY/T 5002—2014）。首先要求运动营养品应满足相关食品标准要求，如 GB 2760、GB 26687、GB 28050、GB 13432、SN/T 1642、GB 16740、GB/T 24154 等标准中规定的食品添加剂、营养标签、保健食品功能、进口食品检验和运动营养食品等的要求。

2. 生产许可

北京、江苏、广东、福建、黑龙江 5 省（市）颁发了《运动营养食品生产许可审查细则》或《审查方案》，分别从生产许可条件审查、试制产品检验和其他方面做出了规定。

（1）生产许可条件审查：5 省市运动营养食品生产许可审查方案中，生产许可条件审查囊括了管理制度、人员要求、生产场所要求、设备布局与工艺流程的各项规定与要求。

（2）试制品检验：企业所申报运动营养食品的产品，提供试制食品的检验合格报告，检验项目应包含《食品安全国家标准　运动营养食品通则》（GB 24154）标准以及企业标准、法律法规及相关部门公告规定的全部项目。

（3）其他：企业应定期对质量管理体系的运行情况进行自查，保证其有效运行，每年向所在区食品药品监督管理部门提交自查报告。质量管理体系的自查内容至少包括：企业资质、产品变化情况；采购进货查验落实情况；生产过程控制情况；出厂检验落实情况；不合格品管理情况；研发管理情况；标签标注符合性情况；信息化追溯系统建立情况；投诉举报处理情况；食品安全隐患排查及食品安全事故处置情况。

企业应提交标签符合性的承诺。运动营养食品的标签应符合《食品

安全国家标准 预包装特殊膳食用食品标签》（GB 13432）的规定。同时标签中应在主要展示面标示"运动营养食品"及所属分类，并在标签中注明食品添加剂使用参照相同或相近的类别名称。如果有不适宜人群，应在标签中标识；对于添加肌酸的产品应在标签中标示"孕妇、哺乳期妇女、儿童及婴幼儿不适宜食用"。运动营养食品的标签不能做任何功能声称，营养声称应符合《食品安全国家标准 预包装特殊膳食用食品标签》（GB 13432）的规定。

3. 运动营养食品产品分类

（1）按特征营养素分类：针对能量和蛋白质等的不同需求而设计的运动营养食品，分为3类。

补充能量类：以碳水化合物为主要成分，能够快速或持续提供能量的运动营养食品（表5-3）。

表5-3 补充能量类运动营养食品标准

	固态	半固态或液态
含量	≥ 1500kJ/100g	≥ 150kJ/100g

控制能量类：能够满足运动控制体重需求的运动营养食品，含促进能量消耗和能量替代两种（表5-4）。

表5-4 控制能量类运动营养食品标准

	促进能量消耗		能量替代	
	固态	半固态或液态	部分代餐	完全代餐
含量	≤ 300kJ/100g	≤ 80kJ/100g	835～1670kJ/餐	3350～5020kJ/d

补充蛋白质类：以蛋白质和（或）蛋白质水解物为主要成分，能够满足机体组织生长和修复需求的运动营养食品（表5-5）。

表5-5 补充蛋白质类运动营养食品标准

	固态	半固态或液态	粉状（需冲调后食用）
含量	≥ 15g/100g	≥ 4g/100g	≥ 50g/100g

（2）按运动项目分类：针对不同运动项目的特殊需求而设计的运动营养食品，分为3类。

速度力量类：以肌酸为特征成分，适用于短跑、跳高、球类、举重、摔跤、柔道、跆拳道、健美及力量器械练习等人群使用的运动营养食品。

耐力类：以维生素 B_1 和维生素 B_2 为特征成分，适用于中长跑、慢跑、快走、自行车、游泳、划船、有氧健身操、舞蹈、户外运动等人群使用的运动营养食品。

运动后恢复类：以肽类为特征成分，适用于中、高强度或长时间运动后恢复的人群使用的运动营养食品。

（3）针对慢病人群：针对患有慢病人群设计的运动营养食品可分为针对高血压类、针对高血脂类、针对糖尿病类、针对肌少症类、针对痛风症类等。

慢性疾病患者对于水、糖分、蛋白、碳水等营养元素的补充需求极为特殊，且不同疾病患者之间对于营养的需求差异极大。例如糖尿病患者下午或晚上跑步，会增加睡眠中延迟性低血糖的发生风险。这类人群运动后需要补充少量糖分，但他们并不能选择运动饮料来进行营养补充，因为市面上的营养补充饮料的含糖量过高，而这类患病人群又因为普遍缺乏相关知识而不清楚应该选择补充什么样的食物、如何补充糖分、补充多少糖分；又如，高血压患者不能吃盐度过高的食物，但是这些患者在康复运动期间必须补充盐分和蛋白质，而保证这些营养成分的摄入量符合患者的疾病程度和运动强度是必不可少、极其重要的，这是有效促进疾病恢复和身体功能改善的重要方式。

四、发展机遇与挑战

纵观运动营养食品产业的整个发展历程，从最初的专业运动员到热爱体育的运动人群，再到崇尚健康生活方式的非运动人群，运动营养食品的消费群体随着大众对运动营养食品认可度的提升而变得更加广泛。随着"全民健身"战略的推行，体医融合的不断深入，运动营养食品不仅仅服务于专业运动员，更将造福于广大人民群众，推动运动营养食品更好地服务于慢性病患者。当前运动营养食品的发展已经从专业化向大众化转变，虽然我国的运动营养食品市场还未得到充分挖掘，但随着运动人群的增加，运动群体的分化，运动营养食品消费将会逐步进入大众化时代。

运动营养食品产品品质提升、成本下降等对科技的依赖程度将会增加。随着运动营养的进一步发展，消费者对于天然的推崇，使运动营养的种类和功能更为丰富，未来将会有更多种类的营养物质出现在运动营养食品中。

（一）发展趋势

1. 人工智能、可穿戴设备的发展推动运动营养食品产品日趋个性化

在大健康时代下，消费者对产品需求的增加和对产品质量的高要求使得研发技术的革新更加重要。可穿戴设备、人工智能的发展可及时捕捉慢性病患者的运动情况，针对不同慢性病患者的个人体质、运动情况设计更个性化康复运动食品。未来运动营养食品的研发必将朝着多功能的方向发展，形成个人运动营养处方，并形成系统化、个体化的运动营养食品指导。

2. 运动营养食品产品发展日益丰富

随着大健康产业的发展，运动营养食品发展需求不断增加，单一成分和单一功能的产品已远远不能满足大众的需求，未来产品发展形式

将日趋丰富，以满足慢性病运动人群、专业运动员、普通大众等各类人群。未来的运动营养食品将会不断提高标准，实现健康运动的目的，有效地释放人体能量，满足运动机体的营养需求。

（二）"大健康"战略助推我国运动营养食品产业发展

近年来，高血压、肥胖症等慢性病的发病率在升高，很多人开始将减肥、健身等纳入日常生活项目，因此对于运动营养食品的需求将从单一向健康营养综合转变。《国民营养计划（2017—2030年）》特别强调了积极推进全民健康生活方式，发展运动营养食品产业。这样良好的运动、营养、健康社会氛围，为运动营养食品产业的发展提供了无限的机遇和挑战。

我国2019年颁布的运动营养食品未来发展策略《体育强国建设纲要》中提到：到2035年，经常参加体育锻炼人数比例达到45%以上。随着我国不断推进全民健身运动，国民运动营养健康理念不断提升，公众对运动营养食品的需求将会大大增加，运动营养食品的市场前景将会越来越宽广，产业发展和市场前景值得期待。

（三）完善我国运动营养食品产品种类

为保证运动营养食品健康发展，需要不断丰富我国运动营养食品的产品种类，结合我国运动人群的实际情况，从运动营养素补充剂、特定营养补充品等方面入手。这些物质的功能性各有不同，例如运动营养素补充剂能够使人体碳水化合物、蛋白质的需求得到满足，进而使人体体内实现营养平衡，满足人体运行过程中的体能释放量。而对于运动人体代谢状态调节剂而言，主要是针对极限运动的运动员使用，对于参与极限运动的身体代谢有着十分重要的作用。完善我国运动营养食品产品种类，需从运动营养补充剂、强力剂、调节剂等方面入手，进一步实现产品的丰富化、多样化。

（四）培育日渐成熟的运动营养食品市场

我国运动健身人群虽不断增多，但人们对运动营养食品的认知普遍偏低。应通过各种途径（如科普读物、专题讲座、电视网络等）加大宣传教育力度，开展有关运动营养食品的宣传教育，提高人们对运动营养食品的认知，使广大需求运动营养食品的运动人群科学地食用运动营养食品，保障身体健康。我国大力倡导全民健身运动，推动了群体体育的发展，人民群众的积极参与为运动营养食品行业的发展带来诸多机遇。成熟的运动营养食品市场是该行业得以长久健康发展的重要保障，但是结合当前我国运动营养食品行业的实际发展情况来看，该市场机制还不够成熟且处于起步阶段，因此将会在一定程度上影响该行业的发展。

随着运动营养健康知识的普及，国人对运动营养食品的认知程度和使用比例也会快速增长，将为运动营养食品市场提供巨大的发展空间。

总之，运动营养食品产业作为一个新兴的产业，将随我国全民健身运动的蓬勃开展、国民运动营养健康理念的提升，拥有良好的发展前景。

（编写人员：郭建军、黄兴、荫士安）

第十六章
《国民营养计划》中适合老年人群营养健康需求的食品

老年人是社会的特殊群体，联合国将 60 岁及以上的人群定义为老年。社会人口老龄化，指的是老龄人口在总人口中所占比例不断上升的动态发展趋势，这既是人类社会进步和世界人口以及经济发展的产物，也是 21 世纪人类社会共同面临的重大课题。

老年人由于生理特点的变化，特别是进食和吞咽障碍、味觉下降和食欲不振等，会降低口腔加工食物的能力，因此老年人的膳食结构也应随之进行改变。然而，在我国家庭的传统膳食结构中，一般不会为老年人专门制作适合的食物，老年人随同其他家庭成员进行日常膳食。我国市场上适合老年人的食品品种单一，在营养、配方和口感等方面亦无法满足老年人的需求。长期不当的膳食会导致老年人发生营养不良的风险增加，危害身体健康，严重时甚至危及生命。因此，如何给老年人提供既营养又安全的食品，是许多家庭面临的现实问题，也是我国政府面临的重大民生问题，更是食品工业的重大发展机遇。

《国民营养计划（2017—2030 年）》专门提出，实施"老年人群营养改善行动"，建立满足不同老年人群需求的营养改善措施，促进"健康老龄化"。开发适合老年人群营养健康需求的食品产品。对低体重高龄老人进行专项营养干预，逐步提高老年人群的整体健康水平。由此可见，国家政策大力提倡发展老年营养食品产业，以提高老年人群的营养健康水平。

一、我国人口老龄化趋势不断加剧

按照国际标准[①]，一个国家 60 岁以上老龄人口占比超过 10%，或者 65 岁以上老龄人口超过 7%，即意味着这个国家或地区进入老龄化社会。按照这一标准，中国在 1999 年就已进入老龄化社会。我国人口平均预期寿命 1949 年只有约 35 岁，1957 年达到 57 岁，1981 年增至 68 岁，2000 年升至 71.4 岁，2020 年提高到 76.7 岁，接近高收入国家平均水平。

老龄化社会还可以进一步区分为轻度、中度、重度、超重度。轻度指 65 岁以上老龄人口占比超过 7% 但低于 14%；中度指 65 岁以上老龄人口占比超过 14% 但低于 20%；重度指 65 岁以上老龄人口占比超过 20% 但低于 40%；超重度指 65 岁以上老龄人口占比超过 40%。

根据国家统计局 2021 年 5 月 11 日发布的第七次人口普查数据，我国 60 岁及以上人口为 26402 万人，占 18.70%（其中，65 岁及以上人口为 19064 万人，占 13.50%）。按照这一数据，我国将在 2022 年正式进入老龄社会（65 岁及以上人口占总人口 14% 及以上）。我国人口老龄化的主要特点如下。

第一，老年人口规模庞大。我国 60 岁及以上人口有 2.6 亿，其中，65 岁及以上人口 1.9 亿。全国 31 个省份中，有 16 个省份的 65 岁及以上人口超过了 500 万，其中，有 6 个省份的老年人口超过了 1000 万。

第二，老龄化进程明显加快。2010—2020 年，60 岁及以上人口比重上升了 5.44 个百分点，65 岁及以上人口上升了 4.63 个百分点。与 2000—2010 年相比，上升幅度分别提高了 2.51 和 2.72 个百分点。

第三，老龄化水平城乡差异明显。从全国看，乡村 60 岁、65 岁及以上老人的比重分别为 23.81%、17.72%，比城镇分别高出 7.99、6.61

---

① 皮撒（B. Pichat）. 人口老龄化及其社会经济后果 [M]. 1957 年.

个百分点。

第四，老年人口受教育水平不断提高。60 岁及以上人口中，拥有高中及以上文化程度的有 3669 万人，比 2010 年增加了 2085 万人；高中及以上文化程度的人口比重为 13.90%，比 10 年前提高了 4.98 个百分点。

10 年来，我国人口预期寿命也在持续提高，2020 年，80 岁及以上人口有 3580 万，占总人口的比重为 2.54%，比 2010 年增加了 1485 万人。

在我国 60 岁及以上人口中，60 ～ 69 岁的低龄老年人口占 55.83%，这些低龄老年人大多具有知识、经验、技能的优势，身体状况还可以，发挥余热和作用的潜力较大。但从老年食品产业的视角，我们应该意识到，10 年后，这批年轻老人将进入中、高龄老人行列。现阶段如何积极发挥这些低龄老人的人口红利，促进老年健康，是实现成功老龄化的关键，也是"十四五"的重要任务。在《健康中国 2030 规划纲要》中将老年人群作为重点人群，提出了具体的改善目标和要求，将"实施合理膳食行动"提到重要位置。

二、老年人群主要营养素摄入

根据已发表的中国成人慢性病与营养监测（2015—2017 年）数据 [1][2][3]，我国 65 岁及以上老年人群主要食物及营养素摄入情况见表 16-1，膳食能量及宏量营养素摄入量达到推荐摄入量的比例见表 16-2。

---

① 赵方蕾，房红芸，赵丽云，等. 2015 年中国 65 岁及以上老年人膳食能量及宏量营养素摄入现状 [J]. 卫生研究，2021，50（1）：37-45.
② 张坚，赵丽云. 中国居民营养与健康状况监测报告之十二（2010—2013）：中国老年人营养与健康状况 [M]. 北京：人民卫生出版社，2019.
③ Melissa，Ann Schmidt Luggen. 老年营养学 [M]. 孙建琴，译. 上海：复旦大学出版社，2012.

表 16-1　2015 年中国不同性别 65 岁及以上老年人能量及宏量营养素摄入量（X̄±SE）

	男性	女性	合计
能量 /（kcal /d）			
65 ～ 69	1869.2 ± 17.4	1539.8 ± 14.6	1706.1 ± 14.8 [1]
70 ～ 74	1771.6 ± 17.9	1467.7 ± 13.9	1618.9 ± 14.8 [1]
75 ～ 79	1667.4 ± 17.9	1404.9 ± 18.7	1529.0 ± 16.1 [1]
≥ 80	1556.5 ± 21.0	1317.9 ± 18.1	1417.7 ± 16.9 [1]
合计	1753.5 ± 14.2 [2]	1449.1 ± 11.9 [2]	1595.5 ± 12.4
碳水化合物 /（g /d）			
65 ～ 69	244.3 ± 3.3	200.4 ± 2.6	222.6 ± 2.8 [1]
70 ～ 74	233.8 ± 3.4	194.4 ± 2.7	214.0 ± 2.9 [1]
75 ～ 79	218.0 ± 3.4	184.8 ± 3.2	200.5 ± 2.9 [1]
≥ 80	202.2 ± 3.6	168.2 ± 3.1	182.4 ± 3.0 [1]
合计	229.6 ± 2.9 [2]	189.2 ± 2.3 [2]	208.7 ± 2.5
蛋白质 /（g /d）			
65 ～ 69	55.5 ± 0.7	46.5 ± 0.7	51.1 ± 0.7 [1]
70 ～ 74	52.6 ± 0.7	44.1 ± 0.6	48.3 ± 0.6 [1]
75 ～ 79	49.7 ± 0.8	42.3 ± 0.7	45.8 ± 0.7 [1]
≥ 80	47.2 ± 1.0	40.7 ± 1.0	43.4 ± 0.9 [1]
合计	52.2 ± 0.6 [2]	43.8 ± 0.6 [2]	47.9 ± 0.6
脂肪（g /d）			
65 ～ 69	74.8 ± 1.1	61.7 ± 1.0	68.3 ± 0.9 [1]
70 ～ 74	70.0 ± 1.2	57.4 ± 1.0	63.7 ± 1.0 [1]
75 ～ 79	66.7 ± 1.2	55.5 ± 1.1	60.8 ± 1.0 [1]
≥ 80	62.5 ± 1.3	53.9 ± 1.1	57.5 ± 1.0 [1]
合计	69.9 ± 0.9 [2]	57.8 ± 0.8 [2]	63.6 ± 0.8

注：（1）控制性别和城乡后，P ＜ 0.05。（2）控制年龄和城乡后，P ＜ 0.05。

1. 能量摄入量不足

该调查结果显示，我国 65 岁及以上老年人能量摄入平均为男性 1753.5 ± 14.2kcal，女性为 1449.1 ± 11.9kcal（表 16-1）。从平均值上似乎满足了平均需要量（EER），但根据满足能量 EER 百分比的分析结果，75.8% 的老年人能量摄入达不到 EER，仅有 24.2% 达到或超过 EER（表 16-2）。

2. 蛋白质摄入不足

我国老年人蛋白质每日平均摄入量男性为 52.2 ± 0.6g，女性为 43.8 ± 0.6g，低于推荐摄入量（RNI）者占 76.6%，女性蛋白质摄入不足的比例明显高于男性，蛋白质摄入不足率随年龄的增加而增加。

3. 脂肪供能比偏高

我国老年人脂肪每日平均摄入量男性为 69.9 ± 0.9g，女性为 57.8 ± 0.8g，接近脂肪的 RNI 值。但按脂肪供能比进行分析，仅有约 64.5% 的老年人脂肪提供的能量超过 30%。

4. 碳水化合物

我国老年人群膳食中碳水化合物摄入量相对稳定，相邻年龄组之间摄入量递减量不足 20g。80 岁及以上女性的碳水化合物摄入量最低，平均为 168.2g，与 65 ～ 69 岁组差异仅为 32g。但按推荐摄入量，仅 41.3% 的老年人碳水化合物摄入量在推荐范围（碳水化合物提供的能量占 50% ～ 65%）。

我国官方公布的中国居民营养与健康状况最新的监测数据是 2012—2013 年中国居民营养与健康状况监测结果，食物消费量和矿物质维生素摄入量如表 16-3 和表 16-4 所示[1]。

---

[1] 中国营养学会. 中国居民膳食营养素参考摄入量 DRIs（2013）[M]. 北京：科学出版社，2013.

表16-2　2015年中国不同性别和年龄65岁及以上老年人膳食能量及宏量营养素摄入达到平均需要量或推荐摄入量的比例（%）

能量及营养素	男					女					合计				
	65~69岁	70~74岁	75~79岁	≥80岁	小计	65~69岁	70~74岁	75~79岁	≥80岁	小计	65~69岁	70~74岁	75~79岁	≥80岁	小计
能量															
<EER	72.9	77.5	82.3	79.6	77.1[1]	71.7	76.4	78.3	73.1	74.6[1]	72.3[2]	77.0[2]	80.2[2]	75.8[2]	75.8
≥EER	27.1	22.5	17.7	20.4	22.9[1]	28.3	23.6	21.7	26.9	25.4[1]	27.7[2]	23.0[2]	19.8[2]	24.2[2]	24.2
碳水化合物															
<50%	41.8	41.3	41.3	43.6	41.8	41.2	38.7	40.7	44.9	41.2	41.5[2]	40.0[2]	41.0[2]	44.3[2]	41.5
50%~65%	42.2	40.3	41.6	40.2	41.2	41.6	41.9	42.0	40.1	41.5	41.9[2]	41.1[2]	41.8[2]	40.1[2]	41.3
>65%	16.1	18.4	17.1	16.3	17.0	17.2	19.4	17.4	15.0	17.4	16.6[2]	18.9[2]	17.2[2]	15.6[2]	17.2
蛋白质															
<EAR	64.6	68.6	74.5	78.4	69.8[1]	63.3	68.7	71.3	76.6	69.0[1]	64.0[2]	68.6[2]	72.8[2]	77.4[2]	69.4
EAR	7.5	6.5	5.9	4.6	6.4[1]	9.3	7.5	8.1	5.8	7.9[1]	8.4[2]	7.0[2]	7.1[2]	5.3[2]	7.2
≥RNI	27.9	24.9	19.6	17.0	23.8[1]	27.4	23.8	20.6	17.6	23.1[1]	27.7[2]	24.3[2]	20.2[2]	17.3[2]	23.4
脂肪															
<20%	10.1	12.0	11.3	11.1	11.0	10.8	12.6	10.7	10.9	11.3	10.5	12.3	11.0	11.0	11.2

续表

能量及营养素	男					女					合计				
	65~69岁	70~74岁	75~79岁	≥80岁	小计	65~69岁	70~74岁	75~79岁	≥80岁	小计	65~69岁	70~74岁	75~79岁	≥80岁	小计
20%~30%	24.4	24.1	23.4	23.9	24.0	25.2	25.2	24.5	22.6	24.5	24.8	24.7	24.0	23.1	24.3
>30%	65.5	63.8	65.3	64.9	64.9	63.9	62.2	64.8	66.6	64.2	64.7	63.0	65.0	65.9	64.5

注：DRIs，膳食营养素参考摄入量；EER，能量需要量；EAR，平均需要量；RNI，推荐摄入量。（1）控制年龄和城乡后，$P < 0.05$。（2）控制性别和城乡后，$P < 0.05$。

表 16-3　2012 年中国老年人食物摄入量（g/d）[①]

	全国低龄老人（60～74岁）		全国高龄老人（75岁～）		城市高龄老人		农村高龄老人	
	男	女	男	女	男	女	男	女
谷类	347.3	297.5	299	245.6	250.9	207.9	363.5	292.6
薯类	33.8	30	29.4	21.6	23	17.2	38.1	27.1
蔬菜	267.8	246.5	245.7	205	260.6	213.5	225.8	194.3
水果	38.6	42.9	36.4	30.5	52.5	43.5	14.9	14.3
奶及其制品	29.7	32.2	42.3	38.2	65.1	63.4	11.8	6.8
大豆及其制品	11.1	9.9	11	8.5	12.5	10.3	9	6.2
畜禽肉类	76.9	65.4	68.6	55.4	78.6	61.9	55.2	47.4
水产品类	23.7	20.6	22.1	18.7	26.4	23.8	16.4	12.3
蛋类	23.3	21.5	23.5	21	28.8	25	16.3	15.9
食用油	39.2	33.3	32.4	29.1	32.7	29.6	31.9	28.5
食盐	10	8.6	8.4	7.6	7.7	7.2	9.3	8.1
食物总量	901.4	808.4	818.8	681.2	838.8	703.3	792.2	653.5

　　除了仅有的两篇已发表的 2015—2017 年中国居民营养与健康状况监测的论文对老年人群能量和蛋白质、脂肪、碳水化合物三大供能营养素营养状况进行了分析外，其他营养素的摄入状况仍只能参考 2012 年中国居民营养与健康状况的监测数据。

表 16-4　2012 年中国老年人主要维生素、矿物质摄入量

	全国				城市 75 岁～		农村 75 岁～	
	60～74岁		75岁～					
	男	女	男	女	男	女	男	女
维生素 A（ugRAE/d）	417.2	388	420.8	346.9	481	391.1	340	291.9
维生素 B$_1$	0.9	0.7	0.8	0.6	0.7	0.6	0.8	0.6

[①]　张坚，赵丽云. 中国居民营养与健康状况监测报告之十二（2010—2013）：中国老年人营养与健康状况［M］. 北京：人民卫生出版社，2019.

续表

	全国				城市 75 岁 ~		农村 75 岁 ~	
	60 ~ 74 岁		75 岁 ~					
	男	女	男	女	男	女	男	女
维生素 B_2	0.7	0.6	0.7	0.6	0.7	0.6	0.6	0.5
叶酸（gDFE/d）	83.2	72.4	79.2	65.7	71.2	61.4	90	71
抗坏血酸（mg/d）	76.6	71.4	69.6	58.8	73	62.5	64.9	54.2
钙（mg/d）	365	333	353	298	405	349	283	235
钾（mg/d）	1553	1389	1412	1167	1489	1243	1308	1071
钠（mg/d）	5469	4759	4691	4256	4675	4352	4713	4136
铁（mg/d）	20.5	18	18.3	15.2	19.1	15.8	17.1	14.4

注：RAE，维生素 A 的活性当量。

5. 我国老年人群维生素、矿物质摄入量呈现的特点

（1）维生素摄入量普遍不足：与低龄老人相比，75 岁以上人群维生素 A、维生素 B_1、维生素 B_2、叶酸和维生素 C 的摄入量均有所减少，女性低于男性，农村低于城市。由于很多老年人行动不便，户外活动少、暴露日光少，还存在严重缺乏维生素 D 的风险，高龄老人尤为突出。

（2）钙摄入量严重不足：按照推荐摄入量要求，老年人群钙的摄入量应达到 1000mg/d，我国各年龄组老年人钙的平均摄入量为 235 ~ 365mg/d，仅达到推荐摄入量的 1/3 ~ 1/4，这与奶类食品消费量非常低有关。

（3）钠摄入量过高，钾摄入量不足，钾钠比例严重倒置。

三、不同年龄老年人群的营养需求

中国营养学会制定的《中国居民营养素参考摄入量》（2013 版）（以

下简称 DRIs）是指导我国居民合理膳食、预防营养缺乏病的基本要求，当人群膳食营养素摄入量达到该营养素的推荐摄入量或适宜摄入量时，95% 的人群不会出现营养不良。按年龄组，将中老年人群分为 50～64 岁、65～79 岁和 80 岁及以上 3 个年龄组，提出了不同年龄老年居民膳食营养素推荐摄入量或适宜摄入量。我国老年人群与 18～49 岁成年人群能量和营养素摄入量的主要区别表现在如下几个方面[1]。

1. 能量摄入量随年龄增加而减少

表 16-5 列出了 50 岁以上人群能量需求情况。事实上，该推荐量尚缺乏来自人群基础研究数据的支持，有相当数量的 80 岁以上人群，因健康原因大部分时间处于静坐和卧床状态，能量需求只能达到极轻体力活动水平（1.3EER）。按极轻体力活动计算，总能量为 1.3 倍 EER 进行重新计算，可以得出这些老人的能量推荐量应为：男性 7.11MJ/d（1700kcal），女性 5.86MJ/d（1400kcal）。

表 16-5　不同年龄中老年人群能量推荐摄入量（MJ/d*）

能量	18~49 岁	50~64 岁		65~79 岁		80 岁及以上	
	男 / 女	男	女	男	女	男	女
轻体力活动	9.41/7.53	8.79	7.32	8.58	7.11	7.95	6.28
中等体力活动	10.88/8.79	10.25	8.58	9.83	8.16	9.20	7.32
重体力活动	12.55/10.04	11.72	9.83	—	—	—	—

引自《中国居民膳食营养素参考摄入量　第 1 部分：宏量营养素》WS/T 578.1–2017。

*1MJ=239kcal

–，未制订。

2. 对蛋白质的质和量的要求

老年人群每千克体重蛋白质需要量应高于其他成年人，体重正常者应达到 1.3～1.5g/kg。以体重 55kg 的老年女性为例，蛋白质摄入量应

---

[1]　国家卫生和计划生育委员会. WS/T 556–2017　老年人膳食指导［S］. 2017.

达到 $71.5 \sim 82.5g/d$。对于肌肉衰减症的老人[①] 更是要求达到 $1.8 \sim 2.5g/kg$，其中 $1/3 \sim 1/2$ 应来自优质蛋白。推荐摄入量建议 50 岁以上人群蛋白质需要量均为男性 $65g/d$，女性 $55g/d$，这仅仅是满足大多数人不发生营养不良的量，应理解为最低限量，多数老年人的蛋白质推荐量应达到 $75g/d$。

3. 脂肪

推荐的老年人脂肪供能比应占总能量的 $20\% \sim 30\%$，平均参考摄入量脂肪不超过 $60g/d$，其中总能量中饱和脂肪酸供能比应小于 8%，n–6 系列多不饱和脂肪酸 $2.5\% \sim 9\%$，n–3 系列亚油酸和亚麻酸的适宜摄入量应不低于 4% 和 0.6%。

4. 碳水化合物

推荐摄入量中老年人群碳水化合物供能比为占总能量的 $50\% \sim 65\%$，其中添加糖供能比不应超过 10%。但由于 80 岁及以上高龄老人蛋白质供能比要求更高，碳水化合物供能比应尽量维持占总能量的 50% 左右即可。

5. 维生素

老年人群由于衰老和疾病的影响，对维生素的需求不低于其他成年人群，日常需求应在最高安全摄入量范围内尽量接近最大量，而不是满足平均摄入量（AMDR）和适宜摄入量（AI），尤其是维生素 D、维生素 E、B 族维生素（B_1、B_2、B_6、B_{12}）、叶酸、胆碱，老年人的实际需求都要高于平均摄入量。

6. 矿物质

老年人群钙的需要量高于普通人群，应达到 $1000mg/d$；铁、锌、硒、镁和钾与普通成年人相同，从抗氧化的角度出发，硒和锌的摄入量应尽量靠近 UL。

---

① 中华医学会老年医学分会. 老年人肌少症口服营养补充中国专家共识（2019）[J]. 中华老年医学杂志, 2019, 38（11）: 1193–1197.

7. 其他成分

健康老人应增加饮水量，每天除了食物中的水以外，应补充1500 ~ 1700mL 饮用水，运动人群应根据运动情况增加饮水量。适当增加可溶性膳食纤维，每人推荐摄入量为 25g/d。

四、老年营养食品的市场需求

老年人群年龄跨度大、多数人有各种慢性疾病，老年人群对营养食品的需求差异较大。事实上，老年人随着年龄增长，身体功能衰退的速率并非匀速发展的，可以分为 60 ~ 69 岁相对平缓期（初老期）、70 ~ 79 岁衰老加速期（从老期）和 80 岁以上快速衰老期（高龄期）3个阶段，这 3 个时期对食物的要求是不一样的。

人体的衰老主要体现在新陈代谢变慢、抵抗力变差、感觉器官功能下降、神经运动功能缓慢、记忆力减退等。不同于青年人和中年人，老年人的诸多消费特点是由衰老和疾病造成的生理变化引起的。老年人的生理变化与膳食密切相关，适合老年人的营养健康食品和科学合理的饮食搭配能够强健身体、延年益寿，提高老年人的生活质量，因此近年来，老年营养食品市场呈现出需求旺盛且多样化的发展趋势。

（一）老年食品市场需求迫切，亟待完善食品工业生产链

老年食品是指经改善食物物理性状和（或）调整膳食（营养）成分的种类及含量，以适应咀嚼和（或）吞咽功能下降、营养不良等老年人生理特点，满足其饮食需要或营养需求的一类特殊膳食用食品。主要包括易食食品（介护食品）、老年营养配方食品和老年营养补充食品（老年营养包）。

目前，在我国专门为老年人设计的食品还比较少，根据 Mintel 全球食品新产品数据库的记录，我国在 2012 年 2 月才出现中老年食品宣称的新产品，而产品几乎全部集中在奶粉、豆奶粉和芝麻糊、米粉等早餐

谷物类食品，其他品类的产品几乎没有，在老年人食品产品市场中依然存在较大空白。

1. 健康老年人的食品需求特点

健康老年人指没有需要控制饮食的慢性疾病、咀嚼和吞咽能力正常的老年人，通常为"初老期"的老年人。这些老年人虽然没有禁忌，但总体来讲食物选择上有以下特点：在餐食上不太喜欢大鱼大肉，倾向于选择相对清淡的饮食；在预包装食品口味上倾向于无糖或少糖、少盐、少辣、低油和原味食品；口感上喜欢酥脆、软糯的食品。因此为了满足健康老年人的食品需求，应注重研发以下几类产品。

（1）老年休闲食品：适合年轻老人在社交、休闲、娱乐等场合食用的健康休闲食品、茶饮类，以及有助睡眠、舒缓情绪功效的食品。

（2）小包装食品预混料：健康老人由于精力、体力尚可，时间也比较充裕，喜欢自己动手为自己和家人制作一些健康食品，学习一些新知识和技能。小包装食品预混料有一定的市场需求，如杂粮面包、减糖减油蛋糕和饼干的制作原料等。

（3）滋补类食品：按照中国传统养生和食疗理论，为"从老者"和"高龄者"设计绵软易食、易于消化，同时应具备健康、高营养、滋补特点的滋补食品，如加入药食同源食材（尤其是家庭不易加工的食材）的小罐浓缩鸡汤、鸭汤、牛羊肉浓汤等，制作成即食食品（罐头、袋装食品等）。既可方便制作菜肴，也可以直接加入。这类食品的固形物中最好没有细小骨头，而且是标签设计大字、便于开启、小规格的食品包装。

2. 适合特护食品

适合咀嚼、吞咽功能降低或障碍人群的食品。咀嚼、吞咽功能降低或障碍比例随年龄增加，老年人牙齿松动脱落，牙床萎缩、对食物的咀嚼能力下降。牙槽骨萎缩为修复治疗带来了极大的困难，不当的修复术不仅不能提高老年人的咀嚼能力，反而会因不适及疼痛而影响摄食。而义齿的咀嚼效率也明显低于正常天然牙列，研究报道，老年人全口义齿咀嚼效率仅为正常天然牙列的 20%。粗纤维较多的蔬菜水果及粗糙、生硬、整粒、块大的食物嚼不动，鱼肉中带的骨和刺不易被剔除，影响老年人食物的摄取和饮食安全。老年人因生理和疾病原因，尤其是脑卒中患者，容易出现吞咽困难，早期表现为喝液体时呛咳，严重时完全无法经口进食。根据上海社区和养老机构 70 岁以上老年人的调查，吞咽困难发生率为 32.5%，吞咽困难的老年人能量、蛋白质摄入量减少，营养不良和营养风险的发生率达 78.9%。吞咽困难可引起呛咳、误吸、吸入性肺炎、窒息、死亡，严重影响老年人的生活质量。根据 Mintel 2015年 4 月发布的老年人饮食报告，因咀嚼困难造成高龄者缺乏维生素 B_6、维生素 B_{12}、叶酸、膳食纤维、钙和锌的情况越来越普遍。在食品设计和开发中更应兼顾老年人的生理和心理两方面。食品功能和形态方面，应考虑高营养、易咀嚼、易消化、易吸收、口味清淡的食品，特别是适合他们的果蔬类食品。对于较硬的食物，如芹菜、豆类等，可以制成泥状或糊状。为咀嚼障碍者设计的营养素补充类食品和保健食品，以及功能性食品和辅助治疗的特护食品，应制成方便服用的液体形态。特护食品包括软食和糊状食品、匀浆膳和管饲食品以及水和液体食品的增稠剂。

3. 适合慢性病管理食品

老年人患慢性病的比例较高，特别是肿瘤、糖尿病、心脑血管疾病等，应针对慢性病开发更多的特殊膳食食品，辅助治疗或者维持病情稳定，同时也要兼顾绵软、易消化等适合慢性病管理的膳食。在这类食品的标签说明书上要注意，老年食品并非特殊功能食品。由于该类产品不是保健食品，不能进行功能声称；也不是特殊医学用途配方食品，不能以特定疾病人群为适宜人群，但可以按营养特点进行营养声称。

（1）低 GI 和无添加糖食品：糖尿病患者和血糖偏高的老年人需要进行营养补充时，需要选择低生糖指数（低 GI）、营养密度高的食品，在补充营养时维持血糖稳定。为老年人设计的食品应尽量采用原味和无添加糖食品；谷基配方尽量选择一些粗粮杂豆来降低 GI 值；蛋白质以乳清蛋白、酪蛋白和大豆分离蛋白为主；适当增加配方中 n-3 脂肪酸含量。

（2）低呼吸商食品：慢性阻塞性肺气肿（COPD）和肺部疾病患者需要低碳水化合物食品，减少二氧化碳潴留。该类食品应增加蛋白质、脂肪供能比，增加 n-3 脂肪酸、抗氧化营养素和植物化合物的含量。

（3）膳食纤维和益生菌：这类食品对于维持肠道微生态平衡十分重要。胃肠功能紊乱、腹泻、便秘的老年人，长期使用抗生素者，肿瘤放化疗患者都需要这类食品来维持胃肠功能，保持大便通畅。

（4）低钠、低盐食品：心脑血管疾病、高血压、肾脏疾病患者需要选择低钠、低盐食品，这类食品按照食品标签法进行营养声称和标注，供老年人选择。

（5）低磷、低钾食品：慢性肾功能不全的人群非常大，糖尿病、高血压患者都可能发生肾功能损害，这些人日常膳食需要低磷、低钾食品，市面上也十分缺乏，单纯依靠特殊医学用途配方食品很难满足要求，应生产适合这些特殊老年人需要的食品。

4. 适合疾病痊愈后的老年人康复营养品

老年人大病痊愈之后，通常伴随着营养耗空，需要经过 3 ～ 6 个月甚至更长时间的调整和补充才能恢复到原有状态。老年人由于本身身体功能减退，加上疾病影响，恢复更加困难，合理营养补充对疾病真正意义上的痊愈十分重要。（1）特殊医学用途配方食品中的全营养配方食品和非全营养配方食品。包括乳剂和固体饮料。全营养食品不同于一般谷类食物制成的糊状食品，全部用营养素调配而成，由于其营养密度高，营养全面，容易消化吸收，对于老年人病后康复非常重要。目前市场上成人的全营养食品中基本都是整蛋白，有些老年人对整蛋白不耐受，需要水解蛋白和深度水解蛋白制品，甚至需要氨基酸为氮源的制品。市场上这一类产品通常只有特殊医学用途配方食品中的婴儿配方奶粉，没有中老年专用产品。

（1）蛋白类产品：以蛋白粉、水解蛋白、肽和氨基酸制品为原料制成的食品，是病后康复的老年人重要的蛋白质来源。

（2）维生素和矿物质：对于胃肠功能正常、进食良好的老年人，补充足量的维生素和矿物质，满足机体疾病期间的营养耗空，促进机体尽快康复十分重要，通常以补充复合维生素和矿物质为主。

（3）抗氧化植物化合物制品：叶黄素、花青素、虾青素、胡萝卜素、芦丁、白藜芦醇、皂苷、黄酮类、多糖、三萜等植物化合物具有抗氧化的功效，可以在老年食品中适当使用，这些成分也是保健食品的主要功效成分，对促进康复有一定作用。

（二）功能化细分产品，满足不同老年人群的个性化需求

老年型的产品开发需要根据不同老年人群来设计，需要符合各种不同的文化、种族或某种特定的健康问题。例如，生活能力正常、无健康问题的老年人，会希望相对独立的、自助的产品，能够补充精力和促进健康的热带风情饮料可能会更适合他们的需要。有的老年人非常钟情于美味的、营养丰富的餐间饮料或软布丁；也有一部分老年人享受食物的质感，并不只满足于煮烂的菜或食物，他们也希望吃到各种色香味俱全的美食，但又碍于牙口不好、消化能力减弱等情况无法享用主流食品，这个时候就产生了对老年个性化食品的需求，而目前各大超市中仅有冲调类食品完全无法满足这个市场需求。对于一些重要的差异性，如文化上的和宗教信仰上的，功能食品的开发中应充分考虑，例如，对于素食主义者的产品就不能含有任何动物性成分。在开发此类新型功能产品的过程中，需要参阅很多技术资料，包括各种成分间的相互作用、终产品的类型、产品的稳定性、口味与质地和保质期等。

开发适合于老年人新型功能产品时，生产商们还要特别注意老年人特有的生理变化，包括味觉功能的丧失等。通常比成人多出 3 倍的甜度才会被老年人所感觉到，同样对于咸味、酸味和苦味也是一样的。因此，营养预混料的开发需要特别小心地考虑此类产品的基本特性和固有香味。产品中添加的预混料可以包含一些中药或者其他功效成分，来提

高产品的色度和感观。老年人一般喜欢食用多种药物成分，也就是"复方"，所以好的功能产品也需要充分考虑各种药物成分间的相互作用，例如柚子汁和一些免疫抑制剂能够降低血脂，而钙会升高血压，所以建议开发相关果汁类产品时需要注意这些相关问题。

有调查结果显示，随年龄增大，老年人食欲也有不同程度的下降。没食欲容易导致营养不良，身体素质和生活质量下降。导致食欲下降的原因很多，其中最主要的是老年人因味觉的损失对普通食品失去兴趣。老年人失去牙齿，牙龈患病，唾液腺没有产生足够的唾液，这些将会导致吞咽困难，味蕾变得不那么敏感，并且由于肌肉组织的强度和张力降低，摄入的食物缓慢地通过消化道，神经感觉反馈也受到抑制，减缓了刺激酶和激素释放的信息传递，都可能导致食欲下降。影响老年人食欲的两大因素是味觉与嗅觉的敏感度降低和吞咽困难，改善措施包括调校食物的感官指标（色、香、味、质地和口感）以符合老年人们的个别需要。为了治疗老年人的饮食困难和促进他们的食欲，可利用合适的气味（可以是比较强烈，或是个人喜爱的气味）、味道、酥脆的口感（对有吞咽困难的长者，软糯的口感）、明亮的颜色等来增强味道、刺激食欲。

（三）包装设计，应符合老年人消费喜好

由于老年人对于商品的要求趋向于优良的质量和功能，因此对于包装设计需求更倾向于安全、实用和经济实惠。虽然老年人食品的市场潜力巨大，但目前与繁多的儿童及其他成人食品相比，市场中老年人食品所占的比例多是奶粉、豆奶等冲调、糊粉类食品，同时食品包装多以常规的字号，对老年人而言包装上的字体太小，不方便阅读。未来的老年产品开发需要根据老年用户的生理、心理特点考虑食品包装易用性的要求，提出相应的设计方法，使老年食品包装既方便老年人生活，又符合和谐社会发展的需要。比如设计老年人奶粉包装时，开启方式应尽量保证消费者打开包装时不易被划伤，产品名称和提示性文字设计醒目，保证老年人能看清并注意到，针对患有特殊疾病、糖尿病的老年人可设计

特定的食品包装等。

五、老年营养食品产业现状

老年人生理主要特点是代谢功能低下，咀嚼、吞咽和消化能力随年龄增长而下降，多种慢性病共存，膳食结构也发生了相应改变。为了满足老年人群的特殊需求，应根据老年人营养需求和摄食能力的特点，设计并生产适合老年人的健康食品。随着世界人口趋向老年化发展和各种老年人常见慢性病发病率的上升，老年消费群体不断增长，当今发达国家食品工业都十分重视研究开发老年食品，并在研究开发老年滋补食品、老年预防食品和特殊老年功能性食品方面取得长足的进步和巨大的经济效益。

（一）国外老年食品产业相关情况

老年食品中添加营养素的种类和量将会直接影响食用者营养状况的改善效果。不同国家和国际组织关注的老年食品中能量与核心营养素的种类和数量包括能量 + 核心营养素（从 3 ~ 4 种到最多 13 种营养素），如表 16-6 所示。

1. 日本

早在 1984 年日本就开始组织大规模的研究工作，成立了功能性食品研究会，对老年食品所需要的特种营养成分进行研究，发展十分迅速。日本老年食品以介护食品[①]为标致，有以下优势值得借鉴：①老年介护食品发展成熟，管理日趋统一。2014 年 11 月，日本农林水产省宣布，将介护食品（咀嚼、吞咽辅助食品，主要针对老年人群）按入口后的软硬程度和黏度采用不同颜色的 ABCD 字母分为 7 个规格，供消费者在购买时参考。②依托养老设施的老年护理食品市场需求广阔。养老

---

① 日本介护食品协会 . 通用设计（UFD）自愿性标准［S］. 2003.

院营养师是这类产品的生产主体，通过改变食材的物理性状、使用增稠剂、进行营养调配，根据每位老人的身体状况和吞咽能力，为老人量身定制烹调不同的餐食。③便利店成为老年"便当"采购中心。日本老年餐市场成熟，"便当"半成品和即食品经过中央厨房工厂生产，企业拥有独立的自主品牌、研发团队和加工物流体系，产品种类和口味则根据门店所在地区进行调整。全家、罗森等企业在日本的便利店铺累计超过5万家，拥有极高的社区覆盖率。④规范健康声称和标识使用。日本对介于普通食品与药品之间的食品分为两大类，一是健康食品，由日本营养食品协会负责认定并管理，获批的产品可标注相关标志，但不得有健康声称。二是保健功能食品，均可标注对应的健康声称。

2. 美国

中老年食物金字塔中推荐中老年选择高营养密度的食品，低脂优质蛋白的食物，并降低饱和脂肪酸的摄入，增加膳食纤维的摄入，提倡使用橄榄油，适当提高单不饱和脂肪酸摄入量，并将钙和维生素 D 作为膳食额外补充[1]。目前美国市场上，针对老年人的护心食品、壮骨食品和肠道保健类食品较受欢迎。针对老年人味觉下降的特点，许多企业在开发的老年食品中加入肉桂、胡椒、薄荷等天然香料，替代多加糖和盐来改进口感。美国食品营养标签上需要标注分量（食品共含有多少份，每份的分量是多少）、每份食品的能量值、需要强制标示的营养素（14 种）含量及其每日参考量。14 种营养素具体包括总脂肪、饱和脂肪、反式脂肪酸、胆固醇、钠、总碳水化合物、纤维素、总糖、添加糖、蛋白质、维生素 D、钙、铁、钾。

3. 欧盟

欧盟的膳食指南中营养教育原则是以食物为主，适合人群中每个个体使用，并没有针对老年人的膳食指南。营养成分的标示适用于所有直接供人食用的食品，同时也适用餐馆、医院、食堂以及其他类似于公共

---

[1] 美国农业部和美国卫生与公共服务部.美国膳食指南（2020—2025版）[M].美国，2020.

饮食业的食品，营养标签强制标示的内容有能量、脂肪、饱和脂肪、碳水化合物、糖、蛋白质和盐。

表 16-6　世界不同国家和组织核心营养素数量及种类 [1][2][3]

国家或地区	能量 + 核心营养素
国际食品法典委员会	1+6：能量、蛋白质、可利用碳水化合物、脂肪、饱和脂肪、钠、总糖
加拿大	1+13：能量、脂肪、饱和脂肪、反式脂肪酸（同时标出饱和脂肪与反式脂肪之和）、胆固醇、钠、总碳水化合物、膳食纤维、糖、蛋白质、维生素 A、维生素 C、钙、铁
澳大利亚	1+6：能量、蛋白质、脂肪、饱和脂肪、碳水化合物、糖、钠
马来西亚	1+4：能量、蛋白质、脂肪、碳水化合物、总糖
新加坡	1+8：能量、蛋白质、总脂肪、饱和脂肪、反式脂肪、胆固醇、碳水化合物、膳食纤维
日本	1+4：能量、蛋白质、脂肪、碳水化合物、钠

（二）我国老年营养食品现状

到目前为止，我国对"老年食品"仍然没有明确定义和相关管理标准。从 2013 年在《国务院关于加快发展养老服务业的若干意见》的指导下，老年用品、康复辅具、老年食品有了长足发展。为了改善老年人群的营养状况，减少老年人的营养相关慢性病，促进老年健康食品行业的发展，根据能够获得的资料，我们对老年食品市场现况进行了初步分析。我国适合于老年人的食品包括：普通食品（零食和休闲食品、固体饮料、泥糊状食品、乳品及饮料和营养强化食品等）和营养素补充剂，未涉及功能性保健食品和特殊医学用途配方食品。本文仅就能够从公开市场获取的资料对老年食品市场现况进行分析。

---

[1]　澳大利亚国家卫生和医学研究理事会.澳大利亚膳食指南［M］.澳大利亚，2013.

[2]　新西兰卫生部.新西兰膳食指南［M］.新西兰，2008.

[3]　英国公共卫生部.英国膳食指南［M］.英国，2016.

　　从 Mintel 数据库可检索到 2000 年 1 月到 2020 年 12 月不同国家和地区在食品标签上宣称中老年食品的产品类别和数量（表 16-7），一共收录了 2575 个产品数据，其中中国与日本的产品数据占了将近一半。从数量看，中国大陆和日本中老年食品的数量相同，但品种类型存在明显差异。中国大陆以乳类为主（202 种，30%），热食谷物产品类次之（171 种，25.4%），麦芽及其他热饮排第三（77 种，11.4%），主要以乳类及饮料类产品为主。而日本前三位分别是预制食品（255 种，37%）、维生素和膳食补充（48 种，7.1%）、速食米饭 / 粥（42 种，6.24%），提示日本在老年产品的品类不再仅局限于牛奶饮料类的产品，食品工业在其中发挥了更大的作用，预制食品和速食产品的开发为日本老年人提供了更为便捷丰富的主食选择。美国仅有 126 种，前三位分别是维生素和膳食补充剂（82 种，65.1%）、预制食品（14 种，11.1%）和其他保健产品（5 种，4%）。其他国家相对品种较少（图 16-1）。

表 16-7　不同国家和地区食品宣称匹配中老年人（≥ 55 岁）的产品种类和数量（2000 年 1 月到 2020 年 12 月）

食品类别	中国大陆	中国台湾	中国香港	日本	韩国	新加坡	美国	印度	澳大利亚	总样本量
维生素和膳食补充剂	50	9	3	48	6	2	82	18	17	612
预制食品	0	0	0	255	0	0	14	0	0	281
乳类	202	14	6	1	1	4	0	0	1	273
热食谷物产品	171	5	1	0	0	0	0	5	0	195
营养和代餐饮料	3	1	0	27	2	2	1	9	1	184
麦芽及其他热饮	77	2	1	0	0	2	0	2	0	93

续表

食品类别	中国大陆	中国台湾	中国香港	日本	韩国	新加坡	美国	印度	澳大利亚	总样本量
植物基乳饮品（代乳制品）	41	1	1	0	5	1	0	3	0	58
速食米饭/粥	1	0	0	42	2	0	0	0	0	46
调味奶	10	0	0	4	0	0	0	0	0	45
其他保健产品	5	1	1	10	0	5	5	0	0	41
总样本量	673	40	16	673	24	17	126	70	28	2575

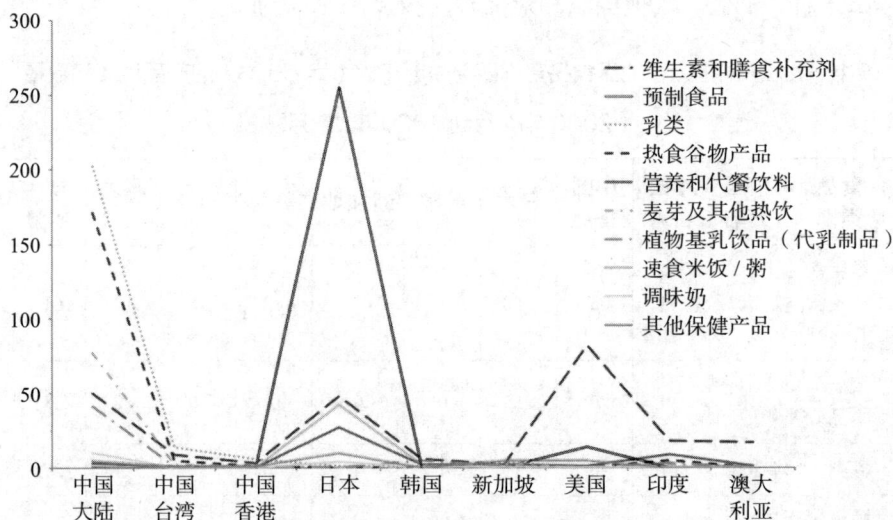

图 16-1　2000—2020 年亚太地区国家和地区在食品宣称匹配中老年人（≥ 55 岁）的产品种类和数量

从营养角度来说理想的老年食品，必须达到以下 3 条标准：提供所需的营养成分、符合老年口味以及有助于调节生理功能。老年人食品是需要根据老年人的生理特点和营养需求而设计的，旨在维持其活力与精力，强调其成分能充分显示身体防御功能和调节生理节律的食品。

六、老年营养食品法规标准体系

目前，世界各国对于老年食品尚无确切的定义和范畴，由于老年人特殊的生理特点和营养需求，老年食品一般要求具有便于咀嚼、吞咽的组织形态，丰富的营养成分，较低的能量、盐、糖和脂肪，有些产品还添加适量的膳食纤维、益生菌或其他可选择性营养成分。另一方面，具有保健功能的功能性食品与老年食品一同快速发展起来，两者有交叉也有不同，这类产品在其他国家也被称为功能性食品、保健功能食品、营养食品、膳食营养补充剂等，在我国一般被称为保健食品，各国对保健食品或其同类产品的管理办法均有所不同，但一般没有针对老年食品特定的法规标准体系。

1. 相关法律法规体系

我们整理了近年来与老年食品有关的法律法规和技术标准，见表16-8。尽管目前的食品安全国家标准还没有涵盖适合老年人群营养健康需求的食品，但是随着我国老龄化程度的加剧，制订相关的产品标准以规范相关产品的发展已日显重要，目前已列入有关部门的标准制订计划[①]。

表16-8　中国与老年食品相关的法规及标准情况

法规 / 标准文件名称	发布时间	发布机构	主要内容
《国民营养计划（2017—2030年）》	2017.06	国务院办公厅	开展"老年人群营养改善行动"，包括开展老年人群营养状况监测和评价；满足不同老年人群需求的营养改善措施，促进"健康老龄化"；建立老年人群营养健康管理与照护制度

---

① 国家卫生健康委员会，国家市场监督管理总局.《食品安全国家标准　老年食品通则》（征求意见稿）［S］. 2018.

续表

法规／标准文件名称	发布时间	发布机构	主要内容
《天津市老年人营养膳食规范（征求意见稿）》	2019.11	天津市市场监督管理委员会	规定了老年人等相关的术语和定义、老年人营养膳食原则、老年人食物选择、食品配送等内容
《食品安全国家标准 老年食品通则》征求意见稿	2018.08	国家卫生健康委员会	对老年食品定义和分类、原料要求、感官要求、技术指标等做出详细规定
《老年人膳食指导》（WS/T 556—2017）	2017.08	国家卫生和计划生育委员会	规定了老年人膳食指导原则、能量及营养素参考摄入量、食物选择，适用于对65岁及以上老年人进行膳食指导
《老年人营养不良风险评估》（WS/T 552—2017）	2017.08	国家卫生和计划生育委员会	规定了对老年人进行营养不良风险评估的方法及结果判定，适用于对65岁及以上老年人进行营养不良风险评估
《适老药食同源药膳配方食品通用要求》（T/CGSS 009—2019）	2019.11	中国老年医学学会	暂未发布文本
《适老营养配方食品通则》（T/CGSS 004—2019）	2019.04	中国老年医学学会	规定了适老营养配方食品的定义及分类
《中国居民膳食指南》（2016版）	2016.05	中国营养学会	第二部分 四、中国老年人膳食指南对老年人的膳食提供科学指导

2. 准入与监管体系

目前尚未发现有专门的老年食品国际标准。中国在政策法规和标准方面都发布了加强老年人营养健康工作方面的文件，如《国民营养计划（2017—2030年）》，但至今没有单独定义老年食品及要求的标准性文件。韩国在《食品法典》中规定了老年食品的定义、生产加工标准（包括产品的营养成分含量）和微生物指标要求，其中对营养成分和产品硬度进行了详细规定①。日本虽然没有单独针对老年食品制定相关的规定，但特殊保健用食品和营养功能食品包含了老年食品的相关要求，且专门制定了介护食品分类及标准，见表 16–9。

表 16–9　国外部分国家和组织关于老年食品相关的法规或标准情况

国家 / 国际组织	法规 / 标准文件名称	发布时间	发布机构	主要内容
日本（没有单独针对老年食品制定相关的规定，与老年食品相关的食品主要有介护食品、健康相关食品）	《通用设计（UFD）自愿性标准》	2003.06	日本农林水产省、日本介护食品协会	更关注老年人咀嚼和吞咽困难，将介护食品（咀嚼、吞咽辅助食品，主要针对老年人群）按入口后的软硬程度和黏度分为四类
	《特殊保健用食品的标示许可标准》	2019.09	日本消费者厅	规定了吞咽困难者用食品和黏度调节食品标示的适用范围、基本许可标准、规格标准及必要标示事项等内容
韩国	《食品法典》	2020.12（最新版）	韩国食品药物管理局	规定了老年食品的定义、生产加工标准（包括产品的营养成分含量）和微生物指标要求
美国（没有专门的老年食品法规标准）	《美国膳食指南》（2020—2025 版）	2020.12	美国农业部（USDA）美国卫生与公众服务部（HHS）	对 60 岁以上老年人的身体活动和膳食给出指导
新西兰（没有专门的老年食品法规标准）	《新西兰膳食指南》	2012.12	新西兰卫生部	给出老年人膳食建议，包括食物的种类与要求、体重保持等

① 韩国食品药品安全部.食品法典［Z］.韩国：2020.

国家/国际组织	法规/标准 文件名称	发布时间	发布机构	主要内容
澳大利亚 （没有专门的老年食品法规标准）	《澳大利亚膳食指南》	2013.12	澳大利亚国家卫生与医学研究委员会	规定了各种营养素在不同年龄段、不同性别人群中的推荐摄入量，包括51～70岁与70岁以上，没有专门针对老年人的饮食给出膳食建议
英国 （没有专门的老年食品法规标准）	《英国膳食指南》	2016.03	英国公共卫生部	在政府膳食建议部分分别给出了不同年龄段、不同性别的营养素摄入量。其中19～64岁为成年人的第一阶段，65～74岁为第二阶段，75岁以上为第三阶段。没有专门针对老年人的饮食给出膳食建议
法国 （没有专门的老年食品法规标准）	《老年人特殊营养指南》	2006年	法国卫生部	强调需要给老年人补充钙和维生素D以降低其骨折的风险
国际吞咽障碍食物标准行动委员会（IDDSI）	《IDDSI详细定义框架》	2019.07	国际吞咽障碍食物标准行动委员会（IDDSI）	关注老年人吞咽障碍，并基于食品饮料黏性和质地的不同将适合老年人食用的食品和饮料进行了详细分类

其他国家对老年人膳食以及老年食品的指导多出现在膳食指南等指导性文件中，比如美国、新西兰在膳食指南中提到了老年人的营养需求和膳食建议；澳大利亚和英国仅在膳食指南中提到老年人的营养需求，未提出相应膳食建议；法国出台专为老年人设计的特殊营养指南。国际吞咽障碍食物标准行动委员会（IDDSI）发布的IDDSI详细定义框架中，基于食品饮料黏性和质地的不同将适合老年人食用的食品和饮料进行了详细分类，为吞咽障碍食品的黏度改良和标准化提供了新的全球指南（图16-2）。

食物

常规型 —— 7

软质型及一口量 —— 6

细馅型 —— 5

细泥型 —— 4 高度稠

过渡型食物

液态型 —— 3 中度稠

稍微稠 —— 2

轻微稠 —— 1

稀薄 —— 0

饮品

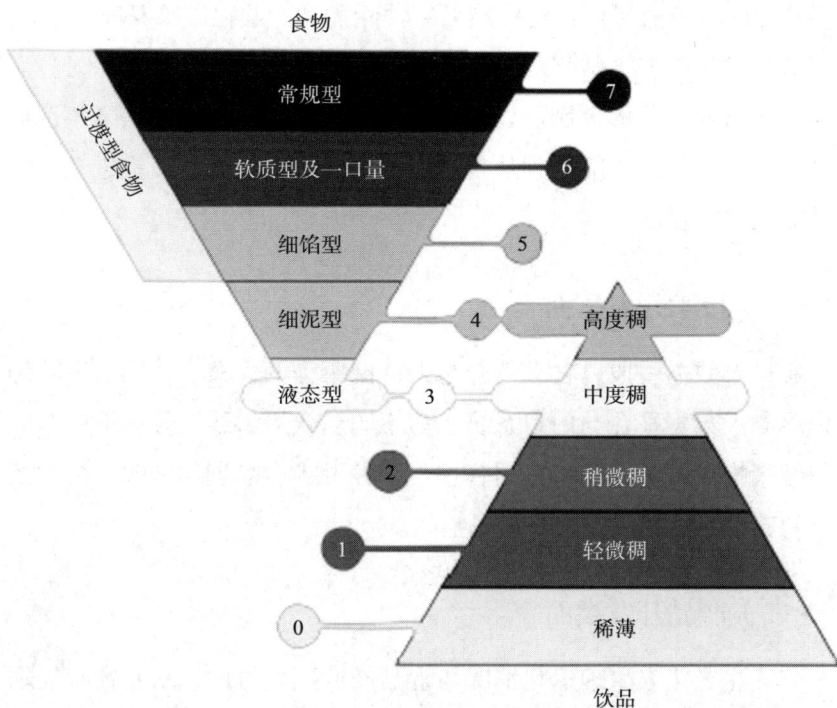

图 16-2　IDDSI 吞咽障碍膳食质构标准

七、老年营养食品发展趋势

由于身体功能衰退，以及饮食与生活方式不合理带来负面影响，我国老年人既面临肌少症、骨质疏松、营养素缺乏等问题的困扰，又饱受心血管疾病、糖尿病、神经退行性疾病、抑郁症等疾病的威胁。针对老年人的生活环境、功能特点和营养健康需求研制功能性饮食，有助于改善老年营养与健康状况、提高生活质量、延长健康寿命，减少社会和家庭的负担。

中国的老年营养食品产业仍需要结合国内的老龄化趋势以及国内养老产业中的社区特点及人群需求，加强食品工业端的资源整合，引导食品行业中的企业开展老年食品研发创新，并及时为老年食品开发过程中可能涉及的问题提供支持，从一个新的角度积极探索老年食品开发的创新实践思路，方有可能推进中国老年营养食品产业化健康发展。

从我国严峻的老龄化趋势出发，结合健康中国行动共同探讨养老问题与老年营养食品的创制。以合理膳食行动为着力点，聚焦老年营养健康食品体系的构建，应分别从技术、产品、实践 3 个层面推进老年营养食品的创新实践。

（一）技术开发层面

通过大数据手段以食品营养与人群健康为两大核心，构建营养健康知识服务大数据平台与门户系统，为不同受众提供线上及线下的营养膳食与健康指导服务，并将数据管理与服务融入产品创新链条，持续挖掘老年营养食品的拓展潜力与市场空间。

（二）产品开发层面

应关注老年人生理退化情况与食品产业创新方向，从其饮食需求与老年养生理念共同着手，开发出针对老年人生理特点的老年营养食品，如挖掘主食系列的重组米和预混杂粮、完善老年膳食补充剂的产品设计，并针对老年群体，推进严格细致的饮食管理，形成多维度、全品类的老年营养食品产品生态，让有需求的老年人群真正受益。

（三）产品与技术结合的实践层面

结合食品营养、健康干预、医疗诊断等大数据支撑，为用户提供线上一体化的健康管理数字服务以及线下一站式的健康智慧服务，为老年群体提供个性化的定制营养配餐，提供健康管理与解决方案，帮助承载老年营养食品的供应商实现降本增效。

未来要从技术、产品与实践角度出发，共同思考未来我国老年营养食品的健康创新方向。

（编写人员：付萍、赵抒娜、陈静茹、荫士安）

第十七章
孕妇和乳母营养补充食品

为改善我国儿童（尤其是贫困地区儿童）的营养状况，我国发布了《食品安全国家标准 辅食营养补充品》（GB 22570），俗称"婴幼儿营养包"，并且在贫困地区免费提供给 6 ～ 18 月龄的婴幼儿，在改善当地婴幼儿营养状况中发挥了重要作用，显著降低了我国儿童营养不良发生率。基于该项目的成功经验，为了进一步改善婴幼儿营养不良状况，有关部门研究制定了适合于我国孕妇及乳母营养状况改善的产品标准，即《食品安全国家标准 孕妇及乳母营养补充食品》（GB 31601—2015），将会对孕妇及乳母优质蛋白质和各种微量营养素的补充起到非常重要的作用。该标准的发布进一步规范了我国市场上该类产品的研发、生产和使用，保障这类产品使用人群的特殊营养需求和食用安全。

一、目的及与孕妇奶粉的区别

孕妇和乳母的营养与健康状况直接关系我国下一代的人才储备和国民经济的可持续发展，改善这些人群的营养与健康是保持我国在国际竞争中优势地位的长期战略要求。孕妇及乳母营养补充食品（俗称孕产妇营养包）是针对我国孕妇及乳母存在的优质蛋白质和多种微量营养素摄入不足等营养相关问题，生产加工而成的一种特殊膳食用食品。该类产品添加优质蛋白质和多种微量营养素（维生素和矿物质等），适于孕期及哺乳期妇女的营养补充。

孕产妇奶粉则属于调制乳粉类别，应符合《食品安全国家标准　乳粉》（GB 19644）的要求，根据《食品安全国家标准　食品营养强化剂使用标准》（GB 14880）的要求，企业可以自愿在产品中强化某些营养素，产品标签应符合《食品安全国家标准　预包装食品标签通则》（GB 7718）和《食品安全国家标准　预包装食品营养标签通则》（GB 28050）的要求。

孕妇及乳母营养补充食品和孕产妇奶粉这两类产品都是用于改善孕妇、哺乳期妇女的营养状况，均可以作为膳食多样化的组成部分或者额外补充，可以满足孕期和哺乳期妇女对营养素的额外需求。

孕妇及乳母营养补充食品是一种高密度营养补充食品，产品中微量营养素含量显著高于营养强化的孕产妇奶粉。该类食品属于特殊膳食用的食品类别，可以为孕妇及乳母补充优质蛋白质和多种微量营养素。该类产品的技术指标应符合《食品安全国家标准　孕妇及乳母营养补充食品》（GB 31601）的要求，标签应符合《食品安全国家标准　预包装特殊膳食用食品标签》（GB 13432）的要求。

二、孕妇及乳母营养补充食品生产许可

虽然《食品安全国家标准 孕妇及乳母营养补充食品》（GB 31601—2015）于2015年就发布了，但关于孕妇及乳母营养补充食品的生产许可细则至今还没有相应的国家级文件出台，只有江西省和重庆市制订出台了《孕妇及乳母营养补充食品生产许可审查细则》（表17-1）。

2017年2月22日，江西省食品药品监督管理局发布《江西省孕妇及乳母营养补充食品生产许可审查细则（2017版）》，仅在江西省内适用，自发布之日起施行。该审查细则可满足江西省孕妇及乳母营养补充食品生产许可审查工作的需要。2018年3月，重庆市食品药品监督管理局发布《重庆市孕妇及乳母营养补充食品生产许可审查细则（试行）》，仅在重庆市内适用，自发布之日起施行。

表 17-1 孕妇及乳母营养补充食品生产许可食品类别目录列表

省/市	品种明细	定义	执行标准	备注
重庆	其他特殊膳食食品（孕妇及乳母营养补充食品）	添加优质蛋白质和多种微量营养素（维生素和矿物质等）制成的适宜孕妇及乳母补充营养素的特殊膳食用食品	《食品安全国家标准 孕妇及乳母营养补充食品》（GB 31601）	—
江西	其他特殊膳食食品（辅助营养补充品）	添加优质蛋白质和多种微量营养素（维生素和矿物质等）制成的适宜孕妇及乳母补充营养素	《食品安全国家标准 孕妇及乳母营养补充食品》（GB 31601）	不包括以胶囊、口服液、丸剂等名称、形态生产的产品

三、问题与展望

据估计，我国每年孕期妇女 1000 多万人，同期至少还有相同比例乳母哺育其婴幼儿，由于孕期和哺乳期妇女孕育或哺乳婴儿需要，其能量和营养素需要比正常人群高得多，容易发生营养不平衡和营养缺乏（如缺铁性贫血、缺锌、维生素 A 和维生素 D 缺乏等），不仅会影响其本身的健康状况，还可能影响胚胎发育或喂养儿的健康。孕妇及乳母营养补充食品则有助于改善该类人群的营养与健康状况，预防营养缺乏。随着我国"三孩"政策的执行，以及消费者生活水平的提高，我国孕妇及乳母营养补充食品将有很好的发展前景。

然而，孕妇及乳母营养补充食品产业还处于起步阶段，尽管已有产品标准，然而从国家层面来说，还没有出台孕妇及乳母营养补充食品生产许可审查细则，大多数省份的相关企业还难以获得生产许可，故距形成规模化产业还有相当的距离。目前仅江西省和重庆市制订了相关的细则，将有助于推动当地孕妇及乳母营养补充食品的生产。建议各地应制订发布该类产品的生产许可审查细则和相关规定，积极引导企业开发适合我国孕妇母乳特点的营养补充食品，同时还需要加强对消费者科学合理使用该类产品的宣传，促进该产业的健康发展。

（编写人员：荫士安）

第十八章
营养强化食品

食品营养是人类生存必不可少的基础，能够从侧面体现出一个国家整体的经济发展水平，也是衡量居民生活质量的重要指标之一。随着我国国民经济持续快速发展，国民营养与健康状况得到明显改善，人群预期寿命增加。然而，由于地区经济发展的不平衡以及过去较长时期内人们更多注重温饱问题，缺少科学合理营养的知识，我国偏远地区居民，尤其是贫困农村居民仍然存在诸多营养缺乏问题，对于那些处在生长发育快速期的儿童，将会影响其生长发育状况和成年期对慢性病的易感性等。在这些地区实施食物强化或针对人群中普遍存在的营养缺乏问题实行国家食物强化战略（如碘缺乏问题），将有助于改善群体营养状况，预防营养缺乏病，也有助于推进"2030 健康中国"发展战略，使我国的营养强化食品迎来新的发展机遇。

一、目的与意义

（一）定义

1. 营养强化食品

为保持食品原有的营养成分，或者为了补充食品中所缺乏的营养素，基于食品安全相关国家标准规定向食品中添加一定量的食品营养强化剂，以提高其营养价值，这样的食品称为营养强化食品。

2. 食品营养强化

食品营养强化指的是在食品加工过程中向不同食物载体（如食盐、面粉、植物油、糖、酱油等）中人为地添加一些人体所必需的，而且日常膳食中又易缺乏的营养素，以满足目标群体营养需要的方式称为食物营养强化。例如 20 世纪 80 年代开始的在缺硒地区的食盐添加亚硒酸钠、90 年代开始的国家食盐加碘行动计划以及西部退耕还林补助面粉中多种微量营养素强化项目等均属于国家食物强化，其目的在于通过给目标人群补充所缺乏的营养素预防缺乏和（或）改善健康状况。在食品加工过程中经过这种人为添加了营养素的食品就称为营养强化食品。

（二）食品营养强化的必要性

食品营养强化是改善目标人群营养素缺乏的重要途径之一，也被公认为是控制微量营养素缺乏的一种有效措施。食物营养强化既可以覆盖众多的消费者，而且成本低廉，能够快速改善居民的营养与健康水平，提升人口素质以促进其经济发展，是目前其他任何技术都无法替代的。1995 年，联合国世界粮农组织（FAO）食物营养强化专家咨询会议呼吁各国，将食物营养强化作为当前控制微量营养素缺乏的一项重要政策，特别是在发展中国家。随着食品营养强化的不断发展，许多国家和地区相继颁布和实施了各自的食品营养强化政策法规标准。例如，在我国克山病区、大骨节病区使用强化亚硒酸钠的食盐，使得克山病、大骨节病的发病率明显降低；在食盐中加碘，使新生儿的脑神经系统发育、智力发展得到明显改善，已有多项调查结果表明，实行全面食盐加碘政策以来，我国人群的碘缺乏病防治取得明显成效；在我国中西部营养素摄入不足的地区，使用强化多种微量元素的面粉，可从根本上消除贫困地区由于营养素摄入不足而导致的人群智力和体格上的缺陷。

食品营养强化工作是国家改善公众营养最为安全、经济和有效的行使公共职能的一种方式，我国此前进行的为改善公众营养而开展的面粉、大米、食用油、果蔬汁、酱油、食盐等主副食食品和调味品的营养强化工作，取得了较大进展和很好的社会效益。

二、食品营养强化的载体与方式

食品是面向大众的，而食品营养强化同样是面向大众中有所需求的群体开展的。食品营养强化是指向不同食物载体中添加特定营养素，以增加目标人群的目标营养素摄入量，从而预防因目标营养素缺乏而引起的营养缺乏病，是改善人群营养素缺乏的重要途径之一。

（一）载体

从中国传统食用角度，营养强化食品可分为强化主食、强化副食、强化公共系统的必需食品 3 大类。从目标人群角度，营养强化食品可分为普通食品、特殊人群食品、军用食品及特殊作业环境人群食品等。从添加营养强化剂的角度，营养强化食品可分成强化长链多不饱和脂肪酸、磷脂、多肽、低聚糖、维生素与矿物质等。

（二）食品营养强化方式

食品营养强化方式可分为日常食物的营养强化和特殊作业环境人员的食品营养强化（表 18-1）。

日常营养强化食品是根据不同消费群体的生理特点和营养需求而研发的，例如婴幼儿配方食品、辅食营养补充品，孕妇和乳母营养补充品，学生营养食品和老年人营养食品等。

特种营养强化食品即向原来不含某种营养素的食品中添加该种营养素，如极地探险运动员的食品添加维生素 C，低温环境工作人员的食品中添加硫胺素、核黄素、烟酸等。

表18-1 食品营养强化方式及代表性产品举例

食品种类	目的	代表产品
日常食品	根据不同群体生理特点和营养需求开发的产品	婴幼儿食品、辅食营养补充品；孕妇和乳母食品；学生食品；老年人食品
特殊作业环境人员食品	改善特殊环境作业人员的营养与健康状况	向原来不含某种营养素的食品中添加该种营养素，如极地探险运动员食品中添加维生素C，低温环境作业人员膳食中添加硫胺素、核黄素、烟酸等

（三）主食食品强化

谷粒虽大小不一、形态各异，但一般结构是相似的。谷物一般作为中国人的传统主食，品种与种类繁多。目前北方多以小麦为主，南方则以水稻为主，主食适合作为营养强化食品的载体。我国居民所食用的普遍为精米精面，过度加工现象在市场上普遍存在，导致的营养素损失较高。因此，主食过度加工所带来的营养不均衡问题或可不断推动营养强化主食的发展。

1. 大米强化

水稻是我国居民的主食。水稻的营养强化也是国际上最早开始的强化食品之一。为了追求感官体验和精细口感，需要对水稻进行加工处理的过程导致多种营养素的流失很大，如赖氨酸、甲硫氨酸、维生素 B_1、维生素 B_2 与叶酸等，因此营养强化就显得非常必要。目前应用较为成熟的营养强化大米包括在普通大米上喷洒缺乏的营养素后进行混合、干燥制成，另一种则是将优质大米碾碎，按"中国大米营养强化推荐配方"的规定配比与米粉混匀，制作成普通大米形状，既可避免损害水稻原有风味，又保留了大米原有的感官状态。

2. 小麦粉和玉米粉强化

通过小麦粉和玉米粉中添加B族维生素、钙、铁等微量营养素，改善这些食物原料的营养质量，可以最低的健康风险获取最大的健康收益，还可以通过添加赖氨酸和甲硫氨酸，起到蛋白质的互补作用。全球每年有大量的小麦和玉米粉用于生产制作面包、面条、玉米饼、糕点和其他面食，因此这两类食品原料是很好的微量营养素强化载体。如果对工业生产的小麦和玉米面粉进行强化，是高效、简单且非常经济的。世界卫生组织建议如果一个国家有大量人口日常食用工业生产小麦和玉米面粉，那么就应该考虑对小麦和玉米面粉进行营养强化。

3. 副食食品／调味品的强化

副食食品强化包括人造奶油、食用植物油、食糖、食盐、酱油等。

强化人造奶油：将维生素 A 等营养素直接混入奶油，再用于制作饼干、蛋糕等甜品，用于预防营养缺乏疾病。

食盐强化：食盐是调味品，也是烹调食物的必需品，食盐中强化碘是我国和其他大多数国家防治碘缺乏引起的甲状腺疾病的国家食物强化措施，大多数国家都对食盐进行了碘强化。还有食盐强化硒，如我国 20 世纪 80 年代在克山病和大骨节病地区实施的硒缺乏地区硒强化食盐，显著降低了该两种疾病发生率。

果蔬汁强化：果蔬汁主要是为人体提供丰富的维生素 C、B 族维生素与矿物质等，因此果蔬汁也是很常用的强化营养素载体，如强化维生素 C 等。

三、营养强化食品的发展历程

（一）国外发展历程

早在 1936 年，美国推出强化碘盐和维生素 D 的牛奶产品以预防甲状腺肿和佝偻病；1944 年，加拿大政府强制面粉和面包生产企业在食品中添加维生素 B_1、维生素 B_2 等；20 世纪中期开始，营养强化食品得到许多欧洲国家的认可。

1993 年，国际农业研究磋商组织（CGIAR）启动了旨在通过培育新型农作物提高作物本身微量元素含量来改进人体营养的项目研究。2004 年，国际作物营养强化项目启动。国外在强化食品方面的发展对于我国来说具有可借鉴的意义。国外食品营养强化法规标准如表18-2所示。

表18-2 国外食品营养强化法规标准

国家	主管部门	相关的法规 / 标准
美国	FDA	1980 年公布了管理食品营养强化的政策指南《营养强化政策》。该政策位于联邦法规第 21 卷 104 部分,提出了营养强化目的:①存在营养素缺乏问题及目标人群,可选择适合的食品载体添加营养素;②食物中的目标营养素在生产、存储和加工过程中的损失不少于每日推荐摄入量或每日参考值的 2%,可添加营养素恢复营养损失;③每份食物中能量大于 40kcal,可适当添加营养素以平衡食物中维生素、矿物质和蛋白质含量
加拿大	卫生部	1964 年开始通过《食品和药品法规》对强化食品进行具体管理,目前涉及食品营养强化的标准有 40 余种,要求食品所强化的营养素和强化量要符合标准规定。1971 年颁布的《向食品中添加营养素的推荐性指南》中规定了开展营养强化的目的,包括恢复加工等过程的损失、平衡营养素含量、维持膳食替代食品功能等
澳大利亚及新西兰	食品局	2000 年发布的 1.3.2 章节《维生素和矿物质》规定了可强化的食品载体种类、各载体中可以强化的营养素种类、每种营养素的强化剂化合物来源以及食品的强化允许量
南非	卫生部	2002 年通过《特定食物强化法规》,规定对某些食物进行强制性强化
日本	厚生省	日本是强化食品发展很快的国家之一,1952 年制定了食品的强化标准
菲律宾	卫生部	1995 年颁布的《加工食品的营养强化指南》中规定了营养强化目的,只有当人群中存在必需营养素缺乏或加工储存过程中发生营养素损失时才可进行食品营养强化

(二)我国营养强化食品发展历程

我国食品营养强化工作起步较晚,最早的营养强化食品是一款婴儿豆基代乳粉(命名为 5410 配方),于 20 世纪中期研发成功,"5410"婴儿代乳粉主要是以大豆和大米为主要原料,再加入骨粉和维生素 A、维生素 D 以及核黄素、小米等,可以代替鲜奶供婴儿食用,用于改善农村地区婴幼儿的营养状况,开创了我国食品营养强化的先例。此后在市场上开始出现有如钙奶饼干、核黄素面包等强化食品。从 20 世纪 70 年代末《食盐加碘防治地方性甲状腺肿暂行办法》获得国务院批准，营养强化食品得以发展起来。1981 年，原卫生部颁发了《中华人民共和国食品添加剂使用卫生标准》（GB 2760—81）。1994 年，我国颁布《食品营养强化剂使用卫生标准》（GB 14880—94）。2004 年，我国作物营养强化项目成立，开始重点研究生物自身营养素强化而不是后期添加。《国民营养计划（2017—2030 年）》中建议开发利用我国丰富的特色农产品资源，着力发展营养强化食品等新型营养健康食品。

四、不同国家的食品营养强化标准

食品营养强化标准明确规定了不同食物载体中所能强化营养素的种类、来源以及强化剂量等，是管理强化食品生产、销售的最直接有效的手段。大部分国家将强化食品分为强制性强化和自愿性强化两类分别进行管理，强制性强化主要针对居民主要缺乏或容易缺乏且影响大的营养素，而其他营养素则可以采取自愿性强化。强制性强化是指由政府和管理部门确定食物载体（如食盐、面粉、酱油、植物油等）、强化营养素以及强化剂量，要求食品生产商生产该食品时必须遵守强化标准规定。自愿性强化是指基于相关的食品安全国家标准规定（如 GB 14880），由食品生产商自行决定，可选择性地进行食品强化行为，即生产商可以选择不生产强化食品，如果生产则必须按相应的标准要求进行强化。

（一）美国

自 20 世纪 40 年代起，美国 FDA 陆续颁布了多种食物的营养强化标准，并不断更新。其营养强化标准主要包括两类，即强化食品标准和一般食品标准中包含的营养强化条目。按照强化食品类型，美国营养强化食品分为强制性强化和自愿性强化两类，在其标准中各有体现。例如，关于维生素 D，FDA 要求液态奶和淡奶需要强制性强化，其余食品则可自愿性强化。在联邦法规 21CFR131.130《淡奶》中，规定每 1 夸脱淡奶中需要强化维生素 D 至 25 IU，而维生素 A 可自愿强化至 125 IU；该法规中还规定硫胺素、核黄素、烟酸、叶酸和铁为强制性强化，维生素 D 和钙为自愿性强化。

（二）加拿大

加拿大从 1964 年开始通过《食品和药品法规》对强化食品进行管理，40 余种涉及食品营养强化的标准，要求食品所强化的营养素和强化量要符合相关标准规定。加拿大的食品强化标准同美国一样，包括一般食品标准和强化食品标准，同时强化食品也分强制性强化和自愿性强化。加拿大政府认为自愿性强化是当前一种较为合理的强化方式，因此仅对个别食品进行强制性强化规定。例如，《食品和药品法规》中的《脱脂牛奶标准》要求在每日合理摄入量的范围内强制性强化维生素 A 和维生素 D，强化后每日摄入量分别达到 1200 ～ 2500 IU 和 300 ～ 400 IU;《早餐谷物标准》则要求食品中可以自愿性强化多种微量营养素。由于修改标准耗时很长，加拿大卫生部曾发布了 10 个临时营销许可，用于 10 类强化食品，而且 2017 年加拿大卫生部发布《用于食品强化已过期临时营销许可的临时政策》继续为这 10 项过期的临时营销许可授权，包括植物性饮料中选择性添加维生素和矿物质、玉米粉中添加维生素和矿物质，山羊奶中添加叶酸等。

（三）澳大利亚及新西兰

在澳大利亚及新西兰，《澳新食品标准法典》中涵盖食品强化标准。2000 年发布的 1.3.2 章节《维生素和矿物质》中规定了可强化的食品载体种类、各载体中可以强化的营养素种类、化合物来源以及强化量。该标准允许谷物与谷物制品、乳制品、食用油与食用涂抹油等 9 大类 28 小类食物载体可添加不同组合方式的 21 种维生素和矿物质。澳大利亚及新西兰的强化食品分为强制性强化和自愿性强化两类，在《澳新食品标准法典》中均有具体标准管理这两类强化食品。强制性强化标准主要包括食盐加碘、面包粉添加硫胺素、涂抹油脂和人造黄油添加维生素 D以及特殊功能食品等标准；自愿性强化标准，包括《婴儿配方食品》中规定 4 个月以下婴幼儿谷物食品中要求自愿性添加铁和维生素 A。

（四）菲律宾

菲律宾于 1995 年开始实施《全国范围内推广碘盐法案》，该法案主要用于在菲律宾推广和监督管理碘强化食盐。菲律宾于 2000 年颁布实施《食品强化法》，是一部专门用于管理和推广食品营养强化的法律，将营养强化食品分为自愿性强化和强制性强化两类。对于强制性强化，法案中要求铁强化大米、维生素 A 和铁强化面粉、维生素 A 强化精制糖和维生素 A 强化食用油。关于自愿性强化，政府鼓励生产商对加工食品或食物产品进行强化，但是为了避免过度强化或强化不足，该法案中要求食品营养强化要遵照食品药品局所建立的标准执行。

（五）中国

我国食品营养强化起步较晚，但发展迅速，通过近 40 年的努力，已经建立了较为完善的食物强化相关的食品安全国家标准体系。包括《食品安全国家标准 食品营养强化剂使用标准》（GB 14880—2012），该标准最早由原卫生部 1986 年颁发（《食品营养强化剂使用卫生标准（试行）》和《食品营养强化剂卫生管理办法》），1994 年和 2012 年进行了修订。该标准包含了食品营养强化目的、可强化食品载体种类以及强化营养素的使用要求等。该标准规定了维生素、矿物质、脂肪酸、氨基酸（肽、蛋白质）等 43 种营养素在不同食品载体中的强化量、允许使用的营养强化剂化合物来源。

五、我国营养强化食品产业现状

我国开展的食品营养强化包括食盐强化（低硒地区硒强化食盐预防克山病和大骨节病、全国碘强化食盐预防碘缺乏病）、退耕还林国家补助面粉营养强化、大米强化试验、强化维生素 A 食用油、EDTA 钠铁强化酱油预防缺铁性贫血等。下面重点介绍我国近 20 年代表性的食物强化项目。

（一）营养强化面粉

在改善公众营养不良状况的干预措施中，采用面粉营养强化是世界各国食物营养强化工作中的首选方式。面粉是我国居民最重要的主食之一，自 2002 年开始，我国面粉强化试点工作分别在退耕还林发放的补助粮和市场销售粮中进行，提供的面粉中强化了 5 种维生素（维生素 A、维生素 B_1、维生素 B_2、叶酸和烟酸）和 2 种矿物质（铁、锌）。通过大规模、长时间的跟踪调查，面粉强化改善公众营养状况的实际效果非常显著，人群维生素 A 缺乏率明显下降，营养性贫血状况明显好转，锌缺乏状况有所改善。之后在全国范围内开始了营养强化面粉的市场销售试点工作，总体上看强化面粉的生产形势良好。

（二）强化大米

大米是我国居民的另一种主食，也是很多国家开展研究的食物营养强化的载体之一。诸多因素（包括技术、经济、加工习惯等）会影响大米的强化效果，例如，采用喷涂法生产的强化大米，颜色较深的营养素（如维生素 B_2 等）喷涂在大米上会影响外观；人们有淘米习惯，喷涂在大米上的营养素会在水中溶解损失；如果将营养素做成"假米"，混入大米中，也会因颜色和普通大米不同而受到消费者质疑。因此目前大米强化技术局限在强化的营养素颜色不深，而且是免淘洗米，这就限制了某些营养素的应用。近年来对采用"喷涂法""营养粒（假米）法""吸入法"等技术进行大米营养强化的研究取得了令人鼓舞的成果，推动了我国营养强化大米强化工作。

（三）强化食用油

由于维生素 A 具有提高人体免疫功能的作用，很多国家采用食用油中强化维生素 A 的措施，解决人群维生素 A 缺乏问题。21 世纪初，我国相关部门推动了食用油强化维生素 A 工作。2002 年 10 月，"福临门"营养强化大豆调和油在全国各大城市与广大消费者见面，紧随其后"金龙鱼"强化调和油也上市普遍销售。

（四）强化酱油

为了改善我国居民的铁营养状况和控制缺铁性贫血，我国采用基于酱油作食物载体的方式进行铁营养强化。一般选择 EDTA 钠铁作为铁强化剂，因为它在人体内的铁吸收率高于其他铁剂，而且在酱油中的溶解性好，不改变酱油的原有口味。结果显示，EDTA 钠铁强化酱油质量稳定、可接受性好，对改善铁营养状况和控制缺铁性贫血有良好效果，并且生产工艺简单、成本低廉。现已有多家通过了 GMP、HACCP 的企业生产的铁强化酱油上市销售。

（五）碘强化食用盐

碘强化食用盐是我国最早实行唯一强制性的强化食品。按照《中国 2000 年消除碘缺乏病规划纲要》的计划，我国开始在食用盐中进行碘强化，并于 1994 年出台《食品营养强化剂使用卫生标准》（GB 14880—1994）以规范碘含量标准。2011 年专门颁布《食品安全国家标准 食用盐碘含量》（GB 26878—2011），用于规范食用盐中碘含量水平。

六、营养强化食品发展趋势

世界各国对人类健康高度重视，早在 21 世纪初，联合国儿童基金会就曾经为了儿童健康在许多国家开展了儿童营养改善活动，大大推动了我国营养强化的进程。一直到现在，我国已经有几十家知名面粉企业先后推出了针对我国公民体质、提高人类健康营养的强化面粉。我国营养强化食品符合我国居民对高质量食品的需求，将具有广阔的发展前景。

（一）借鉴他国经验推动我国营养强化食品行业健康发展

尽管各国实施的食品强化是基于本国国情，而且确立了各自的食品营养强化法规标准 / 体系。部分国家既有食品营养强化法规、营养强化标准，还有食品强化政策指南等。这些营养强化政策指南也是食品强化管理法规标准中的重要组成部分，对引导食品行业的发展发挥重要的指导性作用。目前我国现行的食品营养强化原则来自于《食品中添加必需营养素的通用原则》，该标准采用了国际食品法典委员会于 1987 年颁布并于 1991 年修订的国际标准。

尽管我国在食品营养强化的发展方面已获得一些成功经验，但还需要继续大力推进我国食品营养强化行业发展。我国已逐步建立了比较全面的食品营养强化标准 / 规范体系，但有部分标准的制定基本上是采用或参考国外标准的数据，需要研究这些数据对我国居民的适用性。因此，需要结合我国居民的食物消费结构、营养素缺乏程度以及我国人群营养素生物利用率等特点，修订符合我国居民特点的食品营养强化标准；制订可用于强化食品的原辅料清单等；为保证食品安全，应探讨通过完善法规，确保营养强化食品在符合 GMP 的环境中进行生产，生产过程应通过实施 HACCP 保证产品质量和消费者的食用安全。

（二）根据不同人群营养需求设定营养素强化水平

为避免营养素摄入不足或过量，有些国家规定了营养素的强化水平。例如根据不同人群每日推荐摄入量制定不同的营养素强化水平；为避免营养素摄入过量的风险，有些国家根据目标人群推荐膳食摄入量设定不同风险等级的营养素强化水平。目前我国主要依据食品营养强化标准规定强化食品中不同食品类别的营养素添加量，没有针对不同人群规定营养素的强化水平。因此根据不同营养素的危险等级和不同人群的营养素膳食推荐摄入量制定不同人群的营养素强化水平，将是我国营养素强化标准后续修订的研究方向。同时，我国实施的《食品安全国家标准　食品营养强化剂使用标准》（GB 14880—2012）中只规定了强化营养素的添加量，而未考虑到食品中天然存在的营养素含量，使得食品中强化营养素的最终含量难以明确，从而很难保证消费者食用强化食品后的营养素摄入量。因此可以参照加拿大、澳大利亚等国的强化标准制定模式，规定营养强化食品中强化营养素的最终含量，既能更加规范强化食品的生产、销售，又能保证消费者强化营养素的摄入量在适宜范围。

（三）关注贫困地区特殊人群的营养状况改善

由于我国经济不平衡以及人群营养知识的匮乏，在老、少、边、远地区居民中仍然存在着不可忽视的营养不良问题，特别是婴幼儿、孕妇和乳母以及老年人等特殊人群尤为突出。近年来，我国营养强化食品发展的趋势就是针对广大居民，特别是贫困地区的居民中普遍缺乏的营养素，利用消费覆盖面大的食品进行强化，如强化面粉、食用油强化维生素A、铁强化酱油，同时为6～18月龄婴幼儿免费提供辅食营养补充品等，旨在通过推广强化食品来提高我国居民的营养健康状况，预防营养缺乏病。故应定期监测和评价这些营养强化食品的干预效果，及时调整干预策略。

（四）制定具体的营养强化食品标准

不同国家的食品营养强化发展历程表明，营养强化食品不能任由市场的自由发展，还需要政府的立法保障。我国仅对食盐加碘实施了强制性强化，该项政策的成功表明，立法强制实施可以保证强化食品的受用人群范围、强化食品的质量安全以及摄入量合理，也是普及推广强化食品的有效手段之一。我国可以参考美国、加拿大、欧盟、澳新、日本等发达国家或地区的成功经验，对部分强化食品制定具体的强化食品标准，以方便监管和推广强化食品，例如我国曾为强化面粉专门制定国家标准《营养强化小麦粉》。

目前，我国的营养强化剂使用的标准是《食品安全国家标准 食品营养强化剂使用标准》（GB 14880—2012），每年不断有新增补的品种。该标准增补的内容主要是基于企业申报，因此标准中存在不协调的地方。例如，标准中的使用范围所涉及的食品有的是指食品的类别，有的是指具体的食品品种；有些食品的品种概念不十分清楚；该标准涉及的食品种类和品种较多，没有充分注意当消费者食用多种强化食品而造成营养素摄入的不平衡或可能有摄入量不合理的问题。目前在食品中应用的一些营养强化剂没有国家或行业标准，不利于对产品质量的控制。

（五）制定生物强化类食品营养标准

生物强化是通过育种手段提高现有农作物中人体所能吸收利用的微量营养素含量（如维生素 A 或维生素 A 前体物质、铁等），以此预防和减少全球性，尤其是发展中国家中普遍存在的微量营养素缺乏问题。生物强化直接从作物育种阶段解决食物中微量营养素含量较低的问题，是防治和改善人群微量营养元素缺乏及其相关疾病发生的简便、经济、有效的途径。随着国内外生物强化产业的迅速发展，某些生物强化相关的产品也将会逐步进入我国市场。而我国尚缺乏关于生物强化类食品的相关营养标准，将会影响整个生物强化食品的生产、销售及推广等。因此，为满足当前生物强化类食品的发展需要，我国亟待建立与生物强化有关的营养标准。

（六）营养教育与科普知识的缺乏

通过营养教育可使广大消费者掌握平衡膳食与合理营养方面的知识，有助于合理选择营养强化食品，预防营养缺乏和降低罹患营养相关慢性病的风险。有调查结果显示，居民的营养知识缺乏，选择适合的营养强化食品的能力不强，因此需要加强营养科普教育和宣传，提高广大居民的自身保健能力。例如，菲律宾对于营养强化食品的普及，就是通过立法的方式强制实施，从而确保营养强化食品的安全以及面向大众的推广。当前，我国营养强化食品的普及度尚有不足，消费者对于强化食品的认知仍有待加强。

（编写人员：荫士安）

附录

附表 1　中国 50～64 岁成年居民膳食营养素参考摄入量

能量或营养素	RNI 男	RNI 女	AMDR
能量^a（MJ/d）			
PAL（Ⅰ）	8.79^a	7.32^a	—^b
PAL（Ⅱ）	10.25^a	8.58^a	—
PAL（Ⅲ）	11.72^a	9.83^a	—
蛋白质（g/d）	65	55	—
总碳水化合物（%E^c）	—	—	50～65
一添加糖（%E^c）	—	—	<10
总脂肪（%E）	—	—	20～30

营养素	RNI 男	RNI 女	PI	UL
钙（mg/d）	1000		—	2000
磷（mg/d）	720		—	3500
钾（mg/d）	2000（AI）		3600	—
钠（mg/d）	1400（AI）		1900	—
镁（mg/d）	330		—	—
氯（mg/d）	2200（AI）		—	—
铁（mg/d）	12		—	42
碘（μg/d）	120		—	600

营养素	RNI 男	RNI 女	PI	UL
维生素 A（μg RAE/d）^d	800	700	—	3000
维生素 D（μg/d）	10		—	50
维生素 E（mg α-TE/d）^e	14		—	700
维生素 K（μg/d）	80		—	—
维生素 B₁（mg/d）	1.4	1.2	—	—
维生素 B₂（mg/d）	1.4	1.2	—	—
维生素 B₆（mg/d）	1.6		—	60
维生素 B₁₂（μg/d）	2.4		—	—

续表

能量或营养素	RNI 男	RNI 女	AMDR
一饱和脂肪酸（%E）	—	—	<8
一n-6多不饱和脂肪酸（%E）	—	—	2.5~9.0
一亚油酸（%E）	4.0 (AI)		—
一n-3多不饱和脂肪酸（%E）	—	—	0.5~2.0
一α-亚麻酸（%E）	0.60 (AI)		—
一DHA+EPA（g/d）	—	—	0.25~2.0

营养素	RNI 男	RNI 女	PI	UL
锌（mg/d）	12.5	7.5	—	40
硒（μg/d）	60		—	400
铜（mg/d）	0.8		—	8
氟（mg/d）	1.5 (AI)		—	3.5
铬（μg/d）	30 (AI)		—	—
锰（mg/d）	4.5 (AI)		—	11
钼（μg/d）	100		—	900

营养素	RNI 男	RNI 女	PI	UL
泛酸（mg/d）	5.0		—	—
叶酸（μg DFE/d）[f]	400		—	1000[g]
烟酸（mg NE/d）[h]	14	12	—	35/310[i]
胆碱（mg/d）	500	400	—	3000
生物素（μg/d）	40		—	—
维生素C（mg/d）	100		200	2000

注：EAR=Estimated Average Requirement，平均需要量；RNI=Recommended Nutrients Intakes，参考摄入量；AI=Adequate Intake，适宜摄入量；UL=Tolerable Upper Intake Level，可耐受最高摄入量，有些营养素素未制定 UL，主要是因为研究资料不充分，并不表示过量摄入没有健康风险。

量摄入没有健康风险；AMDR=Acceptable Macronutrient Distribution Range，宏量营养素可接受范围；PI=Proposed Intakes for Preventing Non-communicable Chronic Disease，预防非传染性慢性病的建议摄入量；PAL=Physical Activity Level. 身体活动水平；Ⅰ=1.45（轻），Ⅱ=1.75（中），Ⅲ=2.0（重）。

a. 能量需要量，EER，Estimated Energy Requirement；1000kcal=4.184MJ，1MJ=239kcal。

b. 未制定参考值者用"—"表示。

c. %E 为占能量的百分比。

d. 维生素 A 的单位为视黄醇活性当量（RAE），1μg RAE= 膳食或补充剂来源全反式视黄醇（μg）+1/2 补充剂纯品全反式 β- 胡萝卜素（μg）+1/12 膳食全反式 β- 胡萝卜素（μg）+1/24 其他膳食维生素 A 类胡萝卜素（μg）；维生素 A 的 UL 不包括维生素 A 原类胡萝卜素 RAE。

e. α- 生育酚当量（α-TE），膳食中总 -α-TE 当量（mg）=1×α- 生育酚（mg）+0.5×β- 生育酚（mg）+0.1×γ- 生育酚（mg）+0.02×δ- 生育酚（mg）+0.3×α- 三烯生育酚（mg）。

f. 膳食叶酸当量（DFE，μg）= 天然食物来源叶酸（μg）+1.7× 合成叶酸（μg），单位为 μg/d。

g. 指合成叶酸摄入量上限，不包括天然食物来源叶酸（mg）。

h. 烟酸当量（NE，mg）= 烟酸（mg）+1/60 色氨酸（mg）。

i. 烟酰胺。

附表2 中国65～79岁成年居民膳食营养素参考摄入量

能量或营养素	RNI 男	RNI 女	AMDR
能量ª（MJ/d）			
PAL（Ⅰ）	8.58ª	7.11ª	—ᵇ
PAL（Ⅱ）	9.83ª	8.16ª	—
PAL（Ⅲ）	—	—	—
蛋白质（g/d）	65	55	—
总碳水化合物（%Eᶜ）	—	—	50～65
—添加糖（%E）	—	—	<10
总脂肪（%E）	—	—	20～30
—饱和脂肪酸（%E）	—	—	<10
—n-6多不饱和脂肪酸（%E）	—	—	2.5～9.0
—亚油酸（%E）	4.0（AI）	—	—
—n-3多不饱和脂肪酸（%E）	—	—	0.5～2.0

营养素	RNI 男	RNI 女	PI	UL
钙（mg/d）	1000		—	2000
磷（mg/d）	700		—	3500
钾（mg/d）	2000（AI）		3600	—
钠（mg/d）	1400（AI）		1900	—
镁（mg/d）	320		—	—
氯（mg/d）	2200（AI）		—	—
铁（mg/d）	12		—	42
碘（μg/d）	120		—	600
锌（mg/d）	12.5	7.5	—	40
硒（μg/d）	60		—	400
铜（mg/d）	0.8		—	8
氟（mg/d）	1.5（AI）		—	—

营养素	RNI 男	RNI 女	PI	UL
维生素A（μg RAE/d）ᵈ	800	700	—	3000
维生素D（μg/d）	15		—	50
维生素E（mg α-TE/d）ᵉ	14		—	700
维生素K（μg/d）	80		—	—
维生素B_1（mg/d）	1.4	1.2	—	—
维生素B_2（mg/d）	1.4	1.2	—	—
维生素B_6（mg/d）	1.6		—	60
维生素B_{12}（μg/d）	2.4		—	—
泛酸（mg/d）	5.0		—	—
叶酸（μg DFE/d）ᶠ	400		—	1000ᵍ
烟酸（mg NE/d）ʰ	14	11	—	35/300ⁱ
胆碱（mg/d）	500	400	—	3000

续表

α-亚麻酸（%E）	0.60（AI）	—	—
DHA+EPA（g/d）	—	—	—
铬（μg/d）	30（AI）	—	—
锰（mg/d）	0.25～2.0	4.5（AI）	—
钼（μg/d）	100	100	900
生物素（μg/d）	40（AI）	—	—
维生素 C（mg/d）	100	200	2000

注：EAR=Estimated Average Requirement，平均需要量；RNI=Recommended Nutrients Intakes，参考摄入量；AI=Adequate Intake，适宜摄入量；UL=Tolerable Upper Intake Level，可耐受最高摄入量，有些营养素未制定 UL，主要是因为研究资料不充分，并不表示过量摄入没有健康风险；AMDR=Acceptable Macronutrient Distribution Range，宏量营养素可接受范围；PI=Proposed Intakes for Preventing Non-communicable Chronic Disease，预防非传染性慢性病的建议摄入量；PAL=Physical Activity Level，身体活动水平；Ⅰ=1.5（轻），Ⅱ=1.75（中），Ⅲ=2.0（重）。

a. 能量需要量，EER.Estimated Energy Requirement；1000kcal=4.184MJ，1MJ=239kcal。

b. 未制定参考值者用"—"表示。

c. %E 为能量的百分比。

d. 维生素 A 的单位为视黄醇活性当量（RAE），1μg RAE=膳食或补充剂纯品全反式视黄醇（μg）+1/2 补充剂纯品全反式 β- 胡萝卜素（μg）+1/12 膳食全反式 β- 胡萝卜素（μg）+1/24 其他膳食维生素 A 类胡萝卜素（μg）；维生素 A 的 UL 不包括维生素 A 原类胡萝卜素 RAE。

e. α- 生育酚当量（α-TE），膳食中总 α-TE 当量（mg）=1×α- 生育酚（mg）+0.5×β- 生育酚（mg）+0.1×γ- 生育酚（mg）+0.02×δ- 生育酚（mg）+0.3×α- 三烯生育酚（mg）。

f. 膳食叶酸当量（DFE，μg）＝天然食物来源叶酸（μg）+1.7× 合成叶酸（μg）。

g. 指合成叶酸摄入量上限，不包括天然食物来源叶酸，单位为 μg/d。

h. 烟酸当量（NE，mg）＝烟酸（mg）+1/60 色氨酸（mg）。

i. 烟酰胺，单位为 mg/d。

附表3 中国80岁及以上成年居民膳食营养素参考摄入量

能量或营养素	RNI 男	RNI 女	AMDR	营养素	RNI 男	RNI 女	PI	UL	营养素	RNI 男	RNI 女	PI	UL
能量 a（MJ/d）PAL（Ⅰ）	7.95a	6.28a	—b	钙（mg/d）	1000		—	2000	维生素 A（μg RAE/d）d	800	700	—	3000
PAL（Ⅱ）	9.20a	7.32a	—	磷（mg/d）	670		—	3500	维生素 D（μg/d）	15		—	50
蛋白质（g/d）	65	55	—	钾（mg/d）	2000（AI）		3600	—	维生素 E（mg α—TE/d）e	14		—	700
总碳水化合物（%Ec）			50～65	钠（mg/d）	1400（A1）		1900	—	维生素 K（μg/d）	80		—	—
一添加糖（%E）			<10	镁（mg/d）	310		—	—	维生素 B$_1$（mg/d）	1.4	1.2	—	—
总脂肪（%E）			20～30	氯（mg/d）	2200（AI）		—	—	维生素 B$_2$（mg/d）	1.4	1.2	—	—
一饱和脂肪酸（%E）			<10	铁（mg/d）	12		—	42	维生素 B$_6$（mg/d）	1.6		—	60
一n-6多不饱和脂肪酸（%E）			2.5～9.0	碘（μg/d）	120		—	600	维生素 B$_{12}$（μg/d）	2.4		—	—
一亚油酸（%E）	4.0（AI）		—	锌（mg/d）	12.5	7.5	—	40	泛酸（mg/d）	5.0		—	—
一n-3多不饱和脂肪酸（%E）			0.5～2.0	硒（μg/d）	60		—	400	叶酸（μg DFE/d）f	400		—	1000g
				铜（mg/d）	0.8		—	8	烟酸（mg NE/d）h	14	11	—	35/300i
				氟（mg/d）	1.5（AI）		—	—	胆碱（mg/d）	500	400	—	3000

续表

营养素	EAR	RNI（AI）	PI	UL
α-亚麻酸（%E）	—	0.60（AI）	—	—
DHA+EPA（g/d）	—	0.25～2.0	—	—
铬（μg/d）	—	30（AI）	—	—
锰（mg/d）	—	4.5（AI）	—	11
钼（μg/d）	—	100	—	900
生物素（μg/d）	—	40（AI）	—	—
维生素C（mg/d）	—	100	200	2000

注：EAR=Estimated Average Requirement，平均需要量；RNI=Recommended Nutrients Intakes，参考摄入量；AI=Adequate Intake，适宜摄入量；UL=Tolerable Upper Intake Level，可耐受最高摄入量，有些营养素未制定UL，主要是因为研究资料不充分，并不表示过量摄入没有健康风险；AMDR=Acceptable Macronutrient Distribution Range，预防非传染性慢性病的建议摄入量；PI=Proposed Intakes for Preventing Non-communicable Chronic Disease，预防非传染性慢性病的建议摄入量；PAL=Physical Activity Level. 身体活动水平；Ⅰ =1.45（轻），Ⅱ =1.7（中）。

a. 能量需要量，EER，Estimated Energy Requirement；1000kcal=4.184MJ，1MJ=239kcal。

b. 未制定参考值者用"—"表示。

c. %E 为占能量的百分比。

d. 维生素A的单位为视黄醇活性当量（RAE），1μg RAE=膳食或补充剂来源全反式视黄醇（μg）+1/2补充剂纯品全反式β-胡萝卜素（μg）+1/12膳食全反式β-胡萝卜素（μg）+1/24其他膳食维生素A类胡萝卜素（μg）；维生素A的UL不包括维生素A原类胡萝卜素RAE。

e. α-生育酚当量（α-TE），膳食中总α-TE当量（mg）=1×α-生育酚（mg）+0.5×β-生育酚（mg）+0.1×γ-生育酚（mg）+0.02×δ-生育酚（mg）+0.3×α-三烯生育酚（mg）。

f. 膳食叶酸当量（DFE，μg）=天然食物来源叶酸（μg）+1.7×合成叶酸（μg）。

g. 指合成叶酸摄入量上限，不包括天然食物来源叶酸，单位为μg/d。

h. 烟酸当量（NE，mg）=烟酸（mg）+1/60色氨酸（mg）。

i. 烟酰胺，单位为mg/d。